Dissidenten der Geschlechterordnung

Schwule und lesbische Literatur
auf der Iberischen Halbinsel

Herausgegeben von Werner Altmann,
Cecilia Dreymüller und Arno Gimber

Band 5 der Reihe „Gender Studies Romanistik",
herausgegeben von Christine Bierbach und Brunhilde Wehinger

Dieses Buch wurde auf alterungsbeständigem und säurefreiem Papier gedruckt und in einem Betrieb hergestellt, der nach dem EG-Öko-Audit zertifiziert ist.

Dissidenten der Geschlechterordnung

Schwule und lesbische Literatur auf der Iberischen Halbinsel

Herausgegeben von Werner Altmann,
Cecilia Dreymüller und Arno Gimber

edition tranvía · Verlag Walter Frey
Berlin 2001

Die Deutsche Bibliothek – CIP-Einheitsaufnahme

Dissidenten der Geschlechterordnung : schwule und lesbische
Literatur auf der Iberischen Halbinsel / Hrsg.: Werner Altmann ... -
Berlin : ed. tranvía, Verl. Frey, 2001
  (Gender Studies Romanistik ; Bd. 5)
  ISBN 3-925867-53-8

Copyright:
edition tranvía – Verlag Walter Frey

Druck: Rosch-Buch, Scheßlitz
ISBN 3-925867-53-8
1. Auflage, Berlin 2001

edition tranvía · Postfach 303626 · 10727 Berlin

*Unseren Verlagsprospekt mit weiteren Büchern aus und über
Lateinamerika, Spanien und Portugal senden wir Ihnen gerne zu.*

Inhalt

Vorwort
7

„Zweifellos ein abstoßendes Thema, aber von wahrem literarischem Wert"
Homosexualität in der portugiesischen Literatur
vom Realismus bis zur Nelkenrevolution
Von Sven Limbeck
10

Beredtes Schweigen und kalkuliertes Sprechen:
Homosexualität in der spanischen Lyrik und Prosa
vom Mittelalter bis zum Tod Francos
Von Werner Altmann
43

Lust auf Überschreitung:
Inszenierungen homosexueller Tabubrüche
im spanischsprachigen Theater nach Franco
Von Arno Gimber
64

Homo*sexualität:*
Schwul-lesbische Höhepunkte der erotischen Erzählliteratur in Spanien
Von Janett Reinstädler
89

Randgruppensyndrom:
Homosexualität in der baskischen Literatur
Von Karlos Cid Abasolo
107

Al Berto: Das geheime Leben der Bilder
Von Sven Limbeck
119

Juan García Larrondo: Liebesutopien auf der Bühne
Von Arno Gimber
132

Juan Goytisolo: Sexualität, Sprache und arabische Welt
Von Felice Balletta
144

Eduardo Mendicutti: Von echten Ledermännern und falschen Heiligen
Von Dieter Ingenschay
159

Luis Antonio de Villena: Ein melancholischer Optimist der Liebe
Von Horst Weich
171

Terenci Moix: Peter Pan trifft Marilyn
Von Felice Balletta
191

Lluís Maria Todó: Verführung auf katalanisch
Von Cecilia Dreymüller
204

Esther Tusquets: Der Eingang zum Labyrinth
Von María Cinta Montagut
215

Cristina Peri Rossi: Das travestierte Subjekt
Von Rosemary Geisdorfer Feal
226

Maria-Mercè Marçal: Der Fluch des Spiegels
Von Cecilia Dreymüller
238

María Xosé Queizán: Labyrinthische Liebe
Von Ana Acuña und Carmen Mejía
248

Bibliographie der Sekundärliteratur
255

Vorwort

Homosexualität wurde auf der Iberischen Halbinsel vom Mittelalter bis zum Ende der salazaristischen und franquistischen Diktaturen politisch unterdrückt, sozial ausgegrenzt und juristisch verfolgt. Obwohl die Intensität der staatlichen Repression und gesellschaftlichen Diskriminierung von Epoche zu Epoche variierte, kam es in all den Jahrhunderten zu keiner Situation, wo ein männerliebender Mann oder eine frauenliebende Frau sein/ihr Begehren in der Öffentlichkeit sanktionsfrei zeigen, geschweige denn eine „homosexuelle" Existenz auch nur annähernd leben konnte. Homosexuelle Betätigung war selbst in „liberalen" und „toleranten" Zeiten entweder auf die politischsoziale Oberschicht begrenzt und wurde als päderastisches Modell neben der normativen Zwangsheterosexualität allenfalls geduldet (wie in der *Hispania Romana* oder im mittelalterlichen, arabisch-muslimischen *Al-Andalus*) oder sie beschränkte sich auf intellektuelle und künstlerische Kreise, wo eine avantgardistische Minderheit „homosexuelle" Ästhetik in mehr oder weniger camouflierten Texten und Bildern produzieren durfte.

Eine radikale Veränderung der Lebenssituation spanischer und portugiesischer homosexueller Männer und Frauen brachten erst die letzten dreißig Jahre, nachdem 1974 und 1975 in beiden Ländern eine rasche Demokratisierung, Modernisierung und „Europäisierung" einsetzten. Inzwischen sind in Spanien und Portugal die strafrechtlichen Beschränkungen in bezug auf homosexuelles Verhalten fast gänzlich abgebaut und sind Anerkennung und Verteidigung der homosexuellen Identität (fast) zur Selbstverständlichkeit geworden. Dies trifft allerdings – wie in den anderen westeuropäischen Ländern auch – nur auf bestimmte geographische Räume (vor allem die größeren Städte) sowie soziale Schichten (intellektuelles, linksliberales Milieu) zu. Der Einfluß der katholischen Kirche, die traditionell konservative Landbevölkerung und politisch reaktionäre Kreise sind nach wie vor stark und zeigen gelegentlich ihre homophobe Einstellung. Die diffamierenden und schwulenfeindlichen Äußerungen des spanischen Schriftstellers und Nobelpreisträgers Camilo José Cela anläßlich eines Vortrages zum 100. Geburtstag von Federico García Lorca im Sommer 1998 erzeugten zwar eine spontane öffentliche Entrüstung, an der sich führende Intellektuelle und Politiker Spaniens beteiligten, zeigten aber auf der anderen Seite auch, daß sich das franquistisch-autoritäre Spanien neben dem demokratisch-pluralistischen immer noch behauptet. Dieses Buch nimmt in diesem Kontext eindeutig Partei, indem es letzteres zu stärken versucht.

Die spezifische Absicht, die wir mit den hier versammelten Autoren- und Autorinnenportraits sowie den vorangestellten Überblicksartikeln verfolgen, ist es, verläßliche Informationen zu einem wenig bekannten Kapitel der spanischen und portugiesischen Literaturgeschichte zu geben und einige Fragestellungen aufzuwerfen, die gelegentlich konstruktiv provozieren, hauptsächlich aber zu weiteren Überlegungen und Nachforschungen anregen wollen, indem sie den Kanon der portugiesischen, spanischen, katalanischen, galicischen und baskischen Literaturen hinterfragen und ergänzen. Wir wollen keiner irgendwie gearteten schwul-lesbischen Literaturgattung zuarbeiten, sondern wenden uns ausdrücklich gegen solche Etiketten, die das künstlerische Schaffen der hier behandelten Autoren und Autorinnen auf den schwul-lesbischen Bereich begrenzen würde. Wenn wir trotzdem diese Adjektive hier verwenden, dann liegt der Grund darin, daß uns die hier in Frage stehenden Texte (und um die geht es ausschließlich) unter der Perspektive der sozio-kulturellen Veränderungen nach dem Ende der iberischen Diktaturen interessieren. Es geht auch nicht darum, und das soll ebenfalls ausdrücklich erwähnt werden, Schriftsteller und Schriftstellerinnen als „schwule" oder „lesbische" Personen zu portraitieren (auch wenn dies bei der einen oder der anderen nicht gänzlich vermieden werden kann). Die sexuelle Orientierung der hier zu Wort kommenden schreibenden Männer und Frauen interessiert uns dabei nicht, sie steht auch in einer Reihe von Fällen gar nicht eindeutig fest. Es sind ausschließlich die Texte selbst, die Homosexualität in der einen oder anderen Weise thematisieren und deren Analyse und Interpretation unser Interesse gilt.

Die Auswahl der hier versammelten Autoren und Autorinnen und deren Texte will zwar repräsentativ sein, kann aber bei weitem kein erschöpfendes Bild der umfangreichen Literatur mit schwul-lesbischer Thematik auf der Iberischen Halbinsel vermitteln. Es geht uns in einer weiter gefassten Perspektive auch mehr darum, die sozialen und kulturellen Veränderungen an der schwul-lesbischen Thematik aufzuzeigen und aus literaturwissenschaftlich-kritischer Sicht zu betrachten. Namhafte Dissidenten der Gesellschaftsordnung, die nach 1975 in Erscheinung traten, sind oftmals zugleich Dissidenten der Geschlechterordnung.

Wir sind uns der Lücken bewußt. So fehlen Beiträge zum Theater in den verschiedenen Minderheitensprachen wie auch überhaupt die peripheren Literaturen etwas stiefmütterlich behandelt wurden. Es fehlen Portraits von Autoren und Autorinnen, die sich nur sporadisch (in einem Werk z.B.) mit schwuler oder lesbischer Thematik beschäftigt haben, wie der katalanische Erfolgsautor Manuel Vázquez Montalbán (*Los muchachos alegres de Atzavara*, dt.: *Die lustigen Jungs von Atzavara*) oder der renommierte Schriftsteller und angesehenes Akademiemitglied José Luis Sampedro in seinem vorläufig letzten Roman *El amante lesbiano*. Es fehlen wiederum andere, wie z. B. Antonio Gala, Alvaro Pombo, Maria Teresa Horta oder Lucía Etxebarría, weil wir niemanden gefunden haben, der über sie schreiben konnte oder wollte. Wir haben vornehmlich aus Platzgründen keine Beiträge zum spanischen Film aufgenommen, obwohl unser Literaturbegriff, wie der Beitrag von Janett Reinstädler zeigt, recht offen und weit gefaßt ist. Wir haben wiederum andere Texte nicht berücksichtigt, weil sie unserer Meinung nach eine homosexuelle Kultur, wie wir sie verstehen, nicht in ausreichendem Maße repräsentieren.

Wir haben versucht, die Lesbarkeit des Buches nicht durch einen aufgeblähten wissenschaftlichen Apparat zu beeinträchtigen. Insbesondere haben wir auf Fußnoten verzichtet. Dafür enthält jeder Beitrag am Schluß eine Liste mit den wichtigsten Werken und den deutschen Übersetzungen (so vorhanden); eine Auswahl der einschlägigen Sekundärliteratur findet sich am Ende des Buches. Die Zitate aus der Primärliteratur wurden (wenn nicht anders angegeben bzw. keine deutschen Übersetzungen vorlagen) von den jeweiligen Verfassern bzw. Übersetzern ins Deutsche übertragen. Die in Klammern nachgestellten Zitatnachweise beziehen sich auf den Originaltext bzw. auf die deutsche Übersetzung, falls es eine solche gibt. Die Bibliographie am Ende versucht einen möglichst vollständigen Überblick über die allgemeine Sekundärliteratur zur schwulen und lesbischen Literatur auf der Iberischen Halbinsel zu geben. Es finden sich hier auch Titel zur Geschichte, Politik, Gesellschaft und Kultur ganz allgemein.

Der Beitrag von María Cinta Montagut wurde übersetzt von *Sören Brinkmann* (Universität Erlangen-Nürnberg), der von Karlos Cid Abasolo von *Arno Gimber,* der von Rosemary Geisdorfer Feal von *Cecilia Dreymüller* und der von Ana Acuña und Carmen Mejía von *Cecilia Dreymüller und Arno Gimber.* Wir bedanken uns für wertvolle Hinweise und Anregungen bei: *Luis Antonio Parla* (University of Southampton), *Anja Reders* (Universidad Complutense Madrid), *Charo Solana* (Buchhandlung La Avispa, Madrid), *Isolde Speck* (Wuppertal) und *Thomas Vorweg* (Barcelona).

Wir bedanken uns ferner ganz herzlich bei *Prof. Dr. Wolfgang Popp* und *Dr. Dirck Linck* (beide Universität-Gesamthochschule Siegen). Sie haben, vermutlich ohne es zu wissen, dieses Buch erst ermöglicht, indem sie die Herausgeber und einige der hier versammelten Autoren zum 9. Siegener Kolloquium „Homosexualität und Literatur" als Referenten und Referentinnen eingeladen hatten. Am Abend des 9. Oktober 1997 faßten wir beim Abendessen den Plan, dieses Buch zu schreiben. ***Werner Altmann (Augsburg), Cecilia Dreymüller (Barcelona), Arno Gimber (Madrid)***

„Zweifellos ein abstoßendes Thema, aber von wahrem literarischem Wert"

Homosexualität in der portugiesischen Literatur vom Realismus bis zur Nelkenrevolution

Von Sven Limbeck

In Wirklichkeit stammt das als Titel gewählte Zitat nicht von einer einzigen Person, sondern von zwei anonymen Zensoren, die 1969 über eine Aufführung von Bernardo Santarenos Stück *O Pecado de João Agonia* zu entscheiden hatten. Die beiden Meinungen, dergestalt konfrontiert, charakterisieren dennoch trefflich das Spannungsverhältnis, das die Geschichte der Homosexualität in der neueren portugiesischen Literatur beherrscht: jenes zwischen rigiden Moralvorstellungen und Zensur einerseits und künstlerischem Aufbruch in die Moderne sowie sozialer Wirklichkeit andererseits. In Portugal galt lange Zeit: Was jemand in seinen vier Wänden treibt, geht niemanden etwas an. Homosexuell darf man sein, nur reden bzw. schreiben sollte man darüber keineswegs. Zwar gehört es in der portugiesischen Gesellschaft wie in anderen mediterranen Kulturen mit ausgeprägter Segregation der Geschlechter für viele Männer zu ihrer Initiation, daß sie auch ihre homosexuellen Erfahrungen machen, doch auch der sprichwörtliche Machismo ist nicht minder ausgeprägt. Das Wörterbuch der Verachtung für den Nicht-Mann oder *maricão*, der die weibliche Rolle annimmt, also dem Macho seinen Hintern hinhält – Heinz Kröll hat kürzlich eine eindrucksvoll-schreckliche Liste zusammengestellt –, spricht für sich.

Wer über Homosexualität in der portugiesischen Literatur referieren will, der muß einige Eigenheiten der Geschichte und Gesellschaft Portugals im Hinterkopf behalten: Zu bedenken sind jene mediterranen Vorstellungen von Männlichkeit und Sexualität, aber auch jene höflich-zurückhaltende und introvertierte Art der Portugiesen, die sie so sehr von ihren spanischen Nachbarn und den Brasilianern, mit denen sie die Sprache teilen, unterscheidet. Man darf weder die Präsenz und Autorität der katholischen Kirche übersehen, noch das faschistische Regime vergessen, das Portugal über mehr als vier Jahrzehnte (1933-1974) mit Zensur und Geheimpolizei beherrscht und terrorisiert hat. Unter diesen Bedingungen kann ein solcher Beitrag vorläufig nur einer Spurensuche gleichen. Man darf sich aber nicht wundern, wenn diese Spurensuche dann zu den größten portugiesischen Schriftstellern hinführt.

Realismus und Naturalismus:
José Maria Eça de Queirós und Abel Botelho

Den Hauptvertreter des Realismus, José Maria Eça de Queirós (1845-1900), an den Beginn der modernen Literatur Portugals zu stellen, dürfte nicht allzu großen Widerspruch herausfordern. Denn der Dandy und *conteur* ist mit seinen satirisch-gesellschaftskritischen Romanen nicht nur der erste Überwinder des Realismus, sondern auch eine Leitfigur der modernen Literatur mit bleibender Strahlkraft. Hingegen mag man mit Verwunderung zur Kenntnis nehmen, daß Eça de Queirós hier auch den Beginn einer homosexuellen Literatur Portugals markieren soll. Denn die Liebe, die das Kernmotiv fast aller seiner Romane bildet, ist doch unstreitig immer heterosexuell orientiert. Wenn auch kein Schriftsteller vor Eça de Queirós so unverkrampft über die sexuellen Aspekte der Liebe geschrieben hat – um die mehr oder weniger eindeutigen gleichgeschlechtlichen Passionen in seinen Romanen zu entdecken, muß man lange und genau lesen.

Die offenste Schilderung einer homoerotischen Leidenschaft findet sich in dem Roman *A Relíquia* (1887) als kurze Episode in der Jugendgeschichte des Ich-Erzählers Teodorico:

> Sobald ich neun Jahre alt war, ließ mir die Titi Hemden nähen und einen Anzug aus schwarzem Stoff schneidern und gab mich als Internatsschüler zu den Isidoros, deren Sitz damals in Santa Isabel war. Schon während der ersten Wochen verband ich mich in zarter Freundschaft mit einem etwas älteren Jungen namens Crispim, einem Sproß der Firma Telles, Crispim & Co., Besitzer der Wollspinnerei in Pampulha. Crispim half sonntags als Ministrant bei der Messe; wenn er kniete, glich er mit seinen langen blonden Haaren einem lieblichen Engel. Manchmal, auf dem Korridor, riß er mich an sich und bedeckte mein weiches, mädchenhaftes Gesicht mit verzehrenden Küssen; abends im Studiersaal, überm Blättern in den behäbigen Nachschlagebüchern, steckte er mir mit Bleistift beschriebene Zettel zu, auf denen er mich „Mein Angebeteter" nannte und mir Schächtelchen mit Stahlfedern versprach. (Queirós, *Die Reliquie*: 13)

Der Liaison ist freilich viel von der Problematik einer homosexuellen Beziehung genommen, denn die beiden Jungen sind im vorpubertären Alter und leben in der geschlossenen Welt eines Internats, wo dergleichen seit je eine Selbstverständlichkeit darstellt. Auch bleibt Teodorico eher unbeteiligt und vermerkt nur wenige Seiten später leidenschaftslos Crispims Abgang von der Schule. In seiner weiteren Schul- und Studienzeit entwickelt er sich zu einem „normalen" jungen Mann mit Liebschaften zu Mädchen und Halbweltdamen. In der *Reliquie* bleibt die Homoerotik des Helden eine ephemere Phase, die spätestens endet, als einer seiner Mitschüler sein männliches Rollenverständnis in Frage stellt, indem er ihn eine „Zierpuppe" nennt (Queirós, *Die Reliquie*: 16). Er belehrt den Insultanten mit einem Faustschlag eines besseren.

Eça de Queirós kommt es bei der Schilderung problematischer Liebesverhältnisse immer darauf an, jene Deformationen aufzuzeigen, die die Autorität der Kirche, die Frömmelei der *moral majority* und der sinnleer gewordene Moralkodex einer dekadent-bourgeoisen Gesellschaft den natürlichen Trieben zufügt. In *O Crime do Padre Amaro* (1875) ist es der Priesterzölibat, der den jungen Pater Amaro dazu bringt, das gemeinsame Kind seiner Geliebten Amélia nach der Geburt zu töten. In *O Primo Basílio* (1878) wird die in einer von Liebesromanen genährten Traumwelt lebende Luísa von ihrem Geliebten Basílio fallengelassen, als sie von einer Hausangestellten wegen ihres Seitensprungs erpreßt wird. Sie stirbt schließlich an einer Hirnhautentzündung, während ihr Gatte zu seinem Freund Sebastião zieht.

Im „Thema der verbrecherischen Liebe, der Unmöglichkeit der normalen Realisierung des simplen Aktes zu lieben" erkennt sein Biograph João Gaspar Simões „ein latentes Thema" aller Werke von Eça de Queirós. Simões vermutet in Queiros' unbewußter Verinnerlichung der Illegitimität des Sexuellen einen Tribut an dessen uneheliche Geburt und sein Aufwachsen ohne Mutter. Daß im Spektrum der sexuellen Übertretungen, die der Romancier schildert, die Homosexualität ein Nebenmotiv bleibt, verdankt sich wohl einem Umstand, den Simões nur andeutet: Eça de Queirós' mutmaßliche eigene Homosexualität, „o amor sensual anómalo" (Simões: 182). Die Bedrohlichkeit dieses Themas deutet sich in der von der Romanhandlung unmotivierten Schilderung eines zwischenmännlichen Annäherungsversuchs in *A Capital* (postum, 1925) an:

> Ein kräftiges Räuspern an einem Nebentisch zog seinen Blick auf einen Mann, der einen Cabaz trank: er war von kleiner, untersetzter Statur, trug einen Umhang über den Schultern, und sein rundes, bärtiges, weiches Gesicht zeigte die bläßliche Farbe eines Huhns; sein trüber Blick hatte etwas Morbides, Krankhaftes. Der Unbekannte lächelte zu Artur hinüber und sprach ihn mit dünner Stimme an: „Eine scheußliche Nacht!"
> „Eine ganz scheußliche!"
> Sofort rückte der Mann mit einer lendenlahmen Bewegung seiner Schenkel und in weinerlicher Zärtlichkeit verdrehten Augen auf seinem mit Rohrgeflecht bezogenen Schemel dicht an Artur heran: „Wie wär's denn mit einem Cabaz?"

Artur winkte ab. Die Nähe dieses Alten behagte ihm nicht recht: der Kerl hatte etwas Klettenhaftes an sich, Beine von weiblicher Rundheit, die ihn anekelten, und in seinen Augen von undefinierbarer Farbe, die Artur nicht mehr losließen, irrlichterte düstere, zweideutige, senile Wollust.
„Warum denn keinen leckeren Cabaz?" flüsterte der Mann und schob sich noch näher heran.
Artur wich instinktiv zurück. Der andere machte eine leise Bewegung mit den Schenkeln, streifte ihn dabei am Knie und sagte sehr ordinär: „Haben Sie doch keine Angst, Kleiner!"
Artur begriff, stand auf und ballte die Fäuste: „Sie Schwein!"
„Aber wieso denn, Kleiner!" entgegnete der andere ruhig.
Artur schrie nach dem Kellner, warf eine Silbermünze auf den Tisch und verließ wutentbrannt das Lokal. (Queirós, *Die Hauptstadt:* 226)

Man kann auch versuchen, im Subtext homoerotischer Beziehungsgeflechte zu lesen, der manchem Roman Eça de Queirós' zugrundeliegt und sich in Andeutungen, Konversationsfragmenten oder verhüllten Erzählerkommentaren Bahn in den Text bricht. So etwa in einer Szene aus den *Maias:* Carlos da Maia überrascht während eines nächtlichen Besuches bei seiner Geliebten Maria Eduarda im Garten eine von deren Hausangestellten, wie sie gerade in den Büschen mit einem Fremden zugange ist. Carlos bebt vor Entrüstung über die berechnende Heuchelei der Gouvernante und erinnert sich dabei an eine bestimmte Situation: „Erst vor ein paar Tagen hatte er gesehen, wie diese Kreatur den Blick von einer Abbildung in der *Illustração* abgewandt hatte, auf der sich zwei keusche Hirten in einem bukolischen Hain küßten! Und nun lag sie im Gras und stöhnte!" (Queirós, *Die Maias*: 133) Das nächtliche Stelldichein der Gouvernante wird effektvoll mit der arkadischen Szene kontrastiert: Gegen die viehische Lust tritt eine harmlose Homoerotik an. Carlos merkt freilich nicht, daß er sich selbst diskreditiert, denn auch er ist mit Maria Eduarda nicht verheiratet. Hier deutet sich auf sehr indirektem Wege an, daß der unbewußt in einen Inzest mit seiner Schwester verstrickte Carlos überdies in ein komplexes Netz unterschwellig-homoerotischer Beziehungen eingebunden ist. Der Leser erfährt bereits auf den ersten Seiten, daß der Held keineswegs den männlich geprägten Rollenmustern seiner Erziehung im englischen Stil entspricht: Seine mit üppigem Luxus ausgestatteten Räumlichkeiten im Lissabonner Sitz der Maias veranlassen seinen Verwalter zu dem Kommentar, „daß das nicht die Räume eines Arztes, sondern die Gemächer einer Primaballerina seien!" (Queirós, *Die Maias*: 11). Eben dieses Haus ist ein Ort, zu dem Frauen keinen Zutritt haben und in dem Carlos zusammen mit seinem Großvater und seinem Freund und Alter ego, dem Dandy João da Ega (was wohl nicht zufällig an Eça erinnert), wohnt. Der einmalige Besuch Maria Eduardas wird denn auch mit dem Ableben des Großvaters in einen assoziativen Zusammenhang gebracht, denn er erleidet just an der Stelle, an der Tage zuvor die Geliebte seines Enkels saß, einen Herzanfall. Selbst Carlos' kurzfristige Affäre mit der Gräfin Gouvarinho, der er nach der Begegnung mit Maria Eduarda den Laufpaß gibt, läßt sich als eine den Gatten der Gouvarinho einbeziehende Dreieckskonstellation verstehen: Graf Gouvarinho scheint einen Narren an Carlos gefressen zu haben. Doch wandelt sich seine herzliche Zuneigung abrupt, als Carlos das Verhältnis mit seiner Frau beendet:

> Gouvarinho gab sich Ega gegenüber heiter [...], sein Händedruck für Carlos war dagegen kurz und frostig. Bereits Tage vorher, als sie sich auf dem Loreto begegneten, hatte Gouvarinho nur im Vorbeigehen flüchtig ein kühles „Wie geht's, Maia?" gemurmelt. Ach, das waren nicht mehr jene überschwenglichen Worte, jenes rührende Schulterklopfen wie zu den Zeiten, da Carlos und die Gräfin in Tantchens Bett in Santa Isabel Zigaretten rauchten. Jetzt, wo es vorbei war mit der Gräfin Gouvarinho, [...] da war der Herr Gemahl eingeschnappt, als wäre er gleichfalls verlassen worden. (Queirós, *Die Maias*: 231 f.)

Eine nachträgliche Bestätigung der erotisch begründeten Beziehung zwischen Gouvarinho und Carlos bietet meines Erachtens das Ende des Romans, wo Carlos nach Beendigung seines inzestuösen Verhältnisses und jahrelanger Abwesenheit mit seinem Freund Ega durch Lissabon spaziert. Ega macht ihn auf eine vorüberfahrende Kutsche aufmerksam: „Darin saß nur, lässig zurückgelehnt, ein hellblonder, junger Bursche, weiß wie eine Kamelie und mit einem leichten Flaum auf der Oberlippe. Er nickte Ega zu, mit dem anmutigen Lächeln einer Jungfrau. Die Kutsche rollte vorüber" (Queirós, *Die Maias*: 415 f.). Der Jüngling mit der femininen Physiognomie ist Gouvarinhos Sohn Charlie, dessen Anblick Carlos „bildhübsch" findet. Charlie lebt, wie Ega nunmehr berichtet, in einem sokratischen Verhältnis zu einem älteren Mann: „Er ist mit einem Greis befreundet, hat ihn immer um sich ..." (ebd.). Das Ausklingen des Satzes läßt die genaueren Umstände freilich unbestimmt.

Die Tragweite des Homoerotischen, das in dem für Eça de Queirós' Prosa charakteristischen indirekten Stil angedeutet wird, kann hier nur knapp umrissen werden. Es bleibt den Lesern anheimgestellt, die zahlreichen Angebote des Autors aufzugreifen, seine Texte auch ganz anders zu lesen, also gleichsam wie bei einem Palimpsest zwischen den Zeilen einen schwulen Subtext zu rekonstruieren.

Anders als Eça de Queirós, der das Thema auf der Handlungsoberfläche seiner Erzählwerke weitgehend unberührt läßt, widmet der Naturalist Abel

Botelho (1856-1917) der Homosexualität seinen Roman *O Barão de Lavos* (1891) und schafft damit den ersten homosexuellen Romanhelden der portugiesischen Literatur. Die Möglichkeit, unvoreingenommen umstrittene und verschwiegene Themen von gesellschaftlicher Brisanz aufzugreifen, bot sich dem Zola-Schüler durch die ästhetische Position des Naturalismus, die den Menschen naturwissenschaftlich als Produkt aus Erbgut, sozialem Milieu und historischer Situation begreift. Gleichwohl vermittelt Botelho „die Erfahrungen der Gewissensnot, der Leidenschaften und der erotischen Abwege entgegen den stilistischen Ansprüchen der objektiven Methode mit dem zynischen Wohlgefallen der dekadenten Literatur seiner französischen Zeitgenossen" (Siepmann: 75). Dabei läßt bereits der Titel des fünfbändigen Romanzyklus *Patologia Social,* dessen erster Teil der *Baron von Lavos* ist, nicht unbedingt Gutes ahnen. Bei allen Verdiensten, die Botelho um die schonungslose Bloßstellung bürgerlicher Doppelmoral in diesem ersten Homosexuellenroman der portugiesischen Literatur zukommen, sein Baron ist ein Degenerierter und – wie Carlos da Maia – der letzte Vertreter eines alten Geschlechtes, bestenfalls ein wehrloses Opfer seiner Triebe. Diesen Eindruck vermittelt der Autor bereits auf den ersten Seiten:

> Hier strich ein Mann umher, der sich indessen nicht zu beeilen schien hineinzugehen. Hie und da blieb er stehen, stöberte in der Menschenmenge, ging automatisch von Gruppe zu Gruppe mit jener gespannten Unruhe von jemandem, der dringlich einen anderen sucht. In seinem beharrlichen und weiten Blick, der von glühender und gläserner Frostigkeit war, funkelte die Hartnäckigkeit einer Begierde; am Fieber der winzigen schroffen Bewegungen der Glut einer Zigarre an seinem Mund zeigte sich, daß seine Lippen und Kiefer nervös von einer tiefen, animalischen Sorge erschüttert wurden.
> Es mußte ein Junge sein, den er suchte; denn die Augen dieses großen, hageren Mannes richteten sich vornehmlich auf die bartlosen, zartbeflaumten Gesichter der Jünglinge. Einen Augenblick lang heftete er mit einer gierigen und düsteren Entschlossenheit seinen Blick auf sie, dann wandte er sich schnell wieder ab. Nach einigen Minuten der Beobachtung bemerkte man schließlich sogar, daß er niemand bestimmten suchte. Im Gegenteil, er schien zu vergleichen, gegenüberzustellen, auszusuchen. Über einige Jungs ging er nach einem flüchtigen Blick schnell hinweg; es gab aber auch andere, bei deren Entdeckung ihre Gesichter ihm ein Gefühl höchster Sinnlichkeit verursachten. Und bei diesen war es ihm dann unmöglich, nichts zu unternehmen, um ihre Aufmerksamkeit zu erregen. Er streifte sie leicht mit dem Arm; er berührte, wie abwesend, ihre Schenkel mit seinem Stock; er gesellte sich an ihre Seite, starrte sie mit seinem trockenen und gläsernen Blick beharrlich an; er blies ihnen im Vorbeigehen eine Rauchwolke ins Genick. Dies ganze Spiel vollzog er wohlgemerkt immer schlau, mit heuchlerischer Vorsicht, mit katzenhafter List, alles wohlweislich von regelmäßigen forschenden Blicken in die

Umgebung unterbrochen ... damit ihm hier nicht womöglich ein Bekannter begegnen und ihn überraschen würde. Und jedesmal, wenn der aufgeforderte Bursche sich entweder angewidert oder gleichgültig entfernte, machte dieser durch die Nacht streifende Jäger der Epheben dort auf der Suche nach einem anderen weiter, indem er durch die Grüppchen strich, die Straße überquerte in einem unbestimmten Taumel, man weiß nicht genau, ob von einem geheimen Laster beherrscht oder von einer schweren Melancholie niedergedrückt. (Botelho, *O Barão de Lavos*: 10)

So sehr Botelho Naturalist ist, was die gleichsam klinische Anamnese der sexuellen Anomalie des Barons betrifft, so sehr ist er zugleich dem Dekadentismus verpflichtet. Passagenweise wird der Baron vom Autor mit einer „Aureole vollkommenster Sensibilität" umgeben (Saraiva/Lopes: 934). Die Vorliebe des Erzählers für luxuriöse Interieurs und seine Fähigkeit, die Atmosphäre des Fin de siècle stilistisch exuberant zu schildern, machen den Roman höchst lesenswert, so daß man das Fehlen einer deutschen Übersetzung durchaus bedauern muß.

Literarische Moderne: Fernando Pessoa und die *Geração do Orpheu*

Der Beginn der literarischen Moderne in Portugal ist untrennbar mit dem Namen der Zeitschrift *Orpheu* verknüpft. Um den *Orpheu,* der 1915 nach nur zwei Ausgaben aus finanziellen Gründen sein Erscheinen einstellen mußte (ein drittes Heft gedieh nur bis zu den Druckfahnen), versammelt sich die künstlerische und literarische Avantgarde, deren Hauptvertreter auch der literarischen Gestaltung des Themas Homosexualität neue Qualitäten verleihen. Dazu gehören Mário de Sá-Carneiro, Fernando Pessoa, José de Almada-Negreiros und Raul Leal.

Seinen entscheidenden Beitrag zu einer homosexuellen Literatur Portugals hat Mário de Sá-Carneiro (1890-1916) allerdings bereits vor dem Erscheinen des *Orpheu* mit seinem kurzen Roman *A Confissão de Lúcio* (1913) geleistet, dessen Titel sich wohl an Zolas *La confession de Claude* (1865) anlehnt. Das Wort *confissão* umfaßt die Bedeutungsvarianten des Bekennens, Gestehens und Beichtens, ein ganzes Spektrum von Ich-Aussagen vor höheren (meist moralischen) Instanzen. Die Ausgangssituation von Sá-Carneiros Roman ist der Versuch des Ich-Erzählers Lúcio Vaz, den Mord an seinem Freund Ricardo de Loureiro, für den er zehn Jahre lang unschuldig eingekerkert war, aufzuklären. Lúcios schweigendes Eingeständnis der angeblichen Eifersuchtstat vor Gericht wird im Roman mittels einer autobiographischen Rückblende widerrufen.

Die eigentliche Handlung läßt sich so zusammenfassen: Statt Jura zu studieren, lernt der junge, schriftstellernde Portugiese Lúcio im Paris der Jahrhundertwende das *high life* kennen, charakterisiert durch „Schönheit, Laster, Perversion und Krankheit" (Sá-Carneiro, *Lúcios Bekenntnis*: 17, zitiert wird die Übersetzung von B. Zilly). Auf einem vom Autor mit den grellen Farben des Modischen, Artifiziellen und Widernatürlichen gezeichneten Ball begegnet er dem Dichter Ricardo de Loureiro und schließt eine intime Seelenfreundschaft mit ihm. Im Rückblick bezeichnet Lúcio diese Begegnung als den „Beginn meines Lebens": „Oh, schicksalhaft mußte eine Freundschaft sein, die auf einer so seltsamen, so verstörenden, so goldenen Bühne begann..." (ebd.: 31). Im Zentrum der Gespräche, die die beiden Freunde während einiger Monate trauter Zweisamkeit führen, steht allerdings das verstörende Bekenntnis Ricardos, er könne nicht lieben:

„Sie können sich nicht vorstellen, Lúcio, wie Ihre Nähe mich bezaubert, wie sehr ich die Stunde segne, in der wir uns begegnet sind. [...] Deshalb werde ich heute zum ersten Mal den Mut aufbringen, jemandem die größte Seltsamkeit meines Geistes und den größten Schmerz meines Lebens zu bekennen ..."
Er hielt einen Augenblick inne und fuhr plötzlich in verändertem Tonfall fort: „Es ist nichts weiter als das: ich kann niemand zum Freund haben... Widersprechen Sie nicht ... Ich bin nicht Ihr Freund. Nie habe ich Zuneigung fühlen können – ich sagte es Ihnen bereits –, nur zärtliche Empfindungen. Größte Freundschaft würde sich für mich allein in größter Zärtlichkeit äußern. Und Zärtlichkeit bringt immer den Wunsch nach Liebkosung mit sich: den Wunsch zu küssen, zu umschlingen, kurz, zu besitzen! Was mich betrifft, so kann ich nur nach der Befriedigung meines Begehrens fühlen, wodurch es hervorgerufen wurde. Die Wahrheit ist folglich die: Meine eigene Zärtlichkeit habe ich nie gefühlt, nur geahnt. Um sie zu fühlen, um also mit jemand befreundet zu sein, müßte ich (da ja bei mir Zärtlichkeit Freundschaft bedeutet) die begehrte Person, ob Mann oder Frau, besitzen. Doch einen Menschen unseres Geschlechtes können wir nicht besitzen. Folglich könnte ich nur dann mit einem Menschen meines Geschlechtes befreundet sein, wenn er oder ich ein anderes Geschlecht annähme. (ebd.: 51 f.)

Indem Ricardo die Unmöglichkeit des körperlichen „Besitzens" unter Männern konstatiert, bekennt und negiert er im gleichen Atemzug gegenüber Lúcio seine Liebe. Dabei deutet das Wort *possuir* auf eine spezifisch mediterrane Grammatik der Homosexualität. Nach dieser Konstruktion der Geschlechterordnung sind zwischen Mann und Frau aktive und passive Rolle klar verteilt. Daher gilt umgekehrt: Wer sich als Mann hingibt, der wird in der sexuellen Hierarchie zur Frau – in einem unlösbaren Widerstreit von leiblichem und sozialem Geschlecht zu einer Monstrosität, dem Nicht-Mann oder *maricão*. Hier deutet sich an, daß der Autor Sá-Carneiro in seinem Text weniger die körperlichen als die diskursiven Wirklichkeiten des gleichgeschlechtlichen Begehrens verhandelt und mit dem Einbruch des Phantastischen, das sich nun ereignen soll, zu unterlaufen sucht.

Wenige Monate nach seinem besagten Bekenntnis kehrt Ricardo überraschend nach Lissabon zurück. Als sich die Freunde nach einiger Zeit der Trennung dort wiederbegegnen, ist Ricardo mittlerweile verheiratet. Doch Marta, die Gattin, umgibt von Anfang an ein Geheimnis. Sie erscheint Lúcio als eine unwirkliche Gestalt ohne Vergangenheit. Gleichwohl erliegt er beim täglichen Verkehr im Hause des Freundes ihrem Bann und beginnt ein Verhältnis mit ihr. Trotz seiner Verfallenheit empfindet Lúcio gegen die Beziehung innere Widerstände, die er sich selbst nicht erklären kann:

> Fern von ihr, rief ich mir unsere Spasmen in Erinnerung, kamen mir plötzlich unbegreifliche Anwandlungen von Ekel. [...] Ja, wenn ich Marta zergehen ließ, wenn ich mich entsann, wie ich sie hatte zergehen lassen, kam mir jedesmal ein Nachgeschmack von Krankheit, von Ungeheuerlichkeit, als hätte ich ein Kind in Besitz genommen, ein außermenschliches Wesen oder eine Leiche ... (ebd.: 75 f.)

Mit der Zeit werden diese Empfindungen konkreter, Empfindungen, die Ricardos Bekenntnis in Paris spiegeln:

> Vergessen waren meine Aversionen; was jetzt in mir bebte, war ein anderer Zweifel: obschon unsere Leiber sich ineinanderschlangen, sich ineinanderklammerten, obschon Marta mein gewesen war, ganz mein, drängte sich mir der Eindruck auf, ich weiß nicht warum, als hätte ich sie niemals vollkommen besessen; als sei es sogar unmöglich, jenen Leib vollkommen zu besitzen, gewissermaßen aufgrund einer physischen Unmöglichkeit: als gehöre sie demselben Geschlecht an wie ich! (ebd.: 82)

Wie eine fixe Idee verfolgt den Schriftsteller die Feststellung, daß Ricardos Kuß, den er einmal im Scherz bekommt, „gleich, absolut gleich, ebenso gefärbt und ebenso verwirrend" (ebd.: 82) wie die Küsse Martas ist. Marta unternimmt indessen keine Anstrengung, die Liaison vor ihrem Mann zu verheimlichen, ja dieser scheint die Beziehung duldend zu beobachten. Schließlich findet Lúcio heraus, daß Marta weitere Liebhaber hat: „Wenn ich sie nunmehr zuckend umfing, so war mir in der Tat, als besäße ich unter monströsen Küssen auch all die männlichen Leiber, die über den ihren glitten" (ebd.: 88). In glühender Eifersucht und Verachtung für den teilnahmslosen Ricardo ergreift er die Flucht. Bei der Aussprache der Freunde nach Lúcios erneuter Rückkehr nach Lissabon erklärt Ricardo, von Lúcio mit Vorwürfen überhäuft, seine Frau als sein eigenes Geschöpf, als eine Wunschprojektion seiner selbst, die die ersehnte Vereinigung mit dem

Freund erst ermöglichte: „Ich hieß SIE die deine werden! Doch wenn sie dich umfing, war ich es selbst, der dich umfing" (ebd.: 111). Mit dem Schluß seiner Variante des Pygmalion-Mythos erweist der Autor nun Oscar Wilde eine intertextuelle Reverenz; er ist dem Ende von dessen Roman *Das Bildnis des Dorian Gray* nachgebildet: Zum Beweis seiner Erklärung erschießt Ricardo de Loureiro sein Geschöpf vor den Augen des geliebten Freundes. Doch Marta ist plötzlich verschwunden, und tot zu Boden fällt Ricardo. Zurück bleibt Lúcio mit der Waffe.

Mário de Sá-Carneiro hat 1916, mit fünfundzwanzig Jahren, in Paris Selbstmord begangen. Bis dahin war er einer der engsten Freunde Fernando Pessoas, neben dem er mit seinem schmalen Œuvre als der bedeutendste moderne Schriftsteller Portugals gilt. Als kriminalistisch-analytisch angelegtes Vexierspiel um Körper und Geschlechter, Gefühle und Identitäten schreibt sich *Lúcios Bekenntnis* mit seiner abgründigen und suggestiven Prosa in die europäische Moderne.

Auf eine eventuelle, „wenn auch sublimierte, homosexuelle Neigung" Fernando Pessoas (1888-1935) angesprochen, antwortete dessen Stiefschwester, 1985 in einem Interview: „Etwas derartiges habe ich nie bemerkt. Weil er riesig schüchtern gegenüber Frauen war? Sicherlich, Fernando stellte die Frau auf einen Altar, siehe seine Verehrung für seine Mutter. Aber er bewunderte die Frauen; ich erinnere mich sogar an einige, die er sehr fesselnd fand" (Pessoa, *Dokumente:* 185). Es ist hier nicht der Raum, Pessoas Homosexualität *in extenso* zu diskutieren. Sicher ist jedoch, daß die einzige Beziehung des Dichters zu einer Frau, Ophélia Queiroz, nach zwei Anläufen endgültig scheiterte, wobei Störmanöver von Pessoas homosexuellem Heteronym Álvaro de Campos eine gewisse Rolle spielten. Sicher ist auch, daß Pessoa zweimal in seinem Leben mit homosexuellen Männern, den Dichtern Mário de Sá-Carneiro und António Botto, enge Freundschaften unterhielt. In einer autobiographischen Notiz vermerkt der Dichter über sich:

> Ich sehe keine Schwierigkeiten, mich zu beschreiben: ich besitze ein feminines Temperament mit einer maskulinen Intelligenz. […] Hinsichtlich der Empfindsamkeit, wenn ich sage, daß es mir stets gefallen hat, geliebt zu werden, und nicht, zu lieben, so habe ich alles gesagt. […] Mir hat die Passivität gefallen. An der Aktivität hat mir, nicht zu vergessen, lediglich gefallen, die Liebesaktivität dessen zu stimulieren, der mich liebte. Ich erkenne, ohne mich zu täuschen, die Natur dieses Phänomens an. Es handelt sich um eine unvollkommene sexuelle Inversion. (Crespo: 264)

Inversion ist Freuds Fachterminus für Homosexualität, und Pessoas Statement ist nicht weniger als das nüchterne Bekenntnis zu einer ungelebten homosexuellen Orientierung. Entscheidend ist jedoch, daß wesentliche Teile seines vielschichtigen schriftstellerischen Werkes von homosexueller Motivik durchtränkt, wenn nicht gar von einer homosexuellen Poetologie getragen sind.

Bekanntlich hat Fernando Pessoa eine Reihe von Schriftstellerpersönlichkeiten erfunden, die er jeweils mit einer eigenen Biographie und einem unverkennbaren Stil versehen und zueinander wie auch zu sich selbst in vielfältige Beziehungen gesetzt hat. Unter diesen Heteronymen, so Pessoas eigene Bezeichnung, verfaßt er einen bedeutenden Anteil seines lyrischen und essayistischen Werkes. Mit dem bukolischen Dichter Alberto Caeiro, dem Neoklassizisten Ricardo Reis und dem Modernisten Álvaro de Campos – hinzu tritt als Verfassers des *Buchs der Unruhe* das „Semi-Heteronym" Bernardo Soares – potenziert Pessoa nicht nur seine poetische Ausdrucksfähigkeit, sondern er gestaltet nach einer ausgeklügelten Programmatik die moderne portugiesische Literaturgeschichte, unterwirft sie seinem Stilwillen und seiner Inszenierungskunst. Pessoas Selbstinszenierung und -vervielfältigung, gepaart mit einer manischen Schaffenskraft und intellektueller Querköpfigkeit, machen ihn zum mit Abstand bedeutendsten modernen Dichter Portugals.

Pessoas Anteil an einem programmatisch fundierten Modernismus, wie die *Orpheu*-Dichter ihn pflegten, besteht im wesentlichen in den vom italienischen Futurismus Marinettis beeinflußten Großgedichten aus der ersten Schaffensphase des Álvaro de Campos, dessen literarischen Stil Pessoa auf den Namen *Sensationismus* tauft. In der ersten Nummer des *Orpheu* erscheint der Wiegentext dieser literarischen Bewegung, Álvaro de Campos' *Ode Triunfal* (1915), in welcher das moderne Leben schlechthin in Gestalt der Fabriken und der Technik, des Automobils, der Eisenbahn und der transatlantischen Schiffahrt, der kapitalistischen Wirtschaft und gar des Krieges gepriesen wird. Als Faszinosum der modernen Welt erscheint schließlich auch die Auflösung aller traditionellen Begriffe von Moral. Im gesellschaftlichen Panoptikum bilden wie selbstverständlich die Schwulen einen nicht wegzudenkenden Bestandteil, gerade wegen der Widernatürlichkeit ihrer Existenz:

> Alles, was da vorbeigeht, vorbeigeht und nie vorbeigeht!
> Allzu aufdringliche Gegenwart der Kokotten,
> aparte Banalität – wer weiß, was dahintersteckt? –
> der kleinen Bürgersfrauen, meist Mutter und Tochter,
> die über die Straßen gehen mit irgendeinem Vorhaben,
> die weibliche, falsche Anmut der Päderasten, die langsam vorübergehen,
> und alle die einfach gut angezogenen Menschen, die dort spazierengehen, sich zeigen
> und doch im Innern eine Seele haben.
>
> (Wie gerne wär' ich der Zuhälter dieses bunten Lebens!)
>
> (Pessoa, *Álvaro de Campos*: 9 ff.)

Entsprechend der Programmatik des *Sensationismus* („Alles auf jede Weise erfühlen") werden objektive Beobachtungen durch Sinneseindrücke, die einer geordneten Syntax widerstreben, ersetzt. Der innere Widerhall des Maschinengetöses, der mechanischen Bewegungen etc. im lyrischen Ich führt letztendlich zu einer Überschreitung der Individualität in der ekstatischen Verschmelzung und Einswerdung mit den technischen Triebkräften der Moderne: „Ich kreise und kreise und werde Triebkraft. / Ich werde an alle Züge gekuppelt. / Ich werde auf allen Kais gehißt. / Ich kreise in allen Schrauben der Schiffe" (ebd.: 19). Dieses Ausgeliefertsein und bewußte Sich-Ausliefern an „das grausam-köstliche Tosen unserer Zivilisation" und die „kreischend-lärmende Gegenwart der Technik" faßt der Dichter zunächst noch behutsam, dann immer deutlicher in Ausdrücke körperlichen – genauer: erotisch-sexuellen – Empfindens: „Könnt' ich mich mindestens leiblich durchdringen lassen von alledem, / für alle Öl-, Dampf- und Kohlengerüche / dieser ganz unerhörten, schwarzen, künstlichen, unersättlichen Flora / mich aufreißen, vollkommen öffnen, durchlässig werden!" (ebd.: 9).

Schließlich erscheint dem Sprecher des Gedichtes die mystische Vereinigung von Ich und Welt, die „neue, metallene und dynamische Offenbarung Gottes" (ebd.: 13), im Bilde eines sadomasochistischen Verhältnisses, in welchem er voller Lust die passive Hingabe erlebt:

> Sterben möcht ich zermalmt von einem Motor,
> in der köstlichen Hingabe einer Frau, die besessen wird.
> Werft mich hinein in die Feuerung!
> Legt mich unter die Eisenbahnzüge!
> Schlagt mich an Bord der Schiffe!
> Masochismus durch Maschinerien!
> Sadismus von etwas Modernem, und Ich und Getöse! (ebd.: 15)

Diese Bildlichkeit variiert Pessoa in weiteren Gedichten des Heteronyms Álvaro de Campos, auf die ich nur kurz eingehe: In der *Saudação a Walt Whitman* (1915) ist der homoerotische Bezugsrahmen bereits im Titel angedeutet. Hier phantasiert Campos die Verbrüderung mit dem großen amerikanischen Dichter der *manly love of comrades*: „Mein alter Walt, mein großer Gefährte [*Camarada*!], evohe! / Zu deiner bacchischen Orgie befreiter Empfindungen zähle ich mich, / bin deinesgleichen [...]" (ebd.: 87). Hier wird Whitman, der beide sexuelle Rollen und beide Geschlechter in sich vereint, als das große Vorbild für die mystische Erkenntnis von Welt und Existenz auf dem Wege der panerotisch-sexuellen Vereinigung angerufen:

Du allzeit moderner und ewiger Sänger konkreter Dinge,
feurige Konkubine des zerstäubten Weltalls,
großer Päderast, der sich gegen die Vielfalt der Dinge stemmt,
erotisiert von den Steinen, den Bäumen, den Menschen und den Berufen,
brünstig nach Zufallsbekanntschaften, bloßem Ausschau-Halten,
Schwärmer für den Gehalt aller Dinge,
mein großer Held, der springend dem Tode entgegenzieht,
mit Knurren, mit Kreischen und Brüllen Gott begrüßend!

Sänger der wilden und zärtlichen Allverbrüderung,
großer Haut-Demokrat, allen Dingen mit Leib und Seele benachbart,
Karneval aller Taten und Bacchanal aller Pläne,
Zwillingsbruder jedweden Aufbruchs, [...]
souteneur des großen Weltalls,
Dirne aller Sonnensysteme ...

Wie oft, Walt, küsse ich dein Porträt!
Dort, wo du jetzt bist (wo es ist, weiß ich nicht, doch es ist Gott),
fühlst du es, ja, du fühlst es, und meine Küsse sind heißer,
und so willst du es, Alter, und dankst von drüben –
ich weiß es, ein Etwas sagt es mir, ein Wohlbehagen in meinem Geiste,
eine abstrakte Erektion auf dem Grund meiner Seele.

Nicht verführerisch warst du, sondern zyklopisch und muskulös,
doch gegen das Weltall verhieltest du dich wie eine Frau,
und jeder Grashalm und jeder Stein und jeder Mensch war für dich Weltall!
(ebd.: 85 ff.)

In *Passagem das Horas* (1916) wird diese angestrebte Vereinung aller denkbaren Rollen in einer dichterischen Beschwörung der Auflösung des Individuums und der Einswerdung mit allen Existenzen verwirklicht:

Die Arme aller Athleten preßten mich, und ich wurde plötzlich zum Weibe,
beim bloßen Gedanken daran verging ich zwischen erträumten Muskeln.

Die Küsse aller Begegnungen sammelten sich auf meinem Munde,
die Tücher jedweden Abschieds winkten in meinem Herzen,
alle lüsternen Anrufe, Blicke, Gebärden
treffen mich voll auf den Leib, in die Mitte des Geschlechts.
Alle Asketen war ich und alle Außenseiter und alle schon fast Vergessenen
und alle Päderasten – ausnahmslos alle (es fehlte nicht einer).
Rotes und schwarzes Rendezvous auf dem Höllengrund meiner Seele!

(Freddie, ich nannte dich Baby, denn du warst blond und weiß, und ich liebte dich,
wie viele angehende Kaiserinnen und entthronte Prinzessinnen warst du für mich!)
(ebd.: 107)

Pessoas homosexuelle Poesie der *sensationistischen* Phase erreicht ihren Höhepunkt zweifellos in der *Ode Marítima* (1915), die in der zweiten Nummer des *Orpheu* erschien. Ihre dichterisch inszenierte Phantasie passiv-masochistischer Homosexualität führt in die hermetische Männerwelt der Matrosen. Hier nun vollzieht sich das visionär-mystische Erleben in einer Verschmelzung des Individuums mit dem Meer, mit den Segelschiffen der Vergangenheit und den Abenteuern der Piraten. In einem litaneiartigen Lobpreis von Aktionismus, Todesverachtung und Virilität der Matrosen steigert sich der Visionär in ekstatische Zustände, die in unartikulierten Schreien angezeigt sind:

> Männer, die Lasten in den Laderaum schleppen!
> Männer, die Taue an Deck aufrollen!
> Männer, die das Metall der Luken putzen!
> Männer am Steuer! Männer auf Masten! Männer an den Maschinen!
> Ahoi! Ahoi! Ahoi!
> Leute in Schiebermützen! Leute in Tricots!
> Leute mit in die Brust gestickten Ankern und gekreuzten Fahnen!
> Leute mit Tätowierungen! Leute mit Tabakspfeifen! Leute von der Reling!
> Leute, tiefbraun von soviel Sonne, gegerbt von soviel Regen,
> kläräugig von soviel Unermeßlichkeit,
> kühngesichtig von so vielen Winden, die ihnen hart zusetzten!
>
> He-e-e-e-e-e-e-e-e-jo! (ebd.: 45)

Das Verlangen des Visionärs richtet sich auf das „unbegrenzte Abenteuer", das einer Flucht vor der „Enge des Daseins" gleichkommt:

> Ich will mit euch ziehen, will mit euch ziehen,
> mit euch allen zur gleichen Zeit
> überallhin, wo ihr hinfahrt!
> Will [...] von den Lippen das Meersalz speien, das die eurigen küßten,
> die Arme rühren bei eurem Tun, teilhaben an euren Stürmen,
> endlich wie ihr zu nie gekannten Häfen gelangen!
> Mit euch fliehen vor der Zivilisation!
> Mit euch das Gefühl für Moral einbüßen! (ebd.: 45 ff.)

Diese Sehnsucht nach einer anderen Existenz jenseits der Konventionen mündet wiederum in die Phantasie einer sexuellen Vereinigung, bei der der Sprecher in die Rolle des sexuell Passiven wechselt und gleichsam eine spontane Verwandlung seines Geschlechts erlebt – „wie sie reden zu dem Blute / eines Frauenleibes, der früher mein war und dessen Brunst überlebt hat", (ebd.: 55) –, sich dabei aber indirekt auch in der Rolle eines „Gepfählten", eines (symbolisch) anal Penetrierten, sieht:

> Jawohl, jawohl ... Kreuzigt mich auf den Fahrten,
> und meine Schultern werden mein Kreuz genießen!
> Bindet mich an die Reisen wie an Pfähle
> und die Empfindung der Pfähle wird in mein Rückenmark eingehn
> und ich sie spüren in einem weiten, passiven Verströmen! [*espasmo,* eigtl. Orgasmus!]
> (ebd.: 49)

Die „Wollustschmerzen" der Ekstase brechen sich Bahn in masochistischen Bildern von Zerstückeltwerden durch die Matrosen, völliger Entgrenzung und Selbstauflösung, durch die schließlich eine Identifikation mit den grausam-sadistischen Blutriten, die er sich von den Matrosen ersehnt, zustandekommt: Peiniger und Gepeinigter werden eins im Schmerz und der Vernichtung. Auf dem Höhepunkt dieser sexuell-mystischen Ekstase versagt die Artikulationsfähigkeit des Sprechers gänzlich. Der Piratensong *Fifteen Men on a Dead Man's Chest* vermischt sich mit sinnlosen Wortfetzen, unartikuliertem Stöhnen und Schreien. Hinterher wird resümiert: „Ich fühlte zu heftig, um noch mehr fühlen zu können" (ebd.: 65).

Wesentlich nüchterner, aber auch weniger eindeutig sind die Reflexionen über das Lieben bzw. Geliebtwerden im *Livro do Desassossego* (postum, 1982) des Semi-Heteronyms Bernardo Soares. Der Hilfsbuchhalter notiert: „Die Frau ist eine gute Quelle der Träume. Berühre sie nie! Lerne es, Vorstellungen von Wollust und Genuß abzutrennen!" Das Motiv des Geschlechtswechsels kommt auch hier unvermittelt zum Vorschein: „Nie eine Haremsdame gewesen zu sein! Wie leid tut es mir, daß mir das nie widerfahren ist!" (Pessoa, *Das Buch der Unruhe*: 140 f.)

Im Jahre 1918 veröffentlicht Pessoa im Selbstverlag das in englischer Sprache abgefaßte Erzählgedicht *Antinous,* das die Klage des Kaisers Hadrian über den Tod seines Geliebten Antinous zum Inhalt hat. Thema und Stil erinnern in keiner Weise an den *Sensationismus* von Álvaro de Campos, vielmehr scheint sich Pessoa bei der Wahl seines hellenistischen Sujets und in sprachlich-stilistischer Hinsicht an der Dichtung der englischen Präraffaeliten orientiert zu haben. Das ist kein ästhetischer Rückschritt, wie man meinte, sondern nur eine weitere Gestalt des proteushaften Dichters:

> Verwaist ist deine Nacht von Lieb' und Küssen,
> dein Tag des Wartens auf die Nacht beraubt,
> von keinem Ziel mehr deine Lippen wissen,
> Sie flüstern nur den Namen, todumlaubt,
> und Einsamkeit und Kummer halten Wacht.

> Es tasten deine Hände freudeleer,
> Blick auf und horch: der Regen rinnt nicht mehr.
> Betrachte den geliebten Jüngling gut,
> wie er auf eurem Liebeslager ruht,
> dort ruht, von deiner eigenen Hand enthüllt;
> dort reizte er die schwanken Sinne wild,
> entfachte sie erneut, wenn sie gestillt,
> erregte deine Liebe bis aufs Blut.
>
> Sein spielerisches Tun mit Hand und Mund
> stachelt dein müdes Kreuz auf mitzugehen.
> Manchmal schienst du im Taumel zu vergehen
> bei jeder neuen Laune saugender Lust.
> Dann hat er neue Spiele stets gewußt
> für deine Nerven, und dir, liebeswund,
> verging auf deinem Kissen Hör'n und Sehen. (Pessoa, *Esoterische Gedichte*: 177 ff.)

Zärtlich-erotische Verse dieser Art wird man in Pessoas portugiesischsprachigem Œuvre vergeblich suchen. Statt mit einem Heteronym maskiert sich Pessoa hier mit dem antiken Stoff und der englischen Sprache und inszeniert dergestalt die Vergottung des im Nil ertrunkenen Jünglings neu.

Pessoa erklärt in seinem berühmten Brief an Adolfo Casais Monteiro die Heteronymie mit der psychiatrischen Begrifflichkeit von Max Nordaus *Entartung* (1892-93) als „Hystero-Neurasthenie": „Ursprung meiner Heteronyme ist meine tiefverwurzelte hysterische Veranlagung" (Pessoa, *Dokumente*: 162). Im Grunde ist sie – wie diese Erklärung selbst – ein Spiel mit Masken. Man kann sie als Inszenierung einer Psychose, vor der der Mensch Pessoa sich nachweislich gefürchtet hat, verstehen. Man kann in ihr auch den offensiven und kreativen Umgang eines homosexuellen Mannes mit der Erfahrung des Andersseins erblicken. Diese und viele andere bisher unternommene Erklärungsversuche haben sicherlich ihr Richtiges. Am sinnvollsten erscheint es mir jedoch, ganz ohne die Psychopathologie zu bemühen, die Heteronymie Pessoas als ästhetische Verwirklichung eines inneren Reichtums an Bildern zu begreifen, als eine Spielart der Kreativität, die uns einen der größten Dichter des 20. Jahrhunderts geschenkt hat. In einem seiner englischen Sonette heißt es: „Wie viele Masken auf dem Seelenantlitz / und Untermasken tragen wir, und wenn / die Seele probeweis' die Maske absetzt, / weiß sie, wann es die letzte Maske ist?" (Pessoa, *Esoterische Gedichte*: 143).

Im Zusammenhang mit dem *Orpheu* sind der Maler und Dichter José de Almada-Negreiros (1893-1970) und der Schriftsteller und „Prophet" Raul Leal (1886-1964) zu nennen. Obwohl Almada-Negreiros, der „Narziß von

Ägypten", wie er sich selbst einmal nennt, Literarhistorikern als bedeutender Mitstreiter von Pessoas *sensationistischer* Bewegung gilt, ist sein Werk heute nahezu unbekannt. Es kann auch hier nur kurz gestreift werden: Hervorzuheben ist v.a. sein für die nicht erschienene dritte Nummer des *Orpheu* verfaßtes Gedicht *A Cena do Ódio* (1916), eine Publikumsbeschimpfung, die folgendermaßen anhebt: „Ich stehe auf, ich Päderast, verhöhnt von Idioten, / Ich werde Gott, ich Hure, Ex-libris der Sünde" (Almada-Negreiros, *A Cena do Ódio:* 49). Die Selbstinszenierung als Homosexueller dürfte für den Dichter indessen weniger Bekenntnis als provokante Bürgerschreck-Geste gewesen sein. Dies gilt wohl gleichermaßen, wenn er in seinem futuristischen Programmgedicht *Mima-Fatáxa* (1917) in einer „Apologie des weiblichen Dreiecks" das „Problem der Päderastie" anspricht: „Heimlich pornographisch sein / Geheimnisse die erröten machen: / Die Invertierte, die Männer und Frauen liebt / Und schläft mit der Sonne und der Geliebten des Mondes! / Die Herrin der indezenten Geheimnisse / Kosmopolitische Synthese" (Almada-Negreiros, *Mima-Fatáxa*: 28).

Als ein neuer Prophet Henoch, der ein *Terceiro Reino* (wohlgemerkt im Sinne Joachims von Fiore) propagiert, das u.a. auf dem Wege praktizierter Homosexualität herbeizuführen zu sei, betritt Raul Leal die Bühne des Modernismus. Im *Orpheu* veröffentlicht er seine „rauschhafte Novelle" *Atelier* (1915), in welcher er – wie Sá-Carneiros Ricardo de Loureiro an Pygmalion erinnernd – die obsessive Verfallenheit eines Künstlers an sein lebendig gewordenes Modell schildert. Im Nachfolgeorgan des *Orpheu,* der Zeitschrift *Centauro,* erscheint seine Erzählung *A Aventura dum Sátiro ou A Morte de Adónis* (1916), wo in einer dem Wagnerianismus gezollten Vermengung von Motiven der griechischen und germanischen Mythologie die Abkehr von der Heterosexualität und Hinwendung zur Homosexualität inszeniert wird. Beide Texte widersetzen sich aufgrund ihrer gewundenen Gedankengänge, ihrer außerordentlich abstrakten Begrifflichkeit und ihrer sperrigen Prosa einer genauen Inhaltswiedergabe. Seine theoretischen Positionen zur Homosexualität formuliert Leal anläßlich des Streits über die „Literatur von Sodom", auf den ich unten eingehen werde, in dem Essay *Sodoma Divinizada* (1923), den Fernando Pessoa in seinem Kleinverlag Olisipo veröffentlichte. Hier versucht er mit Versatzstücken aus der christlichen Mystik und der Philosophie Nietzsches darzulegen, daß die entregelte Wollust und die Homosexualität „Göttliche Werke" seien. Durch die Teilung in zwei Geschlechter sei die Wesenseinheit aller Dinge zerstört worden, diese müsse mittels der Homosexualität wieder hergestellt werde, weil in Partnerschaften zwischen den Geschlechtern die metaphysische Verschmelzung zweier Wesen zu einem einzigen nicht möglich sei.

Die „Literatur von Sodom": António Botto

Als 1921 der junge Lyriker António Botto (1897-1959) einen schmalen Band mit dem harmlosen Titel *Canções* veröffentlichte, stand nicht zu erwarten, daß er damit einen der heftigsten Skandale der portugiesischen Literaturgeschichte verursachen würde. Bottos Gedichte beschreiben in formaler Anlehnung an populäre Formen der Dichtung die Erfahrungen eines Mannes, der Männer liebt. In einsamen Monologen und Dialogfragmenten wird von den Schwierigkeiten der Liebenden gesprochen, einander nahezukommen, die eigenen Gefühle zu formulieren, von der Angst, zuviel von sich preiszugeben, von der Unerreichbarkeit eines Begehrten, vom Trennungsschmerz, von der Begeisterung für jugendlich-männliche Schönheit und auch von der rauschhaften Lust sexueller Erfüllung. Natürlich sind es die Themen des Fado, die António Botto mit schwulen Vorzeichen in seinen Sehnsuchtsgesängen von Tod und Trauer aufgegriffen hat. Da ist es nur konsequent, wenn nunmehr Mísia, der Star des neuen Fado, eines der schönsten Gedichte der *Lieder* auf ihrer jüngsten Einspielung *Garras dos Sentidos* (1998) wirklich als Fado interpretiert:

Wer ists, der meinen Leib umarmt
in der Dämmrung meines Lagers?
Wer ists, der auch mein Antlitz küßt,
wer ists, der meine Brust zerfleischt?
Wer ists, der auch vom Tode spricht
süße Worte an mein Ohr?

Du bist es, Herr meiner Augen,
den immer ich im Sinne habe. (Botto, *Canções – Lieder*: 35)

António Botto verschließt die Welt seiner Gedichte vor der äußerlichen Wirklichkeit, indem er ihr eine Kunstwelt gegenüberstellt. So ficht er einen Streit der Prinzipien aus: Die Ideologeme der modernen Gesellschaft wie Fortschritt, Vitalismus und Natürlichkeit konfrontiert er mit Verfall, Todessehnsucht und Künstlichkeit. Die Kategorien des Kranken, Lebensfeindlichen, Unfruchtbaren und Todgeweihten, die in der gesellschaftlichen Wirklichkeit dazu dienen, die Homosexualität als Perversion zu disqualifizieren, prägt der Dichter in seinen Texten zu Elementen einer emotionalen Gegenwirklichkeit um. Bottos *Lieder* sind der Dekadenz verpflichtet. In seinen

Nachtstücken schildert er luxuriöse Interieurs, erleuchtet vom Kerzenlicht und erfüllt von erlesenen Düften etc. Wo die Natur in Erscheinung tritt, ist sie gezähmt oder allegorisiert. Zugleich werden in den Handlungsräumen seiner Gedichte Verfallserscheinungen kenntlich, die die seelische Befindlichkeit des Sprechers spiegeln:

> Die Freuden, die ich genossen,
> verklingen schon in meiner Seele.
> Nur wer liebt, muß Trauer tragen,
> doch wer nicht liebt, ist schon tot ...
>
> Die Blüten fallen und die Blätter,
> sie tanzen in Schatten und Wind.
> Und aus meinen Augen fließen
> die Tränen im Wettlauf hinab.
>
> In allem fühle ich die Wehmut!
> Das Land scheint tot zu sein.
> O Wind, der alles du verwehst,
> komm nicht an meine Pforte!
>
> Und all meine roten Rosen,
> die Rosen in meinem Garten,
> sie gleichen, so ganz verblüht,
> den Resten eines großen Festes.
>
> Mein unglücksschweres Herz,
> trink du nur immerfort!
> – Wozu den liebend sterben ...
> Wozu denn sterben an Liebe? ...
>
> Doch höre, Vielgeliebter,
> Herr, den ich nicht wiedersah:
> – Ich sterbe, doch nehme ich
> mit mir ein Stück von dir. (ebd.: 43)

Die seelische Grundbefindlichkeit des Sprechers von Bottos Gedichten ist eine Entfremdung, die sich als Schmerz, Trauer und Sehnsucht artikuliert und nur augenblicksweise von Rauschzuständen aufgehoben wird. Die Uneinigkeit des Liebenden mit der Welt, die ihm nicht gestatten will, so zu sein, wie er ist, führt zu gelegentlichen trotzigen Abwehrreaktionen, etwa zur outrierten Inszenierung der eigenen „Perversion" mit Schminke, Kleinodien, kostbaren Stoffen und Parfüms:

Ich hüllte meinen Körper,
den schlanken, schönen Leib,
in feinsten, erlesensten Duft.
Und ein Brokatstoff, rot und grün,
umfing mein männliches
und mürbes Fleisch.
Meine Florentiner Schultern,
geschmückt mit Edelsteinen,
waren leuchtende Male,
die meinen Leib erhellten
in seinem Fieber, seiner Sehnsucht. [...]

Und als du ausbliebst,
blieb ich sitzen, spiegelnd
mein Gesicht
in dem kristallnen Spiegel.

Und schließlich
fand ich in meinem Gesicht
weder Schönheit und Jugend!

– O Tod, such mich nicht heim!
Und du bleib fort, Geliebter! ...
– Ich bin schon tot. (ebd.: 39 ff.)

Der hypertrophe Narzißmus, den Botto inszeniert, verbildlicht die Zurückgeworfenheit des Individuums auf sich selbst. Aber auch die Möglichkeit eines Ausbruchs aus der Entfremdung mittels der spiegelnden Identifikation des Liebenden im Geliebten bietet sich in den *Liedern* nicht. Die erotischen Begegnungen führen bei Botto nicht zu dauerhaften Bindungen. Die Annäherung der Liebenden aneinander vollzieht sich in zaghafter Überwindung von Zweifeln und Scham: „Wir sprachen ängstlich miteinander / – fürchtend preiszugeben ein Geheimnis tiefster Trauer. / Beide waren wir im Zweifel" (ebd.: 25)

Desillusion und Nüchternheit setzt der Dichter in ein dialektisches Verhältnis zu Rausch und Taumel. Im tröstenden Weinrausch oder im Liebestaumel bei der sexuellen Begegnung mit dem Geliebten werden Zustände der Entgrenzung und Selbstvergessenheit erreicht. Sie werden in Bildern des Vergehens und Sterbens geschildert: Die Vereinigung der Liebenden ermöglicht es, den Tod als Endzweck allen Daseins für Momente vorwegzunehmen. So ist für António Botto die Liebe eine Einübung ins Sterben, die es dem Liebenden gestattet, eine höhere Stufe der Existenz zu erklimmen: „Indem er mich umschlang, schloß / er die Augen, um zu träumen ... / Ich aber starb ganz langsam, / wie ein Duft vergeht im Wind ..." (ebd.: 33).

António Botto, der in Lissabons Altstadt aufgewachsen ist, fällt früh durch sein frühreifes poetisches Talent auf. Mit zwanzig Jahren veröffentlicht er seinen ersten Gedichtband. Nach diversen Auslandsreisen in seiner Jugend lebt er für einige Jahre als Beamter in der portugiesischen Kolonie Angola, danach ebenfalls als Staatsbediensteter in Lissabon. Wegen schwerwiegender Persönlichkeitsstörungen, verursacht durch ein chronisches Nervenleiden, verliert er 1942 seine Anstellung und wird auch in seinem Freundeskreis zunehmend isoliert. Verbittert wandert er 1947 nach Brasilien aus. In Rio de Janeiro wird er 1959 Opfer eines Verkehrsunfalls. Botto ist ein außerordentlich vielseitiger Schriftsteller, dessen Werk neben zahlreichen Gedichtbänden – besonders hervorzuheben *Motivos de Beleza* (1923), *Curiosidades Estéticas* (1924) und *Ciúme* (1934) – auch Dramen und Erzählungen umfaßt. Der größte Erfolg war ihm mit seinen Kindergeschichten in *O Livro das Crianças* (1931) beschieden. Homosexualität bleibt auch nach den *Liedern* Thema seiner Lyrik; verarbeitet ist sie außerdem in seinem Drama *António* (1933) und in der fiktiv-autobiographischen Brieferzählung *Cartas que me foram devolvidas* (1932).

Bottos *Lieder* verursachen, wie erwähnt, einen unerhörten Skandal im Portugal der zwanziger Jahre. Die erste Auflage des Bandes von 1921 bleibt allerdings so gut wie unbeachtet. Erst als Fernando Pessoa in seinem Verlag Olisipo eine zweite Auflage (1922) herausgibt und in der Zeitschrift *Contemporânea* den Essay *António Botto e o Ideal Estético em Portugal* (1922) veröffentlicht, in welchem er Botto als den einzigen Ästheten der portugiesischen Literatur bezeichnet, provoziert er eine scharfe Replik des konservativen Journalisten Álvaro Maia mit dem Titel *Literatura de Sodoma*. Daraufhin veröffentlicht, wiederum bei Olisipo, Raul Leal seinen oben bereits erwähnten Essay *Sodoma Divinizada* zum Zwecke der Verteidigung Bottos und Pessoas. Zwischenzeitlich formiert sich ein „Aktionsbündnis der Lissabonner Studenten", das sich „moralische und gesellschaftliche Hygiene" auf die Fahnen schreibt und es sich zur Aufgabe macht, die Homosexuellen und ihre „pornographischen Druckerzeugnisse" mit Flugblättern und Demonstrationen zu bekämpfen. Im März 1923 schließlich zeitigen die Aktionen der reaktionären Studentenschaft Erfolg: Bottos *Lieder* und Leals *Sodom* werden von der Regierung beschlagnahmt. Der Streit über die „Literatur von Sodom" geht indessen in Gestalt einer kleinen Staatsaffäre weiter und wird mit immer neuen Flugblättern, die auf der einen Seite die Studenten und auf der anderen Pessoa, Leal und Botto selbst unters Volk bringen, ausgefochten. Nachdem der Skandal nach nahezu dreijähriger Dauer versandet, resümiert Botto in den *Cartas*: „Ich schreibe meine Verse [...] gleichgültig gegenüber denen, die sie nicht verstehen können" (Botto, *Cartas*: 123), und dies tat er denn auch unbeeindruckt weiter.

In einer gewissen Selbstüberhebung sieht Botto sich einmal als einer von nur drei „genialen Dichtern" der modernen portugiesischen Lyrik. Die anderen beiden sind seiner Meinung nach Fernando Pessoa und José Régio. Régio (1901-1969), Herausgeber der Zeitschrift *Presença,* als Lyriker und Romancier neben dem Literaturwissenschaftler João Gaspar Simões Hauptvertreter des sogenannten *Segundo Modernismo,* darf hier nicht ganz übergangen werden. In unseren Zusammenhang gehört er durch seine intensive Auseinandersetzung mit dem Werk und der Homosexualität von António Botto, die sich in seiner Monographie *António Botto e o Amor* (1938) niederschlägt. Inwieweit sich Homosexualität in den Romanen Régios Bahn bricht, bedürfte einer eigenen Studie, deren Ergebnis hier nicht vorweggenommen werden kann. Gewiß wäre jedoch die Beziehung zwischen Jaime Franco und dem Ich-Erzähler seines ersten Romans *Jogo da Cabra Cega* (1934) der Aufmerksamkeit wert. *Blindekuh* erzählt als Roman einer intellektuellen Entwicklung „den scheiternden Versuch des Ich-Erzählers, sich selbst in diversen Kontakten zu Freunden und in erotischen Begegnungen als Individuum zu erkennen" (Siepmann: 114 f.). Der Roman wurde kurz nach seinem Erscheinen aus „moralischen Gründen" von der Zensur verboten. Diese Zensur des Salazar-Regimes ist von nun an ein Faktor des portugiesischen Literaturbetriebs, der bis zur Nelkenrevolution immer wieder auch homosexuelle Autoren behindert.

Schreiben unter der Diktatur: Bernardo Santareno und Jorge de Sena

Exemplarisch für einen Autor, der unter den Bedingungen der in der Salazar-Zeit herrschenden Zensur produzieren muß, kann hier Bernardo Santareno (1924-1980) stehen, der als der bedeutendste portugiesische Dramatiker der sechziger und siebziger Jahre gilt. Während eine Reihe zeitgenössischer Dramatiker, die wie Santareno die Bühne als Forum des Widerstands zu nutzen suchten, ostentativ politische Stücke verfaßten, neigte der praktizierende Psychiater dazu, in seinen Texten mit den Mitteln der Brechtschen Dramaturgie „sexuelle Neurosen, religiösen Fanatismus und soziales Unrecht" in der portugiesischen Gesellschaft zu analysieren" (Karimi: 82).

Als Demonstrationsobjekt seiner Gesellschaftsanalysen wählt er in mehreren seiner Stücke (z. B. *A Promessa,* 1957; *O Crime da Aldeia Velha,* 1959) den dörflichen Mikrokosmos der portugiesischen Provinz. So auch in seinem 1961 erstmals veröffentlichten Schauspiel *O Pecado de João Agonia,* dem meines Wissens einzigen zu Salazars Zeiten veröffentlichten literarischen Text, dessen Hauptthema Homosexualität ist. Mag die Handlung dieses Dramas für heutige Verhältnisse verstaubt anmuten, so handelt es sich doch um einen der ästhetisch qualifiziertesten Texte der portugiesischen Literatur zum Thema.

João Agonia, der in Lissabon seinen Militärdienst abgeleistet hat, kehrt in sein Dorf und zu seiner Familie zurück. Ohne einen Grund angeben zu können, ahnen seine Mutter und seine jüngere Schwester Teresa etwas von Joãos Andersartigkeit. „In Joãos Seele ist es immer dunkel", meint die Schwester bereits zu Beginn beim Warten auf dessen Ankunft. Doch die Mutter versucht abzuwiegeln: „Ja ... unser João ist traurig ... neigt zum Grübeln ... Aber, du wirst es sehen, das ändert sich bald: laß ihn erst heiraten und Kinder haben!" Allein Teresa ist sich bereits gewiß, daß dies nicht die Lösung ist: „Ich will nicht, daß unser João heiratet!" (Santareno, *O Pecado de João Agonia*: 259).

João ist – wie man aus Andeutungen erfährt – als Vierzehnjähriger von dem wohlhabenden Junggesellen Senhor Sousa, der ihn zu sich genommen hat, um ihm eine gute Schulbildung zu gewähren, verführt worden. In Lissabon sammelt er weitere homosexuelle Erfahrungen, wegen derer er in Militärhaft gerät. Bei seiner Rückkehr ist er erfüllt von Ekel über die Kaserne und die Großstadt. In seinem Heimatdorf will er seine Homosexualität verdrängen und die als Beschmutzung empfundenen Erlebnisse vergessen. Wie von Sinnen wirft er sich, als er aus dem Zug steigt, in den frischen Schnee: „Meinen Körper ... meinen ganzen Körper. Ich wollte mich überall waschen ... mich nackt im Schnee wälzen, mich von Kopf bis Fuß mit Schnee zudecken! [...] Ich war schmutzig ... ich war schmutzig, ich weiß es genau!" (ebd.: 271).

Doch als er zuhause dem mittlerweile sechzehnjährigen Nachbarsjungen Tóino Giesta, mit dessen Schwester Maria sein älterer Bruder Fernando verlobt ist, wiederbegegnet, faßt er eine spontane und nicht zu unterdrückende Zuneigung zu dem hübschen Viehhirten. Ohne daß die erotische Dimension von Joãos Gefühlen für Tóino je in Worte gefaßt würde, entwickelt der Dramatiker anhand eines subtilen Repertoires ambivalenter Gesten und Dialoge die wachsende Spannung zwischen João, der sich außerstande sieht, seine Liebe zu artikulieren, und dem zwischen ahnungsloser Zutraulichkeit und Koketterie schwankenden Tóino:

> Tóino: Aber ich will Soldat werden. Ich möchte gern die Welt sehen!
> João: Es gibt nichts, was dem Berg hier gleichkäme, Tóino!
> Tóino: Könnte ich doch nur nach Lissabon gehen, João!
> *(Zieht ein Taschentuch aus der Tasche und wischt sich damit das Gesicht ab.)*
> João: Zeig mal dieses Taschentuch, Tóino!

Tóino *(zeigt es):* Ich habe es in São Miguel gekauft. Schön, nicht wahr? Gefällt es dir?
João: Ja. Ich weiß nicht warum, aber ...? [...]
Tóino: Dann schenke ich es dir, hier nimm!
João *(halb im Scherz, halb ernst):* Tüchlein geschenkt, bald getrennt ...
Tóino *(lacht):* Hör mal! Das gilt für Liebespaare.
João *(schroff):* Das gilt für alle, verliebt oder nicht.
Tóino *(verwundert):* Bist du sicher, daß du das Taschentuch nicht willst? Bloß wegen dieser Redensart?!
João: Ich will es nicht.
Tóino *(steckt das Taschentuch ein):* Es war nur gut gemeint ...
João *(wieder freundlich):* Hast du noch mit dem Vieh zu tun, Tóino Giesta?
Tóino: Klar, ich bin immer noch Hirte. Ich habe dieses Leben jetzt ziemlich satt!
João: Irgendwann komme ich mit dir auf die Weide ...
Tóino: Ich gehe früh los, noch vor Sonnenaufgang ...
João: Trotzdem!
Tóino: Meinst du das ernst, João?
João: Kann ich morgen mitkommen?
Tóino *(ergreift die Hand von João):* Natürlich kannst du, João! *(Kindlich.)* Ich habe zwei Flöten aus Schilfrohr, funkelnagelneu, die kannst du blasen!
João *(warm):* Bist du noch mein Freund, Tóino Giesta?
Tóino *(schlicht):* Ich habe so sehr darauf gewartet, daß du zurückkommst, João Agonia!
João *(verwirrt, senkt die Stimme):* Du hast dich sehr verändert, Tóino.
Tóino *(fröhlich):* Na ja, das kommt vom Anzug. Ich habe ihn extra angezogen, damit du ihn siehst.
João: Nein, es ist nicht der Anzug. Du, du bist anders ...
Tóino *(lacht):* Ich bin der gleiche wie früher. Du findest mich jetzt schlimmer, ungeschliffener, nicht wahr? Weil du gerade aus Lissabon kommst!
João: Ach was, Tóino! Du bist jetzt besser. *(Gespannte Stille.)* Du siehst jetzt viel besser aus ...
(ebd.: 285 f.)

Einer wirklichen Beziehung zwischen den beiden steht aber nicht nur die Naivität Tóinos entgegen, sondern v.a. die brutale Homophobie ihrer Umwelt, die João bereits verinnerlicht hat und die sich in ihm als Selbsthaß artikuliert. Der Homosexuellenhaß wird am ausgeprägtesten von Joãos Bruder Fernando verkörpert, der beispielsweise aus seiner eigenen Militärzeit berichtet, wie andere Soldaten sich von Schwulen aushalten ließen („Schweine, schäbiges Pack, die sollten alle verrecken, aufgehängt werden", ebd.: 296). Nicht zuletzt rühmt er sich gewalttätiger Übergriffe: „Einmal ... das war in der Gegend von Belém ... kam mir einer mit zuckersüßen Worten und lauter so Sachen ... He, João, ich sage dir, dem habe ich vielleicht eine Tracht Prügel verabreicht ... dem habe ich den Arm gebrochen! *(Gelächter.)* Den hättest du sehen sollen, wie der weggerannt ist" (ebd.: 295).

Während noch niemand etwas von Joãos Homosexualität ahnt, findet Maria Giesta auch am Bruder ihres Verlobten Gefallen. João freilich reagiert auf ihre Avançen mit Gleichgültigkeit oder Ablehnung, wohingegen er die zwischen Tóino und seiner Schwester Teresa sich entspinnende zarte Romanze mit heftiger Eifersucht beobachtet. Insbesondere die abgewiesene Maria Giesta schöpft nun allmählich Verdacht. Derweil kehrt Manuel Lamas, der zusammen mit João in der gleichen Kompanie gedient hat und daher von dessen Inhaftierung weiß, in das Dorf zurück. Er durchschaut die Beziehung Joãos zu Tóino sofort und gibt in boshaften Andeutungen, die er vor der Familie macht, gegenüber João sein Wissen in offener Feindseligkeit zu erkennen. Als dieser ihm die Tür weist, offenbart er, daß er im Besitz kompromittierender Briefe Joãos ist. João reagiert mit einem Gewaltausbruch, als Manuel ihn seine Macht immer deutlicher spüren läßt und vor der Familie immer unverhülltere Anspielungen von sich gibt. Daraufhin schreit Manuel das Dorf zusammen und enthüllt den Bewohnern sein Wissen über João: „He, Leute, kommt her! Kommt alle her! Wollt ihr wissen, was für ein Verbrechen João Agonia begangen hat? [...] He, Leute, hört alle her. Ich will euch erzählen, was die Sünde des João Agonia ist!" (ebd.: 327)

Nachdem somit Joãos Homosexualität publik geworden ist, wird die Familie aus der Dorfgemeinschaft systematisch ausgegrenzt. In einer letzten Begegnung mit Tóino bekennt João die Wahrheit und seine Liebe. Seinen Vorsatz, in der Heimat ein neues Leben zu beginnen, habe der Junge durchkreuzt: „Hör mir zu, Tóino, antworte mir, Hand aufs Herz: Ein Mann, der größte und tapferste, kann der da hochsteigen auf den Gipfel der Rocha Grande und den Nordwind zwingen, nach Süden zu drehen? Oder kann einer herkommen ans Flußufer und dem Wasser befehlen, in die andere Richtung zu fließen? Kann er das, Tóino, sag's mir" (ebd.: 336). Tóino beharrt darauf, daß ihre Beziehung für ihn nur Freundschaft gewesen sei, Auskunft über seine wahren Gefühle für João bleibt er letztlich schuldig, da seine Schwester Maria Giesta, die Situation mißverstehend, das Gespräch unterbricht und erneut die Dorfbevölkerung gegen João mobilisiert.

Indessen haben die Männer der Familie Agonia, die sich außerstande sehen, mit der Schande zu leben („Es gibt keine schlimmere Sünde"), getagt. Zielsicher kommt der Familienrat, aus dem die Frauen ausgeschlossen bleiben, zu dem Schluß, daß allein der Tod das Problem lösen kann („Warum hat dieser Auswurf sich nicht erhängt?"). Das Todesurteil, das die Männer über João verhängen, wird schließlich in Anmaßung einer göttlichen Rolle von seinem Vater ausgesprochen:

Ich denke nach [...] und habe schon sehr viel nachgedacht ... Glaubst du etwa nicht? ... Noch letzte Nacht. Ich habe stundenlang damit verbracht, daran zu denken, wie unser Herrgott seinen geliebten Sohn Jesus Christus dem Tode überantwortet hat, dem Tode am Kreuz! Und das nur, weil es gut war für die Menschen ...!" (ebd.: 333)

Am Ende nehmen die Männer unter dem Vorwand, Wölfe zu jagen, die das Vieh reißen, João mit in den Wald und ermorden ihn.

Als 1964 ein Lissabonner Theater Santarenos Stück erstmals aufführen will, wird dies von der Zensurbehörde mit der schlichten, aber eindeutigen Begründung, das Schauspiel behandle „das Problem der Homosexualität" (Karimi: 386), untersagt. Als 1969 erneut ein Theater die Behörde um Erlaubnis ersucht, das Stück zu inszenieren, herrscht unter den Zensoren keine so große Einigkeit mehr. Die Gegner der Freigabe argumentieren, so sie sich überhaupt zu einer Begründung herbeilassen, damit, daß das Militär in ein schlechtes Licht geraten könnte. Ein Befürworter stellt fest, die Homosexualität sei „zweifellos ein abstoßendes Thema", gleichwohl könne man von den literarischen Qualitäten des Stücks nicht absehen. Ein anderer meint: „Es gibt in diesem Stück keine ausdrückliche oder unausgesprochene Billigung der Anomalie des J. Agonia. Der männliche Teil der Familie verurteilt ihn; die Umwelt verurteilt ihn. Er zahlt mit dem Leben. Es gibt weder unmoralische Szenen noch schockierende Sprache" (Karimi: 388). Wie gut, daß Zensoren in aller Regel so wenig von Literatur verstehen! Die Uraufführung von *O Pecado de João Agonia* konnte am 12. November 1969 stattfinden. Auf die Idee, das Stück könne eine Anklage an eine intolerante Gesellschaft darstellen oder in einem Nebensinne gar als Parabel auf die Diktatur zu verstehen sein, ist wohl keiner der Zensoren gekommen.

Anders als der Theaterautor Santareno hatte der Lyriker, Erzähler und Literaturwissenschaftler Jorge de Sena (1919-1978) nicht die unmittelbaren Folgen der Zensur zu fürchten, da er nach der Beteiligung an einem gescheiterten Putschversuch im Jahre 1959 zunächst im brasilianischen und seit 1965 (wiederum aus politischen Gründen) im US-amerikanischen Exil lebte. Viele seiner Werke freilich konnten im Portugal der Salazar-Zeit entweder gar nicht oder nur unter Schwierigkeiten erscheinen.

Seine 1964 geschriebene Novelle *O Físico Prodigioso* ist eine ins mittelalterliche Gewand gekleidete Allegorie auf Diktatur, Unterwerfung und das Aufbegehren von Jugend und Liebe, die sich allzu deutlich gegen das Regiment Salazars und der katholischen Kirche richtet. Eine separate Ausgabe der Novelle konnte erst nach der Nelkenrevolution in Portugal erscheinen.

Erzählt wird die Geschichte des namenlosen Physikus, dessen betörender Schönheit selbst der Teufel verfällt. Um den Preis, ihn körperlich besitzen zu dürfen, verleiht er dem Jüngling die Fähigkeit, mit seinem Blut sterbenskranke Menschen vor dem Tode zu erretten:

> Nun war er ganz nackt. Doch als er zum Wasser ging und mit den Füßen schon darin stand, hörte er ein leises, spöttisches Lachen, das ihm fast von der Wiege an vertraut war. Gelangweilt hob er die Brauen und ging zurück ins spärliche Gras und legte sich ermattet auf den Boden nieder. Geduldig, teilnahmslos und verlassen, den Kopf in die Arme gebettet, ließ er es zu, daß der unsichtbare Teufel auf seinem Körper in Raserei geriet. Lange Liebkosungen, die leicht über seine Haut liefen, hingehauchte Küsse, die ihn über den ganzen Körper hin bissen, Hände, die sein Geschlecht umklammerten, Hartes, das sich an ihn preßte und in ihn einzudringen suchte ... – es war das Übliche, seit er sich zum ersten Mal als Mann gefühlt, sich ganz entkleidet hatte und allein gewesen war. Er erduldete es wie eine unvermeidliche Plage, die ihn nicht erregte, ihn weder in Schrecken noch in Abscheu versetzte. [...] Gegen ihn gepreßt, nach rasendem Keuchen, hatte der Teufel sich an ihm befriedigt und verließ ihn. [...] Zur Belohnung hatte er ungeheure Machtbefugnisse erhalten; und mit der Zeit kam er zu dem Schluß, daß der Teufel schließlich wenig forderte, wenn er sich mit seiner schlichten, gefälligen Verfügbarkeit begnügte, wobei er selbst weder mit Gesten noch mit Fleischeslust paktierte. (Sena, *Der wundertätige Physikus*: 8 f.)

Seine Fähigkeiten verliert der Physikus jedoch, als er sich in die junge Witwe Dona Urraca verliebt. Der Versuch der Inquisition, den Physikus wegen Magie hinzurichten, scheitert, da er noch immer unter dem Schutz des Teufels steht.

Bereits in der phantastischen Novelle vom wundertätigen Physikus stellen die verschiedenen Formen der Sexualität die Mittel eines subversiven Diskurses dar. Diese Idee greift Sena in seinem einzigen Roman, *Sinais de Fogo* (*1979*), wieder auf. Es handelt sich um den ersten Teil eines großangelegten biographischen Werks, der freilich Torso blieb und erst postum erschien. Sena erzählt die Geschichte des politischen, erotischen und dichterischen Erwachens seines Alter ego Jorge, der gerade sein erstes Semester an der Universität hinter sich gebracht hat und nun die Sommerferien in dem Badeort Figueira da Foz verbringt, als der Spanische Bürgerkrieg ausbricht. Während Jorges Jugendfreunde und Urlaubsbekanntschaften eine Nacht- und Nebelaktion planen, um aus Portugal zu fliehen und sich auf die Seite der spanischen Republikaner zu schlagen, erlebt Jorge selber mit Mercedes, der Schwester eines dieser Freunde, Tragik und Komik einer ersten großen Liebe. So wie der politische Aktionismus seiner Freunde kläglich scheitert, so verliert auch Jorge seine erste Geliebte.

Diese knappe Inhaltsangabe läßt noch nicht erkennen, welchen Beitrag der Roman zu einer homosexuellen Literatur Portugals leistet. Entscheidend für diese Zuordnung sind denn auch weniger die homosexuellen Nebenfiguren, die vielfältigen homosexuellen Beziehungen, die in der Konversation der Jugendlichen unterstellt werden oder tatsächlich stattfinden, sondern vielmehr, daß das gesamte Spektrum zwischenmenschlichen und gesellschaftlichen Miteinanders in *Feuerzeichen* einen komplexen Subtext bilden, der nach einem Regelwerk geschrieben zu sein scheint, das ich gerne wieder als homosexuelle Grammatik bezeichnen möchte:

> Mercedes in Porto, Ramos tot, mein Onkel und meine Tante ruhig und zufrieden, Carlos Macedo in einem Boot nach Spanien, Almeida auf neuen Eroberungszügen, Rufininho auf der Jagd nach Männern, Rodrigues hin und her gerissen zwischen Männern, die verkommene Männlichkeit verkörperten, und alten Frauen, die für entwürdigte Mütterlichkeit standen. Und die Beziehungen zwischen den einen und den anderen waren rein zufällig gewesen, so zufällig, daß dasselbe mit anderen Personen geschehen wäre, hätte es sich nicht zwischen ihnen und mir ereignet.
> (Sena, *Feuerzeichen:* 445)

Bei Jorges Freund Rodrigues schlägt beispielsweise seine zwar ausgelebte, aber von ihm selbst nicht akzeptierte Homosexualität zum einen in eine reine, ideale Liebe zu einer ihm nicht erreichbaren Frau um, zum anderen in eine ostentative Demonstration seiner Männlichkeit:

> Rodrigues prahlte unglaublich mit seiner Männlichkeit, und es bereitete ihm größtes Vergnügen, sie öffentlich unter Beweis zu stellen, sei es, indem er sich entblößte (wir waren alle unter großem Hallo einer Meinung, daß er den Homosexuellen allerdings etwas zu bieten hatte), sei es, indem er, wie tatsächlich einmal geschehen, einer Hure mehr Geld bezahlte, damit wir zuschauen dürften. (ebd.: 60 f.)

Die Homosexuellen sind für Rodrigues wie für seine Freunde die „anderen", die Nicht-Männer. Die Bedrohung der Verweiblichung durch die Sexualität zwischen zwei Männern ist in der Person des femininen und bekennenden Homosexuellen Rufininho ständig präsent. Rodrigues rühmt sich, ihn „entjungfert" zu haben und verfolgt ihn wie die Übrigen mit seinem Spott. Eine eigene Würde, die Rodrigues abgeht, weil er an seinen Vorstellungen von Reinheit scheitert, gewinnt Rufininho jedoch gerade durch seine Entscheidung für die Homosexualität:

> Ich habe mich entschieden, jawohl, und weißt du auch wofür?, dafür, genau so zu wirken, wie die anderen mich einschätzen. Das ist es, was ich [...] Rodrigues zu verdanken habe. Jedesmal, wenn er mich beleidigt oder auf mich zeigt, genieße ich meinen Hüftschwung erst recht, du kannst es dir nicht vorstellen. (ebd.: 438)

Der Ich-Erzähler Jorge kommentiert aus einer vorgeblich teilnahmslosen Distanz diese Beziehungen und Verhaltensweisen und nutzt zugleich die homosexuelle Grammatik, um sich seine eigene Liebe zu Mercedes begreiflich zu machen: „Männer, die einander begehrten ... ja ... jetzt begriff ich meine Liebe zu ihr noch tiefer. Einige dieser Männer suchten das Weibliche, das es im Mann gibt und das jedem von ihnen fehlt; andere suchten das übertrieben Männliche in ihnen, so besessen waren sie danach, nichts Weibliches an ihnen zu haben" (ebd.: 441). Selbst wenn Jorge sich ausdrücklich distanziert („das Tun dieser Männer hatte mit unserer Liebe nichts zu tun"), so ist er doch selbst durch unterschwellig-libidinöse Bindungen zu einzelnen Jungen wie Rodrigues in das homoerotische Beziehungsgeflecht des Freundeskreises verstrickt.

Dieses Beziehungsgeflecht bricht sich Bahn an die Oberfläche der Handlung bei einer zusammen mit Prostituierten veranstalteten Orgie in einer alten Kirche. Die sexuelle Anarchie gelangt zu einem Höhepunkt und Abschluß, als Rodrigues den alten Küster, den sie mit einem Jungen im Bett überrascht haben, zwingt, vor den anwesenden Männern auf die Knie zu gehen und sie mit dem Mund zu befriedigen. Was sich vordergründig wie ein weiterer Erniedrigungsakt an einem passiven Homosexuellen darstellt, erweist sich letztlich als Rodrigues' bewußte Inszenierung und Sichtbarmachung jener libidinösen Beziehungen unter den Freunden: „Ich habe die Sache doch gut aufgezogen, oder? Jetzt könnt ihr, die ihr alle so rein seid, nicht mehr über mich herziehen. Der Alte hat euch alle mit dem Friedenskuß getauft" (ebd.: 167). Das sich anschließende gemeinsame Nacktbaden im Meer bei Sonnenaufgang bestätigt diese Bindungen, und Rodrigues nutzt sie, um Jorge nunmehr sein Begehren zu signalisieren: „Rodrigues ergriff meine Hand. Erschrocken und bekümmert schlug ich die Augen nieder und versuchte, sie wegzuziehen, doch er hielt sie fest" (ebd.: 139). Eine wirkliche sexuelle Beziehung zwischen den beiden kommt aber nicht zustande.

Eine Spiegelung der Freundschaft mit Rodrigues erlebt Jorge schließlich nach seiner Rückkehr nach Lissabon, d.h. nach dem Scheitern der politischen Aktion und seiner Liebe zu Mercedes, bei Luís, der ihm von dessen Bruder „anvertraut" wird, um ihn vor dem Begehren Rodrigues' zu schützen. Diesmal läßt Jorge es zu, von einem anderen Jungen geliebt zu werden:

> Ich beugte mich vor und streckte ihm meine Hand entgegen, die er ergriff und drückte: „Es ist, als hätte ich jetzt nur noch dich, aber ich brauche auch keinen sonst." [...]
> Er seufzte, schloß die Augen, saß mit ausgestrecktem Arm da und hielt meine Hand in seiner.

Freundlich sagte ich: „Luís ..."
„Was ist?"
„So lange drücken sich Männer aber nicht die Hand." Allerdings ließ ich seine Hand nicht los, damit er sie nicht in einer plötzlichen Reaktion zurückzog, und sagte, genauso sanft: „Hörst du, Dona Micaela, nur kleine Jungen, die Angst haben, tun das." (ebd.: 464).

Die sexuelle Begegnung zwischen den beiden vollzieht sich auf indirektem Wege, indem Luís es so arrangiert, daß er unmittelbar nach Jorge der gleichen Prostituierten beiwohnt:

> Seine Erregung schien mir fast unglaubwürdig, so lange brauchte er, um zum Ende zu kommen. Doch jetzt waren seine Bewegungen kontrollierter als zu Beginn, und voller Entsetzen schwante mir, daß er trotz seiner Erregung den Höhepunkt hinauszögerte, um alles möglichst bewußt zu genießen. Ohne diesen Gedanken zu verfolgen, begriff ich, was mir im Verlaufe des Abends aufgegangen war: Genau das hatte er sich gewünscht, nämlich in das hineinzustoßen, was ich dort zurückgelassen hatte, an nichts anderes hatte er gedacht, und nun war es ihm auf dem Silbertablett präsentiert worden (ebd.: 529).

Dies bedeutet für Jorge jedoch die Erkenntnis, daß Luís in seiner libidinösen Bindung an ihn aufhört, ein „richtiger Mann" zu sein, und wiederum geht er auf Distanz. Unter der Maßgabe, daß zwischen zwei Männern eine sexuelle Beziehung unmöglich ist, weil einer dabei seine Männlichkeit verlieren muß, ist Luís genötigt, seine Männlichkeit unter Beweis zu stellen, paradoxerweise in einer Szene engster zwischenmännlicher Intimität:

> Ich stand auf, vor ihm, der sich ebenfalls erhoben hatte.
> „Und jetzt", bat er mit ganz leiser Stimme, „umarme mich, so fest du kannst."
> „Was?"
> „Umarme mich. Hab keine Angst."
> Ich nahm ihn in die Arme und spürte, wie er sich ganz an mich preßte. Ich ließ ihn verblüfft gewähren, bis er sich wieder von mir löste. Mit triumphierenden Lächeln zog er seine Schlafanzughose herunter. Dann schüttelte er sein schlaffes Glied und sagte: „Wenn meine Freundschaft zu dir, so groß sie auch ist, das wäre, was du denkst, dann sähe der hier jetzt anders aus. Aber ich war mir ganz sicher."
> (ebd.: 532 f.)

Die Beispiele für die Messung aller zwischenmenschlichen Beziehungen an den Kategorien Männlichkeit/Nicht-Männlichkeit – eben das, was ich als homosexuelle Grammatik bezeichne – ließen sich um viele vermehren.

Letztlich muß der Held seine Einsicht in die vermeintliche Regelhaftigkeit selbst zufälligster Beziehungen eintauschen gegen die Erkenntnis der absoluten Regellosigkeit und Zufälligkeit allen Geschehens, weil ihm klar wird, daß die Grammatik der Beziehungen zwar hilft, die Dinge wahrzunehmen, daß sie als Hilfskonstruktion mit der Wirklichkeit aber selten übereinstimmt: „Liebe, Sexualität, Freundschaft, Familienbande, Gelegenheitsbekanntschaften, Alltag, Politik, die ganze Welt – nirgendwo eine harmonische Einheit, [...] so daß jede Vorstellung von einer Gesetzmäßigkeit, Regel, Norm oder klaren Grenzen zwischen Gut und Böse nicht einmal in einem abgelegenen Bergdorf gelten konnte" (ebd.: 554).

Ausblick

Das Ende der Diktatur im Jahre 1974 hat in Portugal noch immer nicht dazu geführt, daß über Homosexualität offen gesprochen wird. Anders als in anderen europäischen Metropolen führen Schwule in Lissabon nach wie vor ein eher unsichtbares Leben. In der schwulen Presse hört man noch immer apologetische Stimmen, ein selbstbewußtes Auftreten außerhalb der Subkulturen ist die Ausnahme. Über das Thema Homosexualität in der Literatur schweigen sich in geschlossener Front Wissenschaft und Feuilleton aus. Die Entwicklung einer *cultura gay*, wie sie in Spanien durch Literaten vom Schlage eines Juan Goytisolo oder den international renommierten Regiestar Pedro Almodóvar repräsentiert wird, steckt in Portugal noch in den Kinderschuhen. Anzeichen eines Wandels sind aber in Sicht: In aller Selbstverständlichkeit läßt Luís Galvão Teles in seinem europaweit erfolgreichen Film *Elles (Die Schwächen der Frauen,* 1997) eine Lesbe auftreten. An den hundertsten Geburtstag von António Botto wird 1997 sowohl in den großen Tageszeitungen als auch mit einer Spezialnummer des angesehenen *Jornal de Letras* erinnert. Tendenziell freundschaftlich auch die Sicht des Ich-Erzählers von António Lobo Antunes' Roman *Os Cus de Judas* (1979) auf einen schwulen Arzt: „In gewisser Weise schätzten wir einander, weil unsere Einsamkeiten, seine selbstversunken und meine wütend, sich berührten und irgendwie an einem gemeinsamen Punkt zusammenflossen, ohne Zweifel am Punkt von Resignation und Nonkonformismus" (Antunes, *Der Judaskuß*: 253).

Werke und Übersetzungen

Almada-Negreiros, José de: „A Cena do Ódio", in: *Orpheu*. Bd. 3. Hg. von Arnaldo Saraiva. Lisboa: Ática, 1984, S. 47-83.

Almada-Negreiros, José de: „Mima-Fatáxa. Sinfonia cosmopolita e apologia do triangulo femenino", in: *Portugal Futurista* [1917]. Faksimileausg. Lisboa: Contexto, 1984, S. 25-29.

Almada-Negreiros, José de: „Pierrot e Arlequim", in: *Athena. Revista de Arte*. Bd. 1 (1924-25). Faksimileausg. Lisboa: Contexto, 1983, S. 13-18.

Antunes, António Lobo: *Der Judaskuß* [*Os Cus de Judas*]. Übers. von Ray-Güde Mertin. München, Wien: Hanser, 1987 [TB-Ausg. München: dtv, 1997].

Botelho, Abel: *O Barão de Lavos* (Patologia social 1). Hg. von Justino Mendes de Almeida. Porto: Lello & Irmão, 1982.

Botto, António: *Cartas que me foram devolvidas*. Lisboa: Paulo Guedes, 1932.

Botto, António: *As Canções de António Boto* [sic]. Nova edição definitiva. Lisboa: Bertrand, 1956.

Botto, António: *Canções – Lieder*. Mit einem Essay von Fernando Pessoa. Hg., übers. u. mit einem Nachw. vers. von Sven Limbeck. Heidelberg: Elfenbein, 1997.

Leal, Raul: „Atelier. Novela vertígica", in: *Orpheu*. Bd. 2. Nachdr. hg. von Maria Aliete Galhoz. Lisboa: Ática, 1976, S. 45-56.

Leal, Raul: „A Aventura dum Sátiro ou a Morte de Adónis", in: *Centauro. Revista trimestral de literatura*. No. 1 (1916). Faksimileausg. Lisboa: Contexto, 1982, S. 39-59.

Leal, Raul: *Sodoma Divinizada*. Hg. von Aníbal Fernandes. Lisboa: Hiena, 1989. [Mit Texten von Raul Leal, Fernando Pessoa, Álvaro Maia u.a.].

Pessoa, Fernando: *Das Buch der Unruhe des Hilfsbuchhalters Bernardo Soares* [*Livro do Desassossego*]. Übers. u. Nachw. v. Georg Rudolf Lind. Zürich: Ammann, 1985 [Tb.-Ausg. Frankfurt/M., 1987].

Pessoa, Fernando: *Alberto Caeiro, Dichtungen – Ricardo Reis, Oden*. Portugiesisch u. Deutsch. Übers. u. Nachw. von Georg Rudolf Lind. Zürich: Ammann, 1986 [Tb.-Ausg. Frankfurt/M., 1989].

Pessoa, Fernando: *Algebra der Geheimnisse. Ein Lesebuch*. Mit Beirägen von Georg Rudolf Lind, Octavio Paz, Peter Hamm u. Georges Güntert. Zürich: Ammann, 1986 [Tb.-Ausg. Frankfurt/M., 1990].

Pessoa, Fernando: *Álvaro de Campos, Poesias / Dichtungen*. Portugiesisch u. Deutsch. Übers. u. Nachw. von Georg Rudolf Lind. Zürich: Ammann, 1987 [Tb.-Ausg. Frankfurt/M., 1991].

Pessoa, Fernando: *Dokumente zur Person und ausgewählte Briefe*. Übers. u. Nachw. von Georg Rudolf Lind. Zürich: Ammann, 1988 [Tb.-Ausg. Frankfurt/M., 1992].

Pessoa, Fernando: *Esoterische Gedichte – Mensagem / Botschaft – Englische Gedichte*. Portugiesisch, Englisch u. Deutsch. Übers. u. Nachw. von Georg Rudolf Lind. Zürich: Ammann, 1989 [Tb.-Ausg. Frankfurt/M., 1994].

Pessoa, Fernando: *Briefe an die Braut*. Übers. von Georg Rudolf u. Josefina Lind. Zürich: Ammann, 1995.

Pessoa, Fernando: *Die Stunde des Teufels und andere seltsame Geschichten*. Hg. von Frank Henseleit-Lucke. Zürich: Ammann, 1997.

Queirós, José Maria Eça de: *Das Verbrechen des Paters Amaro* [*O Crime do Padre Amaro*]. Übers. von Willibald Schönfelder. Berlin: Aufbau, 1954 [Tb.-Ausg. ebd., 1997].

Queirós, José Maria Eça de: *Vetter Basílio* [*O Primo Basílio*]. Übers. von Rudolf Krügel. Berlin: Aufbau, 1957 [Tb.-Ausg. ebd., 1997].

Queirós, José Maria Eça de: *Die Hauptstadt* [*A Capital*]. Übers. von Rudolf Krügel. Berlin: Aufbau, 1959.

Queirós, José Maria Eça de: *Stadt und Gebirg* [*A Cidade e as Serras*]. Übers. von Curt Meyer-Clason. Zürich: Manesse, 1963.

Queirós, José Maria Eça de: *Die Maias* [*Os Maias*]. Übers. von Rudolf Krügel. 2 Bde. Berlin, Weimar: Aufbau, 1983.

Queirós, José Maria Eça de: *Die Reliquie* [*A Relíquia*]. Übers. von Andreas Klotsch. Berlin, Weimar: Aufbau, 1984 [Tb.-Ausg. ebd., 1997].

Queirós, José Maria Eça de: *José Matias. Erzählungen*. Übers. von Otto Hauser, Fritz Böttcher u. Luise Ey. Nachw. von Volker Klotz. Zürich: Manesse, 1991.

Régio, José: *António Botto e o Amor*. Porto: Brasília, 1978.

Régio, José: *Jogo da Cabra Cega*. Eingel. von Álvaro Salema. Lisboa: Círculo de Leitores, 1993.

Régio, José: [Gedichte], in: *Portugiesische Lyrik des 20. Jahrhunderts*. Hg. u. übers. von Curt Meyer-Clason. München: dtv, 1993, S. 28-37.

Régio, José: [Gedichte], in: *Poemas Portugueses/ Portugiesische Gedichte*. Hg. u. übers. von Maria de Fátima Mesquita-Sternal u. Michael Sternal. München: dtv, 1997, S. 130-133.

Régio, José: „Fräulein Olímpia und ihr Dienstmädchen Belarmina [aus: *Histórias de Mulheres*]". Übers. von Ilse Losa, in: *Portugiesische Erzählungen des zwanzigsten Jahrhunderts*. Hg. von Curt Meyer-Clason. Freiburg: Beck & Glückler, 1997, S. 112-128.

Sá-Carneiro, Mário de: „Mysterium [Mistério]" / „Der Mann der Träume [O Homen dos Sonhos]". Übers. von Karl August Horn, in: *Geschichten und Novellen aus Portugal.*, 19. und 20. Jahrhundert. Hg. von Karl August Horn. Freiburg, Basel, Wien: Herder, 1972 (Erzähler der Welt 11), S. 519-551.

Sá-Carneiro, Mário de: *Lúcios Bekenntnis* [*A Confissão de Lúcio*]. Übers. u. Nachw. von Berthold Zilly. Frankfurt/ M.: Suhrkamp, 1997.

Sá-Carneiro, Mário de: *Lúcios Geständnis* [*A Confissão de Lúcio*]. Übers. u. Nachw. von Orlando Grossegesse. München: DTV, 1997.

Santareno, Bernardo: „O Pecado de João Agonia", in: ders.: *Obras Completas*. Bd. 2. Hg. von Luiz Francisco Rebello. Lisboa: Editorial Caminho, 1985, S. 251-349.

Sena, Jorge de: *Der wundertätige Physikus* [*O Físico Prodigioso*]. Übers. von Curt Meyer-Clason. Frankfurt/ M.: Suhrkamp, 1989.

Sena, Jorge de: [Gedichte], in: *Portugiesische Lyrik des 20. Jahrhunderts*. Hg. u. übers. von Curt Meyer-Clason. München: DTV, 1993, S. 93-102.

Sena, Jorge de: „ Super Flumina Babylonis [aus: Novas Andanças do Demónio]". Übers. von Curt Meyer-Clason, in: *Portugiesische Erzählungen des zwanzigsten Jahrhunderts*. Hg. von Curt Meyer-Clason. Freiburg: Beck & Glückler, 1997, S., 192-205.

Sena, Jorge de: *Feuerzeichen* [*Sinais de Fogo*]. Übers. von Frank Heibert. Frankfurt/ M.: Suhrkamp, 1997.

Beredtes Schweigen und kalkuliertes Sprechen

Homosexualität in der spanischen Lyrik und Prosa vom Mittelalter bis zum Tod Francos

Von Werner Altmann

Die spanische Literatur weist, zumindest was die Thematisierung männlicher Homosexualität in literarischen Texten angeht, zwei deuliche Zäsuren auf: die Wende vom 15. zum 16. Jahrhundert, als das „tolerante" und „multikulturelle" islamisch, jüdisch und christlich geprägte Mittelalter dem Ansturm des katholischen Fanatismus endgültig unterlag, und das erste Drittel des 20. Jahrhunderts, als sich eine schwule literarische Gegenkultur herauszubilden begann, die durch die Franco-Diktatur zwar noch einmal für Jahrzehnte unterdrückt wurde, sich aber seit Mitte der siebziger Jahre um so kraftvoller zu Wort meldet. Dazwischen liegen ganze Jahrhunderte, in denen Homosexualität nicht nur verboten und verfolgt wurde, sondern in denen auch das Sprechen und Schreiben über Homosexualität einem strikten Tabu unterworfen waren, und das sich daher nur in versteckter und sublimierter Form äußern konnte.

Die folgenden Ausführungen versuchen einen ersten und notgedrungen unvollständigen Überblick über die reiche „homosexuelle" spanische Literatur zu geben. Eine gründliche und umfassende Analyse dieses Themas ist heute schon deshalb (noch) nicht möglich, da es einerseits an einer präzisen wissenschaftlichen Theorie und einer verbindlichen terminologischen Übereinkunft über das, was ein „homosexueller" oder „schwuler" Text ist, mangelt und weil andererseits aufgrund der jahrhundertelangen Tabuisierung des Themas spezielle Detailstudien zu einzelnen Autoren und ihren Texten, die die subversiven Schreibstrategien und die raffinierten Camouflagetechniken entschlüsseln müßten, weitgehend fehlen. Es werden daher nur eklektisch und der subjektiven Leseerfahrung folgend einige Beispiele aus der spanischen Literatur vom Mittelalter bis zur Gegenwart angeführt, die weder den Anspruch auf Repräsentativität oder gar auf eine auch nur annähernd erreichte Vollständigkeit erheben, noch in jedem Einzelfall einer zweifelsfreien und eindeutigen Klassifizierung als „Homotext" standhalten. Die Absicht ist vielmehr, einige Thesen und Interpretationsversuche vor- (und zur Diskussion) zu stellen und Anregungen für die Suche nach weiteren „einschlägigen" Texten zu geben.

Von Halsbändern und Mundschenken:
Moralischer Traktat und erotische Wein- und Liebeslieder im maurischen Andalusien

In der langen Zeitspanne vom 8. bis zum beginnenden 16. Jahrhundert hat sich die spanische Literatur im Spannungsfeld dreier Kulturen, der arabisch-islamischen, der jüdischen oder sephardischen und der lateinisch-christlichen entwickelt und entfaltet. Dieses Zusammenleben *(convivencia)* war nicht immer spannungsfrei, schloß eine immer wieder aufflammende Judenverfolgung sowie soziale Konflikte und kriegerische Auseinandersetzungen zwischen den ethnischen Gruppen nicht aus. Sie funktionierte im großen und ganzen aber nicht schlecht. Die muslimischen Kalifen gewährten nach der Eroberung der Iberischen Halbinsel den Christen, die auf ihrem Territorium wohnen blieben *(mozárabes)*, weitgehende Religionsfreiheit und rechtliche Teilautonomie; die christlichen Fürsten ihrerseits beschäftigten die Muslime, die nach der schrittweisen Rückeroberung unter ihre Herrschaft fielen *(mudéjares)*, als Handwerker, Architekten oder bildende Künstler, was diesen nicht nur einen bescheidenen Wohlstand, sondern auch eine breite Anerkennung eintrug. Die Mudéjar-Kunst in christlichen Kirchen und öffentlichen Gebäuden sowie die berühmte Übersetzerschule in Toledo sind Zeugnisse eines friedlichen multikulturellen Zusammenlebens.

Die arabische (und jüdische) Auffassung und Einstellung zu (Homo-)Erotik und (Homo-)Sexualität war im spanischen Mittelalter nicht unumstritten. Begriff und Existenz von „Homosexualität", wie wir sie heute verstehen, waren unbekannt. Den „Homosexuellen" als Typus mit einer mehr oder weniger definierten schwulen Identität und exklusiver mann-männlicher Sexualität, die auch Liebe, Partnerschaft oder gar gemeinsames Zusammenleben zwischen gleichgeschlechtlichen Partnern mit einschloß, gab es nicht. „Homosexualität" im spanischen Mittelalter bezeichnete eher ein Verhalten, bei dem ein älterer Mann einen jüngeren erotisch begehrte und mit ihm sexuell verkehrte. Die Beziehung unterlag dabei einem genau festgelegten Rollenverhalten, war nicht auf eine exklusive und längerfristige Partnerschaft angelegt, sondern diente ausschließlich dem augenblicklichen Lustgewinn und trat vor allem nicht in Konkurrenz zur heterosexuellen Praxis und zur Mann-Frau-Ehe als allgemein gültiger Norm zwischenmenschlichen Zusammenlebens. „Homosexuelles" Verhalten wurde auch immer wieder von religiöser Seite her kritisiert und es gab – ähnlich wie in der griechisch-römischen Antike und der italienischen Renaissance – einen sehr heftigen Diskurs über die Möglichkeiten und Grenzen „homosexuellen" Verhaltens.

In der arabisch-andalusischen Literatur finden wir allerdings eine breite und in ihrer Darstellung ungewohnt freizügige Darstellung „homosexuellen" Verhaltens, das sicherlich nicht die Totalität der gesellschaftlichen Wirklichkeit widerspiegelt, sondern eher die erotische und sexuelle Praxis der Oberschicht, insbesondere im Umkreis des Hofes, künstlerisch verarbeitet.

Einer der schönsten Prosatexte des andalusischen Mittelalters stammt von Abu Muhammad Ali ibn Ahmad ibn Said ibn Hazm. Sein Buch *Von der Liebe und den Liebenden,* auch bekannt unter dem Titel *Das Halsband der Taube,* ist ein philosophischer Traktat über das Wesen, die Kennzeichen und Erscheinungsformen der Liebe. Er besteht aus einer ganzen Reihe tiefsinniger Beobachtungen und Schlußfolgerungen zum Thema Erotik und Sexualität, die durchsetzt sind mit der Schilderung persönlicher Erlebnisse und mit Berichten und Erzählungen von Freunden und Bekannten. In diesen Geschichten werden „homosexuelle" Beziehungen gleichberechtigt neben heterosexuelle Liebschaften gestellt. Das Interesse des Autors richtet sich dabei nicht auf die geschlechtliche Fixierung der beteiligten Personen, sondern einzig und allein darauf, welcher Art die Liebesbeziehung ist.

In dem Kapitel *Das Preisgeben des Liebesgeheimnisses* brandmarkt der Autor das „Ausplaudern" und öffentliche Zurschaustellen von Liebesbeziehungen und -geheimnissen als eines von den „abscheulichen Ereignissen", die sich gemeinhin zutragen. Er erörtert dann im folgenden die Gründe dafür und gibt dazu ein interessantes Beispiel:

> Ich kenne unter den Einwohnern von Cordova einen Kanzleisekretärssohn und hohen Beamten namens Ahmad ibn Fath, von dem ich wußte, daß er außerordentlich ehrenwert, ein Jünger der Wissenschaft und ein Freund der schönen Literatur war, daß er seine Freunde an Zurückhaltung übertraf, ein besonders ruhiges Wesen hatte, sich nur im Kreise tadelloser Leute zeigte und ausschließlich in ehrenwerten Gesellschaften zu sehen war, daß sein Lebenswandel ordentlich und sein Benehmen anständig war sowie daß er sich für sich hielt und seine eigenen Wege ging. Dann wollte es die Vorsehung, daß wir voneinander wegzogen. Die erste Nachricht aber, die ich nach meiner Ankunft in Jativa unvermutet erhielt, bestand darin, daß er aus lauter Liebe zu einem jungen Mann namens Ibrahim ibn Ahmad, dem Sohn eines Goldschmieds, seine anständige Zurückhaltung aufgegeben hatte ... Es erschien mir sicher, daß Ahmad sein Haupt enthüllt, sein Gesicht gezeigt, seinen Halfter abgeworfen, sein Antlitz entblößt, seine Ärmel hochgekrempelt und sich der Leidenschaft zugewandt hatte. So ward er ein Gesprächsstoff für die nächtlichen Plauderer und ein Lieblingsgegenstand für die Überbringer von Neuigkeiten. Sein Name ging in allen Gegenden um und um, und die Kunde von ihm durchwanderte das ganze Land, auf ihrer Reise Staunen weckend, und er gewann weiter nichts dadurch, als daß der Schleier gelüftet, das Geheimnis verraten, daß übel geredet und häßlich geklatscht wurde. Dies hätte er nicht nötig gehabt; er hätte es bequem vermeiden kön-

nen und war ursprünglich vollkommen davon unbehelligt. Wenn er sein verborgenes Geheimnis bewahrt und seines Herzens Qual verheimlicht hätte, so hätte er das Gewand des Wohlergehens weiter tragen können und der Mantel der Ehrbarkeit wäre nicht zerschlissen. In der Begegnung mit dem Urheber seiner Prüfung, in der Unterhaltung mit ihm und in seiner Gesellschaft hätte er eine gewisse Hoffnung und hinreichende Befriedigung gefunden. Doch fürwahr, das Seil der Nachsicht zerreißt bei ihm, und die Beweise sprechen gegen ihn. Nur Eines läßt sich zu seinen Gunsten sagen, daß er nämlich durch das Schwere, das ihn bedrückte, in seinem Unterscheidungsvermögen gestört und in seinem Verstand betroffen war. Vielleicht gereicht ihm dies zur vollen Entschuldigung. Wenn er aber noch einen Rest von Vernunft behalten hat oder er noch leidlich bei Verstand geblieben ist, so hat er unrecht getan, etwas zu unternehmen, wovon er wußte, daß sein Geliebter es nicht mochte und daß es ihm peinlich war. Dies ist nicht die Art von Liebesleuten.
(Ibn Hazm, *Von der Liebe und den Liebenden*: 58ff.).

Nicht die Tatsache, daß Ahmad Ibrahim liebt, ist der Stein des Anstoßes (dies wird im Gegenteil als völlig normal betrachtet), sondern einzig und allein die Tatsache, daß diese Liebe öffentlich gemacht wird, daß darüber „übel geredet" und „häßlich" geklatscht wird, brandmarkt der Autor. Eine Einstellung übrigens, die bis heute in Andalusien weit verbreitet ist.

Das Thema Homosexualität findet sich aber besonders in der Lyrik und das vor allem in der Blütezeit des Cordobeser Kalifats und den daran anschließenden Taifa-Monarchien, aber vereinzelt auch schon in sehr frühen Texten. Heterosexuelles und „homosexuelles" Begehren kommen darin ohne Scheu zum Ausdruck. Die *muwassaha*, eine Weiterentwicklung der arabischen *quasida*, mit einem Haupttext in klassischem Hocharabisch und einem abschließenden Verspaar in gesprochenem mozarabischen Spanisch, der sogenannten *jarcha*, spielt mit einem sprachlich oft nicht eindeutig zu bestimmenden Begehren, das sich gleichermaßen auf ein männliches und weibliches Liebesobjekt richtet.

Eine spezielle Gattung von Liebeslyrik stellt dann insbesondere jene Knabenpoesie dar, die schon in der zweiten Hälfte des 8. Jahrhunderts von Abu Nuwas in Verbindung mit Natur- und Weinmotiven geschrieben wurde. Anlaß und Szenerie in seinen Texten gehorchen dabei einem stereotypen Muster: Ein Trinkgelage, meist in einem blühenden Garten im Frühling, der Dichter mit seinem Geliebten im Kreise von Höflingen, einem Knaben als Weinschenk und einigen jungen Sklavinnen als Bediensteten, artet zu einem wüsten Saufgelage aus, wo es dann zu sexuellen Ausschweifungen kommt. Im Mittelpunkt der Handlung steht der flirtende Schenk, der meist ein Christ oder Jude ist und durch Einsatz seiner körperlichen Reize (schneeweißer Mund, kräftige Schenkel, schlanker Bauch und voller Hintern) den Dichter seinem Geliebten entfremden will. Die weiteren Themen und Motive können dann variieren: Sei es, daß die erotisch-sexuelle Begegnung aus Angst vor Verrätern und Neidern verborgen bleiben muß und es daher zu spannungsreichen Verwicklungen kommt, sei es, daß die Knaben frech und aufmüpfig werden und der ersehnte Lustgewinn durch die sich verweigernde Haltung des Jungen geschmälert wird.

Eine Blütezeit erreichte die homoerotische Knabenpoesie schließlich im 11. und 12. Jahrhundert. Sie befreite sich aus dem stereotypen Ambiente schlaffer Weinseligkeit und tuntenhafter Eifersuchtsszenen und verlegte die Szenerie in eine realistische mann-männliche Wirklichkeit. Sie schuf dabei einen persönlichen Stil, eine poetische Ausdruckskraft und lebendige Anschaulichkeit, die sie der großen europäischen Liebeslyrik des Mittelalters ebenbürtig macht. Ibn Khafadjah aus Jazirat ash-Shuqr, dem heutigen Alcira am Río Júcar in der Nähe Valencias, beschreibt in einem langen Gedicht sich selbst als tapferen Soldaten inmitten einer kriegerischen Umgebung, der aus Liebe zu einem „schlanken Jungen, auf dessen Wangen bereits der Flaum erschienen war", seine militärischen Pflichten vergißt:

Abends gehe ich zu ihm und gewöhnlich komme ich erst morgens wieder. Ich wende mich vom Ruhm ab, um mich dem Ort der Liebe zuzukehren.
(zit. nach Schippers: 50)

Die folgende intime Begegnung wird dann in einer höchst detaillierten und sinnlichen Sprache beschrieben:

Ich trank Wein aus seiner Hand. Es war, als entspringe der Wein dem Glanz und der Reinheit seiner Reinheit und meiner Liebe.
Meine Zuspeise war die Margerite seines Mundes oder die Lilie seines Halses, die Narzisse seiner Lider oder die Rose seiner Wange.
Bis der Wein und die Müdigkeit in seinem Körper aufstiegen und seine ranken Glieder beugten, so daß er sich in meine Arme schmiegte.
Ich machte mich auf für die Wärme der Liebe, die in mir war, die Frische zwischen seinen Zähnen als Geschenk zu erbitten.
Ich umarmte ihn, während er schon aus der Scheide seines bestickten Mantels hervorgeholt war.
Ich umarmte auch sein „Schwert", das auch aus der Scheide gezogen war.
Zart fühlte es sich an, aufrecht in der Haltung, zitternd wie eine Lanze und gleißend wie ein Schwert aus blinkendem Stahl.
Ich spielte mit seinem Zweig, der aus einem Sandhügel sproß. Ich küßte das Gesicht der Sonne im Aszendenten des glücklichen Gestirns ...
Meine beiden Handteller bereisten seinen Körper, einmal betasten sie seine Taille, dann wieder seine Brust ...

Hätte mich nicht eine Erschlaffung überwältigt, während Frische auf ihm ruhte,
wäre der Vollmond auf mich allein eifersüchtig gewesen.
Als ich Abschied von ihm nahm, küßte ich die Stellen seines Halses wie die eines
Laurierbaums.
(zit. nach Schippers: 50)

Die hebräischen Dichter des mittelalterlichen Andalusien haben diese künstlerische Höhe nie erreicht. Ihre Lyrik ist konventioneller, poetisch weniger kunstvoll ausgearbeitet. Dazu kommt, daß in ihren Gedichten die Reflexion über die „Anstößigkeit" und „Fragwürdigkeit" „homosexueller" Betätigung einen breiteren Raum einnimmt:

In dem knospenden Garten suche ich häufig meinen Knaben auf. Er ist noch grün
wie eine Zypresse.
Diskretion gegenüber meinem Freund gebietet mir, seinen Namen nicht zu enthüllen.
(Salomo ibn Gabirol, zit. nach Schippers: 48)

Komm, Gazelle, steh auf und spende mir Heilung
Mit dem Honig deiner Lippen sättige mich.
Warum wollen sie mich auf andere Gedanken bringen?
Wenn ich wegen einer verkehrten Tat oder Sünde
auf Irrwege gerate durch deine Schönheit, sollst du dem
keine Beachtung schenken ...
(Moses ibn Esra, zit. nach Schippers: 48)

Die beiden Textstellen genügen, um zu zeigen, daß ein Liebesverhältnis zwischen einem Mann und seinem jugendlichen Liebhaber in ihren Kreisen offensichtlich nicht (nicht mehr?) akzeptiert war und deshalb tunlichst verheimlicht werden sollte. Unter jüdischen Literaturwissenschaftlern ist deshalb in den letzten Jahrzehnten eine Kontroverse aufgebrochen, die um die Frage kreist, ob es im andalusischen Mittelalter in der jüdischen Oberschicht tatsächlich „homosexuelles" Verhalten gegeben hat, oder ob seine Beschreibung in der zeitgenössischen Lyrik einen bloß literarisch-fiktionalen Charakter hat (vgl. dazu den Aufsatz von Schippers mit weiterführender Literatur). Die Thematisierung und Problematisierung in den Texten selbst deutet jedoch eher darauf hin, daß das beschriebene „homosexuelle" Verhalten durchaus einer tatsächlich gelebten Praxis entsprach, die jedoch von gesellschaftlicher und religiöser Seite (zunehmend?) kritisiert und verfolgt wurde.

Von mystischen Verwandlungen und exkrementalen Obsessionen: San Juan de la Cruz und Francisco de Quevedo

Das in mehrfacher Hinsicht für Spanien verhängnisvolle Jahr 1492 markiert – wenigstens als symbolisches Datum – einen Bruch mit dem Mittelalter. Zwar waren die Veränderungen im kulturellen und literarischen Bereich erst langsam zu spüren und ein grundlegender Wandel in den sozialen Beziehungen zwischen den ethnischen Gruppen sowie in der allgemeinen Einstellung zu Erotik und Sexualität setzte sich erst allmählich im Verlauf des 16. Jahrhunderts durch; dafür war er aber um so tiefgreifender und langdauernder. Die offizielle Geschichtsschreibung feiert das 16. und 17. Jahrhundert als *Siglo de Oro*, als *Goldenes Zeitalter* der spanischen Kultur, in deutlich positiv-wertender und normativer Absicht.

Es könnten aber Renaissance und Barock zusammen mit dem 18. und 19. Jahrhundert auch als *siglos oscuros*, als *dunkle Jahrhunderte*, bezeichnet werden. Die Vertreibung bzw. Zwangsbekehrung der Juden und Mauren, die blutige Niederwerfung der Moriskenaufstände, die Einführung des Inquisitionsterrors und die schamlose Ausbeutung der amerikanischen Kolonien beendeten in wenigen Jahrzehnten die muslimisch-jüdisch-christliche *convivencia* des Mittelalters und setzten rigoros den ethnisch-gesäuberten Gewaltstaat katholischer Prägung durch. Frauen und Männer mit abweichendem Sexualverhalten landeten nicht selten auf dem Scheiterhaufen. Wenn auch die absolute Zahl der zum Tode Verurteilten nicht besonders hoch zu veranschlagen ist, so sorgte allein die Existenz der Tribunale für ein Klima allgemeiner Einschüchterung und förderte aktiv Lüge, Verstellung und Erpressung unter den Betroffenen.

In einer solchen Zeit über Erotik und Sexualität, gar über Homoerotik und Homosexualität zu schreiben, erforderte nicht nur persönlichen Mut, sondern auch eine hoch entwickelte Technik des kunstvollen Umschreibens und Andeutens sowie des kryptisch verborgenen intertextuellen Verweisens. Der 1542 in der Provinz Avila geborene Juan de Yepes y Alvarez, der in Salamanca Theologie studierte und mit 26 Jahren in den Karmeliterorden eintrat, wo er den Namen Juan de la Cruz annahm, verfügte wie kein anderer seiner Zeitgenossen über die Fähigkeit, in seiner hermetisch abgeschlossenen, teils esoterischen, teils mystischen Lyrik in provokanter Weise Grenzen zu überschreiten und Tabus zu verletzen. In seinem achtstrophigen Gedicht *En una noche oscura* stellt er nicht nur die klar definierte und zementierte Geschlechterbeziehung und das tiefverankerte Rollenverständis zwischen Mann und Frau radikal in Frage, sondern schafft mit Hilfe gezielt eingesetzter formaler Brüche und perspektivischer Vieldeutigkeiten neue subversive Kommunikationsformen sexueller Betätigungen.

> In einer dunklen Nacht,
> mit sehnsuchtsvollem Bangen in Liebe entflammt,
> glückliches Geschick!
> ging ich hinaus, unbemerkt,
> da mein Haus schon in Ruhe dalag;
> (zit. nach Stoll: 326)

Der Sprecher, das „lyrische Ich" des Textes, ist, und das ist bereits die erste unerhörte Provokation, eine Frau, was nur im spanischen Original klar und eindeutig ist. Eine Frau, die heimlich in der Nacht das Haus verläßt, sich, wie es in den folgenden Strophen heißt, „verhüllt" *(disfrazada)* und „ohne anderes Licht und Geleit, als das, das ihr im Herzen brannte" *(sin otra luz y guía sino la que en el corazón ardía)* zu ihrem Geliebten schleicht und mit ihm sexuellen Verkehr hat, und das auch noch von der ersten bis zur letzten Zeile genießt, ist an sich schon eine skandalöse Erscheinung. Die Tatsache, das diese Geschichte von einem Mann erzählt wird, vollendet in den Augen der Macho-Gesellschaft die Perversion nicht zuletzt auch dadurch, daß hier ein altbekanntes und fest zementiertes Rollenspiel in sein Gegenteil verkehrt wird. In den zahlreichen Mantel- und Degen-Stücken des zeitgenössischen Theaters schleicht gewöhnlich der junge Mann unerkannt aus dem Haus, klettert maskiert zum Fenster seiner Geliebten hoch, um mit ihr die Nacht zu verbringen, wobei selbst er oft genug gestört, daran gehindert oder danach bestraft wird. Um wievieles schwerer wiegt dagegen diese völlige Verkehrung der sittlich-moralischen Ordnung!

Eine weitere Zuspitzung erfährt der Text in der fünften Strophe des Gedichts, in denen Juan de la Cruz die zuvor eindeutig definierte geschlechtliche Differenz zwischen Mann und Frau aufhebt und einer mehrdeutigen erotisch-sexuellen Metaphorik Raum gibt:

> O Nacht, die du führtest!
> Nacht, lieblicher als die Morgenröte!
> O Nacht, die du vereintest,
> Geliebten mit Geliebter,
> Geliebte in den Geliebten verwandelt!
> (zit. nach Stoll: 326)

So können dann die abschließenden drei Strophen auch als Schilderung einer homosexuellen Vereinigung gelesen werden.

Die Literatur des *Siglo de Oro* brachte leider nicht nur so empfindsame Verse hervor. Im Gegenteil: Eine Mehrzahl der spanischen „Klassiker" unterstützte und beförderte mit ihrer literarischen Arbeit wissentlich oder unwissentlich die vor allem in der adeligen und kirchlichen Oberschicht verbreiteten Vorurteile. Antisemitismus, Antiislamismus, Antifeminismus, Körperfeindlichkeit, pathologische Sexualängste und Homophobie müssen dabei als eng zusammengehörig betrachtet werden. Die Angst vor dem ethnisch Fremden, vor dem anderen Geschlecht und vor allem vor den tief verborgenen Trieben im eigenen Inneren machten aus vielen Romanhelden und Dramenfiguren sexuell verklemmte Neurotiker, die ihr verkümmertes Geschlechtsleben als weltentrückte Ritter und Schäfer oder als ehrpusselige Raufbolde und Draufgänger kaschieren müssen.

Francisco de Quevedo ist ein besonders krasses Beispiel eines pathologischen Neurotikers mit ausgeprägt skatologischen und koprophilen Obessionen. Berühmt-berüchtigt sind seine misogynen und rassistischen Auslassungen und insbesondere seine schwulenfeindlichen Ressentiments, mit denen er versuchte, die schriftstellerische Konkurrenz zu diffamieren. Über seinen verhaßten Rivalen Luis de Góngora dichtet er:

Apoll und seine Schule, / die sagen dortzulande,
ihr wäret ein Dichter der Schande, / besänget den Arsch wie Schwule.

Dichter der Lustknabenstärke / bist du und Sirene der Schwänze,
denn Arschaugen, ganz immense, / sind deine Ideen und Werke.

Ein Hieronymus Bosch der Poeten / mit Teufeln und Ärschen, und jeden
davon, sagen böse Zungen, / hätten Florentiner von hinten besprungen.

Solcher Art ist der Arsch, dessen Fürze / sich heute Sirenen nennen,
bei Góngora so voller Würze, / wie Strichjungen sie kaum kennen.
(übs. von Lothar Klünner, zit. nach Goytisolo, *Dissidenten:* 71)

Juan Goytisolo kommentiert diese Verse so:

In diesen und anderen Abschnitten betont Quevedo die exkretorische Natur der schändlichen Sünde („Auslaß der Blähungen", „Kloake des Parnasses", „Hämorrhoide Apolls", „Doktor in Scheiße und Magister in Stuhlzwang") kraft derer sie weniger deshalb verurteilt wird, weil sie eine Lust ohne das Ziel der Fortpflanzung ist (wie beispielsweise die Masturbation oder der Coitus interruptus), sondern vielmehr weil sich bei der Kopulation – sei sie hetero- oder homosexueller Natur – Phallus und Anus vereinigen, Samen und Kot; eine doppelt traumatische Vorstellung für ein Bewußtsein, das die Realität des Körpers leugnet und voll Abscheu seine physiologische „Knechtschaft" verbirgt. Mit der einzigartigen Beispielhaftigkeit, mit der er die Verfremdung in einer vollkommen verfremdeten Form ausdrückt, verwandelt Quevedo After in Auge und Mund in After und drängt uns so, wenn auch, um sie zu brandmarken, die Identität des unteren und des oberen Gesichts, des Arsches und des Antlitzes auf ... Seine Abneigung gegen den Analverkehr mußte um so heftiger sein, je größer die geheime Anziehungskraft war, die After und Fäzes auf ihn ausübten. Man braucht kein Fachmann auf dem Gebiet der Psychoanalyse sein, um zu wissen, daß das, was man verbietet oder tadelt, zwangsläufig ein Wunschobjekt ist: es wäre absurd, etwas zu verbieten – und unter die sprachlichen Tabus aufzunehmen – wozu niemand (nicht einmal im Traum) auch nur den geringsten Wunsch verspürt. (Goytisolo, *Dissidenten:* 71f.)

Die These von Quevedo als neurotisch verklemmtem Homosexuellen, die hier Goytisolo andeutet, scheint plausibel. Noch wichtiger aber und für die zukünftige Forschung wegweisender wäre es, gerade auch unter dem Aspekt einer Analyse und Interpretation „homosexueller" Texte des *Goldenen Zeitalters,* eine Revision der spanischen Literaturgeschichte in dem Sinne anzuvisieren, wie Goytisolo vorschlägt:

Wenn das verdrängte Unbewußte, das die Neurose verursacht, ein, wie manche glauben, kollektives Unbewußtes ist, besteht die Möglichkeit, die spanische Literatur, zumindest als reine Arbeitshypothese, in den Begriffen der Stuhlverhaltung und -verstopfung zu interpretieren. So wären denn die sehr kargen und schwer verdaulichen Früchte – in Wirklichkeit Koprolithe – unserer Literatur in einem Zeitraum von Jahrhunderten (wenn man das halbe Dutzend Autoren ausnimmt, die jeder kennt) und die vorgeblichen Qualitäten eines prägnanten, harten, schlichten, trockenen Stils – den man gern mit dem Ernst und der Kargheit der kastilischen Hochebene in Verbindung bringt – in Wirklichkeit das Ergebnis einer zurückhaltenden und geizigen Einstellung in bezug auf die Materie, die wir ausscheiden. Die enge Beziehung zwischen Schreiben, Geschlechtstrieb und Exkrement kann niemandem mehr verborgen sein. Das Studium der Koprophilie Quevedos ohne Scheuklappen und Ekel – indem man sie den Pinzetten und der keimfreien Gaze einer Gelehrsamkeit entreißt, die sie so oft sterlisiert – kann einen ausgezeichneten Ausgangspunkt für das Verständnis und möglicherweise die Heilung unserer jahrhundertealten Wunden und Traumata bilden (ebd.: 72f.).

Von weiblichen Klerikern und anderen impotenten Helden: Claríns „Präsidentin" – der erste spanische Schwulenroman?

Don Fermín de Pas, das junge und ehrgeizige Mitglied des Domkapitels von Vetusta, liebt mit großer Leidenschaft, aber ohne jegliche Hoffnung auf Erfüllung die bezaubernde Ana Ozores. Als sie sich einem anderen, dem reichen und skrupellosen Don Alvaro, hingibt, bricht Fermíns nur mühsam aufrechterhaltene Fassade zusammen und er erkennt seine ausweglose Lage, die ihm grundsätzlich verwehrt zu lieben. Die Worte, mit denen Leopoldo Alas (der wirkliche Name des unter dem Pseudonym „Clarín" schreibenden Autors) seinen Generalvikar beschreibt und charakterisiert, sind allerdings höchst aufschlußreich und machen die raffinierte Doppelbödigkeit des Textes sichtbar. Hinter der Maske des unglücklich liebenden Geistlichen verbirgt sich ein Mann, der „Füße wie eine Dame" (Clarín, *Die Präsidentin:* 13) sowie eine „zierliche weiße Rechte mit überschlanken Fingern ..., die nicht weniger gepflegt war als die Hand einer Dame von der Aristokratie" (ebd.: 15), hat und von dem auch noch angenommen wird, daß er sich das Gesicht „anmale" (ebd.: 9). Clarín treibt einen ungeheuren sprachlichen Aufwand, um die feminine Erscheinung Fermíns (ist der Name ein Zufall?) und sein „unmännliches" Verhalten herauszustellen. Er greift damit genau das Bild auf, das man in Spanien seit jeher für die Charakterisierung des „Homosexuellen" verwendet hat.

Es ist aber nicht nur die eine Person, dessen uneingestandenen homoerotischen Neigungen Clarín mit ausufernder Wortgewalt sowie höchst aufschlußreicher Metaphorik und Symbolik zur Sprache bringt, es sind fast alle Figuren des Romans, männliche wie weibliche, die Anzeichen einer latenten und unterdrückten Homosexualität aufweisen. Die Verweiblichung männlicher Figuren zieht sich geradezu wie ein roter Faden durch den ganzen Roman.

[Der Kirchendiener Celedonio] legte ungewollt etwas Obszönes und Zynisches in seinen Blick, wie eine Straßendirne, die ihr Gewerbe mit den Augen anzeigt ... Wie sich bei Mädchen seines Alters durch die Andeutung schwellender Konturen die anmutigen Linien des Geschlechts ankündigen, so konnte man bei dem Meßgehilfen ohne weiteres die nahe bevorstehende Verkehrung aller natürlichen Triebe vorausahnen, wie sie eine abwegige, verkehrte Erziehung bewirkt. Wenn er in seiner mit Wachsflecken beschmutzten Soutane die gemessenen, wiegenden Bewegungen Don Anacletos, eines Hausprälaten des Bischofs, nachahmte, in gutem Glauben, auf diese Art seine Berufung darzutun, bewegte und gebärdete sich Celedonio wie ein leichtfertiges Frauenzimmer, wie eine jener dreisten Huren vor den Kasernentoren. (ebd.: 12f.).

[Der Benefiziat Don Custodio] schwitzte wie eine feuchte Wand ... Er war dicklich, weibisch und hatte etwas von einem französischen Handelsreisenden, der in einem tadellosen, hocheleganten Talar steckte. Unter dem weiten Mantel lag ein Chorhemd, das sich wie ein weibliches Kleidungsstück ausnahm, eng um den rundfülligen Körper. (Clarin: 28)

Es werden aber auch zwischenmenschliche Beziehungen homoerotisch konnotiert. Don Víctor Quintanars Verhalten gegenüber seiner jungen und attraktiven Frau Ana ist geprägt von asexueller Fürsorge und patriarchalen Gunstbezeigungen. Als Ana eines Abends einen ihrer nervösen Anfälle bekommt, setzt er sich „auf den Bettrand" und drückt „einen väterlichen Kuß auf die Stirn seiner Gattin" (ebd.:74). Als Ana ihn auffordert, ebenfalls ein wenig Lindenblütentee vor dem Einschlafen zu sich zu nehmen, lehnt er ab: Er sei ganz ruhig! „Todmüde zwar, aber kein bißchen erregt!" (ebd.: 74) Als er sich zum Abschied – er will zurück in sein eigenes (!) Schlafzimmer gehen – nochmals über seine Frau beugt, „um sie auf die Stirn zu küssen, warf sie ihm die Arme um den Hals, bog den Kopf zurück und empfing den Kuß auf die Lippen" (ebd.: 75). Don Víctor wird rot und verläßt schnell das Schlafzimmer seiner Frau. Es sind aber auch keine anderen weiblichen Reize, die Don Víctor locken könnten. Während er noch an der Bettstatt seiner Frau verweilt, hat die Zofe den erwähnten Tee gebracht:

> Petra kam mit dem Lindenblütentee. Don Víctor bemerkte, daß die Zofe ihre Kleidung nicht in Ordnung gebracht hatte; sie war immer noch im Nachthemd, mit einem kurzen, über die Schulter geworfenen Wolltuch und einem Rock, der, hastig festgebunden, die Reize des Mädchens ahnen ließ, vorausgesetzt, daß es welche waren, denn Don Víctor ließ sich auf keine diesbezüglichen Ermittlungen ein (ebd.: 74).

Das überdeutlich dokumentierte Desinteresse an Frauen im allgemeinen und die begründete Vermutung, der alte Herr sei möglicherweise impotent, bekommt aber eine pikante Wendung, wenn man erfährt, warum Don Víctor so kurz angebunden ist und möglichst schnell wieder in sein eigenes Bett zurück will. Er hat sich nämlich mit seinem Busenfreund Frígilis für den nächsten Tag zur Jagd verabredet. Dazu würde er, wie er selbst sagt, „in größter Heimlichkeit aus dem Parktor schleichen", um „sein[en] geliebt[en] Frígilis, sein[en] Pylades des Weidwerks" (ebd.: 75), zu treffen. Bevor sie dann im frühen Morgengrauen gemeinsam losziehen, schaut Don Víctor nochmals zur geschlossenen Balkontür des Ankleidezimmers seiner Frau hinauf und seufzt bedeutungsvoll: „Die Ärmste! Sie ahnt in ihrem sanften Schlummer nicht, daß ihr Gatte sie betrügt ..." Frígilis lächelte dazu „wie ein Philosoph" (ebd.: 81). Daß Clarín hier nicht nur eine doppelbödige Wortwahl benützt, um die im Oberflächentext „harmlose" Männerfreundschaft zu erotisieren, sondern das Verhältnis zwischen den beiden als eine von Don Víctor insgeheim gewünschte sexuelle Beziehung darstellt, wird noch während des nächtlichen Gespräches mit Ana deutlich: Als sie, durch den Lindenblütentee etwas beruhigt, fragt, ob Víctor nicht gerne ein Kind von ihr gehabt hätte, heißt es im Text:

"Mit tausend Freuden!" entgegnete der ehemalige Präsident und suchte in seinem Herzen die Faser der Vaterliebe. Er fand sie nicht. Und um sich etwas Entsprechendes vorzustellen, dachte er an seinen Lockvogel, ein auserlesenes Geschenk von Frígilis (ebd.: 75).

Es ist kaum zu glauben, daß der literarische Rang dieses außerordentlichen und bedeutenden Romans aus der zweiten Hälfte des 19. Jahrhunderts überhaupt erst vor wenigen Jahren in Spanien „entdeckt" wurde. Und es ist höchste Zeit, daß dieser faszinierende Text einer genauen Analyse und Interpretation bezüglich der darin dargestellten sexuellen Ambivalenz und insbesondere der durchgängig anzutreffenden homosexuellen Komponenten unterzogen wird. Der einzige mir bekannte Versuch einer konsequent psychoanalytischen Deutung des Romans stammt von Susanne Meyer. Sie hat in ihrer komparatistisch angelegten Dissertation über die *literarischen Schwestern* Ana Ozores und Effi Briest die *psychosoziale Genese* der Romanfiguren herausgearbeitet. Der Aspekt der Homosexualität wird bei ihr allerdings nur als einer unter vielen anderen behandelt und an nur wenigen konkreten Textbeispielen erläutert. Das Fazit aber, das sie zieht, kann als grundsätzlich richtige, aber noch weiter zu verifizierende These gelten:

La Regenta ist der Roman, in dessen Bildern sich am deutlichsten der unbewältigte ödipale Konflikt und daraus resultierende homophile Neigungen als Claríns grundlegende Lebensproblematik offenbaren ... Ob Clarín ein Bewußtsein für seine Neigung zur Inversion gehabt hat oder ob diese Beeinträchtigung ausschließlich von den unbewußten Bereichen seiner Persönlichkeit her wirksam wurde, läßt sich heute nicht mehr definitiv feststellen. Tatsache ist aber, daß sein wichtigster Roman Zeugnis vom Vorhandensein entsprechender Tendenzen, zumindest auf einer intellektuellen Ebene, ablegt. Bilder vertauschter sexueller Merkmale sprechen dafür ebenso wie eine auffallende Anzahl von Figuren mit latent homophilen Neigungen. Alle Hauptfiguren weisen der Nicht-Zugehörigkeit eines Homosexuellen vergleichbare schizoide Spaltung ihrer sozialen Rollen auf: Víctor Quintanar ist kein richtiger Ehemann, de Pas ist kein richtiger Priester, Alvaro Mesía ist kein richtiger Don Juan (mehr), Ana ist keine richtige Ehefrau, darüberhinaus keine uneingeschränkte Geliebte und keine „reine" Gläubige. Sie wird am Ende des Romans Endpunkt und Fokus seiner „homosexuellen Achse" (Meyer: 126f.).

Von Camouflage und Coming Out:
Federico García Lorca und Luis Cernuda

Die zwanziger und dreißiger Jahre des 20. Jahrhunderts bedeuten für die spanische Kultur- und Literaturgeschichte eine epochale Zäsur. Die *dunklen*

Jahrhunderte beginnen sich in den letzten Jahren der alfonsinischen Monarchie trotz der diktatorialen Befugnisse Miguel Primo de Riveras langsam, aber unaufhaltsam aufzuhellen, um dann in den kurzen Jahren der demokratischen Freiheit gänzlich dem strahlenden Licht einer kulturellen und literarischen Glanzzeit zu weichen. Die Ursachen dafür sind vielfältig: der politisch-soziale Umbruch von 1930/31, dessen modernisierende Elemente bereits seit den frühen zwanziger Jahren Staat und Gesellschaft aus einer jahrhundertelangen Stagnation befreiten, die demokratischen Freiheiten, vor allem die Lockerung der Zensur und die Entrümpelung des Strafrechts, das liberale pädagogische Konzept des *krausismo* und der *libre enseñanza*, wie es im 19. Jahrhunderts theoretisch entwickelt und jetzt in der *Residencia de Estudiantes* in Madrid verwirklicht wurde, die Rezeption der Ideen Sigmund Freuds, die eine Enttabuisierung der bürgerlich-katholischen Sexualmoral einleitete, und nicht zuletzt der französische Surrealismus, der die spanische Kunst in ihrer Gesamtheit aus überkommenen Traditionen befreite.

Diese Veränderungen nahmen auch Einfluß auf das Leben und Schreiben homosexueller Künstler und Schriftsteller. Die größere gesellschaftliche Toleranz und Akzeptanz, die allerdings weitgehend und auch hier nicht uneingeschränkt auf die moderne urbane Intellektuellenschicht beschränkt blieb, schuf ein geistiges und künstlerisches Umfeld, in dem homoerotische Texte nur noch notdürftig kaschiert und camoufliert werden mußten, teilweise sogar offen und ohne Umschweife die Dinge beim Namen nennen konnten. Es entstand eine regelrechte *Kultur der Homosexualität* (Angel Sahuquillo), wie sie seit der arabisch-islamischen Liebeslyrik am Hof der andalusischen Kalifen des Mittelalters auf spanischem Boden nicht mehr existiert hat. Diese *Kultur der Homosexualität* wurde von den bedeutendsten Dichtern der so genannten 27er-Generation (Federico García Lorca, Luis Cernuda, Emilio Prados, Vicente Aleixandre, Juan Gil-Albert, Eduardo Blanco Amor u.a.) getragen und verstand sich als Gegendiskurs zur heterosexuell geprägten *mainstream*-Kultur. Sie gab dem homoerotischen Begehren nach einem jahrhundertelangen christlichen Vernichtungsfeldzug und nach den Entfremdungserfahrungen in der bürgerlich-kapitalistischen Gesellschaft seine Sprache zurück. Im Rückgriff auf die Mythologie der griechischen Antike und auf die neuplatonische Liebeskonzeption der italienischen Renaissance, aber auch, indem sie nach neuen Ausdrucksformen suchte, brach sie mit einem der hartnäckigsten Tabus in der abendländischen Kultur.

Federico García Lorca und Luis Cernuda sind nicht nur die beiden herausragenden Exponenten einer solchen „schwulen" Lyrik im Vorbürgerkriegs-Spanien, sie verkörpern auch geradezu idealtypisch zwei unterschiedliche

Möglichkeiten, mit ihrer Homosexualität in einer weitgehend homophoben Gesellschaft umzugehen sowie homosexuelles Begehren zu textualisieren.

Federico García Lorca war zeit seines Lebens sorgfältig darauf bedacht, seine Homosexualität in der Öffentlichkeit zu verschweigen, nicht aber für sich selbst zu verdrängen und zu unterdrücken. Der doppelbödige mediterrane Ehrenkodex in Spanien verlangte nur, als „Mann" (*macho*) zu erscheinen, zu handeln und zu reden. Wer, wie Lorca, dies akzeptierte, konnte seine Homosexualität durchaus „ausleben". Lorca war sich früh schon seiner besonderen Veranlagung bewußt und ist – vor allem nach den Erlebnissen und Erfahrungen seiner ersten Amerikareise Anfang der dreißiger Jahre – im Umgang mit ihr zunehmend selbstbewußter geworden. Zu einem völligen *coming out* in unserem heutigen Sinne kam es aber bis zu seiner brutalen Ermordung im August 1936 nicht. Lorca führte ein „Doppelleben", das ihn persönlich immer wieder zwischen höchster Euphorie und tiefster Depression schwanken ließ, das aber auch zur wichtigsten Triebfeder seines dichterischen Schaffens wurde.

Das Thema Homosexualität ist in fast allen Werken Lorcas präsent, von den frühen Gedichten und Dramen seiner Studienjahre in Granada, über die *Zigeunerromanzen,* den Gedichtzyklus *Dichter in New York* bis zu seinen späten Erfolgsdramen *Yerma, Bluthochzeit* und *Bernarda Albas Haus* sowie den beiden posthum veröffentlichten Lyriksammlungen *Diwan des Tamarit* und *Sonette der dunklen Liebe,* ganz zu schweigen von seinem experimentellen Stück *Das Publikum.*

Die *Zigeunerromanzen* sind bis heute eines der populärsten (und am wenigsten verstandenen) Bücher Lorcas. Die bürgerlichen Leser ergötzten sich an dem vermeintlich farbenprächtigen Kolorit andalusischen Zigeunerlebens und an der Wiederbelebung urspanischer Volkstradition oder bejubelten – zumindest die fortschrittlichen unter ihnen – die Attacken auf die katholische Sexualmoral *(Die untreue Frau)* oder die politische Unterdrückung *(Romanze von der spanischen Guardia Civil).* Nicht einmal das spätere deutliche Abrücken von dieser frühen Erfolgslyrik und die klare und unmißverständliche Selbstinterpretation Lorcas, in der er seine *Zigeunerromanzen* als *antipittoresk* und *antifolkloristisch* bezeichnete, die so gar nichts mit den realen *Zigeunern* zu tun hätten, konnten das Bild bis heute nicht wesentlich korrigieren. Dabei kann selbst eine flüchtige Lektüre gar nicht übersehen, daß eines der zentralen Motive in diesen Gedichten die Verherrlichung männlicher Schönheit und mann-männlicher Sexualität ist.

Der heilige Michael erscheint als „Ephebe von dreitausend Nächten, Kölnisch-Wasser-triefend, der besät mit Spitzen, im Alkoven seines Turms, zeigt da seine schönen Schenkel, mit Laternchen rings umgeben" (García Lorca, *Werke I:* 162). Im anschließenden Gedicht *San Gabriel* schwelgt der Dichter in der minutiösen Beschreibung adoleszenter Erotik:

> Durch die leer gewordnen Straßen
> schwärmt ein Knabe, schön wie Schilfrohr,
> breite Schultern, schmale Hüften,
> Haut wie Apfel in der Nachtzeit,
> Mund der Schwermut, große Augen,
> Nerv, beschwingt wie heißes Silber.
> Seine lackpolierten Schuhe
> knicken Dahlien der Luft
> mit den beiden Rhythmen, welche
> kurze Himmelstrauer ächzen.
> Nichts gibts, was ihm gleichen könnte –
> nicht am Meergestad die Palme,
> nicht im Kronenschmuck ein Kaiser,
> nicht ein Stern, der strahlend wandelt.
> Neigt auf seine Brust aus Jaspis
> er das Haupt, dann sucht die Nacht
> Ebnen, um ins Knie zu sinken.
> (ebd.: 166)

Einen Badespaß am Ufer des Guadalquivir beschreibt Lorca in seinem dritten „Erzengel-Gedicht" mit kaum noch verhüllter sexueller Metaphorik und Symbolik:

> Knaben mit des Gleichmuts Miene
> kleiden sich am Ufer aus,
> Lernbeflißne des Tobias,
> wahre Merlins ihrer Hüften,
> um den Fisch dreist aufzuziehen
> mit der schalkdurchtriebnen Frage,
> ob er lieber Weinesblüten
> oder Halbmondsprünge wolle.
> Doch der Fisch, das Wasser golden
> und den Marmor dunkel tönend,
> unterweist sie und verleiht
> ihnen nun das Gleichgewicht
> einer einsam stehnden Säule.
> Der Erzengel, spanisch-maurisch
> mit den dunklen Glimmerblättchen
> suchte in der Wellen Meeting
> seine Wiege und sein Murmeln.
> (ebd.: 165)

In der berühmten *Ode auf Walt Whitman*, im Sommer 1930 in New York verfaßt, greift Lorca zum erstenmal das Thema Homosexualität in direkter und unmaskierter Form auf. Er besingt diesmal seine Vorstellung von männlicher Schönheit in der Person des homosexuellen amerikanischen Schriftstellers Walt Whitman:

> Nicht einen einzigen Augenblick, du alter, herrlicher Walt Whitman,
> hab deinen Bart voll Schmetterlingen ich zu sehn je unterlassen,
> noch deiner Schultern Seidensamt, darein der Mond sich kleidet,
> noch deine Schenkel gleich Apollos, eines Unberührten, Schenkel,
> noch deine Stimme, einer Säule gleich aus Asche; (ebd.: 248)

Der bloße Hymnus führt aber in dieser *Ode* zu einer tieferen Auseinandersetzung mit den Formen und Ausprägungen gelebter Homosexualität.

> Deshalb, alter Walt Whitman, erhebe meine Stimme
> nicht wider einen Knaben ich, der in sein Kissen
> den Namen eines Mädchens schreibt,
> nicht wider einen Jüngling, der im Dunkel sich
> der Kleiderkammer in ein Brautkleid hüllt,
> nicht wider der Vereinsamten der Kasinos,
> die nur mit Ekel des Lustverkaufes Wasser trinken,
> nicht wider jene Männer mit dem geilen Blick,
> die Männer lieben und in der Stille ihren Mund verbrennen.
> Wohl aber wider euch, warme Brüder ihr der Städte,
> mit aufgeschwollnem Fleisch und widrigem Gedanken,
> Kotmütter ihr, Harpyien, traumlose Feinde
> der Liebe, welche Freudekränze austeilt.
>
> Wohl aber wider euch, die ihr den Knaebn
> da Tropfen schmutzgen Todes gebt mit bittrem Gift. [...]
>
> Warme Brüder aller Länder, Taubenmörder!
> Sklaven des Weibs, Hündinnen ihrer Boudoirs,
> mit Fächerfieber ausgebreitet auf den Plätzen, oder
> in Landschaften aus starrem Schierling auf der Lauer.
>
> Euch keine Gnade! (ebd.: 251)

Lorca unterscheidet hier zwischen einer „weiblichen" Form von Homosexualität, die er verachtet und deren Vertreter er als „Tunten" (*maricas*) denunziert und mit männlicher Prostitution, Verführung und Ausbeutung Minderjähriger in Verbindung bringt, und einer „männlichen" Form, verkörpert eben im robusten Naturburschen Whitman, der als „einsamer Mann auf dem

Meer" seine Sexualität auflöst in den „Schlaf an den Ufern des Hudson" (ebd.: 252).

Dieses Gedicht ist keine generelle Verunglimpfung und Verurteilung von „gelebter" Homosexualität und Lobpreis auf eine asexuelle männerbündische Kameraderie, als das es oft mißverstanden wurde. Es läßt sich zum einen individualpsychologisch als Abwehr der von Lorca verachteten *Tunte* (*marica*) verstehen. Er hat in dieser Phase seines Lebens den Antagonismus von „männlich" und „weiblich" als Konstruktion gebraucht, um sich selbst als Homosexuellen akzeptieren zu können. Auf der anderen Seite muß die Ode auch im Zusammenhang mit seiner Amerikakritik gelesen werden. Was Lorca dort insbesondere abstieß und worüber er in diesem Gedicht wortreich Klage führte, ist die Profanisierung und Kommerzialisierung schwulen Lebens, wie sie im New York Anfang der dreißiger Jahre überall zu beobachten war. Der hier mehr als anderswo sichtbaren Entwurzelung und Entmenschlichung von Sexualität setzt er das Konzept einer ganzheitlichen, seelisch-geistigen und körperlichen homosexuellen Liebe entgegen.

Die letzten, erst posthum veröffentlichten Gedichte Lorcas unter den Titeln *Diwan des Tamarit* und *Sonette der dunklen Liebe* sind „in die Schrift verschobene erotische Akte, die durch eine wohl kalkulierte Sinnlichkeit bestechen" (Weich, *Federico García Lorca:* 178). Mit wortreichen Naturmetaphern beschreiben sie erotisch-sexuelle Phantasien in einer betont sinnlichen und körperhaften Sprache, und setzen mit Hilfe zahlreicher intertextueller Bezüge die Tradition spanischer (homoerotischer) Liebeslyrik seit dem Mittelalter fort; sie künden aber auch von nicht erfülltem Begehren, von Abschied, Trauer und Tod:

> Mein Tod, mein Leben, meines Herzens Liebe,
> vergebens wart ich auf ein Wort von dir,
> und gleich der welken Blume wünsch ich mir,
> auch du wärst fort, wenn ich nicht leben bliebe.
>
> Luft ist unsterblich, Stein ruht ohne Triebe,
> kennt keinen Schatten, meidet keinen hier.
> Dem Herzen ist im Grunde fremd die Gier
> nach eisigem Honig, der vom Monde stiebe.
>
> Ich aber litt an dir, zerschnitt die Venen,
> Tiger und Taube, über deinen Hüften,
> verzweifelt über Lilie und Biß.
>
> Mit Worten fülle rasch mein irres Sehnen,
> sonst überlaß mich meinen heitren Grüften,

sucht doch seit je die Seele Finsternis.
(Übs.: Rudolf Wittkopf und Lothar Klünner;
García Lorca, *Diwan des Tamarit:* 73)

Der nur vier Jahre jüngere Luis Cernuda aus Sevilla lebte seine Homosexualität weit offener als Lorca. Auch ging der aus ärmlichen Verhältnissen stammende, aber hochgebildete Intellektuelle anders als sein Dichterfreund eher auf eine wohl kalkulierte und bewußte Distanz zu der ihn umgebenden homophoben spanischen Gesellschaft. Er maskierte sein Außenseitertum in der Pose des weltgewandten, immer sorgfältig gekleideten, immer etwas blasiert wirkenden Lebemanns, womit er seine leicht zerbrechliche innere Sensibilität und seine erotischen Frustrationen aber nur mühsam überdecken konnte. Der Bürgerkrieg veranlaßte ihn 1938 von einer Vortragsreise in England nicht mehr in seine Heimat zurückkehren. Im selbst gewählten (zuletzt mexikanischen) Exil wurde sein ohnehin schon melancholischer und zu Pessimismus und Resignation neigender Charakter zunehmend verbitterter. Die Trennung von Spanien und die zunehmende Erfahrung der Isolation und Einsamkeit führte einerseits zu beißender Ironie und Kritik, andererseits aber auch zu einer freieren Einstellung gegenüber seiner Homosexualität.

Auch in seinem umfangreichen lyrischen Werk ist diese Entwicklung abzulesen. In seinen frühen Gedichten aus den zwanziger und dreißiger Jahren besingt er wie viele seiner Dichterkollegen geradezu euphorisch die Anmut und natürliche Schönheit des jugendlichen Körpers. In *An einen andalusischen Jungen* heißt es:

> Dir hätte ich die Welt gegeben,
> Junge, der beim Sinken des Lichts du
> Hinter dem ockererdigen Hügel
> Auftauchtest in deinem Conquero,
> Zwischen uralten Pinien von immergrüner Heiterkeit. [...]
>
> Und deine Lippen mit überaus feiner Kontur
> Waren das Leben selber,
> Wie eine flammende Blume,
> Genährt vom Saft
> Jener dunklen Haut,
> Die nächtliche Schauer einflößte. [...]
>
> Du warst die Wahrheit,
> einzige Wesenheit, die ich begehre,
> Lebenswahrheit, mehr als Liebeswahrheit;
> Und vergessend, daß Schatten und Leid unablässig

Diesen reinen Gipfel des Lichtes und Glücks umlauern,
Wollte ich für einen Augenblick deine unaufhaltsame Bahn unterbrechen. [...]
(Übs.: Erich Arendt; zit. nach Weich, *Namenlose Liebe:* 59ff.)

Der Matrose als Ikone homoerotischen Begehrens war ein Lieblingsmotiv vieler schwuler spanischer Schriftsteller. Aber nur wenige haben es so formvollendet, aber auch mit deutlich resignativen Zügen gestaltet wie Cernuda:

> Die Matrosen sind der Liebe Schwingen,
> Sind der Liebe Spiegel,
> Das Meer ihr Begleiter,
> Und ihre Augen sind licht, genau wie die Liebe
> Licht ist, so wie ihre Augen es sind.
>
> Die wilde Freude, die sie in den Adern verströmen,
> Ist ebenfalls licht,
> Wie die Haut, die sie zeigen;
> Laßt sie nicht fortfahren, denn sie lächeln,
> Wie die Freiheit lächelt,
> Augenblendendes Licht hoch über dem Meer.
>
> Da ein Matrose Meer bedeutet,
> Lichtes verliebtes Meer, des Gegenwart Lobgesang,
> Mag ich nicht die Stadt, die aus grauen Träumen gemacht;
> Ich will nur ans Meer gehn, darin mich ertränken,
> Nachen ohne Leitstern,
> Leib ohne Leitstern, um unterzugehen in seinem lichten Hell.
> (Übs.: Erich Arendt; zit. nach Campe, *Matrosen sind der Liebe Schwingen*: 134)

Ausblick

Die Tatsache, daß es seit Ende der siebziger, Anfang der achtziger Jahre sehr rasch zu einem wahren *Boom* schwuler Literatur in Spanien gekommen ist, der bis heute zumindest quantitativ immer noch im Zunehmen begriffen ist, beruht auf mehreren Voraussetzungen: auf der schrittweisen Entkriminalisierung von Homosexualität, auf der zunehmenden gesellschaftlichen Akzeptanz von Homosexualität in der spanischen Gesellschaft im allgemeinen, auf dem Entstehen einer schwulen Subkultur, die in weiten, auch nicht-schwulen Kreisen als schick und *in* gilt, auf dem *coming out* älterer Autoren (z.B. Terencoi Moix oder Juan Goytisolo) und nicht zuletzt auf der Tatsache, daß auch viele „heterosexuelle" Autoren und Autorinnen in ihren Texten schwule Themen behandeln (z. B. Manuel Vázquez Montalbán, Almudena Grandes,

Eduardo Mendoza, Javier Marías, um nur die bekanntesten Namen zu nennen). Die Autorenportraits im zweiten Teil des Buches werden diese reiche Vielfalt exemplarisch darzustellen versuchen.

Werke und Übersetzungen

Cernuda, Luis: *An einen andalusischen Jungen*. In: *Namenlose Liebe. Homoerotik in der spanischen Lyrik des 20. Jahrhunderts. Eine zweisprachige Anthologie*. Hrsg. von Horst Weich. München 2000. Lyrik Kabinett. S. 59 f.

Cernuda, Luis: *Die Matrosen sind der Liebe Schwingen*. In: *„Matrosen sind der Liebe Schwingen". Homosexuelle Poesie von der Antike bis zur Gegenwart*. Hrsg. von Joachim Campe. Frankfurt/Leipzig 1994. Insel Verlag. S. 134.

Clarín: *Die Präsidentin*. Aus dem Spanischen von Egon Hartmann. Frankfurt 1985. Insel Verlag.

García Lorca, Federico: *Obras Completas*, 4 tomos, edición de Miguel García-Posada. Barcelona 1996. Galaxia Gutenberg.

García Lorca, Federico: *Werke*, 3 Bände, ausgewählt und übertragen von Enrique Beck. Frankfurt 1982. Insel Verlag.

García Lorca, Federico: *Sonetos del amor oscuro. Poemas de amor y erotismo. Inéditos de madurez*. Edición de Javier Ruiz-Portella. Barcelona 1985. Ediciones Altera.

García Lorca, Federico: *Diwan des Tamarit. Sonette der dunklen Liebe*. Übertragen von Rudolf Wittkopf und Lothar Klünner. Frankfurt 1986. Insel Verlag.

Ibn Hazm al Andalusi: *Von der Liebe und den Liebenden*. Aus dem arabischen Urtext übertragen von Max Weißweiler. Frankfurt / Leipzig 1995. Insel Verlag.

Ibn Khafadjah: [Gedicht] In: Arie Schippers: „Die Knabenpoesie in der arabisch- und hebräisch-andalusischen Literatur". In: *Forum. Homosexualität und Literatur*, 31, 1998, 50.

Moses ibn Esra: [Gedicht] In: Arie Schippers: „Die Knabenpoesie in der arabisch- und hebräisch-andalusischen Literatur". In: *Forum. Homosexualität und Literatur*, 31, 1998, 48.

Quevedo, Francisco de: [Gedicht] In: Juan Goytisolo: *Dissidenten*. Frankfurt 1984. Suhrkamp Verlag. S. 71.

Salomo ibn Gabirol: [Gedicht] In: Arie Schippers: Die Knabenpoesie in der arabisch- und hebräisch-andalusischen Literatur". In: *Forum. Homosexualität und Literatur*, 31, 1998, 48.

San Juan de la Cruz: *En una noche oscura*. In: André Stoll: „San Juan de la Cruz. En una noche oscura". In: *Die spanische Lyrik von den Anfängen bis 1870*. Hg. von Manfred Tietz. Frankfurt 1997. Vervuert Verlag. S. 326.

Lust auf Überschreitung

Inszenierungen homosexueller Tabubrüche im spanischsprachigen Theater nach Franco

Von Arno Gimber

MARTA. – Carlos, dieser Junge ..., so schön, so attraktiv... *(sie will lachen, es gelingt ihr aber nicht)*, war, ... sagen wir, ein bißchen komisch.
CARLOS. – Ich verstehe dich nicht.
MARTA. – Ich meine, er fühlte sich von Frauen nicht sehr angezogen.
CARLOS. – Oh. Und von Männern?
MARTA. – Auf eine intellektuelle Art. Sagen wir, um klarer zu sein, er war kurz davor, sich in etwas Unangenehmes zu verwandeln.
CARLOS. – Ach so. Ich verstehe. Und weiter?
MARTA. – Diese Gefahr ist jetzt gebannt. Ich gefalle ihm. Mir gegenüber empfindet er das, was Männer für Frauen empfinden.
(Pause.)
CARLOS. – Glückwunsch. Du hast ihn gerettet.
MARTA. – Nein.
CARLOS. – Aber das ist doch klar.
MARTA. – Nein, denn wenn ich ihn abweise, wird es womöglich noch schlimmer um ihn. So einen Betrug wird er nicht überstehen. (Paso, *Juguetes*: 68 f.)

Dieses Textfragment aus *Juguetes para un matrimonio* (1966) des Erfolgsautors der sechziger Jahre, Alfonso Paso (1926-1978), zeigt, wie während der fast vierzigjährigen Franco-Diktatur das Thema Homosexualität behandelt wurde. Ehemann Carlos und Ehefrau Marta reden hier über den Zeichenlehrer und Schönling César, der zwischen homo- und heterosexueller Neigung hin- und herschwankt, sich zuletzt in der auf ein *Happy-End* ausgerichteten Komödie aber für die Frauen entscheidet, denn natürlich wird Homosexualität als Mangelsituation oder gar als Krankheit verworfen.

Nach dem allzulangen gesellschaftlichen Zwang zur Heterosexualität verändert sich nach Francos Tod (1975) und während des Übergangs in die Demokratie der Umgang mit den sexuellen Orientierungen, die vormals als Normabweichungen angesehen wurden, recht schnell. Auch auf der Bühne kommt es wie in der Romanliteratur schon Ende der siebziger Jahre zu einem Boom homosexueller Texte, die hier natürlich nicht alle behandelt werden können. Ausgewählt habe ich nur solche in kastilischer Sprache, mehr als dreißig, die den Umbruch in der Auffassung von Hetero- und Homosexualität repräsentieren, Texte, in denen die konventionellen sexuellen Grenzziehungen der Franco-Zeit aufgehoben werden. Ich bin mir bewußt, daß ich das Hauptaugenmerk auf die männliche Homosexualität lege, aus feministischer Sicht würde das Thema anders behandelt werden.

Beziehen wir uns auf eine Geschichte des schwulen Theaters in Spanien, so muß natürlich Federico García Lorcas *El público* an erster Stelle und ausführlich behandelt werden. Es bleibt, da es erst 1976, also unmittelbar nach Francos Tod, uraufgeführt wurde, im zeitlichen Rahmen des Artikels. Vor García Lorca könnte höchstens der Nobelpreisträger Jacinto Benavente erwähnt werden, der 1907 ein kurzes, nie aufgeführtes Stück, *La sonrisa de la Gioconda,* verfaßte, das den Rollentausch der Geschlechter thematisiert. Leonardo da Vinci erhält einen Brief von Lisa Gioconda, in dem sie ihm mitteilt, daß sie selbst nicht mehr zu den ermüdenden Porträtsitzungen kommen werde, an ihrer Stelle aber einen Pagen schicke, der ihr sehr ähnlich sehe. Leornardo nimmt diesen freundlich auf und verewigt sein Lächeln, das Lächeln eines Knaben, als das einer Frau. Zuweilen wurde dieses kurze Stück als Argument für die mögliche Homosexualität Benaventes herangezogen; wenn man sich Freuds Interpretation des Gemäldes (*Eine Kindheitserinnerung des Leonardo da Vinci*, 1910) und Reinaldo Arenas' spielerischen Umgang mit dem Thema (*Mona*, 1986) ins Gedächtnis ruft, könnte sich eine tiefere Auseinandersetzung mit der Hypothese lohnen.

Das Publikum oder die Zerstörung der Masken

Geschrieben hat García Lorca *El público* zwischen 1929 und 1930, kurz vor der Zweiten Republik (1931-1936), in der auf den spanischen Bühnen vereinzelt Werke homosexueller Thematik zu sehen waren. In *Un sueño de la razón* von Cipriano de Rivas Cherif (1891-1967) spielen zwei Lesben die Hauptrolle. Schon 1928 inszenierte dieser wichtige, heute aber fast vergessene Repräsentant des spanischen Theaters in Madrid mit sensationellem Erfolg den Cocteauschen *Orphée*. Er wurde dann nach Francos Sieg im Bürgerkrieg zum Tode verurteilt, begnadigt und unverzüglich ins Exil nach Puerto Rico und Mexiko gezwungen.

In *El público* lehnt sich García Lorca an die Schreibweise des Surrealismus an, Verschlüsselungen und Ambiguitäten machen den Zugang zum Stück nicht leicht. Wenn man überhaupt von einem Handlungskern sprechen kann, so läßt er sich auf die Vorbereitung und Durchführung einer *Romeo und Julia*-Aufführung reduzieren, wobei die Darstellerin der Julia geknebelt unter einem Tisch versteckt und ihre Rolle von einem Mann gespielt wird. Die Reaktion des Publikums auf die Geschlechterinversion ist ungehalten: der Theaterdirektor soll von Pferden geschleift werden, die Schauspieler werden getötet.

Hinter der rudimentären Handlung verbirgt sich die Liebesthematik an sich, die Liebe wird in all ihren (un)möglichen Facetten vorgestellt. Mit Julio Huélamo Kosma, auf dessen Interpretation ich mich hauptsächlich beziehe, glaube ich, daß García Lorca die homosexuelle Liebe dennoch vorrangig behandelt. Er verbirgt sein Anliegen nicht, wie noch María Clementa Millán in der Einleitung zu einer spanischen Textausgabe behauptet, hinter „der Zufälligkeit der Liebe als einer seltsamen Kraft, die dem Willen der Protagonisten nicht gehörig ist und die sie ins tragische Ende hineinzieht" (Millán: 43).

Der Theaterdirektor ist Protagonist des Stückes und sein Hauptproblem, dies wird in jeder Szene offensichtlich, besteht darin, daß er seine falsche, heterosexuelle Identität nicht ablegen kann, um frei zur Homosexualität zu stehen. Die geforderte Veränderung in der sexuellen Orientierung des Direktors impliziert auch eine zweite, die jetzt auf der Metaebene die Überwindung des konventionellen Theaters, das in seiner Fiktionalität als Lüge betrachtet wird, betrifft. Beide Aspekte richten sich gegen gesellschaftliches Normverhalten, sowohl im moralischen als auch im künstlerischen Sinn, in beiden Fällen wird Authentizität und Ehrlichkeit da gesucht, wo Schein und Lüge vorherrschen.

Gleich in der ersten Szene treten neben dem Direktor drei Pferde und drei Männer auf. Die Pferde symbolisieren das triebhafte Unbewußte, das, vom Direktor unterdrückt, seine Rechte auf aggressive Art einfordert. Die Männer repräsentieren ein zugänglicheres Niveau des Unbewußten und wollen den Direktor im Guten davon überzeugen, seine wahren Prinzipien nicht zu verraten. Um zu der eingeforderten Aufrichtigkeit zu gelangen, sind Hilfsmittel vonnöten, z.B. ermöglicht schon im ersten Bild eine spanische Wand dem Direktor, seine Scham zu überwinden und sein wahres Ich zu bekennen: er kommt im *cross-dressing* als Schauspielerin verkleidet hinter dem Wandschirm hervor.

Im zweiten Bild drückt García Lorca den Schwulendiskurs noch eindeutiger aus: eine römische Ruine dient als Szenario für das Auftreten zweier Figuren, Pámpanos (Gestalt in Weinlaub) und Cascabeles (Gestalt in Schellen). Sie können mit Bacchus und Cissus gleichgesetzt werden und sind demnach als eindeutige Bezugnahme auf die homoerotische Liebe in der Antike zu verstehen. In einer Art dionysischem Tanz treiben sie das Geschehen weiter in die zügellose Instinktsphäre hinein. Zuerst ergehen sich die zwei Männer in poetisch-kitschig anmutenden Liebeserklärungen, die sich aber ins Schmerzliche steigern:

GESTALT IN SCHELLEN: Wenn ich mich in eine Wolke verwandelte?
GESTALT IN WEINLAUB: Würde ich mich in ein Auge verwandeln.
GESTALT IN SCHELLEN: Wenn ich mich in Kacke verwandelte?
GESTALT IN WEINLAUB: Würde ich mich in eine Fliege verwandeln.
GESTALT IN SCHELLEN: Wenn ich mich in einen Apfel verwandelte?
GESTALT IN WEINLAUB: Würde ich mich in einen Kuß verwandeln.
GESTALT IN SCHELLEN: Wenn ich mich in einen Busen verwandelte?
GESTALT IN WEINLAUB: Würde ich mich in ein weißes Bettlaken verwandeln.
STIMME *sarkastisch*: Bravo!
GESTALT IN SCHELLEN: Und wenn ich mich in einen Mondfisch verwandelte?
GESTALT IN WEINLAUB: Würde ich mich in ein Messer verwandeln.
GESTALT IN SCHELLEN: Aber warum? Warum quälst du mich? Wenn du mich liebst, warum kommst du nicht mit mir, wohin ich dich führe? Wenn ich mich in einen Mondfisch verwandle, würdest du dich in eine Woge verwandeln oder in eine Alge oder, wenn du etwas sein willst, das weit entfernt ist, weil du mich nicht küssen möchtest, würdest du dich in einen Vollmond verwandeln ... aber in ein Messer! Es macht dir Vergnügen, meinen Tanz zu unterbrechen, wo doch tanzen die einzige Möglichkeit für mich ist, dich zu lieben.
GESTALT IN WEINLAUB: Wenn du um das Bett kreist und um die Gegenstände im Haus, folge ich dir, aber ich folge dir nicht an die Orte, wohin du mich voller List entführen willst. Wenn du dich in einen Mondfisch verwandelst, würde ich dich mit einem Messer aufschlitzen, weil ich ein Mann bin, weil ich eben nur das bin, ein Mann, mehr Mann als Adam, und ich möchte, daß du noch mehr Mann bist als ich [...] (García Lorca, *Das Publikum:* 17f.)

Durch das Spiel mit den Inversionen, die erotische Phantasien anregen und als Bilder gegen die tradierten Sexualgewohnheiten verstanden werden können, kommt der Widerstreit zwischen Weiblichem und Männlichem, wie er auch in homoerotischen Beziehungen existiert, klar zum Vorschein. Als eindeutiges Symbol für die Unvereinbarkeit steht der *pez-luna* (Mondfisch), denn der Fisch wird sowohl bei Freud als auch bei García Lorca als phallisches Symbol verstanden; der Mond hingegen ist im Spanischen weiblich. Den wahren Mann, den *pez-sol* (Sonnenfisch), evoziert Lorca in anderen Werken.

Das Zitat scheint demnach auf die vornehmlich androgyne Psychologie des Homosexuellen anzuspielen. Die Gestalt im Weinlaub verweigert sich der weiblichen Facette, die die Gestalt mit Schellen ihm anbietet. Die Zurückweisung schlägt in Gewalt um. Im Anschluß an das Zitat kommt es zum Streit, und die Schellengestalt, die jetzt den männlichen Part übernimmt, droht, sich in eine Peitsche aus Gitarrensaiten zu verwandeln, eine Peitsche aus den Staubfäden der Orchidee. Die von García Lorca hier aufgeworfene Verbindung von Gewalt und Ästhetizismus werden wir als Kennzeichen des homosexuellen Diskurses in Werken neueren Datums wiederfinden.

Zu den genannten Hindernissen, die der homoerotischen Liebe im Weg liegen, treten in den nächsten Bildern noch weitere hinzu. Der Kaiser zum Beispiel versinnbildet das moralische Gewissen der Gesellschaft, die zu Lorcas Zeiten in Spanien von Katholizismus und politischer Autorität bestimmt war. Die Gestalt in Weinlaub bittet den Kaiser in einem Anflug von Selbstbeschuldigung um Strafe, was aus der folgenden phallischen Metapher geschlossen werden kann: „Wenn du mich küßt, werde ich den Mund öffnen und mir dann dein Schwert in den Hals stoßen" (ebd.: 23). Im dritten Bild wird dann die nächste Gefahr, die nächste Barriere vorgeführt: Elena, die Frau an sich, will den Direktor zur Entscheidung zwingen. Im gleichen Zusammenhang tritt Julia auf.

Durch das männliche Quadrupel, Direktor und drei Männer, stellt Lorca ein einziges Individuum, das nur so in seiner psychologischen Tiefe gezeichnet werden kann, vor. Der Direktor verkörpert die Variante des Zweiflers, der erste Mann, Gonzalo, ist von den Vieren derjenige, der seine Homosexualität am offensten auslebt. Zu der Gruppe gesellen sich die vier Pferde, die für die unterdrückten Instinkte der Libido stehen. Der Tod in Gestalt des schwarzen Pferdes verweist nach den gängigen Interpretationen auf die Unfruchtbarkeit der homoerotischen Liebe. Aufschlußreich sind in diesem Zusammenhang auch die skatologischen Anspielungen auf den Anus, der mit den Dornen von Rosen verglichen wird. Der Tod in Form der Unfruchtbarkeit ist das letzte Hindernis, an dem die homoerotische Beziehung scheitern muß. Er ist in García Lorcas Werk aber nicht als spezifisch homosexuelle Thematik zu verstehen, wenn man etwa an sein Theaterstück *Yerma* denkt, wo die sterile Protagonistin ebenfalls verzweifelt, weil sie keine Nachkommen gebären kann. Manch ein Interpret sieht hierin ein Zeichen für García Lorcas eigene Homosexualität. Es erübrigt sich hinzuzufügen, daß die schwule Liebe selbst in den tiefen Sphären des Unbewußten nicht nur negativ und dunkel gezeichnet wird, auch die weißen Pferde sind Teil von ihr.

In *El público* sucht Lorca einen Weg hin zur Demaskierung des homosexuellen Direktors, aber der Versuch, die Authentizität zu erreichen, muß angesichts der genannten Hindernisse scheitern. Dazu in Parallelführung versucht der Dichter, eine Alternative zum konventionellen Theater zu finden. Auf die poetologische Diskussion, die hinter der Forderung, die Theaterillusion zu zerstören, steckt, kann hier nicht eingegangen werden, aber der Berührungspunkt zur homosexuellen Lebensform ist offensichtlich: wie die konventionelle Gesellschaft ist auch das herkömmliche Theater auf der Lüge aufgebaut. Das wirkliche Drama spielt sich nicht auf der Illusionsbühne ab, sondern in der Grabkammer Romeos und Julias. Der Abstieg in die Gruft (das Unterbewußte) und die Tatsache, daß Julia von einem Jungen gespielt wird, steigert auf der Suche nach der Authentizität die Glaubwürdigkeit der Liebe, die sich hier nicht mehr um die gesellschaftlichen Konventionen kümmert. Diese Liebeskonzeption ist jedoch erneut zum Scheitern verurteilt, jetzt wegen der Reaktion des konservativen Publikums, das eine Art Gegenrevolution inszeniert.

Schon hier möchte ich auf Leopoldo Alas' (geb. 1962) *Última toma* (1985) hinweisen, ein kurzes Stück, dem ebenfalls *Romeo und Julia* zugrunde liegt. Bei den Dreharbeiten zu einem Film über Shakespeares Werk vermischen sich die Stimmen der Erzähler Lorenzo und Mercucio mit denen des Liebespaares, und ihre homoerotische Liebe überlebt die nur noch phrasenhafte und deshalb längst ausgediente Liebesidee, die Romeo und Julia verkörpern.

In *El público* liebt der erste Mann den Theaterdirektor und erweist sich als einzige integre Figur im Stück. Er kämpft dafür, daß jeder zu seiner sexuellen Orientierung stehen kann und tritt für die höchste Form der Liebe ein, die Liebe, die nicht berechnet und alles nachsieht, ganz so, wie sie Paulus in seinem ersten Brief an die Korinther beschreibt. Wie Christus stirbt er deshalb am Kreuz, von der intoleranten Gesellschaft hingerichtet. Die Stilisierung des Homosexuellen als Leidender, der geopfert wird, ist seit García Lorca ein Kennzeichen der schwulen Literatur. Im Zusammenhang mit den blasphemisch anmutenden Verunglimpfungen der religiösen Wertvorstellungen werden wir sie in den zeitgenössischen Theaterstücken wiederfinden.

Am Ende fragt die Mutter des ersten Mannes nach ihrem getöteten Sohn. Der Direktor fingiert Unwissenheit und weist alle Verantwortung von sich. Das bedeutet seinen Rückfall in das verlogene und falsche Leben. Die Kritik am herkömmlichen Theater und die Anklage der versteckt gelebten Homosexualität finden symbolisch im Bild der Maske zueinander: nur *hinter* der Maske verbirgt sich das wahre Gesicht des Direktors. Die Bemühungen, den Weg der Ehrlichkeit auch gegen die gesellschaftlichen Zwänge zu gehen, haben nicht gefruchtet, das letzte Bild ist wie das erste angeordnet, was doch bedeutet, daß der Direktor nur im Kreis ging; er ist in seine ursprüngliche Rolle zurückgefallen. Wer zu lange in der Repression lebt, dem gelingt die Befreiung nie, er zieht es vor, seine Maske aufzubehalten.

Und dennoch gelingt es dem ersten Mann in manchen Momenten, den Theaterdirektor zu demaskieren und ihn in eine Welt zu führen, die im fünften Bild von den Studenten verherrlicht wird:

> STUDENT 5 [...] Was mich betrifft, der ich jeden Tag zweimal in die Berge gehe und, wenn ich mein Studium beendet habe, eine riesige Herde Stiere hüten werde, mit denen ich immer wieder kämpfen und siegen muß, ich habe keine Zeit, mir Ge-

danken darüber zu machen, ob es ein Mann, eine Frau oder ein Kind ist, sie müssen mir nur gefallen und meine Begierde stacheln.
STUDENT 1 Ausgezeichnet! Und wenn ich mich in ein Krokodil verlieben will?
STUDENT 5 Dann verliebst du dich eben.
STUDENT 1 Und wenn ich mich in dich verlieben will?
STUDENT 5 *wirft ihm den Schuh zu*: Dann verliebst du dich eben auch, ich lasse dich und trage dich auf den Schultern die Felsen hinauf.
STUDENT 1 Und wir zerstören alles.
STUDENT 5 Die Dächer und die Familien.
STUDENT 1 Und wo man von Liebe spricht, treten wir mit Fußballstiefeln ein und schleudern Schlamm an die Spiegel.
STUDENT 5 Und wir verbrennen das Buch, aus dem die Priester die Messe lesen.
STUDENT 1 Gehen wir! Gehen wir bald!
STUDENT 5 Ich habe vierhundert Stiere. Mit den Hanfstricken, die mein Vater gedreht hat, koppeln wir sie an die Felsen, damit sie sich spalten und ein Vulkan entsteht.
STUDENT 1 Freude! Freude der Jungen, und der Mädchen, und der Frösche und der kleinen Holzklötze. (ebd.: 51)

Zumindest der fünfte Student lebt in einem gesellschaftlich nicht konditionierten Zustand, läßt sich von ästhetischen Kriterien leiten und kennt seine Feinde, die konventionelle Familie und die Kirche. Um der Befreiung willen müssen sie vernichtet werden, und nur auf dem *wirklichen* Theater ist dies möglich. Verliebt sich nicht in Shakespeares *A Midsummer Night's Dream* Titania in einen Esel? Warum soll sich nicht auch der erste Student in ein Krokodil verlieben? Oder in einen anderen Mann? Hinter den rhetorischen Fragen steht die Forderung, die homosexuelle Liebe aus ihren Zwängen zu befreien, sie zu einer legitimen und authentischen Form der Liebe zu erhöhen. García Lorcas *El público* bildet den Anfang der Auseinandersetzung mit dem Problem der Homosexualität. Bis heute gilt das Stück in vielen Aspekten als richtungsweisend; die bisher herausgearbeiteten Motive werden im folgenden immer wieder zur Sprache kommen.

Androgynes Wunschdenken in den Schubladen

Nach dem Spanischen Bürgerkrieg (1936-39) bis hin zum Übergang in die Demokratie (ab 1975) finden sich keine Anzeichen einer Auseinandersetzung mit der homosexuellen Problematik auf den spanischen Bühnen. Schwulenkultur wurde in Spanien unterdrückt und konnte nur im Exil künstlerisch umgesetzt werden. Agustín Gómez-Arcos (1939-1998) ging in den sechziger Jahren nach Paris und entwickelte dort eine Bühnenästhetik, die sich hauptsächlich an *drag*-Ambivalenzen festmacht. Der Wunsch nach Geschlechtsveränderung durchzieht als Leitmotiv auch seine Romane, die zuerst auf französisch veröffentlicht und in einigen Fällen vom Autor selbst ins Spanische übersetzt wurden (*Scènes de chasse (furtive)*; *L'enfant miraculée*; *L'enfant pain*; *Un oiseau brûlé vif*; *L'homme à genoux*).

Der psychologische Konflikt eines Mannes, der Frau sein will und als solche in Varietés auftritt, wird in dem Einakter *Adorado Alberto* abgehandelt, der zusammen mit *Pré-papa* 1969 im Pariser *Café-Théâtre de l'Odéon* in der französischen Übersetzung von Rachel Salik uraufgeführt wurde. Seine narrative Entsprechung findet *Adorado Alberto* in Gómez-Arcos' vorletztem Roman, *La femme d'emprunt* (*Die erborgte Frau*, 1993), das kurze Stück wurde hingegen nie veröffentlicht. Von *Pré-papa* liegt der französische Text vor, hier wird ein Mann, John, an Stelle seiner Frau schwanger. Zur Darstellung kommen in beiden Werken ambige Welten, in der das Androgyne seinen Platz behauptet und eine Pluralität der Geschlechterauffassung verbürgt, die in der spanischen Diktatur nicht gelebt werden konnte.

Die noch vor dem Exil auf spanisch veröffentlichten Theaterstücke Gómez-Arcos' behandeln das homosexuelle Thema eher versteckt. *Los gatos* (1965) erinnert an García Lorcas berühmtes Schauspiel *La casa de Bernarda Alba*. Zwei ältere Schwestern nehmen sich im katholischen Spanien der Franco-Zeit ihrer siebzehnjährigen, verwaisten Nichte Inés an, der sie den Kontakt zu Männern verbieten. Als sie erfahren, daß sie schwanger ist, schlagen sie sie tot. Das sexuelle Wunschdenken nach dem Mann steht im Zentrum der Aufmerksamkeit nicht nur Inés', sondern auch ihrer Tanten. Es darf wegen der gesellschaftlichen Moralvorstellungen aber nicht erfüllt werden. Das Schicksal Inés' und das der homosexuellen Männer ist im katholischen Spanien gleichzusetzen: Grausamkeit und Intoleranz verwandeln ihre Liebe in Leid.

Die Demokratie schenkte Gómez-Arcos zwar weniger Beachtung als er erwartete, aber 1991 wurde in Madrid im staatlichen *Centro Nacional de Nuevas Tendencias Escénicas* das Stück *Interview de Mrs. Muerta Smith por sus fantasmas* (1972) uraufgeführt. Es handelt sich dabei um eine grotesk-phantastische Vision des Lebens nach dem Tod, bei der die verstorbene Mrs. Smith in Begleitung ihres Hundes Boby und des in einem Eisblock nackt eingefrorenen Gigolos Doble Nick Blanco y Negro der Begegnung mit Gott entgegengeht. Dieser erscheint androgyn als Katharina die Große und wird, wie auch der Satan, von Boby, dem Hund, gespielt. Doble Nick, Objekt weiblicher und homosexueller Begierde, wird eigens aufgetaut, um ihn zu beschlafen. Den Geschlechtsakt begleitet ein weißer Engel mit Zithermusik. Die sakrilegische Abrechnung mit der katholischen Kirche als Handlangerin des Franco-Regimes verweist im Zusammenhang mit der Umkehrung der abendländischen Werte auf neue kulturelle Vorstellungen, bei denen Androgynie und Homosexualität als der Heterosexualität gleichberechtigt aufgewertet sind.

Auch Francisco Nieva (geb. 1927) hielt sich während der Franco-Zeit zumindest teilweise in Paris auf. Er arbeitete ab 1964 als Bühnenbildner in Spanien, aber auch in Italien und Deutschland, wo er zum Beispiel in Berlin-Ost bei einer *Aschenputtel*-Inszenierung mitwirkte. Bis zu Francos Tod trat er nur als Regisseur oder Bühnenbildner an die spanische Theateröffentlichkeit, bewahrte seine eigenen Stücke jedoch in der Schublade auf. 1971 wurde erstmals ein Text im Freundeskreis in der Staatlichen Schauspielschule in Madrid aufgeführt. Sein gesamtes Werk, in sich sehr heterogen, könnte als Theater des Irrealen bezeichnet werden, in dem neobarocke und phantastische Elemente dominieren. Im Mittelpunkt von *La carroza de plomo candente* (1971, UA 1976) steht eine okkultistische, von der Hexe Garrafona geleitete Zeremonie, in der erreicht wird, daß der asexuelle König Ludwig III. ein Kind zeugt und es selbst austrägt. Mit seiner Frau will er nämlich nicht schlafen. Das androgyne Element wird in diesem Stück durch den Barbier Frasquito unterstützt, der aus seiner Homosexualität kein Geheimnis macht. Daneben tritt ein zur Karikatur degradierter Stierkämpfer auf, ein weiteres Indiz für Nievas satirisches Anvisieren des traditionellen Franco-Spaniens, wo der *Torero* als Inbegriff der Männlichkeit galt.

In *Coronada y el toro* (1974, also ein Jahr vor Francos Tod fertiggestellt, aber erst 1982 uraufgeführt) wird in einer ganz ähnlichen Figurenkonstellation wie in *La casa de Bernarda Alba* und *Los gatos* das Thema des abwesenden und ersehnten Mannes ins Absurde gesteigert: Coronada hat keinen Verlobten, denn ihr Bruder tötet alle Anwärter. Die sexuelle Frustration manifestiert sich deshalb in ihrer Begierde nach dem Stier, ein weiteres Kultursymbol des alten Spaniens. Radikaler als vorher zerstört Nieva die tradierten Vorstellungen von Männlich und Weiblich. Die geschlechtlichen Bedeutungen sind veränderlich und verändern sich im Spiel. Das ehemals festgelegte und einst verläßliche System wird von androgynen Elementen durchsetzt, und Abweichungen werden nicht mehr verworfen. Das feminine Prinzip stellt eine Kraft dar, die allein es vermag, die Zivilisation zu retten. Am Ende von *Coronada y el toro* setzt sich die androgyne Alternative durch, als der *Hombre-Monja* (Mann-Nonne) seine wahre Identität aufdeckt.

Manch einer wird sich noch an die Inszenierung von Nievas *Le retable damné* 1994 auf dem Festival von Avignon (und danach auch in Paris) erinnern. Hinter dem Titel verbirgt sich ein Triptychon von Nievaschen Stücken, die Agathe Alexis zusammenfügte: *Caperucita y el otro*, *No es verdad* und

Te quiero, zorra. Verbindendes Leitthema sind alle Ambiguitäten, die in der Lage sind, sexuelle Leidenschaft zu entfachen. Sie werden von gedoppelten Wesen wie Tiermenschen oder Transvestiten repräsentiert. Auf einem hohen künstlerischen Niveau, die realistische Darstellung vermeidend, sind auch hier Schwule und ihre *camp*-Ästhetik als Provokation zu verstehen. Körper, unterdrückt hinter den Masken, die ihnen von den anderen aufgezwungen werden, verweisen auf García Lorca, der in *El público* die Gesellschaft anklagt, weil sie die Abweichungen von der Normalität nicht gestattet.

Flor de Otoño, Protagonist im gleichnamigen Stück von José María Rodríguez Méndez lebt seine persönliche Opposition als Frau verkleidet. Das Werk wurde in den letzten Jahren der Franco-Zeit geschrieben, 1974 in der bekannten Theaterzeitschrift *Primer acto* veröffentlicht, aber erst 1981 im *Teatro Principal* von Valencia uraufgeführt. Flor de Otoño heißt mit bürgerlichem Namen Lluiset Serracant, ist Rechtsanwalt und entstammt dem katalanischen Großbürgertum. Er tritt im Barcelonesischen Nachtleben in einem Kabarett als „Herbstblume" auf. In seiner Doppelung nach dem Schema Dr. Jekill und Mr. Hyde zeigt sich die unversöhnliche Zweiteilung der spanischen Gesellschaft. Dem Stück dient eine anarcho-revolutionäre Erhebung im katalanischen Poble Nou aus dem Jahre 1930 als Hintergrund. Flor de Otoño gehört zu den Anzettlern des Aufstandes. Seine Homosexualität fungiert durch ihre gesellschaftliche Marginalisierung als Element, um jetzt in einem authentischeren Bezug zur Wirklichkeit als bei Gómez-Arcos und Nieva die politische Kritik an der Diktatur (hier die Primo de Riveras) und der sie unterstützenden Bourgeoisie zu veranschaulichen. Lluiset Serracant, der sich nicht in die bürgerlichen Normen seines Standes einfügen kann, wird als Homosexueller mit den staatsfeindlichen Gruppen gleichgesetzt und hingerichtet. Die heuchlerische Gesellschaft, allen voran seine Mutter, will seinen Tod nicht wahrnehmen und geht davon aus, daß er sich nach Mexiko eingeschifft habe. Die Abrechnung des modernen, des anderen Spanien mit der Diktatur ist gleichzeitig eine Abrechnung mit den Schichten, die von ihr profitiert hatten. Die Notwendigkeit und Brisanz des Stückes zeigt sich auch darin, daß es schon vor der Uraufführung als Filmversion (1978, unter der Regie von Pedro Olea) beachtlichen Erfolg verzeichnen konnte.

Gekrönte und tonsurierte Häupter

In Francisco Ors' (geb. 1933) *Contradanza*, 1978 entstanden und 1980 in Madrid erstmals gezeigt, wird die spielerische Distanz zum Thema Homosexualität durch die historische Bezugnahme auf den englischen Königshof im Zeitalter Elisabeths I. bewahrt. Die Königin ist eigentlich ein verkleideter Mann, gleich zu Beginn des Stückes läßt sie sich von ihrem Geliebten, dem herrschsüchtigen Heinrich, beschlafen, allerdings, wie es zwischen beiden Usus ist, von hinten, damit selbst er ihr Geheimnis nicht entdeckt. Am Hof wird dann über das skandalöse Verhältnis zweier Knaben aus einflußreichen Adelsfamilien geredet. Sie wurden beim Verbrechen der „Sodomie" ertappt und sollen nun von der Königin zum Tode verurteilt werden. König(in) Elisabeth gibt jedoch den Befehl, sie zu befreien. Wie bei dieser Entscheidung offensichtlich wird, haben persönliche Gründe vor der Staatsräson Priorität, was vom Hofstaat noch akzeptiert wird. Zum dramatischen Konflikt kommt es, als David, der Sohn ihres engen Vertrauten Moore, der Homosexualität beschuldigt wird. Nach einem längeren Aufenthalt im Escorial kehrt er mit einem spanischen Freund nach London zurück. Elisabeth kann David nicht mehr retten, er wird von Heinrich ermordet. Die Klage, die Elisabeth am Ende an den toten David richtet, ist als Anklage gegen die Männerwelt zu lesen. Der männliche Homosexuelle wird wegen seiner Sensibilität und gefühlsbestimmten Handlungsmotivation zum Retter der durch das Patriarchat verdorbenen Welt stilisiert:

> Wir haben deine Schönheit verloren und die Welt ist jetzt trauriger. Du hattest uns ein neues Licht gebracht, das alles erhellte: jetzt hast du es wieder mitgenommen. Ohne dich wird das Regieren wieder zu einem infamen Geschäft werden, und die Angst wird erneut alles überschatten. Du schufst die Wahrheit, hast sie in Leben verwandelt. Du hast eine Tür gefunden, die sich einer anderen Welt öffnete: ein Weg, der zu anderen Gefühlen führte. Ohne dich werden vielleicht Jahrhunderte vergehen, bis jemand sie wieder entdecken wird. Du warst eine neue Welt: du hast die Dinge bei ihren Namen genannt und hast die Wirklichkeit in Glück verwandelt. Du hast so Offensichtliches entdeckt wie etwa, daß es vorzuziehen sei, daß zwei Männer sich küssen als daß sie sich erstechen. Weil du das dachtest, weil du fühltest, daß dies selbstverständlich sein sollte, haben sie dich erstochen. All die, die glauben, daß ein Messerstich edler sei, schöner, männlicher als ein Kuß, sind die Verantwortlichen. Hoffentlich kommt bald der Tag, an dem man sie bei ihren wirklichen Namen nennen wird: Mörder. (Ors, *Contradanza*: 93 f.)

Das Werk verzeichnete einen beachtlichen Publikumserfolg, vielleicht auch, weil es, wie dieses Schlußplädoyer Elisabeths zeigt, als Abrechnung mit der Verherrlichung der Männlichkeitswerte wie Krieg und Gewalt während des Franco-Regimes zu verstehen ist. Die pathetische Diktion ist heute jedoch kaum mehr nachzuvollziehen, was zu Beginn der achtziger Jahre von soziokultureller Relevanz war, ist zwanzig Jahre danach nahezu vergessen.

Drei Jahre nach der Uraufführung von *Contradanza* finden wir in José Martín Recuerdas (geb. 1925) *El carnaval de un reino* erneut ein schwules gekröntes Haupt in einem historischen Drama, diesmal den kastilischen König Heinrich IV. (1454 -1474), Bruder der Katholischen Königin Isabel. Geschichtlicher Hintergrund der Handlung ist die Herrschaftsablösung Heinrichs durch seine Schwester, was in Kastilien zu einer bürgerkriegsähnlichen Situation führte. Martín Recuerda greift außerdem auf Behauptungen aus der parteiischen Renaissancehistoriographie zurück, wenn er Heinrichs Homosexualität mit seinem Scheitern als Monarch in Verbindung bringt. Ihn beschäftigten weniger die Regierungsgeschäfte als seine unglückliche Liebe zu Alvar Gómez, ein Favorit am kastilischen Königshof, der Heinrich verläßt, weil er Celestina liebt. Der König sucht daraufhin die noch junge Celestina auf und verunstaltet ihr Gesicht durch einen tiefen Messerstich. Er macht ihren Körper häßlich, zwingt sie dadurch in die Marginalexistenz, und erst jetzt kann sie werden, als was sie in die spanische Literaturgeschichte eingegangen ist: Hexe und Kupplerin.

El carnaval de un reino ist ein Text über Randgruppen der Gesellschaft, neben dem homosexuellen König treten in Chorfunktion Portugiesen als ausländische Arbeiter in Kastilien auf. Die diskriminierenden Äußerungen über Juden verweisen schon auf ihre Ausweisung aus Spanien im Jahre 1492, während der Regierungszeit Isabels übrigens, die dadurch die Verantwortung für gesellschaftliche Diskriminierung und Intoleranz trägt. Das Randgruppendasein als Homosexueller, zu dem sich Heinrich IV. bekennt, wird von Martín Recuerda als zentrales Thema der Geschichte aufgewertet. Die gesellschaftlichen Verhältnisse, an denen der König zugrunde geht, können zwar als universal angesehen werden, sind aber auf das geeinte Spanien der Katholischen Könige zu beziehen, ein Spanien, in dessen Tradition sich auch das Franco-Regime verstand. Der König prangert es direkt an:

> Verwundert es so sehr, mich zu sehen, wie ihr mich seht? (Er liebkost alle Körperteile, die er aufzählt) Meine Augen ..., meine Lippen ..., mein Haar ..., das Blut, das in meinem Körper brennt ... Was ist ein Königreich wert, wenn sein König verbergen muß, wer er in Wahrheit ist? So liebe ich mein Volk, als sein König, der ihm zeigt, wie es in Wirklichkeit ist. Wo sind die Männer, die den Mut haben zu sagen, wer sie sind und was sie wollen? Die, die nicht lügen, die, die von Verrat sprechen, wenn sie Verrat begangen haben, die, die ihre Verbrechen eingestehen, wenn sie gemordet haben, die, die ihren Ehrgeiz offenlegen, wenn sie aus Haß ehrgeizig waren, die, wenn sie verliebt sind, eingestehen, in wen. Niemand in diesem Land gesteht soviel ein, wie ich eingestehe! Betrüger, Heuchler, Versager, Rohlinge, Mörder, Fanten, Diebe. Schaut auf meine blutrote Hand. Mein letzter Liebhaber hat mich verletzt und er floh, um den Weg zum Meer zu suchen, den er niemals finden wird. Aber die verletzte Hand macht mir nichts aus. Ich küsse sie, weil er mir die Wunde zugefügt hat. Das ist meine quälende Wahrheit.
> (Martín Recuerda, *El carnaval de un reino*: 151)

Der Wunsch nach Gewalt bildet das Hauptprinzip von Heinrichs Handlungen, Gewalt gegen andere und Gewalt gegen sich selbst sind als Reaktion auf die Verweigerung der Gesellschaft zu verstehen, ihn, den weiblich fühlenden Mann, anzuerkennen. Dies führt dazu, daß er durch Schmerzen Lust empfindet. Durch die Verstümmelung des eigenen Körpers hebt sich der König von den anderen ab, sie steht auch metaphorisch für sein Anderssein, für seinen Ausschluß aus der gesellschaftlichen Ordnung. Martín Recuerda denunziert in *El carnaval de un reino* den fatalen Mechanismus zwischen dem Leid des Schwulen, der den gesellschaftlichen Zwängen nicht entkommt, und der Lust durch die Bestrafung des eigenen, des männlichen Körpers:

> [...] Das war damals, als ich mich mit der vermählte, die du siehst. Ich sagte es meinem Beichtvater noch vor der Hochzeit. Ich bat ihn um Mitleid. Ich wollte fliehen. Es ging nicht. Ich mußte den Weg der Könige gehen, die vor mir regiert hatten. Ich mußte einen Nachfolger zeugen. Mit Todesschweiß umarmte ich noch vor der Vermählung mein Pferd und sagte ihm: laß mich weinen und deinen Hals umarmen. Ich stieg zum Altar empor und sah nicht einmal das Licht der Kerzen. Ich lebte nicht. Einen anderen Menschen hatten sie dahin geführt. Ich verriet mich selbst und hatte nicht den Mut, mich aufzulehnen. Was sollte ich tun, ...? Ich floh auf die Wiesen, manchmal in die Burggräben, um in ihren Wassern zu ertrinken. Manchmal grub ich die Fingernägel in meine Brust, schrie und bat um Nachsicht. Ein anderes Mal glaubte ich, daß die Pferde mich liebten, wenn ich ihnen am Fluß Wasser gab. Aber sie erschraken vor mir. Ich kniete mich vor sie nieder und rief: tretet auf meinen Körper ein, tretet auf meinen Körper ein, tretet auf meinen Körper ein! Und sie stießen mit ihren Hufeisen in meine Brust. Schau die Wunden. Das sind keine Liebesbisse, sondern die Spuren der Hufeisen der Pferde. (ebd.: 161 f.)

Im ersten Zitat fügt der Geliebte den Schmerz zu, im zweiten sind es die Pferde. Das Pferd, ich habe es bei García Lorca angedeutet, gilt als Symbol der Männlichkeit. Es symbolisiert sexuelle Kraft und steht, man denke an die Kentauren, im Ruf unkontrollierter Triebhaftigkeit.

Die Vermutung liegt nahe, daß sowohl Ors als auch Martín Recuerda mit den schwulen gekrönten Häuptern noch in bezug auf die Franco-Diktatur den institutionellen Status von Herrschenden relativieren wollten. In ähnlichem Bezugsrahmen, aber nun gegen die katholische Kirche gerichtet, ist Martín Recuerdas bis heute nicht aufgeführtes Stück *La cicatriz* (1985) zu verstehen. Es spielt wie *El carnaval...* im Kastilien des ausgehenden Mittelalters, diesmal in einem Kloster, wo die christliche Liebe, die *caritas*, in eindeutige Nähe zur Fleischeslust, *voluptas*, gerückt wird. Homosexualität im Kloster erinnert an einen frühen Film Pedro Almodóvars: *Entre tinieblas*. Im Unterschied zu dem international erfolgreichen Regisseur behandelt Martín Recuerda das Motiv jedoch mit einem Ernst, der sentimentalen Pathos aufkommen läßt.

Dabei gäbe die Geschichte viel an Komik her: in einem Kloster, wo die nächtlichen Zellenbesuche unter den Mönchen bestimmt nicht der Kasteiung dienen, wird ein von der Polizei gesuchter Fremder aufgenommen. Er habe, so die Beschuldigung, als Schweinehirt die Herde seines Bauern vernichtet. Die Mönche liefern ihn nicht aus, denn fast alle haben sich in den schönen Francisco verliebt. Als ihn Bruder Blas, der sich freiwillig bereit erklärte, ihm Lesen und Schreiben beizubringen, in seiner Zelle gewaltsam entkleidet, entdeckt er sein Geheimnis: Francisco hat kein Geschlecht mehr, und die zurückgebliebene Wunde (*la cicatriz*) verdirbt dem schwulen Blas den sexuellen Appetit. Die Schweine hatten dem Kind den Penis abgefressen, deshalb übte Francisco Rache an der gesamten Herde. Durch seine Verstümmelung bringt Francisco die Voraussetzung zur klösterlichen Keuschheit mit, und entwickelt sich zuletzt zu einem vorbildlichen Mönch.

Die anderen verhalten sich recht freizügig in ihren Liebesäußerungen, mehrmals stehen nackte Männer auf der Bühne, der Widerspruch zu den strengen Klosterregeln äußert sich auch hier als bestrafter Körper. Die Selbstkasteiung von Bruder Blas konnotiert Martín Recuerda blasphemisch mit den Leiden Christi und verbindet sie mit den schwulen Alltagssorgen wie Einsamkeit oder Unmöglichkeit der gleichgeschlechtlichen Liebeserfüllung. Die vom Prior, der die Kirche als Institution verkörpert, geforderte gewaltsame Unterdrückung der Homosexualität zielt auf die gesellschaftliche Unterdrückung der gleichgeschlechtlichen Sexualität überhaupt. Bruder Blas drückt dies in seiner Anklage gegen Gott anschaulich aus:

> Fleischeslust ist es, was ich fühle, diesen Wahnsinn, den ich mir austreiben wollte und den ich mir seit meiner Kindheit nicht austreiben kann. Verzeih mir, oh Herr, wenn ich blind bin. Aber du, du, Gott im Himmel, hast mich von Geburt an zu dem gemacht, der ich bin. Welche Schuld hatte ich daran? Ich kam in dieses Kloster, um den zu vergessen, der ich war, und ich finde hier denselben wieder, obwohl die Zeit vergeht und obwohl ich die Tabernakeltür öffne und den Leib Christi esse. Die Schutzsuche in diesem Kloster war nutzlos. Gott wird innerhalb dieser Klostermauern und draußen immer der gleiche sein. Wenn ich mich fortbewege, wenn ich lache, wenn ich nur um mich schaue, wenn ich die Heilige Messe lese, überall verfolgt mich ein Körper, den ich küssen möchte. [...] Was habe ich dir getan, Gott? Was habe ich getan? Ich erfülle nicht, was ich erfüllen müßte: weder die Keuschheit noch den Gehorsam. Ich bin es leid, meine Sünde zu beichten, denn die Sünde kommt zu mir zurück. Sogar wenn der Leib Christi zwischen meinen Lippen liegt, denke ich an einen Menschenleib. Was habe ich getan? Wie mich retten? Wohin gehen? Was tun? (Martín Recuerda, *La Cicatriz*: 100)

Es verwundert nicht, daß gerade in Spanien, wo die katholische Kirche über Jahrhunderte hinweg einen führenden Platz einnahm, das Klosterleben nach Francos Tod viele Autoren als Ort homosexueller Lebensform interessiert. So etwa auch Maribel Lázaro (geb. 1949) in der kurzen Farce *La fuga* (1986), wo vier Nonnen aus einem Kloster fliehen. Zwei, Schwester Dora und Schwester Ramona, werden dabei als Lesbenpaar karikiert.

Eines der letzten Werke Nievas, der Einakter *Los viajes forman a la juventud*, das in der Theatersaison 1998/99 in Madrid im *Teatro Pradillo* uraufgeführt wurde und von dem mir kein schriftlich fixierter Text vorliegt, erzählt recht freizügig, wie ein älterer Mönch seinem Schüler mit Erfolg die Freuden der Sexualität zwischen Männern beibringt. Er beginnt die Lektion mit der ausführlichen Beschreibung seines Penis und führt den Novizen zuletzt in den Analverkehr ein. Sowohl bei Maribel Lázaro als auch bei Francisco Nieva wird Homosexualität jetzt nicht mehr als Mangelsituation problematisiert. Auf eine erfrischend leichte Art wollen die Werke amüsieren, sie sind aber auch als Texte der Abrechnung mit dem Katholizismus der Franco-Zeit zu lesen.

Privatisierung der Homosexualität

Seit Mitte der achtziger Jahre, da sich die spanische Demokratie zu festigen beginnt, verschwindet die politische Implikation der Homosexualität auf der Bühne zusehends, obgleich eine generelle Oppositionshaltung gegen traditionelle Gesellschaftsvorstellungen bestehen bleibt. Als erstes Beispiel sei Paloma Pedrero (geb. 1957) angeführt. Sie thematisiert in ihren Theaterstücken zwischenmenschliche Beziehungen, die sich nicht in die gesellschaftlichen Konventionen pressen lassen. Sie feiert das Unlogische und Unmögliche, und in diesem Zusammenhang setzt sie sich auch mit Homosexualität auseinander. In dem Einakter *La llamada de Lauren* (UA 1985), wollen Pedro und Rosa ihren dritten Hochzeitstag beim Karneval feiern. Dafür verkleidet er sich als Frau, Lauren Bacall, und verlangt von Rosa, sich in Humphrey Bogart zu verwandeln. Er treibt das Spiel der Geschlechterinversion zur Perfektion, und als er von Rosa sogar fordert, ihn mit einem falschen Penis zu penetrieren, weigert diese sich und macht dem Transvestismus ein Ende. Im nachfolgenden Gespräch gesteht Pedro seine schwulen Neigungen nach dem üblichen Schema ein: Lust auf Frauenkleider und Stöckelschuhe schon als Kind, Angst vor den rauhen Knabenspielen, Sensibilität. Die ebenso topische Botschaft – „Die Anormalen sind die anderen. Die unbedingt das machen wollen, was man ihnen befiehlt. Mir ist egal, was die Leute denken" (Pedrero, *La llamada de Lauren*: 99) – gibt dem offenen Ende (Pedro geht als Lauren allein und auf der Suche nach seiner wirklichen Identität auf den Karneval) einen doch eindeutigen Schluß. Die Reaktion der Presse nach der Uraufführung zehn Jahre nach Francos Tod zeigt jedoch, daß das Werk trotz der heute fast lästig anmutenden Stereotypie längst nicht überflüssig war auf dem Weg zu einem freieren Umgang mit der Homosexualität (Serrano: 35 f.).

Die männliche Homosexualität streift Paloma Pedrero noch einmal in dem 1991 in den USA uraufgeführten Stück *Besos de lobo*. Es handelt von zwei Außenseitern im ländlichen Milieu, von dem schwulen Luciano und von Ana, die auf dem Dorf jahrelang auf die Ankunft ihres französischen Verlobten wartet. Das Thema des Geliebten, der nie ankommt, konnte Paloma Pedrero aus García Lorcas *Doña Rosita la soltera* übernehmen. Ich habe es oben in Gómez-Arcos' *Los gatos* vorgestellt, und wieder symbolisiert die feindliche Umgebung der Protagonisten das alte Spanien, das Spanien der Unterdrückung und der Intoleranz.

Sowohl in *La llamada de Lauren* als auch in *Besos de lobo* stehen Frauen, die auf homosexuelle Männer treffen, im Vordergrund. In Paloma Pedreros 1987 uraufgeführtem Stück *El color de agosto* treten nur zwei Frauen, María Dehesa und Laura Antón, auf. María ist eine anerkannte Malerin, Laura, die begabtere aber weniger erfolgreiche Freundin, kommt nach acht Jahren Auslandsaufenthalt nach Madrid zurück. Im Gespräch der beiden Frauen, das den einzigen Akt des Stückes ausmacht, tritt ihre Haßliebe zum Vorschein. Zwischen ihnen steht ein Mann, Juan, Lauras große unglückliche Liebe und Marías Ehemann. María füllt diese Ehe jedoch nicht aus, auch der Beischlaf ist eher Qual für sie. Ihre wirklich große Liebe ist Laura, die Hochzeit mit ihr wird als Traumvision vorgestellt. María kann dieses private Glück, da selbst sie sich noch in homophoben Denkschemata bewegt, nicht realisieren.

Um das Verhältnis zweier Frauen geht es auch in *Mujeres frente al espejo*, geschrieben von Eduardo Galán. Die vorliegende Fassung ist die Überarbeitung von *Pareja de damas,* eine Komödie, die 1991 im berühmten Madrider Boulevardtheater *Alcázar* uraufgeführt wurde. Ganz im Stil dieser Bühne und in Einklang mit den Erwartungen ihres Publikums werden durch Verkleidungsszenen nach dem traditionellen Komödienschema ambige Situationen geschaffen, die lesbische Figurenkonstellationen zumindest evozieren. Raquel befindet sich als Schriftstellerin in einer Schaffenskrise und bestellt bei einer Agentur einen *call-boy*. Alicia, eine arbeitslose Schauspielerin, will sich auf einem *Casting* um eine Männerrolle bemühen. Sie irrt sich in der Adresse, erscheint bei Raquel, die wiederum glaubt, den Gigolo vor sich zu haben. Alicia spielt ihre Rolle. Zwischen den Frauen entwickelt sich eine Haßsituation, die den vermeintlichen Geschlechterkampf widerspiegelt (und der wissende Zuschauer lacht). Noch nach der Entdeckung des Mißverständnisses kommt es zu zwei

Küssen und der Autor läßt uns darüber im unklaren, ob die beiden Frauen, die zuletzt Freundinnen geworden sind, ihre Beziehung weiter ausbauen und ihr eine neue Form geben werden. Eindeutigkeit wäre angesichts der spezifischen Rezipientensituation fehl am Platze. Es handelt sich bei *Mujeres frente al espejo* nicht um ein Stück über Lesben, thematisch geht es vielmehr um die Strategien der Macht zwischen den Geschlechtern. Daß diese an zwei Frauen exemplifiziert werden, gibt dem Stück den Reiz des sexuell Ungewissen, den Reiz einer Ambiguität, mit der das Boulevardtheater ja öfter spielt. Wahrheit, Lüge, Schein und Wirklichkeit, Hetero- und Homosexualität vermischen sich.

Frauen, die ebenfalls ambigue sexuelle Empfindungen füreinander hegen, finden wir noch einmal in Santiago Moncadas *Entre mujeres*, ein Stück, das 1988 in Madrid im *Teatro Maravillas* uraufgeführt wurde und unter der Regie von Jesús Puente einen beachtlichen Publikumserfolg verzeichnen konnte. Wie in *Mujeres frente al espejo* tritt kein Mann auf, das Thema der weiblichen Homosexualität nimmt jetzt aber eine zentrale Funktion ein: fünf Frauen kommen 15 Jahre nach ihrem gemeinsamen Schulabschluß noch einmal zusammen, um eine Art Klassentreffen zu veranstalten, das jedoch bald in ein Psychodrama ausartet. Alle sind wohlsituiert, drei verheiratet, Carlota wurde als Schriftstellerin berühmt und Luisa hat es zur Luxusprostituierten in der Schweiz gebracht. Der zunächst freundschaftliche Ton zwischen den Frauen trügt, denn ihre Probleme untereinander reichen bis in die Schulzeit zurück. Carlota lebt offen lesbisch und unterhält bis heute ein Verhältnis mit der verheirateten Hortensia, die der berühmten Schriftstellerin hörig ist. Consuelo ist die Geliebte des Ehemanns der Gastgeberin Elena, aber nicht aus Lust, sondern aus Rache, weil sie schon zur Schulzeit in Elena verliebt war und von dieser nicht erhört wurde. Dem Stück wurden von Seiten der homosexuellen Kritik homophobe Tendenzen angekreidet, denn die Lesbe Carlota wird als Intrigantin charakterisiert. Ihre sexuellen Phantasien werden als negativ dargestellt. Nach einem erzwungenen Kuß zwischen ihr und Elena wird sie gedemütigt, weil Elena ihren Ekel bekundet. Zuletzt halten die anderen Frauen gegen Carlota zusammen. Sie verläßt die Gesellschaft.

Das gleiche Thema, ein Klassentreffen, behandelt Rafael Mendizabal (geb. 1940) in *Feliz cumpleaños Sr. Ministro*, mit dem er 1992 den renommierten Theaterpreis von San Sebastián erhielt. Jetzt treffen sich fünf Schulfreunde wieder. Das Thema der Homosexualität, so im Vorwort von Mauro Armiño, „wird bisher weder von der politischen Macht noch vom Publikum mit normalen Augen betrachtet – es reicht, auf das Lachen zu verweisen, wenn es in den Komödien unserer Theater zur Sprache kommt" (Mendizabal: 6). Die Frage ist jedoch, ob in diesem Stück Homosexualität mit *normalen* Augen betrachtet wird. Wie in *Entre mujeres* geht es um eine Abrechnung. Der schwule Daniel inszenierte das Wiedersehen, um sich an Raúl, inzwischen Justizminister, zu rächen. Raúl hatte ihn wegen des Strichers Toni verlassen, und schon dessen sehr peinlich stereotype Charakterisierung läßt Zweifel daran aufkommen, ob *Feliz cumpleaños Sr. Ministro* überhaupt einen Beitrag zur größeren Toleranzbereitschaft in der postfrankistischen Gesellschaft leisten kann. Daniel ermordet Toni und treibt Raúl mit Hilfe der drei anderen Klassenkameraden so sehr in die Enge, daß ihm nur noch der Selbstmord bleibt. Das Thema Homosexualität, das trotz vorgetäuschter Toleranz aus einer diskriminierend homophoben Sicht kriminalisiert wird, ist die tragende Achse zwischen Daniel und Raúl. Außerdem werden Schuldgefühle in den Erinnerungen an die Schulzeit, wo im gemeinsamen Schlafraum vieles ausprobiert wurde, wach.

Daniel spielt die Rolle dessen, der konsequent geblieben ist, dafür aber den Preis des Verlassenen und Verbitterten zahlen mußte, der sich über Raúl, so hat es den Anschein, an der gesamten Gesellschaft rächt. Luis und Carlos bewerten die pubertären Verwirrungen als negativ und sind sich ihrer Rolle und vorteilhaften Position als Heteromänner bewußt. Das exotische und durch den erneuten Gemeinplatz eher überflüssige I-Tüpfelchen setzt der Transvestit Roberto Llamas, der als Rebecca auftritt. All dies trägt zu einem wenig überzeugenden Wirklichkeitsabklatsch durch die stereotype Überzeichnung eines schwulen Milieus bei. Dabei stellt der Leser erstaunliche Ähnlichkeiten zu *Entre mujeres* fest: wie Luisa arbeitet Rebecca als Prostituierte, und der *unschuldige* Luis zeigt wie Hortensia wenig Willenskraft, wenn es um die Verführung durch Gleichgeschlechtliche geht. Beide können den *Machenschaften* der Homosexuellen nur wenig entgegensetzen.

Erwähnenswert ist in diesem Zusammenhang noch die Auftrittsrede Rebeccas, ein epischer Rekurs, in dem das Schwulsein problematisiert und nach Gründen für die gleichgeschlechtliche sexuelle Orientierung gesucht wird:

> Eine Art, mich zu rechtfertigen wäre, eine Tante zu erfinden, die mich als Kind mit Spitzenkleidchen überhäufte, aber als ich Mädchen war, kannte man schon Kunstfasern, und wenn ich Fußball spielen mußte, schoß ich die meisten Tore, meine Steinwürfe hinterließen ihre Spuren im halben Kindergarten, ich kann also nicht mit früheren Lebensumständen kommen, um mich zu rechtfertigen. In der Schule war ich anders, ich bemerkte, daß mich einige Jungen seltsamerweise mehr interessierten als andere, und daß ein Mitschüler für mich nur aus seinen Beinen bestand, und daß ich dabei etwas Angenehmes fühlte [...] (Mendizabal, *Feliz cumpleaños* ...: 22)

Trotz der Anstrengung, bei dieser Identitätsfindung über die Gemeinplätze hinauszukommen, verfällt Rafael Mendizabal auch hier in die alte Stereotypie, wenn sich Rebecca weiter unten über ihre unmanierlichen Brüder beklagt, „die nicht verstanden, daß man beim Essen für Fisch ein besonderes Messer benutzte [...]" (Mendizabal: 22 f.).

Der Versuch, in der Kindheit oder in der Jugend nach Gründen oder Entschuldigungen für die eigene Homosexualität zu suchen, steht in den beiden zuletzt besprochenen Stücken in einem engen Zusammenhang mit dem Thema des Klassentreffens als heterosexuelles *Memento*, das schon durch diesen Entwurf homophobe Tendenzen aufweist. Die Privatisierung der Homosexualität seit Mitte der achtziger Jahre, ihre Reduktion auf Familien- und Freundeskreise, deutet außerdem darauf hin, daß ihre gesellschaftlichen Implikationen allmählich an Kraft verlieren.

Eine Mischung zwischen Privatisierung und Öffentlichkeit stellt Miguel Murillo (geb. 1953) 1988 in *Perfume de mimosas* vor. Aus der Perspektive eines mimosenhaften Jungen wird die grausame Macho-Welt der *Hispania profunda* in Extremadura geschildert. Diese Welt repräsentiert der Vater, an dessen offenem Sarg Víctor zu Beginn des Stückes steht und sich seiner Kindheit erinnert. In sieben Szenen wird dann retrospektiv das Leben im reaktionären, von der Vaterfigur dominierten Elternhaus erzählt. Das Kind konnte den Werten von Männlichkeit, Krieg und Kirche nicht genügen, denn von einer in der Ehe enttäuschten Mutter *anders*, d.h. nicht als Mann erzogen, paßte Víctor nie in die Männerwelt, deren Doppelbödigkeit da offensichtlich wird, wo ihn ein Stierkämpfer, Symbol der iberischen Virilität, die gleichzeitig eine latente Homosexualität miteinschließt, in die gleichgeschlechtliche Liebe initiiert. Der Rahmen schließt sich in der Schlußszene des Stückes am Sarg des Vaters. Seine Erinnerungen verhelfen Víctor zur Befreiung aus den autoritären Strukturen, die der Vater für das gesamte Franco-Spanien symbolisierte. Murillo thematisiert den *Coming-out*-Prozeß des schwulen Victor, der allerdings noch sehr traumatisch vonstatten geht und erst nach dem Tod des Vaters realisiert werden kann. Die neue spanische Kultur gebiert den neuen Mann unter Schmerzen.

Die tyrannische Vaterfigur, in den althergebrachten Männlichkeitswerten verharrend, kommt in dem 1993 mit dem *Marqués de Bradomín* ausgezeichneten Stück *Mario 1979* noch stärker zum Vorschein. Der junge Autor, Francisco Sanguino (geb. 1964), thematisiert jedoch nicht nur den Konflikt zwischen Vater und homosexuellem Sohn, sondern zeigt auch in der Beziehung zwischen Vater und Tochter, die dieser als Kind sexuell mißbrauchte, wie Männlichkeitswahn in seiner letzten Konsequenz das Ende der Zivilisation bedeutet.

Familienstrukturen werden noch einmal, jetzt allerdings in der Beziehung zwischen zwei Brüdern, in dem 1985 im Madrider *Teatro Príncipe* uraufgeführten Stück *Samarkanda* von Antonio Gala (geb. 1936) aufgegriffen. Das Werk, das sich wie viele Galasche Produktionen schnell eines beachtlichen Publikumserfolgs erfreute, erzählt die Geschichte zweier Brüder, Diego und Bruno, von denen der ältere schwul ist, der jüngere bisexuell und daran interessiert, sich in der Heterowelt zu realisieren. Trotz der Spannung zwischen Anpassung und Nonkonformismus empfinden sie eine so große Zuneigung zueinander, daß man von einer Inzestbeziehung sprechen kann. In dem Werk wird die konventionelle Familie stärker problematisiert als in den anderen Theaterstücken Galas, in denen die Homosexualität als Handlungsmotiv zumindest angeschnitten wird: in *Petra Regalada* oder *La vieja señorita del Paraíso*, beide aus der *Trilogía de la libertad* (1980, 1998 zu einer Tetralogie erweitert), einem Schlüsselwerk des Übergangs aus der Diktatur in die Demokratie, in dem der Sieg des neuen Spaniens über das traditionelle noch einmal propagiert wird. Die überkommene, abgegriffene Sprache und die Sprachfloskeln Galas bleiben jedoch hinter seiner Forderung nach sexueller Freiheit und freier Wahl in Liebesdingen zurück.

In der Familientragikomödie *El día de Gloria* (1983) des bereits oben erwähnten Francisco Ors wird Homosexualität schon unproblematischer er- und gelebt. Gloria, eine spanische Durchschnittshausfrau und Mutter, erfährt, daß ihr Sohn Amado anstelle der von ihr erträumten Schwiegertochter deren Vater als Liebespartner gewählt hat. Indem sie lernt, diese Beziehung, die ihrem Sohn kein Trauma bereitet, zu akzeptieren, gelingt es ihr, ihre eigene, schon lange zur Farce gewordene Ehe in Frage zu stellen und aus den konventionellen Familienstrukturen auszubrechen, und zwar mit dem besten Freund ihres Sohnes. Auch in *El día de Gloria* ist es das männliche Familienoberhaupt, das sich als einziger der Moderne verweigert. Ors zeigt acht Jahre nach Francos Tod in diesem Stück ähnlich wie Pedro Almodóvar in seinen Filmen, wie die spanische Gesellschaft gelernt hat, die traditionellen Grundsätze hinter sich zu lassen und sich der neuen pluralistischen Wirklichkeit zu öffnen: Homosexualität bildet keinen Normbruch mehr, sie verwandelt sich vielmehr in eine Garantie für eine offene, freie und tolerante Gesellschaft.

Die Überwindung des Traumas

Seit den neunziger Jahren werden in Spanien immer mehr Bühnenwerke aufgeführt, die die Homosexualität weniger als traumatisches Erlebnis oder in anderen stereotypen Spielarten darstellen, sondern eine Diversifikation homosexueller Lebensformen in Szene setzen, die neue Identitätsfindungen eröffnen. Vorbereitet wurde die dramatische Variante der *Queer*-Ästhetik im neuen politischen Raum seit Ende der siebziger Jahre.

Eine Möglichkeit, Homosexualität künstlerisch weniger realistisch umzusetzen, habe ich oben am Beispiel Francisco Nievas vorgestellt. Ganz ähnlich, aber durch eine Aneinanderreihung entsakralisierter Rituale geht Alfonso Armada (geb. 1958) in *La edad de oro de los perros* (1989) vor. Menschentypen, der Schwule, der Schönling, die Nutte und die Mystikerin, treten als Hunde auf. Wie der Autor im Vorwort sagt, geht es ihm um einen grausamen Blick auf die Welt, wo selbst die körperliche Zuordnung nicht mehr eindeutig sein kann. Die Körper funktionieren wie bei Tieren bar jedes moralischen Zwangs, sie agieren, verletzen und unterwerfen sich im Zeichen des Todes. Jede Person verkörpert den latenten faschistoiden Zustand der Gesellschaft, und die sexuelle Aktivität des Homosexuellen steht stärker als bei den anderen im Zeichen der Gewalt. Schon eingangs vergewaltigt er eine Schaufensterpuppe und zerstückelt ihren Körper. Zuletzt stirbt er beim russischen Roulette.

Wenn in den neunziger Jahren in der amerikanischen und westeuropäischen homosexuellen Kunst und Literatur Aids zum dominanten Thema wird, fällt in Spanien seine fast völlige Aussparung auf. In Malerei und Plastik gehen spanische Künstler noch am ehesten auf die Krankheit ein, man denke nur an die Arbeiten von Ana Mendieta oder Jesús Martínez Oliva. Im Theater habe ich nur wenige Anspielungen gefunden, etwa in dem ursprünglich katalanischen Stück *Testamento* von Josep M. Benet i Jornet (geb. 1940), der 1995 mit dem spanischen Nationalpreis für dramatische Literatur ausgezeichnet wurde. Im Mittelpunkt steht ein Universitätslehrer. Er verliebt sich in einen Studenten oder vielleicht eher in den Essay, den dieser Student über Ramón Llull verfaßte. Die Personen sind vielschichtig charakterisiert, und selbst der *call-boy* (besagter Student), der in *Feliz cumpleaños Sr. Ministro* nur ein Abklatsch einer vorurteilsvollen Wirklichkeitssicht ist, wird hier differenzierter dargestellt. Der weitere Verlauf der nicht möglichen Beziehung bleibt offen, schließt ein Happy-End aber aus. Josep M. Benet i Jornet verzichtet auf ihre Dramatisierung, und durch die Einarbeitung kommentierender Stimmen im *off* evoziert er eine Anonymität, die an manche homosexuellen Lebens- und Liebesweisen erinnert. In der kürzlich (1998) erschienenen katalanischen Filmversion *amic/amat* (*Freund/Geliebter*) von Ventura Pons fehlt dieser Rekurs. Dadurch verliert das Werk an Tiefe und ist gegen Platitüden nicht gewappnet.

Borja Ortiz de Gondra (geb. 1965), der Homosexualität auch nicht mehr als Kindheitstrauma oder Familiendrama behandelt, thematisiert auf einem abstrakten Niveau die Auseinandersetzung der Gesellschaft mit allen möglichen Randgruppenerscheinungen. Dies unternimmt er zunächst in dem Vodevil *Dedos*, mit dem er 1995 den renommierten Jugendpreis des spanischen Theaters, den *Marqués de Bradomín*, gewann, und der im Frühjahr 1999 im *Centro Nacional de Nuevas Tendencias Escénicas* mit großem Erfolg aufgeführt wurde. Hauptthema bleibt die Liebe, wie sie am Ende des Jahrtausends gelebt wird, wobei Homosexualität als eine Variante nur am Rande zur Sprache kommt. Aids wird nicht als Schwulenseuche degradiert, sondern tritt als Krankheit im Heteromilieu auf. *Dedos* reiht sich in die vorhergehende Produktion Ortiz de Gondras ein; *Metropolitano* (1992) ist ein Stück ohne Handlung, bei dem mittels kinematographischer *flashes* und anhand der Prostitution beider Geschlechter der desolate Zustand der heutigen Zeit analysiert wird. *¿Dos?* (1993) erzählt eine Liebesgeschichte zwischen zwei Frauen.

Zuletzt (und bisher noch nicht aufgeführt) sei *Mane, Thecel, Phares* (1998) erwähnt. Wie schon in *Dedos* geht es auch hier um die Schwierigkeit, das Anderssein zu leben. Die feindliche Haltung der Gesellschaft Schwulen gegenüber illustrieren eindeutig als Neonazis charakterisierte Zwillingsbrüder, die Schwulenwitze erzählen und eine Art Hexenjagd gegen Homosexuelle anzetteln. Dies will verdeutlichen, daß homophobe Gewaltstrukturen im modernen Spanien auch nach der Franco-Diktatur weiterexistieren. Es sollen denen Stimmen gegeben werden, die keine haben. Der schwule Taubstumme, zweifach marginalisiert und zweifach leidend, und sein Freund, ein Polizist, der seine Homosexualität verheimlichen muß, stehen im Zentrum des Stückes. Dazu reiht sich die verstorbene Mutter des Jungen und der Africano Milenario, die beide aus dem Jenseits sprechen. Ich zitiere im folgenden einen Monolog des Taubstummen. Er macht die Zeichen, der Africano Milenario spricht den Text:

> Mein erster Freund,/ der erste Mann/ war Konditor./ Seine Hände,/ daran gewöhnt, im Teig zu kneten,/ sprachen voll Zärtlichkeit auf meinem Körper./ Nie sagte er: „Ich liebe dich."/ Aber ich wußte es./ Der magische Satz,/ die drei Wörter,/ „Ich liebe dich",/ waren für eine Frau bestimmt./ Und zwei Töchter./ Für mich die Liebkosungen die Zärtlichkeit die Finger/ das Dutzend Sahnetörtchen bei jedem Treffen./ An jenem Abend, da er mit leeren Händen kam, wußte ich es./ „Ich liebe dich"/ war für andere Personen./ So begann ich, in den Park der Stadt zu gehen./ Ein Park,/ in dem die dunklen Schatten der Büsche nicht „Ich liebe dich" sagen./ Sondern/ höchstens „Gefällt es dir?"/ Ich siegte im Gebüsch,/ weil ich alle durch mein Schweigen neugierig machte./ Der ist der härteste,/ dachten sie./ Er kann mit seinem Mund Wunder geschehen lassen/ und seine Zunge ist aus Samt,/ sagten sie zueinander./ Bis er mich festnahm/ und dann bei sich behielt,/ und es keine obdachlosen Nächte mehr gab,/ sondern die Wärme einer Wohnung./ Seiner Wohnung./ Unserer Wohnung./ Wo er mir hunderte Male sagte: „Ich liebe dich."/ Und

trotzdem,/ ist es nicht, was ich erwartet hatte./ Gar nicht./ Kann dieselbe Zunge, die „Ich liebe dich" ausspricht/ „Im Namen des Gesetzes" sagen?/ Können dieselben Finger, die einen Bauch streicheln,/ den Abzug der Pistole drücken?/ Kann dieselbe weiße Hand die des Geliebten/ und die des Mörders sein?/ Kann sie das?/ Sag du es mir?/ Wo endet der Hals der Taube und wo beginnt ihr Körper?
(Ortiz de Gondra, *Mane, Thecel, Phares*: 110)

Es fehlt, um das Panorama zu vervollständigen, auf die alternative Theaterszene einzugehen. Die Gruppe *Airón Teatro* zeigte nach dem Erfolg einer spanischen Version der *New Yorker Trilogie* bis zum Sommer 1999 in Madrid die Schwulenrevue *Sota, Caballo y Gay* (Regie Manu Berástegui). Hinter dem Titel versteckt sich der Ausspruch, etwas sei so klar wie *Sota, Caballo y Rey*, Bilder von spanischen Spielkarten. *Gay* für *Rey* impliziert somit *Outing*. Zwei Schauspieler interpretieren Texte von Hubert Fichte, García Lorca und Ricardo Llamas. Sie feiern eine *Queer*-Ästhetik, bei der Fragmente aus den Werken der spanischen Mystiker des Goldenen Zeitalters (die Heilige Teresa von Ávila und der Heilige Johannes vom Kreuz) in Verbindung mit Stierkämpfer- und Flamencotänzerparodien der Homosexualität zu einer kulturellen Integration verhelfen. Die Frage, wie sie in einer Hetero-Welt gelebt werden kann, wird mit viel Komik in einer Mischung von Show, Kabarett und Theater abgehandelt. Diesmal werden Schwulenwitze und Stereopypen ironisch verharmlost, so daß offensichtlich wird, daß in Spanien Homosexualität nicht mehr als Trauma gelebt werden muß. Erst nachdem das Bedürfnis nach der künstlerischen Aufarbeitung der Homosexualität ein spielerisches Niveau erreicht hat, kann vom Triumph der Schwulen- und Lesbenkultur über den Totalitarismus der homophoben Franco-Diktatur die Rede sein.

Zum Abschluß dieses Überblicks will ich noch auf Antonio Onetti (geb. 1962) hinweisen, der in seinem Kurzschauspiel *La puñalá* (1986, UA: 1991) den andalusischen Madonnenkult *queer* verkleidet. Der Transvestit La Winston geht einerseits respektlos mit Kirche und Religion um, denn er hat den wertvollen Schmuck der bekannten sevillanischen Muttergottes *La Virgen de la Puñalá* gestohlen. Andererseits erlebt er, als er von dem Gauner El Malacara erstochen wird, im Sterben zwischen Gewissensbissen und Devotion eine Himmelserscheinung, die ihr Vergebung und Erlösung verheißt. Diese Mischung aus Frömmigkeit und Blasphemie, die sich seit García Lorcas *El público* quasi als Leitmotiv durch die hier behandelten Texte zieht, ist ein Hauptmerkmal der homosexuellen Literatur in Spanien. Dieser Gedanke kann als Überleitung zu meinem Artikel über Juan García Larrondo in diesem Buch dienen.

Werke und Übersetzungen

Alas, Leopoldo: *Última toma*, Madrid: Centro Nacional Nuevas Tendencias Escénicas, 1985.

Alonso Millán, Juan José: *Damas, señoras, mujeres*, Madrid: Ediciones Antonio Machado de Teatro, 1988.

Armada, Alfonso: *La edad de oro de los perros*, Madrid: Ediciones Antonio Machado de Teatro, 1996.

Benavente, Jacinto: *La sonrisa de la Gioconda. Boceto de comedia en un acto*, Madrid: M. Aguilar Editor, 1940.

Benet i Jornet, Josep M.: *Testamento*, Madrid: Ediciones Antonio Machado de Teatro, 1996.

Gala, Antonio: *Samarkanda. El Hotelito*, Madrid: Espasa Calpe, [3]1997.

Gala, Antonio: *Tetralogía de la libertad. Petra Regalada. La vieja señorita del Paraíso. El cementerio de los pájaros. Café cantante*, Madrid: Espasa Calpe, 1998.

Galán, Eduardo: *Mujeres frente al espejo*, Madrid: Sociedad General de Autores y Editores, 1996.

García Lorca, Federico: *El público*, Madrid: Cátedra, 1998

García Lorca, Federico: *Das Publikum. Komödie ohne Titel. Zwei Stücke aus dem Nachlaß*, Frankfurt/M.: Suhrkamp, 1998.

Gómez-Arcos, Agustín: *Los gatos*, Madrid: Sociedad General de Autores y Editores, 1993.

Gómez-Arcos, Agustín: *Interview de Mrs. Muerta Smith por sus fantasmas*, Madrid: El Público/ Centro de Documentación Teatral, 1991.

Gómez-Arcos, Agustín: „Pré-papa", in: *L'Avant-Scène* 434 (1969) 37-44.

Lázaro, Maribel: „La fuga", in: Patricia W. O'Connor (Hrsg.), *Dramaturgas españolas de hoy. Una introducción*, Madrid: Espiral/Fundamentos, [2]1997, S.107-122.

Martín Recuerda, José: „La cicatriz", in: *Canente. Revista Literaria* 7 (1987) 79-110.

Martín Recuerda, José: *Las ilusiones de las hermanas viajeras. El carnaval de un reino*. Estudio preliminar de Antonio Morales, Murcia: Editorial Godoy, 1981.

Mendizabal, Rafael: *Feliz cumpleaños Sr. Ministro*, San Sebastián: Fundación Kutxa, 1993.

Moncada, Santiago: *Entre mujeres*, Madrid: Ediciones Antonio Machado de Teatro, 1989.

Murillo, Miguel: *Perfume de mimosas*, Badajoz: Concejalía de Cultura del Ayuntamiento de Badajoz, 1990.

Nieva, Francisco: *La carroza del plomo candente. Coronada y el toro*, Madrid: Espasa Calpe, 1986.

Nieva, Francisco: *Maldita sean Coronada y sus hijas. Delirio del amor hostil*, Madrid: Cátedra, [3]1990.

Nieva, Francisco: *Trilogía italiana. Teatro de farsa y calamidad: Salvatore Rosa o El artista. El baile de los ardientes o Poderoso Cabriconde. Los epañoles bajo tierra o El infame jamás*, Madrid: Cátedra, 1988.

Onetti, Antonio: *La puñalá*, Sevilla: Centro andaluz de teatro, 1992.

Ors, Francisco: *Contradanza*, Madrid: Preyson, 1984.

Ors, Francisco: *El día de Gloria*, Madrid: Colección Escena, 1983.

Ortiz de Gondra, Borja: „Dedos. Vodevil negro", in: *ADE. Teatro* 50/51 (1996) 201-220.

Ortiz de Gondra, Borja: „Mane, Thecel, Phares", in: *Primer Acto. Cuadernos de investigación teatral* 274 (1998) 81-107.

Ortiz de Gondra, Borja: *Metropolitano. ¿Dos?*, Madrid: Ediciones Antonio Machado de Teatro, 1996.

Paso, Alfonso: *Juguetes para un matrimonio*, Madrid: Ediciones Alfil, 1966.

Pedrero, Paloma: *El color de agosto*, Madrid: Visor, ²1997.

Pedrero, Paloma: *Una estrella. Besos de lobo*, Madrid: Ediciones J. García Verdugo, 1995.

Pedrero, Paloma: „La llamada de Lauren", in: Paloma Pedrero, *Juego de noches. Nueve obras en un acto*, Madrid: Cátedra, 1999 [dt. Ausgabe: Paloma Pedrero, „Laurens Ruf", in: Wilfried Floeck (Hrsg.), *Spanisches Gegenwartstheater*, Bd. 2, Tübingen, 1997].

Rivas Cherif, Cipriano de: „Un sueño de la razón": in: Juan Aguilera Sastre/ Manuel Aznar Soler (Hrsg.), *Cipriano de Rivas Cherif. Retrato de una utopía*, Madrid: Cuadernos El Público,1989, S. 61-99.

Rodríguez Méndez, José María: *Bodas que fueron famosas del Pingajo. Flor de Otoño*, Madrid: Cátedra, ⁵1995.

Sanguino, Francisco: „Mario 1979", in: *Marqués de Bradomín 1993. Concursos de textos teatrales para jóvenes autores*, Madrid: Instituto de la Juventud, 1994, S. 119-152.

Homo*sexualität*

Schwul-lesbische Höhepunkte der erotischen Erzählliteratur

Von Janett Reinstädler

Befaßt man sich mit literarischen Darstellungen von Homosexualität in der spanischen Literatur, trifft man unweigerlich auf ein sehr junges, ungeheuer marktwirksames, doch von der Fachwelt wie ein Stiefkind behandeltes Genre. Nach Francos Tod und dem Ableben seiner sexualitätsfeindlichen Zensurgesetze entwickelt sich in Spanien ein regelrechter *Boom* erotischer Literatur, der an Umfang und Diversität in Europa keine zeitgenössische Entsprechung findet. 1976 diagnostiziert Camilo José Cela im Vorwort seiner *Enciclopedia del Erotismo* mit der ihm eigenen Provokationslust „España se está poniendo cachonda" („Spanien wird geil"), und Auslagen in Buchhandlungen und Kiosken deuten noch heute daraufhin, daß Cela sich damals in seiner Prognose nicht irrte. Neben breit gestreuten Einzelpublikationen existieren inzwischen mehrere verlagseigene Literaturreihen – etwa *La fuente de Jade* bei Alcor oder *La piga de la viuda reposada* bei Pòrtic –, von denen sich eine in verschiedenerlei Hinsicht abhebt: Unter der Ägide der Verlegerin Beatriz Moura und des Regisseurs Luis García Berlanga reagierte Tusquets Editores als erstes Verlagshaus auf die „neue nationale Sinnlichkeit" und gründete bereits 1978 eine *Colección de literatura erótica* mit dem Titel *La sonrisa vertical*. Zur Publikation gelangen hier „originelle und im umfassendsten Sinne geile Texte" (Berlanga), in denen „Sexualität nicht nur einen Aspekt, sondern das übergeordnete Thema darstellt" (Moura). Anders als in anderen erotischen Literaturreihen wird bei Tusquets viel Wert darauf gelegt, neben der Übersetzung ausländischer Erotika auch neue inländische Literaturproduktionen zu edieren. Entscheidend stimuliert wurden letztere sicherlich durch den mit 1.000.000 Peseten dotierten Literaturpreis *Premio La sonrisa vertical*, der bei Tusquets Editores seit 1979 jährlich von einer Jury namhafter AutorInnen verliehen wird. Es hat sich inzwischen gezeigt, daß die Preisverleihung keineswegs ein Garant für literarische Qualität ist, jedoch Originalität verbürgt und höhere Verkaufsquoten sichert.

Inwiefern die Inhalte der Erzähltexte nicht längst die traditionelle Begrifflichkeit des Erotischen (als in Andeutung verharrender, sprachlich kontrollierter Sinnlichkeit) sprengen und (in der auf moralische oder ästhetische Hüllen verzichtenden Konzentration auf die Sexualfunktion) als pornographisch zu bezeichnen wären, ist in Spanien praktisch nicht zum Diskussionsthema geworden. Das neue Genre findet zwar das journalistische Interesse, darüber hinaus wird es jedoch weder zum Gegenstand nennenswerter literaturwissenschaftlicher noch feministischer Debatten. Es scheint, als scheue die spanische Öffentlichkeit nach der Erfahrung jahrzehntelanger frankistischer Zensurpraxis jegliche Auseinandersetzung um Einschränkungen der Meinungsfreiheit. Die heftigen Proteste der Anti-Pornodebatte in Nordamerika und Deutschland finden in Spanien über die wenigen kritischen Stimmen auflagenschwacher feministischer Zeitschriften hinaus kein Echo, und so nimmt die literarische (und andere) Sexualitätsvermarktung seit der Legalisierung des Pornovideoverleihs Mitte der achtziger Jahre noch einmal zu. Trotz dieser fehlenden öffentlichen Reflexion hält die Mehrheit der Texte die Sexexzesse ihrer Erotomanen in einem gewissen moralischen Rahmen. Dies geschieht in der Regel nicht durch die Ausblendung von gewalttätigen Imaginationen, sondern durch die negative Kommentierung ihrer Darstellung. Denn umgehen kann das erotische Genre das „Gesetz der Grenzüberschreitung" („loi de transgression"), wie es Georges Bataille genannt hat, nicht, will es sein Ziel, dem Lesenden erotischen Genuß zu verschaffen, erreichen. Es gilt, die Bildhaftigkeit des Erzählten zu steigern, die Körper vor dem inneren Auge real abzubilden und den Eindruck der Zeugenschaft, ja der Mittäterschaft bei höchst unerhörten, erregenden Vorgängen zu erwecken (vgl. Goulemot). Die dem Erotischen so zuträgliche Atmosphäre des Schlüpfrigen, Geheimen, Verbotenen, Obszönen läßt sich leicht schaffen, solange eine christlich-bürgerliche Moral als einzig legale Form den ehevertraglich gesicherten heterosexuellen Vollzug der Geschlechtsfunktion in Missionarsstellung vorsieht. Je mehr man diese Vorgabe mißachtet, desto mehr ist der Skandal und damit das Publikumsinteresse garantiert.

Die Frage nach der Relevanz von Homosexualität für das erotische Genre ergibt sich aus diesen Überlegungen von selbst: Bis vor wenigen Jahrzehnten strafrechtlich verfolgt, rangiert der gleichgeschlechtliche Verkehr in der Skala der Verfehlungen recht weit oben. Entsprechend groß ist sein tabubrechender Effekt in der Literatur bislang gewesen. Dieser Tabubruch wird oftmals noch durch textinterne Distanzierungsstrategien hervorgehoben. Bis ins 20. Jahrhundert wird Homosexualität in der Regel nicht von den pornographischen HeldInnen selbst gelebt, sondern von diesen nach nicht ganz genußfreier, zumeist voyeuristischer Inspektion scharf verurteilt. Beispielhaft möchte ich dies an zwei Texten darstellen. Für die Thematisierung schwulen Begehrens sei *Fanny Hill*, John Clelands Klassiker aus den Jahren 1748/49 (erste legale ungekürzte Publikation 1970!), genannt. Nach detaillierter Beschreibung eines von Fanny heimlich beobachteten Sexualverkehrs zweier Männer wird „die verbrecherische Szene" als „unnatürliches Vergnügen" und „ungeheure Abartigkeit" bezeichnet, als eine „schändliche Leidenschaft", die „diesen Unholden" wie eine „Pestbeule" anhafte. Der Handlungsverlauf hingegen übt Nachsicht mit den Männern, deren „Affektationen" letztlich „weniger verabscheuungswürdig als lächerlich" (Cleland, *Fanny Hill:* 243f.) seien: unerkannt und ungestraft gelingt ihnen die Flucht.

Ganz anders ergeht es der lesbischen Gräfin Gamiani, Titelheldin eines etwa 100 Jahre später entstandenen und bis Anfang dieses Jahrhunderts unveröffentlichten Romans von Alfred de Musset. Hier ist es ein männlicher Ich-Erzähler, Alcide, der die Verführung der jungen Fanny durch die „Lesbierin" Gamiani, „von einer Lust gemartert, an der sie scheitern mußte" (in Willemsen: 101), beobachtet. Der Voyeur, von „Abscheu und Empörung" erfüllt, versucht, „vor die Gräfin hinzutreten und ihr das ganze Ausmaß [s]einer Verachtung entgegenzuschleudern" (ebd.: 106), wird jedoch von seiner Lust überwältigt und wirft sich „nackt, entflammt, purpurrot und furchterregend" (ebd.: 106) auf das Lager. Erst jetzt vermag das glücklose Streben der Frauen nach Befriedigung zum Erfolge geführt werden. Die Gräfin indes wird durch diese Einweisung in das phallische Prinzip keineswegs von ihren sexuellen Heimsuchungen geheilt. Im Gegenteil: Sie reißt Fanny mit in den Strudel ihres zunehmenden Wahnsinns. Das Buch endet mit dem gemeinsamen Selbstmord der Frauen, den der rat- und machtlose Ich-Erzähler nicht zu verhindern weiß.

Beide Texte verdeutlichen Sexualparadigmen der Neuzeit, die die Marginalisierung, Kriminalisierung und (besonders seit dem 19. Jahrhundert) Pathologisierung von Homosexuellen ebenso beinhalten wie das morbide Interesse an „Perversionen" sexuellen Begehrens. Diese Ambivalenz aus Faszination für die „andere Lust" und ihrer Dämonisierung findet sich ebenso wie die Figur der gefährlichen Lesbe oder die des lächerlichen effeminierten Schwulen noch heute in vielen der spanischen erotischen Texte, die jedoch auch die veränderten sozio-politischen Sexualkonzepte des Postfranquismus zum Ausdruck bringen. Den unterschiedlichen Bedingungen für weibliche und männliche Homosexualität in einem (zwangs)heterosexuellen Bezugsrahmen Rechnung tragend, möchte ich im Folgenden literarische Phantasien lesbischer und schwuler Sexualität getrennt behandeln.

(K)ein Rückzug aus der Welt der Machos: Frauen unter sich

Wie bereits erwähnt, bedient sich auch die zeitgenössische erotische Literatur Spaniens der Figur der „gefährlichen" weiblichen Homosexuellen, die „unschuldige" Frauen verführt. In *La caza del zorro* (1990) von José María Álvarez leitet die Einweisung in die lesbische Liebe den sozialen Abstieg Michèles ein. Anders als ihre Verführerin, die Prostituierte Eva, die die weibliche Anatomie der männlichen vorzieht, interessiert Michèle weniger der Aspekt, daß es sich bei ihrer Sexualpartnerin um eine Frau handelt, als der Sexualakt selbst. Letzterer wiederum wird dem voyeuristischen Leserauge in eben solcher physiologischen Detailliertheit dargelegt wie der ansonsten im Roman thematisierte heterosexuelle Verkehr. In *La caza del zorro* ist gleichgeschlechtlicher Sex *eine* Variante unter vielen, die Episode nimmt nur einen sehr kleinen Raum im Roman ein. Vor allem aber entzieht das lesbische Begehren nicht den Körper der Frau dem männlichen Zugriff (wie im Verlauf der Handlung von *Gamiani*), sondern macht ihn erst wirklich verfügbar: „Sie [Eva] war es, die mir die Arbeit im Bordell von Madame Luchinsky beschaffte." (Alvarez, *La caza del zorro:* 85).

Die Figur der gefährlichen lesbischen Prostituierten erhält in dem Roman *Pubis de vello rojo* (1990) von José Luis Muñoz eine Schlüsselfunktion. Die vollbusige, rundliche, langhaarige Blanca, „entnervt von den Typen, die, wenn sie dich vögeln, an nichts anderes denken können als an ihre verdammte Ejakulation" (Muñoz Puelles, *Pubis de vello rojo:* 19), lernt in einer Lesbenkneipe die knabenhafte Sofía mit den kurzen roten Haaren kennen. Dies ist die einzige Darstellung einer öffentlichen lesbischen Szene, die ich in den spanischen Texten erotischer Literaturreihen gefunden habe. Die Nennung der exakten Adresse – „calle Mallorca esquina Enrique Granados", (ebd.: 18) – im Universitätsviertel (und nicht im *barrio gay*) von Barcelona verleiht zudem diesem Hinweis einen realweltlichen Bezug. Im weiteren Text folgen allerdings weder Beschreibung des Kneipeninterieurs noch der übrigen Gäste. Wie die äußere Erscheinung der Frauen es bereits andeutet, orientiert sich ihre sexuelle Beziehung im weiteren Romanverlauf an den Klischees einer *butch-femme*-Liaison. Sofía, voyeuristisch, dominant, teilweise aggressiv und sadistisch in ihren Lustäußerungen, versieht sich für den Sexualakt künstlich mit phallischer Potenz: „Sie schnallt sich den riesigen Dildo um die nackte Taille [...]." (ebd.: 22) Die Konzeption dieser Figur folgt einer weitverbreiteten Auffassung, die besagt, Lesben wollten im Grunde ihre weibliche Position mit der männlichen vertauschen. Blanca hingegen repräsentiert traditionelles „weibliches" Sexualverhalten – passiv, abwartend, phallusfixiert und masochistisch brutalen Sex genießend: „Sie [Blanca] hat das Gefühl, ein Opfer zu sein, das auf einem Satinaltar für den Gott SEX mit einem Steinphallus hingerichtet wird. Sie schließt die Augen und keucht vor Erregung [...]." (ebd.: 22) Auch im täglichen Leben kopiert das Paar so manche traditionellen heterosexuellen Strukturen: Sofía sichert den gemeinsamen Lebensunterhalt, und die allein gelassene, sich langweilende, in ihrer Männerverachtung wankelmütige Blanca setzt ihrer Partnerin Hörner auf, sobald diese nur das Haus verläßt. Blancas lesbische Partnerin wiederum ist, wie der Fortgang der Handlung offenbart, erstens Prostituierte und zweitens psychisch krank. Im Laufe der erzählten Nacht gerät Sofía in einen Tötungsrausch, dem ein Freier nach dem anderen (Männer mit sadistischen Extrawünschen) zum Opfer fällt. Sowohl das lesbische Begehren als auch die destruktiven Kräfte Sofías lassen sich in der Romanlogik auf die pathologischen Lebensumstände, die ihre Arbeit im S/M-Bereich mit sich bringt, zurückführen. Weibliche Homosexualität erscheint in *Pubis de vello rojo* damit einerseits als Abkehr von negativ empfundener männlicher Sexualität, bietet jedoch in ihrer Nachahmung heterosexueller Schemata keinesfalls eine Alternative dazu. Die entfesselte Wut Sofías gegen die Männer ist letztlich selbstzerstörerisch. Der erotische Thriller endet mit der Vereinigung Sofías mit dem ebenfalls mordend durch Barcelona ziehenden Roberto im gemeinsamen Sexualakt, der in der gegenseitigen Tötung seinen Höhepunkt erreicht. Die Bezüge zu Pedro Almodóvars Film *Matador* aus dem Jahre 1988 sind unübersehbar. Anders als bei den Charakteren Almodóvars fehlt den literarischen Figuren in *Pubis de vello rojo* jedoch der Moment des Genialen.

Die düstere Grundstimmung, die sich um eine lesbische Figur rankt, ist in *Anacaona*, einem Roman von Vicente Muñoz Puelles (1981), von Melancholie und Frustration bestimmt. Anders als in allen anderen genannten Textbeispielen, finden hier die Thematisierungen lesbischen Begehrens unter hohem Reflektionsniveau und aus der Perspektive einer gebildeten, literarisch versierten Frau statt. Die Ich-Erzählerin O., die von der Künstlerin L. verführt wird, versucht diese Liebesbeziehung in Briefen an den von ihr geliebten und begehrten Bruder, der wiederum vergeblich die Künstlerin umworben hatte, zu rechtfertigen. Die Liebe zu L. ermöglicht O. zugleich die Abwehr und die Realisierung des inzestuösen Begehrens des Bruders: „Manchmal war es so, als ob ich dich durch sie besitzen würde, indem ich die eine verbotene Leidenschaft durch eine andere ersetzte." (Muñoz Puelles, *Anacaona:* 185) Homosexualität stellt für O. jedoch auch die Möglichkeit der Befreiung aus einer als zwanghaft empfundenen Heterosexualität dar, die weibliches Begehren nicht zu befriedigen vermag: „ich halte den Koitus für einen auferlegten Zwang" (ebd.: 102). Mit den Termini von Selbstbestimmtheit, Sanftheit und Hingabe verknüpft, wird die homosexuelle weibliche Begegnung mit Bildern physischer Naturverbundenheit versehen und bietet auch die Gelegenheit körperlicher Selbsterfahrung: „Zwischen Frauen ist alles viel intimer und süßer, weniger gezwungen. So wie den eigenen Körper zu lieben oder das Erdreich zu umarmen." (ebd.: 102) Dem Orgasmuszwang weicht das unendliche Genießen, in dem die Irigaraysche Vorstellung der *jouissance* anklingt:

> Welch Süße. Schattenrinnsale zwischen unseren Brüsten, den festen und rundlichen Säumen. Glücklich in der Diagonale ruhend, die Beine ein V formend, wie um jeden Körper gelegte Scheren, die Vulven in Berührung und die Hände ineinander verschränkt, ohne sich um den Anfang oder das Ende oder wieviele Male zu kümmern. (ebd.: 104)

Nicht nur über die Metaphorik der Scheren ist weibliche Sexualität mit einer Kastrationsdrohung verbunden. Der Affaire zwischen L. und O. geht ein „Sexunfall" der Künstlerin mit ihrem Freund voraus, infolgedessen jener mit einem Peniswurzelbruch ins Krankenhaus eingeliefert werden mußte. L. setzt die Liebesnacht mit O. fort. „Männliche" und „weibliche" Sexualität werden hier diametral entgegengesetzt. Während der ehrgeizige potenzverliebte Mann daran scheitert, seine sexuellen Praktiken an schematische Vorgaben anzupassen – „er las immer in einem Handbuch über Liebestechniken" (ebd.: 154) –, enthemmen sich die Frauen im Liebesakt von allen diskursiven Bezugspunkten und begeben sich ganz in ihre Körper hinein:

> Ich küßte sie und vergrub mein Gesicht in ihrem wunderbar dichten Haar, das feucht von Sekreten zu sein schien. Ihre Brustwarzen wurden fest, als sie die meinen streiften, als sie zwischen meinen Beinen hin und herstrich und die Öffnung suchte. Wir verwandelten uns in Zungen, Finger, hingegebenes Fleisch. (ebd.: 155)

Lesbische Sexualität, so lautet eine These dieses Romans, ist mit männlicher Sexualität nicht vereinbar, sie entzieht den weiblichen Körper dem männlichen Zugriff, läßt Kastration assoziieren und kann für die männliche Identität eine ernsthafte Bedrohung darstellen. Dennoch ist weibliche Homosexualität in *Anacaona* trotz aller kritischer Betrachtung von Heterosexualität nicht die zum Dogma erhobene, einzig annehmbare Sexualform, sondern eine mögliche Ausdrucksform genereller sexueller Unentschiedenheit. Die Künstlerin L. unterhält auch während ihrer späteren Liebesbeziehung zu O. eine Vielzahl befriedigender heterosexueller Kontakte, und O. phantasiert in Tag- und Nachtträumen erotische Szenen mit einem ihr unbekannten männlichen Dorfbewohner.

Der interessanteste Aspekt des Romans liegt in dem etablierten Zusammenhang zwischen weiblichem Begehren und Schriftproduktion bzw. literarischer Imagination begründet. O. verfaßt ihre Briefe aufgrund eines Schuldgefühls dem Bruder gegenüber. Adressat und Motivation des Schreibens zeigen sich aber als vorgeschoben, als in einem der Briefe deutlich wird, daß der Bruder längst gestorben ist. In den Briefen vermischen sich Realität und Traum immer mehr, bis eine Unterscheidung der beiden Erzählebenen nicht mehr möglich ist und phantastische Widersprüchlichkeiten das Mitgeteilte unverstehbar werden lassen. Ähnliche Verwirrung existiert auch auf einer höheren Organisationsebene des Romans: Der fiktive Autor, der in kursiv abgesetzten Sequenzen den Aufbau seines Buchprojekts mit seiner Freundin Vera diskutiert, erklärt die Figur O. als Fiktion einer weiteren Romanfigur, des vermeintlichen Bruders J.: „Ich erzählte ihr [Vera], daß die Geschichte hauptsächlich von einem Mann handelte, der sich eine Schwester ausdachte, die sich in ein Appartement an einer einsamen Küste flüchtete und ihm von dort aus schrieb." (ebd.: 145) Die Verschmelzungsphantasien O.s mit ihrem Bruder J., ihr Bemühen um Anerkennung, Versöhnung, Liebe, stellen sich damit als männliche Wunschvorstellung heraus, der eigene Ausschluß durch die Homosexualität der Frauen als selbstquälerische männliche Imagination. Die weiblichen Schreibversuche schließlich entlarven sich als männliche Schrift; die Aussagen einer Ich-Erzählerin über weibliche Sexualität sind als dreifache männliche Fiktion gekennzeichnet: Sie unterstehen der Vorstellungskraft der Romanfigur J., des fiktiven Autors und des Schriftstellers Muñoz Puelles. Dennoch entgleitet dieses männlich konstruierte weibliche Schreiben, mehr noch, es droht, die Identität des Protagonisten aufzulösen. Es heißt weiter im Zitat:

> [...] und später gewann der weibliche Anteil an Raum und travestierte sich, und bald wußte er nicht mehr, wer er eigentlich war, ob die Schwester, die ihm Briefe schrieb, oder der Bruder, der eine Schwester erfand, die ihm schrieb, aber er konnte ja schon nicht mehr der Bruder sein, denn dieser war im Meer ertrunken, somit war er sie und deshalb erhielt sie keine Briefe. (ebd.: 145)

Dem weiblichen Begehren wird in diesem Roman ein gewisses subversives Potential zugesprochen, das, anders als in anderen Beispielen erotischer Literatur, den männlichen Vereinnahmungsversuchen erfolgreich Widerstand leisten kann. Obwohl mit Kastrationsdrohung, Tod des männlichen Individuums und einer die symbolische Ordnung irritierenden Schreibstrategie in Verbindung gesetzt, wird es bei Muñoz Puelles zudem *nicht*, wie sonst im Genre üblich, in gynäkophobischer Kompensation dem Gesetz des Phallus unterworfen. Der lesbischen Autonomie kann aber – selbst als Imagination – nur bei gleichzeitigem Insistieren auf ihre männliche Urheberschaft Raum gewährt werden.

Einen völlig anderen Tonfall als die bisherigen Beispiele wählt die Erzählung *Ligeros libertinajes sabáticos* von Mercedes Abad (1986). Hier ist weibliche Homosexualität ein Teil des samstäglichen Sexvergnügens einer Freundesgruppe, die sich während der Woche der heterosexuellen Norm unterordnet. In burlesker, ironischer Weise und mit einem durch Wiederholungsstrukturen stark rhythmisierten Text wird dabei die sexuelle Ausschweifung während des Abendessens der Johnsons als völlig gewohnheitsmäßiger, allsamstäglicher Ablauf der immer gleichen Vorkommnisse beschrieben. Das lesbische Begehren der Señora Smith für die Señora Robertson vollzieht sich – ermöglicht durch die Diskretion der übrigen Gäste – schon bei Tisch: „Frau Robertson verschwand unter dem Tisch, um Nachtisch zu essen. Niemand achtete auf den Gesichtsausdruck von Frau Smith, während Frau Robertson aus ihrer Vulva kostete." (Abad, *Ligeros libertinajes sabáticos:* 78) Der Gleichgültigkeit der Anwesenden zum Trotz setzt nun eine ritualisierte Folge von Sexualkrisen ein: Señor Robinson, Träger eines „Phallus von fast vierzig Zentimetern Länge" (ebd.: 79), leidet unter der Homosexualität seiner Frau und flüchtet sich in grotesken Exhibitionismus: „Das einzige, was Herrn Robertson wirklich gefiel, war, sein Glied zur Schau zu stellen und damit Billard zu spielen." (ebd.: 79) Der Superpenis des Herrn Robertson wiederum frustriert den von der Natur weniger bedachten Herrn Adams, dessen Frau sich derweil mit dem Dildo der Witwe Peterson zu trösten sucht. Schließlich finden jedoch alle Ehepaare wieder zueinander, und der Rückzug in die „Normalität" wird eingeleitet: „Herr Robertson [...] deckte ein dichtgewebtes Tuch über die Homosexualität seiner Gattin [...]. Alle begannen alles vollständig zu vergessen." (ebd.: 80) Der Witz und die Irritation der Erzählung Abads entsteht durch den Widerspruch zwischen den dargestellten „außerordentlichen" sexuellen Aktivitäten und der Matrix einer normativ strukturierten Alltäglichkeit, die durch ausgeprägte Wiederholungen von Vokabular und Satzkonstruktionen produziert wird. Weibliche Homosexualität zeigt sich hier als eine Variante von verschiedenerlei Ausbrüchen aus der heterosexuellen Ordnung, die jedoch einem derart reglementierten Rahmen unterworfen sind, daß sie selbst zu einer neuen, samstäglichen sexuellen Norm werden.

Die spöttische Präsentation der Lesbe wird zur bissigen Karikatur im Roman *Las cartas de Saguia-el-Hamra. Tánger* (1985) von Vicente García Cervera. Conchita ist ein schwulenfeindliches, im Stehen pinkelndes Mannweib, dessen Angriffen ihr schwuler Gatte „Antonia" nichts entgegenzusetzen hat:

> Conchita machte ihn derartig fertig, indem sie ihn immer wieder als miese Tunte behandelte, daß, als er die lesbischen Turteleien seiner besseren Hälfte entdeckte und daß sie auf dem Männerklo pinkelte und sich den Reißverschluß hochzog wie jeder andere auch, er sich bereits zu entkräftet sah, um es ihr heimzuzahlen, und er ließ sich weiter Schwuchtel von der Hexe nennen, mit der er sich vermählt hatte

und die ihm vorwarf, auf den eigenen Sohn scharf zu sein [...].
(García Cervera, *Las cartas:* 81)

Die Ordnung der Geschlechter gerät damit in *Tánger* empfindlich durcheinander. In unversöhnlichem Widerspruch stehen hier ein Schwuler, der sich traditionelle Weiblichkeitsvorstellungen, und eine Lesbe, die sich den Macho zum Ideal wählt. Die größtmögliche Opposition im Geschlechterdualismus bilden damit nicht mehr Mann und Frau, sondern Tunte und *butch*, die die jeweiligen Bezugspunkte für die idealisierte und angestrebte andere Geschlechtsidentität auflösen.

Insgesamt gesehen überrascht, daß in der explizit erotischen Literatur Spaniens weibliche Homosexualität wenig thematisiert wird. 1995 erhält mit *Tu nombre escrito en el agua* ein Roman den *premio sonrisa vertical*, der von einer symbiotischen lesbischen Liebesbeziehung handelt, die erst mit der äußerst brutalen Ermordung einer der Frauen durch einen eifersüchtigen Ehemann ihr Ende findet (hier ist der Pessimismus gegenüber den Möglichkeiten einer 'anderen' Beziehungsform am deutlichsten). Autorin des Buches ist allerdings die in Rom lebende lateinamerikanische Schriftstellerin Irene Frei (Pseudonym), womit der Roman nicht zur explizit *spanischen* Literatur zu zählen ist.

Eine Erwähnung dürfte vielleicht auch *Con pedigree – Culebrón lésbico por entregas* (1997) von Lola Van Guardia wert sein. In dieser *novela rosa* wird die burleske Episodenfolge angetrieben von den Intrigen und Skandalen, dem Klatsch und Tratsch, der Lust und dem Frust in Barcelonas Lesbenszene. Die erotische Komponente vertritt in erster Linie Sexmonster Nati: „Du wirst schon sehen, ich inszeniere dir eine Liebesnacht, dagegen kommt dir jeder Porno wie Kinderkram vor." (Van Guardia, *Con pedigree:* 80) Aufgrund tragikomischer Komplikationen vermag Nati jedoch zumeist nicht, zum großen Finale zu gelangen. Kurz gesagt: Der Text situiert sich bewußt im trivialen und nicht im erotischen Genre, weshalb er hier nicht weiter thematisiert wird, aber den LiebhaberInnen von Seifenopern ans Herz gelegt werden soll.

Etwas überspitzt formuliert läßt sich zusammenfassen, daß in der spanischen erotischen Literatur (nimmt man die frühen Romane Esther Tusquets aus, die auch zur erotischen Literatur gezählt werden können, in diesem Band aber gesondert besprochen werden) im Grunde genommen gar nicht weibliche Homosexualität, sondern Bisexualität thematisiert wird. Als literarisches Aphrodisiakum in den Dienst des Genres genommen, werden die weiblichen Körper zum einen dem voyeuristischen Interesse des (männlichen) Lesers in pornographischer Fokussierung auf die genitale Anatomie präsentiert (*La caza del zorro*). Im Erotik-Thriller *Pubis de vello rojo* führt die pathologische Persönlichkeitsstruktur einer Prostituierten mit homophilen Tendenzen zu brutalen Gewaltexzessen: der destruktive Wahnsinn der 'lesbischen' Psychopathin als spannungssteigerndes Moment. Die Initiation der heterosexuellen Blanca in homosexuelle Praktiken führt hier weder zu einem anderen Sexualitätsbezug noch thematisiert sie *coming out* und/oder Suche nach einer „lesbischen Identität". In *Anacaona,* wo weibliches homoerotisches Begehren mit einer Reflexion und Subversion patriarchaler Strukturen einhergeht, ist die weibliche Darstellungsperspektive erzähltechnisch gleich mehrfach männlich überformt. Auch die satirische Präsentation der *butch* bei Vicente García Cervera und die spöttelnde Parodierung von (auch lesbischen) Sexualritualen in Abads samstäglichen Ausschweifungen schließen sich trotz ihrer humoristischen Tendenz der wenig affirmativen und eng an Heterosexualität gebundenen Thematisierung „lesbischer" Charaktere an.

Distanzierungen, Idealisierungen, Relativierungen: schwule Sexinszenierungen

Vergleicht man die Darstellungen weiblicher Homosexualität mit denen männlicher, zeigt sich ein anderes Bild. Schwuler Sex wird in der zeitgenössischen spanischen Literatur sehr viel häufiger thematisiert, und seine Präsentation reicht von Ablehnung über Faszination bis zur Übernahme einer explizit schwulen Perspektive. Dabei nehmen die Darstellungen einseitiger homophober wie heterophober Reaktionen auf die andere Begehrensvariante einen nicht geringen Raum ein. Daß die Möglichkeit einer HIV-Infektion niemals zur Begründung für Abweisungen angeführt wird, mag u.a. im idealistischen Grundtenor des Genres begründet sein: Bei allem Realismus, den die erotische Erzählprosa zu simulieren versucht, findet man hier so gut wie nie mögliche negative Konsequenzen wie etwa venerische Erkrankungen beschrieben. Die zeitgenössischen spanischen Erotika präsentieren die Ablehnung heterosexueller Männer gegenüber Schwulen als ein persönliches, gefühlsbedingtes Unvermögen, andere Sexualformen zu akzeptieren und/oder sich auf sie einzulassen. In *Anacaona* nimmt der Mathematiker J. angesichts der fortgeschrittenen Uhrzeit das Übernachtungsangebot eines jungen Mannes an, den er gerade erst kennengelernt hatte. Als dieser jedoch unmißverständliche sexuelle Avancen macht, rettet sich J. panikartig ins Freie:

> Er streifte mich zuerst mit dem Ellenbogen und dann mit einem Bein. Diese vorsichtige Annäherung reichte aus, daß ich mich aufrichtete und aus dem Bett sprang. […] „Oh, J., warum versuchst du es nicht einmal?" Erst in dem Moment – ich hatte

mich mit ihm unterhalten, ohne in dabei anzusehen – bemerkte ich, daß er sein steifes Glied massierte, die Augen halbgeöffnet. Mich bewegte sein Begehren, aber ich kehrte ihm feige den Rücken zu und öffnete noch einige Türen, bis ich banger Hund die dunkle Straße erreichte. Am nächsten Tag trieben mich widerstreitende Gefühle dazu, die Pension zu wechseln und um den Park einen Bogen zu machen.
(Muñoz Puelles, *Anacaona:* 127)

Recht auffällig ist hier die Verschiebung der „Schuldzuweisung" gegenüber der eingangs vorgestellten Szene aus *Fanny Hill*: Anders als bei Cleland wird in José Muñoz Puelles' Text das Vergehen nicht beim „homosexuellen Unhold" gesehen, sondern beim homophoben heterosexuellen Mann, der nun seinerseits die Flucht ergreift. Die Sorge, zuviel Gefallen an schwulem Sex zu finden und dadurch dem „Laster zu verfallen", bewegt den Bruder Lulús in *Las edades de Lulú* von Almudena Grandes (1989). Während eines Gefängnisaufenthaltes hatte er sich zeitweilig der Sexangebote eines Portugiesen bedient,

[...] bis eines Tages der Portugiese meinem Bruder vorschlug, er solle doch einfach sagen, er habe die Grippe, er würde ihm ein Bett verschaffen, ihn gut versorgen und es ihm umsonst machen. Offensichtlich gefiel Marcelo ihm. Aber Marcelo sagte, er habe keine Lust dazu. Ihm machte das Angst, und er ließ es bleiben.
(Grandes, *Las edades de Lulú:* 118)

Auch dieser Roman lädt zu einem Vergleich mit *Fanny Hill* ein, jedoch auf ganz anderer Handlungsebene. Ebenso wie Fanny betrachtet die Protagonistin Lulú homosexuelle Männer beim Geschlechtsakt. Im Unterschied zur „woman of pleasure" der englischen Aufklärung reagiert die postfrankistische Sexbesessene jedoch weder mit Ekel und Empörung, noch wird sie nur zufällig Zeugin schwulen Geschlechtsverkehrs. Nach der Trennung von ihrem Mann, dem Obermacho Pablo, entdeckt Lulú, daß es sie erregt, schwule Pornofilme zu betrachten. Bald beginnt sie, schwule Prostituierte zu engagieren, um ihnen beim Sex zuzuschauen und daran teilzunehmen. Neben voyeuristischen Allmachtvisionen und konkreter sexueller Befriedigung eröffnen die schwulen Männer für Lulú die Aussicht auf sexuelle Selbstentfaltung und eine dominante Position im Stellungsspiel: „Was hatte ich von all dem, was verschafften sie mir außer einem Gefühl der Sättigung? Sicherheit. Das Recht zu sagen, wie, wann, wo, wieviel und mit wem. Auf der anderen Seite der Straße zu sein, auf der Seite der Starken." (ebd.: 195 f.) Es ist die Nichtbeachtung ihrer Person, der Verzicht schwuler Männer, den weiblichen Körper zum Objekt ihrer Begierde zu machen, der Lulús Lust weckt:

Es gefiel mir, was sie miteinander machten und was sie mit mir machten. Sie küßten sich und sie küßten mich, sie faßten sich an und sie faßten mich an, sie saugten aneinander, und sie saugten an mir. Ich genoß die Blicke, das Lächeln und die Worte, die sie untereinander austauschten, mehr als die Blicke, das Lächeln und die Worte, die an mich gerichtet waren. [...] und die Berührung fühlte sich so ganz anders an als die anderer Männer. Es gab nichts Gewalttätiges, auch keine Begierde, mich zu erkunden, die behielten sie sich nur füreinander vor. (ebd.: 233 f.)

Lulús Hoffnungen auf freie Begehrensentfaltung erweisen sich als trügerisch – ihre Leidenschaft ruiniert sie finanziell, so daß sie schließlich akzeptiert, gegen Geld an einer S/M-Inszenierung für einen reichen Geschäftsmann teilzunehmen, bei der sie beinahe ums Leben kommt. Ihr Mann Pablo rettet sie in letzter Minute und holt sie ins eheliche Heim zurück. Nicht nur diese Handlungsstruktur bedient sich klischeehafter Rollenzuweisungen (weibliches Opfer, männlicher Held). Die sexuellen „Spiele" der schwulen Männer folgen – in den Pornofilmen wie „im richtigen Leben" – stereotypen Mustern und ritualisierten Sexhandlungen: Ältere, sadistische Männer quälen durch Liebesentzug und körperliche Züchtigung androgyne, devote, masochistische Knaben. Erscheinen schwule Männer aus Lulús Perspektive als interessant und physisch anziehend, so präsentiert der Roman mit dem schwulen Geschäftsmann und seinen sadistischen Gelüsten doch noch das Bild des lächerlichen, aber auch gefährlichen Homosexuellen:

> Der in der Mitte war spindeldürr, kleinwüchsig und hatte eine Halbglatze. Der Fingernagel seines rechten kleinen Fingers war extrem lang, die anderen einfach nur schwarz. Er trug einen dieser albernen Schnurrbärte, eine extrem dünne Linie, die nicht einmal bis zu den Mundwinkeln reichte. Aus seiner Visage sprach unverkennbar das Laster. (ebd.: 236)

Ekel und Furcht des homosexuellen Mannes vor dem weiblichen Körper ist das Thema der „verspätete[n] und erzwungene[n] Initiation" (ebd.: 178) des jugendlichen Strichers Pablito, der schließlich zum Verkehr mit Lulú gezwungen wird:

> Pablito weinte, bettelte und flehte, er wollte nicht [...] Jimmy beugte sich über ihn und flüsterte ihm etwas ins Ohr; ich konnte seine Worte nicht verstehen, wohl aber die Wirkung beobachten: eine blitzartige Erektion. Da stieß Jimmy ihn nach vorn, zwang ihn über mir auf alle viere und drang in ihn ein, entriß ihm einen Schrei, der nichts Menschliches mehr an sich hatte. [...] Er selbst führte seinen Liebsten, es war seine Hand, die Pablitos Schwanz hielt, während dieser in mich eindrang. (ebd.: 174 f.)

Gewalt ist auch die Voraussetzung für Sex eines Schwulen mit einer Frau in dem Roman *El bajel de las vaginas voraginosas* (sinngemäß: Das Raumschiff der gefräßigen Mösen, 1987) von Josep Bras. Um sich endlich ihrer verhaßten Jungfernschaft zu entledigen, beschließt die nicht besonders hellsichtige Nähmaschinenvertreterin Esther, ausgerechnet den schwulen Buster zu verführen. Buster, der immer stärker unter Druck gesetzt wird, schlägt Esther schließlich mit einem „großartigen Faustschlag" (Bras, *El bajel:* 104) nieder. Die Gewaltanwendung bewirkt, was Esthers völlig enthemmten Verführungsversuche nicht vermochten. Buster kommt in Stimmung, verkehrt jedoch nur anal mit ihr. Als Esther auf einer korrekten Defloration besteht – „Entjungfer mich, Stier! Jetzt! Komm! Nagel mich mit deinem saftigen Werkzeug." (ebd.: 107) –, versetzt Buster ihr einen weiteren Kinnhaken und macht sich „wie ein Hühnerdieb" (ebd.: 107) aus dem Staube. Der Fortgang der Handlung wird vollends absurd, als die Defloration von Esthers seit langem in Liebe entbrannten Papagei mit einem Bravourstück akrobratischen Ganzkörpereinsatzes vollzogen wird, ohne daß Esther den „Partnerwechsel" überhaupt wahrnimmt.

Die Gewaltverteilung zwischen einer Frau und einem homosexuellen Mann steht in *Pubis de vello rojo* unter umgekehrten Vorzeichen. Sofía reagiert auf einen schwulen Kunden und seine Anweisungen für transsexuelle Liebesspiele mit größtem Ekel. Die masochistische Hingabe des Mannes weckt ihren Sadismus; ihre Aggressionen entladen sich in unkontrollierter Brutalität:

> „Du bringst mich um, du bringst mich um", seufzt er und liebkost mit beiden Händen sein Glied während Antonio-Sofía ihn mit seinem Marmorphallus liebt. Sie faßt den Entschluß, ihm äußersten Genuß zu bereiten. [...] Sie faßt den Entschluß, das Werkzeug ganz zu versenken, und sie vollführt es mit brutaler Gewalt, zerfetzt den Widerstand seiner engen Eingeweide, entreißt ihm ein rauhen Schmerzensschrei, und er fällt vorn über auf den Boden, wo er sich keuchend krümmt, er spuckt Blut aus Mund und Arsch, er kotzt Flüche aus und versucht vergeblich, das erotische Artefakt loszuwerden, das ihn bis zur Zerstörung penetriert. [...] Das Opfer kämpft verzweifelt in einer Lache eigenen Blutes. Er ist ein starker Mann, aber der Lebenssaft, den er bereits verloren hat, schwächt ihn über die Maßen, und der stechende Schmerz treibt ihn zum Wahnsinn. Er gleicht jetzt einem riesigen gestrandeten Wal, dessen Augen und Eingeweide den Raben zum Opfer fallen werden. Oder einer Schildkröte, die auf dem Rücken liegt und von tausenden von Krebsen verschlungen wird. Hilflosigkeit. Sofías Arme spannen sich an, als sie mit aller Macht das Telefonkabel um seinen Hals schlingt. (Muñoz, *Pubis de vello rojo:* 153 ff.)

Sadistische Hinrichtungsimaginationen wie diese (die an Batailles Darstellungen entgrenzender [Sexual-]Gewalt in *Histoire de l'œil* von 1928, erinnern, doch keinesfalls an dessen literarische Experimentalität heranreichen) finden sich in den durchaus gewaltbetonten spanischen Erotika nicht sehr häufig. Die Begegnung mit dem unbegreifbaren, unerreichbaren anderen Begehren läßt sich auf vielfältige Weise inszenieren und eröffnet immer neue Handlungsvarianten.

Betty la Miel ist eine von Eduardo Mendicuttis sieben genialen Terrortunten aus *Siete contra Georgia* (1989), die gegen US-amerikanischen schwulenfeindlichen Sexpuritanismus ins Feld ziehen. In ihrer engagierten Rede äußert sie in komischer Verzweiflung ihr Unverständnis gegenüber den skandalösen ehelichen Sexorgien ihrer Nachbarn. Bettys Moral verkehrt die offizielle Bewertung von Hetero- und Homosexualität in ihr Gegenteil. Während das heterosexuelle Paar ins Tierreich verbannt wird – „Ich bin sicher, daß da keine Liebe dabei ist. Ich meine in diesen Ausschweifungen und der fleischlichen Unersättlichkeit dieses animalischen Paares [...]" (Mendicutti, *Siete contra Georgia*: 60) –, erscheint die eigene schwule Beziehung in neobarocker Rhetorik als absolutes Ideal: „Eusebio und ich beten uns an, und in der Liebe liegt unsere Stärke und unsere Phantasie, unser Impuls und unsere Sicherheit, unsere Wonne und unsere Verzückung, unser Delirium und unsere Ruhe." (ebd.: 68 f.) Hinsichtlich weiterer Aspekte von Mendicuttis äußerst unterhaltsamen, literarisch transvestischen Romanwerks verweise ich auf den Beitrag von Dieter Ingenschay in diesem Band.

Leopoldo Azancot kombiniert in seinem Roman *Los amores prohibidos* (1980) Terrorismus und Transsexualität. Der linke Revolutionär Miguel rettet sich bei seiner Flucht vor der Polizei zu der Prostituierten und, wie sich später herausstellt, Mann-zu-Frau-Transsexuellen Esther. Die dauernden Auseinandersetzungen über die jeweiligen politischen und geschlechtlichen Anschauungen bewirken seitens Miguels eine Aufweichung seiner traditionellen Vorstellungen über fixe Geschlechtsidentitäten. Er beginnt selbst mit dem transvestischen Spiel zu experimentieren, und schließlich kommt es zum Geschlechtsverkehr der beiden. Jegliche Begehrensdefinitionen werden damit zugleich möglich und unmöglich gemacht. Zum einen handelt es sich um männliche Homosexualität (Sex zwischen zwei Männern), zum anderen jedoch um weibliche (beide Männer inszenieren sich als Frauen). Ebenso könnte man für eine heterosexuelle Beziehung plädieren, schließlich begehrt Miguel die als Frau lebende Esther. Dem widerspricht jedoch, daß es Esther ist, die Miguel penetriert. Der Versuch, die dargestellte Sexualität in vorhandene Definitionsschemata zu fassen, zeigt, wie sehr das Phänomen der Transsexualität Kategorisierungskonzepte unterläuft, ja diese ad absurdum führt.

Zum Abschluß möchte ich etwas ausführlicher einen Roman vorstellen, der Schwulsein aus schwuler Perspektive thematisiert. Wie in Mendicuttis Texten, ist auch in *Las cartas de Saguia-el-Hamra. Tánger* von Vicente García Cervera (1985) ein „transvestisches Sprechen" stilbestimmend. Alle schwulen Männer werden mit weiblichen Vornamen versehen, der Erzähler bezieht sich auf diese wie auf sich selbst ausschließlich über weibliche Bezugswörter, und auch für den männlichen Körper werden die weiblichen Bezeichnungen benutzt (beispielsweise „Titten" für „Brust" und „Klitoris" für „Penis"). Zum Inhalt: Den Mord seines momentanen Geliebten Chema an seinem früheren Partner Vicky zum Erzählanlaß nehmend, berichtet ein alternder Arzt von seinen Beziehungen zu verschiedenen homosexuellen Männern. Mit Vicky, „Schwuchtel von Kopf bis Fuß" (García Cervera, *Las cartas:* 14), verbrachte er vor längerer Zeit fünf idyllische Beziehungsjahre. Vicky meldet sich jedoch als Freiwilliger zum Militär und wird in die Wüstengegend Saguia-el-Hamra in der damaligen spanischen Kolonie Westsahara entsandt. Den Gegenpart zum knabenhaften, femininen und potenten Vicky bildet der muskelbepackte, brutale 19jährige Chema aus der Stricherszene, der Transvestiespiele lächerlich findet. Seine im Vergleich zu Vicky deutlich geringere Manneskraft kompensiert er mit körperlicher Gewalt, die den wiederum unter zunehmender altersbedingter Impotenz leidenden sechzigjährigen Arzt genügend stimuliert, um es seinem Geliebten entsprechend heimzuzahlen. Als der Protagonist eine Reise in die Nordwestsahara plant, um Vicky nach zwanzigjähriger Trennung wiederzusehen, nimmt er Chema mit sich. Will er damit zum einen einen Seitensprung Chemas verhindern, so erhofft er sich zum anderen durch Vickys Vermittlung die lustvolle Vereinigung beider Beziehungs- und Lustvarianten:

> Vorausgesetzt, Vicky ist aus ihrer Jugend herausgewachsen, sagte ich mir, reifer geworden, und hat ihre Rauheit in den Falten irgendeiner Läuterung verloren, wer könnte besser als sie, zwanzig Jahre älter als Chema und zwanzig jünger als ich, ein rundes Bett regieren, ihren Rivalen und mich an die Kandare nehmen, Chemas Wildheit zügeln und mir die Sporen geben [...]? (ebd.: 11)

Die erotische Phantasie verwandelt sich jedoch in einen Alptraum, als der rasend eifersüchtige Chema Vicky mit einem Messerstich tötet. Die Schilderung der problematischen Beziehung zu diesen beiden Männern geht dem Roman quasi als Prolog voraus, von Seite 24 an schildert der Ich-Erzähler weitgehend chronologisch sein Leben der letzten Jahre. Die Themen dieser Darstellung umfassen vielfältige Aspekte der schwulen Existenz und lauten u.a.: alternder Körper und nachlassende Sexualkraft, Promiskuität, sexuelles Doppelleben verheirateter homosexueller Männer, schwule Prostitution, öffentliche Schwulenszene (Kneipe, Disko) und negative gesellschaftliche Reaktionen auf Schwule (von offenem Spott bis zu schweigender Verachtung).

Eine der zentralen Bedeutungsebenen des Textes ist die – die erzählerische Chronologie durchbrechende – Beschäftigung des Protagonisten mit Bildern und Texten. Als Facharzt der Urologie legt er sich eine umfangreiche Fotosammlung kranker männlicher Geschlechtsorgane an, um sich gegen den täglichen Ekel und die Angst vor einer Ansteckung bei der Arbeit (auch hier handelt es nicht um Aids, sondern um Syphilis) zu immunisieren. Allabendlich betrachtet er die detailgenauen Farbfotografien, bis sie ihn glauben lassen,

> [...] daß es Verirrungen der Natur waren, und daß sie genauso das Recht hatten, zu existieren, wie jeder andere auch. Ich wußte, daß es nicht so war, und daß es nicht nach Gottes Plan war, Klitoris in solchem Zustand zu erschaffen, aber meine Fotos schafften es, als ausgefallen wahrzunehmen, was über den Weg der Ansteckung erworben worden war, darauf war ich aus. (ebd.: 67)

Schließlich wird die Krankheit für ihn normal, ja die Betrachtung der infizierten Geschlechtsorgane sogar erotisch. Nach einigen Monaten erweitert der Ich-Erzähler seine Sammlung um Fotos, die Vicky von den gesunden Genitalien der Soldaten seiner Division gemacht und ihm zugeschickt hat. Abbildungen eigener Erektionen machen schließlich das Triptychon komplett. Als „Ort der Andacht" (ebd.: 67) ermöglicht die Fotokollektion einen Narzißmus der besonderen Art: „Ich verglich meinen mit denen, die mich vorher absolut frustriert hatten, und auch wenn es bei einigen schwierig war, brauchte ich nicht lange, um festzustellen, daß es zwar einen oder zwei wie ihn gab, aber keinen größeren." (ebd.: 71 f.) Die Darstellung bleibt nicht auf das Klischee vom selbstverliebten schwulen Narziß beschränkt. Das von der Fotowand geweckte Begehren drängt danach, sich auch auf dritte zu richten. Der Ich-Erzähler muß aber die Erfahrung machen, daß die erotische Wirkung der Abbildungen sich nicht beliebig erzielen läßt, sondern die Interpretation des Bildes von seinen Interpreten abhängig ist. Das obszöne Triptychon erregt zwar die gleichaltrigen Freunde des Arztes, doch mit diesen verspürt er keinerlei Lust auf Geschlechtsverkehr. Der Stricher Paqui hingegen, den der Ich-Erzähler einerseits schockieren und von der Prostitution abbringen und zugleich erregen und von einem monogamen Verhältnis mit ihm überzeugen will, verweigert sich seinem Gönner nach Betrachtung der Fotowände gänzlich. Überstürzt kehrt Paqui in sein Bordell zurück, hatte er doch auch die pathologischen Aufnahmen als Selbstportraits des Arztes verstanden.

Eng verknüpft mit dem erotischen Bezug zum Bild ist die Rezeption von Schrift: Der Protagonist hat während der jahrzehntelangen Trennung von Vicky außer den Fotos etwa 400 Briefe erhalten. Diese Briefe, leitmotivisch im Titel anzitiert und immer wieder im Text thematisiert, schreiben die Beziehung zu Vicky fort, ja verbessern sie quasi:

> Nacht für Nacht vollbrachten diese Lektüren das Wunder, daß Vicky meine Einsamkeit begleitete. [...] Vicky und ich hatten immer in einer Phantasiewelt gelebt,

und es war phantastischer, ihr Wesen meinem Willen zu unterwerfen als sie so unsicher, wie sie war, bei mir zu haben. Sie existierte weiterhin in diesen Briefen und in diesen mußte sie weiter existieren. (ebd.: 73)

Der besseren Potenz, auf Fotopapier entwickelt, entspricht die idealere Beziehung, die die Texte herstellen.

In *Tánger* stellt sich Homosexualität im beginnenden Alter – trotz allen Galgenhumors – als insgesamt pessimistisch dar: Mit dem Verfall des Körpers geht seine Attraktivität verloren; befriedigende Sexualität bleibt, sofern sie überhaupt möglich ist, auf Prostitution reduziert; Sicherheit und angestrebte Ideale sind nur äußerst unzureichend über verzerrende, unzuverlässige Bilder und Texte erreichbar; und die nur über aggressiven Sex kompensierbare nachlassende Potenz läßt keine „egalitären" Liebesbeziehungen mehr zu.

Verglichen mit den Thematisierungen weiblicher Homosexualität, erfreut sich der schwule Mann in der spanischen erotischen Literatur einer größeren und noch weiter anwachsenden Aufmerksamkeit. Figuren wie Tunte, Lederschwuler, Stricher gehören bereits fest zum neuen Figureninventar des Stereotypien favorisierenden Genres. Damit reflektiert die Literatur zum einen das zunehmende gesellschaftliche Interesse für die Schwulenszene in den achtziger und neunziger Jahren. Zum anderen eignet sich jedoch die 'andere' Begehrensform besonders für die Etablierung von Grenzen, die zur Befreiung sexueller Energie überschritten werden wollen. Die Kontakte zwischen den Begehrensformen Homo-, Hetero- und Transsexualität verlaufen niemals reibungslos. Homophobien seitens heterosexueller Männer etwa und schwule Abneigung gegenüber dem weiblichem Körper sind wiederkehrende Themen. Auffälligster Aspekt ist hierbei die Häufigkeit der Zusammenführung von männlicher Homosexualität mit Gewalt, durch die in fast allen Beispielen Differenzen überwunden und sexuelle Handlungen in Gang gesetzt werden.

Sprachästhetischer Gestaltungswille und literarische Innovation, dies ist sicherlich aus den zitierten Textpassagen deutlich geworden, finden sich eher selten in den spanischen Erotika. Dort jedoch, wo die Geschlechtergrenzen gänzlich aufgeweicht werden und männliche Homosexualität in enger Beziehung zur Travestie steht, entwickelt sich, wie bei Mendicutti und Cervera, zuweilen ein neuer Stil. Doch nicht nur die 'Tuntensprache' (Ingenschay) lockert die ursprüngliche Ernsthaftigkeit des Genres auf. Die erotische Spannung, die sehr häufig durch die Inszenierung gewalttätiger Praktiken entsteht, wird oft durch absurde Handlungsverläufe und burleske Paarungen in Komik überführt. Vielleicht zeichnet sich hier die Innovation des neuen spanischen Literaturphänomens ab: Die neuzeitliche Gewaltfaszination wird mit voraufklärerischem zotigen Humor kombiniert. Wo sexuelle Tabus und geschlechterdifferente Zuschreibungen sich auflösen und moralische Bezugspunkte verloren gehen, wird es zunehmend schwierig, die schockierte Erregtheit zu produzieren. Der erotische Kitzel weicht dem kathartischen Gelächter. Das Genre strebt damit seiner eigenen Auflösung entgegen.

Werke und Übersetzungen

Abad, Mercedes: *Ligeros libertinajes sabáticos*. Tusquets Editores, La sonrisa vertical, Barcelona 1986.

Álvarez, José María: *La caza del zorro*. Tusquets Editores, La sonrisa vertical, Barcelona 1990.

Azancot, Leopoldo: *Los amores prohibidos*. Tusquets Editores, La sonrisa vertical, Barcelona 1980.

Azancot, Leopoldo: *Liebe verboten*. Eichborn Verlag, Frankfurt a.M. 1991.

Bras, Josep: *El vaixell de les vagines voraginoses / El bajel de las vaginas voraginosas*. Tusquets Editores, La sonrisa vertical, Barcelona 1987.

Cleland, John: *Fanny Hill. Memoirs of a woman of pleasure*. London 1748/49.

Cleland, John: *Fanny Hill*. Deutscher Taschenbuch Verlag, München 1989, [2]1990.

García Cervera, Vicente: *Las cartas de Saguia-el-Hamra. Tánger*. Tusquets Editores, La sonrisa vertical, Barcelona 1985.

González Frei, Irene: *Tu nombre escrito en el agua*. Tusquets Editores, Barcelona 1995.

Grandes, Almudena: *Las edades de Lulú*. Tusquets Editores, La sonrisa vertical, Barcelona 1989.

Grandes, Almudena: *Lulu. Die Geschichte einer Frau*. Verlag am Galgenberg, Hamburg 1990.

Mendicutti, Eduardo: *Siete contra Georgia*. Tusquets Editores, La sonrisa vertical, Barcelona 1989.

Muñoz, José Luis: *Pubis de vello rojo*. Tusquets Editores, La sonrisa vertical, Barcelona 1990.

Muñoz Puelles, Vicente: *Anacaona*. Tusquets Editores, La sonrisa vertical, Barcelona 1981.

Musset, Alfred de: „Gamiani". In: *Das Tier mit den zwei Rücken. Erotika*. Hg. von Roger Willemsen. Köln 1990.

Van Guardia, Lola: *Con pedigree – Culebrón lésbico por entregas*. Editorial Gay y Lesbiana – EGALES, Barcelona und Madrid 1997.

Zu den hier formulierten Thesen vgl. auch die Dissertation der Verfasserin: *Stellungsspiele. Geschlechterkonzeptionen in der zeitgenössischen erotischen Prosa Spaniens (1978-1995)*, Erich Schmidt Verlag, Berlin 1996.

Randgruppensyndrom

Homosexualität in der baskischen Literatur

Von Karlos Cid Abasolo

Eine schriftlich fixierte Literatur in baskischer Sprache trat erst im 16. Jahrhundert in Erscheinung, und zwar dank der Veröffentlichung eines Gedichtbändchens des Dorfpfarrers Bernard Dechepare. Als erster Höhepunkt der baskischen Literatur wird ein Jahrhundert später das Werk eines anderen Priesters, Pedro de Aguerre, bekannter unter dem Namen Pedro de Axular, angesehen. Die religiöse Thematik stand bis weit ins 20. Jahrhundert hinein im Mittelpunkt der baskischen Literatur. Die Autoren waren Priester oder Mönche und schrieben nicht bloß aus literarischen oder ästhetischen Gründen, sondern wurden von einem Bekehrungswillen bewegt: das Baskenland zu christianisieren. Angesichts dieser Lage verwundert es nicht, daß Homosexualität in der baskischen Literatur bis in die allerjüngste Zeit weder als Thema noch als Motiv existierte. Erst ab 1972 beobachtet man eine Veränderung in der gesellschaftlichen Stellung der baskischen Schriftsteller: Jetzt wird unter ihnen die Zahl der Geistlichen (46,9 %) zum ersten Mal von den Laien (53,1 %) übertroffen. Dies erklärt, daß die Bezugnahmen auf die Homosexualität mit wenigen Ausnahmen in Werken, die nach diesem Datum entstanden sind, gesucht werden müssen, insbesondere in den neunziger Jahren.

Ich beabsichtige im folgenden nicht, eine vollständige Studie über Homosexualität in der baskischen Literatur vorzustellen, sondern beschränke mich auf ein exemplarisch ausgewähltes Textkorpus. Einer der ersten (vielleicht der erste) baskische Schriftsteller, der auf Homosexualität anspielt, ist der baskisch-französische Autor Jean Mirande (1925-1972), der hauptsächlich in Paris lebte. Seine provozierenden Texte ungewöhnlicher Prägung stehen im Widerspruch zu der zeitgenössischen baskischen Literatur, die noch in einer konservativen, ländlichen und religiösen Weltsicht verankert war. 1951 veröffentlichte er in der Zeitschrift *Gernika* sein Gedicht „Neskatxak" (Mädchen), aus dem die folgenden Strophen stammen:

> Einmal liefen/ und tanzten zwei junge Schwestern/ (wo, das habe ich vergessen)/.
> Am Ufer des Baches/ liebkosten die zwei sich zärtlich,/ ihre weißen Brüste zitterten vor Liebe.
> Dort, in jenem grünen Palmenwald, / fielen sich die Mädchen / einander in die Arme.
> Wo war das? An welchem Tag? / Oder war das vielleicht / nur ein Traum?

Traum oder Wirklichkeit – sicher ist, daß Mirande, der sich nicht gern den Konventionen fügte, seine Rolle als *outsider* teuer bezahlen mußte. Er litt unter dem Unverständnis, das ihm seine Zeitgenossen entgegenbrachten. Die acht Werke, die ich auf den nächsten Seiten vorstellen werde, sind späteren Datums. Sie sind nicht in größeren zeitlichen Abständen, sondern in wenigen Jahren erschienen: eins wurde 1983, zwei 1989 und 1990, fünf zwischen 1994 und 1996 und das letzte, bestimmt das bedeutendste, 1999 veröffentlicht.

1983 erschien Arantxa Urretabizkaias Erzählband *Aspaldian espero zaitudalako ez nago sekula bakarrik* (*Da ich dich schon lange erwarte, bin ich nie allein*). Die erste der drei Erzählungen, „Aspaldian" (Schon lange), handelt von der Geschichte einer lesbischen Liebe. Die Ich-Erzählerin, die ihren Namen nicht preisgibt, lernt auf einem Hochzeitsfest eine Frau namens Carmen kennen. Die beiden Frauen repräsentieren zwei entgegengesetzte Welten: die eine, die Namenlose, ist Arbeiterin aus San Sebastián, 20 Jahre alt und lebensfroh. Sie liebt das Spiel mit den Wörtern und definiert sich als baskische Nationalistin. Die andere, Carmen, ist eine 27 Jahre alte Akademikerin. Sie lebt 300 Kilometer von San Sebastián entfernt, ist leidenschaftlich und depressiv, verbindet aber, obwohl sie Tochter baskischer Eltern ist, „ihre Träume nicht mit einem konkreten Land". Erzählt wird die Geschichte einer Beziehung, die nur durch Briefe und einige sporadische Treffen genährt wird. Carmen verkörpert für die Ich-Erzählerin eine Initiationserfahrung in vielerlei Hinsicht: die erste Schallplatte, das erste Buch, das erste Restaurant, das erste philosophische Gespräch und der erste Alkoholrausch. Sie bedeutet auch einen Weg in die Zukunft, aber in eine ungewisse Zukunft: „Wenn Carmen meinen Bruder heiratete, würden wir für immer zusammenleben. Aber dieser Traum hat keine Zukunft, genauso wie mein Bruder keine hat." Der Abgrund öffnet sich zwischen den beiden Frauen immer tiefer, er wird unüberwindbar breit, als der Bruder der Protagonistin Selbstmord begeht: „Was mir den größten Schmerz zufügte, war, daß ich meinen Bruder zu spät und Carmen zu früh geliebt hatte". Die beiden Frauen stellen sich der Wirklichkeit auf zwei gegensätzliche Arten: „Carmen setzte alles auf das Abenteuer; ich auf den Einfluß des Schicksals". Carmen ist nicht fähig zu warten, und die andere ist noch nicht fähig zu handeln, und deshalb mußte es zum Bruch kommen. Zu viele Hindernisse stellen sich der lesbischen Liebe entgegen. Wenige Monate nach der Trennung wird Carmens Hochzeit gefeiert.

1989 erscheint Inazio Mujika Iraolas Erzählung *Tu quoque*. Der Protagonist, dessen Name nicht genannt wird, sitzt im Gefängnis von Reading und schreibt auf ausgerissenen Bibelseiten – um genau zu sein, Seiten aus dem Johannesevangelium – einen Brief an Oscar Wilde, mit dem er, obwohl sie sich in derselben Strafanstalt befinden, kaum ein Wort wechseln kann. Die Erzählung konzentriert sich auf diesen Brief, in dem uns der Schreiber von seinen Abenteuern berichtet: nach einem frühen heterosexuellen Flirt mit seiner Nachbarin Margaret macht er in der Schule seine ersten homosexuellen Erfahrungen. Zuletzt verläßt er Wales und geht nach London, denn „wegen der üblen Nachreden hielt ich es für vernünftig, in die Stadt umzuziehen". Er kommt in einer Pension unter, wo „nachts gut gekleidete Herren mit Jungen, knapp an Geldmitteln und an Jahren, abstiegen". Dort lernt er Oscar Wilde kennen und trägt ihm den Monolog des Marcus Antonius aus Shakespeares *Julius Caesar* vor. Wilde vermittelt ihm kleine Theaterrollen, durch die er sich, zusammen mit einigen Streifzügen in der Welt der Prostitution, seinen Lebensunterhalt verdient. Als sich dann der Erfolg einstellt, lernt er George, einen angehenden Schauspieler, kennen, den er den gleichen Monolog des Marcus Antonius vorsprechen läßt. Zusammen bereiten sie die *Julius Caesar*-Aufführung vor, in der unser Erzähler Brutus spielen und George den Darsteller des Marcus Antonius, der einen Unfall hatte, vertreten wird: „wir scherzten über jenen Brutus und Marcus Antonius die auf der Bühne Feinde und im Bett Geliebte waren". Ab jetzt geht die Liebesbeziehung der beiden ihrem Ende zu: George schläft nicht mehr mit dem Freund, er geht mit anderen Jugendlichen ins Bett und sogar mir einer Frau: „ich zog in Erwägung, alles liegenzulassen und neu anzufangen, aber ich brauchte George, ich konnte diese Beziehung nicht aufgeben, ohne George war ich nichts". Die berufliche Zusammenarbeit geht weiter, aber nur George hat Erfolg und übernimmt die Brutusrolle. Sein früherer Liebhaber wird auf eine Nebenrolle verdrängt, und eines Tage gibt er aus amouröser und beruflicher Verzweiflung dem Interpreten des Straron einen Stoß, schlüpft in seine Rolle und ersticht mit dem Schwert den Brutus-George. Schauspieler und Zuschauer „bemerkten nicht, daß er statt *Julius Caesar* den *Othello* spielte", wo der Mohr Desdemona aus blinder Eifersucht ermordete.

Ein Jahr nach *Tu quoque* wird *Haltzak badu bihotzik* (*Auch die Erle hat einen Kern*), Roman von Iñaki Mendiguren, veröffentlicht. Darin wendet sich ein Lehrer in einem inneren Monolog an seinen ehemaligen Schüler und Geliebten, der gerade bei einem Übungseinsatz während des Militärdienstes ums Leben gekommen ist. In dem Roman ist die eingehend beschriebene Erinnerung einer intensiven Liebesbeziehung mit einem entschuldigenden und bereuenden Tonfall vermischt.

Der geheimnisvolle Titel des Buches verknüpft das Thema Homosexualität direkt mit der literarischen Tradition im Baskenland. In dem aus dem Mittelalter überlieferten epischen Gedicht *Das Lied von Bereterretxe* wird der Mord an Bereterretxe durch die Schergen des verräterischen Grafen von Lerín erzählt, ein Verbrechen, das ohne die Beachtung des mittelalterlichen Ehrenkodex begangen wurde. Das Epos setzt mit der folgenden Strophe ein: „Die Erle hat keinen Kern. Auch der Käse hat keinen. Ich dachte nicht, daß die Edelleute lügen." Das bedeutet, daß die Natur nach Regeln funktioniert, die ihr Gleichgewicht ausmachen, und genauso fordert die mittelalterliche Gesellschaft die Erfüllung bestimmter Normen, die ihren problemlosen Ablauf garantieren. Eine dieser Regeln ist, daß die Edelleute immer die Wahrheit sagen; Graf Lerín aber bricht diese Norm, um Bereterretxe zu töten. Mendiguren übernimmt im Titel seines Romans den Aufgesang des Heldenlieds, verkehrt ihn in sein Gegenteil und kann damit die konventionelle Haltung der Basken gegen Homosexualität kritisieren:

> Ich sagte dir schon, daß jenes Naturbild ein Symbol der ewigen Wahrheiten war, der Lüge und dem Verrat entgegengesetzt. Mit der gleichen Beharrlichkeit und dem gleichen Dogmatismus wurden in unserem Land bestimmte Formen der Liebe negiert und verurteilt. Und das kann niemandem nutzen.

Dieser Gedanke wird in noch überzeugenderer Form im Schlußsatz des Buches wiederholt: „Wer den Vorurteilen gegenüber nicht blind ist, der muß auch glauben, daß auch die Erle einen Kern haben kann, nicht wahr?"

Der Roman gestaltet sich durch ein Ab- und Zugeben zwischen Lehrer und Schüler, die nicht mit Namen vorgestellt werden. Im ersten Teil bestimmt der Junge die Beziehung und gibt den Takt an. Der Lehrer stellt sich dieser Unausgeglichenheit der Kräfte, indem er mit der gefährlichen Karte kleiner Vergeltungstaten spielt. Der Junge antwortet mit körperlicher Mißhandlung. Er gibt zu, daß er im Grunde durch sein Verhalten die eigene Unsicherheit verbergen will:

> Als ich dich kennenlernte, habe ich mir über unsere Freundschaft große Illusionen gemacht. Aber bald begann ich zu verstehen, daß ich nicht der einzige in deinen Armen war, daß andere Ohren auch deine süßen Worte hörten ... und ich konnte nicht ertragen, einer mehr zu sein, ich verlangte Ausschließlichkeit. Deshalb ging ich mit jenem Mädchen, um dich zu bestrafen und um dich zu provozieren oder um dich zu vergessen.

Von diesem Zeitpunkt an, und noch genauer nach einem flüchtigen Treuebruch des Lehrers, beginnt dieser eine ungewohnte psychische Grausamkeit an den Tag zu legen:

Du warst nicht nur wegen des Geldes hinter mir her, sondern auch wegen des Ansehens, das man dir entgegenbrachte, weil du Intimfreund eines Lehrers, einer Respektsperson warst; oder auch wegen der Freude und der Lust, die ich dir mit deinen siebzehn Jahren dadurch ermöglichte, daß dir ein reifer Mann wie ein höriger Hund hinterherlief.

Wegen dieser Vorwürfe begeht der Junge einen Selbstmordversuch. Der Lehrer, die Stimme des Erzählers, versucht sein unberechenbares Verhalten, das zwischen Liebe und Haß hin- und herschwankte, zu rechtfertigen, indem er sich auf seine psychischen Schwächen und „kleine Aussetzer", wie er es nennt, beruft. Er geht sogar so weit, in eine Art Selbstmitleid zu verfallen, wobei er mit einem wiederholten „vielleicht" seine fehlende Selbstsicherheit ausdrückt:

> Meine Einsamkeit hat nichts mit dir zu tun. Sie war schon immer mit meiner ganz besonderen Wesensart verbunden. Ich weiß nicht warum. Vielleicht weil mir das Gefühl von Schutz und Sicherheit fehlt, das sich einstellt, wenn man einer Mehrheit angehört, oder vielleicht, weil die Welt einfach nicht nach meinem Maß geschneidert ist.

Psychische Schwäche, Selbstmitleid und fehlende Selbstsicherheit sind in einer schwulenfeindlichen Gesellschaft mögliche Folgen, denen sich der Homosexuelle ausgesetzt sieht.

Aus dem Jahr 1994 stammt ein Roman, in dem Homosexualität zwar nicht zentrales Thema ist, aber dennoch einen wichtigen Stellenwert innehat: ich beziehe mich auf *Battitta Haundia* (*Der große Battitta*) des baskisch-französischen Schriftstellers Daniel Landart. Der Text führt die Tradition des baskischen Dorfromans weiter, zu dessen Höhepunkten *Peru Abarka* von Juan Antonio Moguel und *Garoa* (*Das Farnkraut*) von Domingo Aguirre zählen. Moguel ist ein Schriftsteller der zweiten Hälfte des 18. Jahrhunderts und Aguirre gehört literaturhistorisch in die letzte Jahrhundertwende. Landart bereichert die Gattung durch eine neue Wirklichkeitssicht und stellt sich als moderner Schriftsteller ideologisch gegen Moguel und Aguirre. Diese waren erzkonservative Priester, was sich in ihren Werken deutlich widerspiegelt: in *Peru Abarka* und *Garoa* werden idealisierte Visionen des baskischen Landlebens vorgestellt, Welten, die die Veränderungen durch die europäische Aufklärung und Industrialisierung hin zur Moderne nicht berücksichtigen. Beide Romane sind einerseits als Huldigung an den baskischen Bauern, gläubig und in den Traditionen verwurzelt, zu verstehen; andererseits bedeuten sie eine Ehrerbietung an die baskische Sprache, die als Filter dient, um den Einfluß neuer Ideen abzuwehren.

In Landarts Roman ist der baskisch-französische Bauer Battitta aus dem gleichen Holz geschnitzt wie die Protagonisten aus *Peru Abarka* und *Garoa*,

Peru und Joanes. Battitta sorgt sich sehr: sein Sohn Gabriel ist aus einem Mönchsorden ausgetreten und hält sich an einem unbekannten Ort auf. Gabriel kommt nach Hause, um den schwerkranken Battitta zu besuchen und enthüllt dem Vater ein Geheimnis, das ihm schier den Todesstoß versetzt: es heißt Simaba, kommt aus Schwarzafrika und ist der Geliebte seines Sohnes. Als Angehöriger der ländlichen Gesellschaft, traditionsbewußt und abgeschieden von der Welt, ist er nicht darauf vorbereitet, die Homosexualität seines Sohnes zu akzeptieren. Außerdem webt Landart in die Geschichte noch zwei weitere Problempunkte ein: das Thema des Rassenkonflikts und das des Altersunterschieds. Alles zusammen führt dazu, daß Gabriel und Simaba – sie leben zuletzt in Straßburg – als schwules Paar nicht überleben können.

Gabriel erzählt seinem Vater, daß er Simaba kennenlernte, als dieser in die Kirche kam, um zu beichten: „Mein Herz begann zu hüpfen. Seine Schönheit machte mich blind. Ich hörte nichts mehr, konnte nichts mehr sagen." Diese Begegnung sollte sein Leben verändern: „Ich war nicht mehr derselbe. Oder besser gesagt, ich sah plötzlich mein inneres Ich, das wirkliche, das authentische, sah mich so, wie ich wirklich war." Der Vater reagiert, so gut er kann: „Gabriel, es nützt nichts, daß du weitersprichst. Ich kann dich nicht verstehen. Das ist zu stark für mich. Ich kann nicht ..." Zuletzt akzeptiert er seinen Sohn jedoch, weil dies im Sinne seiner verstorbenen Frau gewesen wäre. Gabriel bemüht sich seinerseits, die Homosexualität mit seinem Glauben zu versöhnen, kommt dabei aber nicht über Gemeinplätze hinaus: „Ich weiß natürlich, daß die katholische Kirche die Homosexualität verurteilt. Aber Gott und die Kirche sind zwei verschiedene Dinge. Ich bin sicher, daß Gott mich liebt wie ich bin." So eine Äußerung wäre zum Beispiel aus dem Mund der Söhne des Schäfers Joanes aus *Garoa* nicht denkbar gewesen. Landart wertet die Gattung des ländlichen Romans wieder auf, indem er sie aktualisiert, von ihrer konservativen Gesinnung befreit und ihr dadurch eine neue Dimension verleiht.

In den gleichen Zeitraum gehört eine Romantrilogie der baskisch-französischen Schriftstellerin Itxaro Borda. In den drei Texten, *Bakean ützi arte* (*Bis sie uns in Frieden lassen*), *Bizi nizano munduan* (*Solange ich auf der Welt bin*) und *Amorezko pena baño* (*Liebeskummer*), tritt im ländlichen Milieu die bisexuelle Detektivin Amaia Ezpeldoi auf. Die Mischung von traditionellen und innovativen Eigenschaften verbürgt die Originalität der Trilogie, denn durch die Hauptfigur zerstört Itxaro Borda die Stereotypen der baskischen Literatur.

1995 veröffentlicht Patxi Zubizarreta seine Erzählung „Martxoak 7" (Siebter März) aus der Anthologie *Bihotzerre* (*Sodbrennen*). Es handelt sich dabei um einen Brief, den ein baskischer Homosexueller an den Katalanen Joan richtet, den er vor fünf Jahren in Saint-Jean-de-Luz kennengelernt hatte, und zwar an einem 7. März. Joan, der sich nicht binden wollte, gab weder Adresse noch Telefon preis, war aber damit einverstanden, sich an jedem siebten März für eine Nacht mit dem Basken im Hotel *Ramuntcho* in Saint-Jean-de-Luz zu treffen. Joan hielt sich die ersten drei Jahre an die Abmachung, aber „letztes Jahr erschienst du nicht, und wie ich vermute, wirst du in diesem Jahr auch nicht kommen". Dieses Ausbleiben versucht der Briefschreiber über eine Namenssymbologie für sich verständlich zu machen: „Joan. Dies ist eine günstige Gelegenheit, um dir zu erklären, daß dein katalanischer Name auf baskisch 'weggehen' bedeutet. Jetzt, wo du dich von mir entfernt hast, hat er seinen wirklichen Sinn erlangt." Dem Leser werden die Informationen dosiert vermittelt, und die Erklärung für das Verständnis der Erzählung wird erst nach und nach offenbart. Auf der letzten Seite erfahren wir, daß der Schreiber den Brief an der Rezeption des Hotels hinterlegt, für den Fall, daß Joan am nächsten siebten März doch kommen sollte. Erst jetzt wird klar, daß es sich bei der Beziehung um eine homosexuelle handelt, und zwar wegen des Namens in der Verabschiedungsformel: „Auf immer Dein, Daniel".

1996 erscheint *Haize kontra* (*Gegen den Wind*) von Patxi Iturregi. Dieser Erzählband enthält eine Geschichte über eine lesbische Liebe, „Hondarreko distira ahantzi hura" (Jenes vergessene Flimmern im Sand). Wie in der Geschichte Urretabizkaias geht es um eine unmögliche Liebe zwischen einer nicht näher benannten weiblichen Hauptperson und ihrem Hausmädchen María. Sie zieht in ein neues Haus an der Küste, zusammen mit ihrem Ehemann Raúl, ihrem Sohn Ibon und eben mit María. Die Ehe funktioniert nicht mehr: „natürlich hatten wir Grund zur Besorgnis, aber ich warf das Problem nie auf, denn in jener Zeit war das für mich die bequemste Lösung". Die Ehefrau ist während eines Strandspaziergangs hingerissen von María: „Nie hätte ich gedacht, daß sie einen so schönen Körper hat ... Ich bekam Lust, sie aus der Nähe zu betrachten ... Andererseits bin ich sicher, daß noch nie eine Frau soviel Neugierde in mir erweckt hat, oder ich erinnere mich zumindest nicht daran." Der sexuelle Wunsch wird noch am gleichen Tag in eine Masturbation kanalisiert: „mein Gesicht wurde rot, so als ob María gewußt hätte, warum ich so lange im Bad blieb".

Der Ausgang der Erzählung ist jedoch tragisch: María verändert sich radikal und brüstet sich damit, die geheimen Absichten der Hausherrin gekannt zu haben. Sie wirft ihr vor, „daß du dich nicht früher getraut hast; jetzt ist es zu spät, in einer Woche verlasse ich euch". Ihre Begründung („Dein Mann war schneller als du") bestürzt die Ehefrau völlig. Sie packt María, und in der Umarmung fallen beide ins Wasser. María ertrinkt. Die Frau rennt verwirrt nach Hause, wo Raúl, Ibon und andere Kinder der Nachbarschaft das Johannisfeuer vorbereiten. In der Schlußszene, zwischen Rauch und Flammen, stürzt sie sich ins Feuer.

Das letzte Werk des hier behandelten Zeitraums ist ein Theaterstück und heißt *Txori errariak (Wandervögel)*. Der Autor ist Juanjo Olasagarre. Die Handlung ist in Pamplona angesiedelt, bei Patxi und Miren zu Hause. Bei ihnen verkehrt ein Schwulenpaar, Josean, 30 Jahre alt, und Jon, 22. Josean verhält sich zunächst sehr provozierend: „Willst du, Patxi, keinen Kuß? Ich möchte dir schon lange einen geben". Er fühlt sich weniger als Baske, sondern als Weltbürger und ironisiert: „heute ist es zur Mode geworden, alle Minderheiten mit modernen Namen zu benennen, die Schwarzen sind *negros*, die Schwulen sind *gays*, die Basken sprechen eine Minoritätensprache ... was für ein Unsinn". Über die Rolle der Kirche in der baskischen Gesellschaft äußert er sich ebenfalls deutlich: „Uns Basken bleibt das Christentum immer anhaften. Wie dem Vieh das mit glühenden Eisen eingebrannte Markenzeichen: *made in* Katholischer Kirche." Diese legere Weise der Wirklichkeitsauffassung überträgt er auch auf Liebesangelegenheiten: „Möchtest du wirklich verliebt sein? Es gibt nichts Anstrengenderes als diesen Zustand ... den ganzen Tag an den anderen denken, den ganzen Tag wie ein Idiot alles durch die rosarote Brille sehen ... ich zumindest bin zu alt für die Liebe." Josean zieht den baskischen Nationalismus ins Lächerliche, beglückwünscht sich, weil er sich aus dem kleinen Dorf, aus dem er stammt, herausgerettet hat, denn ansonsten hätte er immer noch nicht bemerkt, daß ihm Männer gefallen.

Jon bietet Josean die Stirn, indem er ihn beschuldigt, „immer mit einem Randgruppensyndrom herumzulaufen". Im Schlußakt entlädt er seine ganze Wut und bringt die Sache auf den Punkt: „Entscheide dich endlich, ob du schwul bist oder nicht ... wenn du es bist – ich würde es meinen –, zeig Mut und steh dazu ... denn es wird schwierig sein, sehr schwierig, daß die, die zu dir halten, dich lieben, wenn du dich nicht selbst liebst." Diese letzte Salve beeindruckt Josean, der ab diesem Moment sein Verhalten ins Gegenteil verkehrt und auf seine ironische Art und die sonst übliche Überlegenheit verzichtet: „alle brauchen wir jemanden an unserer Seite ... auch wenn er uns, wenn wir nicht aufpassen, leiden läßt."

Das Jahr 1999 ist als Schlüsseljahr für die homosexuelle Literatur im Baskenland zu betrachten, denn zum ersten Mal werden jetzt ganz unverhohlen die Prinzipien der Lebensweise *gay* verkündet, und zwar in *Gay nauzu* (*Ich bin gay*) von Iñigo Lamarca, einem Werk, das gattungstheoretisch zwischen Autobiographie und Essay anzusiedeln ist. Der Titel ist als Wortspiel zu verstehen, denn das baskische Wort *gai* bedeutet auch 'fähig' oder 'geeignet'. In *Gay nauzu* läßt Lamarca sein Leben Revue passieren, von der Kindheit, wo Homosexualität noch als Problem behandelt wurde, bis hin zum Erwachsenenalter der Jetztzeit, da die Homosexualität als Problem gelöst scheint und eine unter vielen sexuellen Wahlmöglichkeiten darstellt. Am Ende des Buches versichert Lamarca: „Zunächst war ich ein homosexueller Junge, der von der Homophobie seiner Zeit angesteckt wurde, jetzt bin ich ganz in den *gay*-Aktivismus eingetaucht." Die Widmung am Anfang des Buches ist ebenfalls aufschlußreich: „Allen, die ich liebe. Denen, die ihre Homosexualität offen leben, weil sie sie so leben; und denen, die sich noch im Schrank verbergen[1], damit sie endlich herauskommen".

Lamarca fügt in die autobiographischen Teile theoretische Abhandlungen ein, die er gern mit einer psychologischen Terminologie durchsetzt (Therapie, Depression, Schuldkomplex, Zwangsneurose, Schizophrenie etc.), um damit bestimmte Auswirkungen einer nicht akzeptierten Homosexualität zu erklären. Seine Absicht ist es, die irreführenden Gemeinplätze und Vorurteile (viele davon sind Freud zuzuschreiben), die immer noch über die Homosexualität zirkulieren, bloßzustellen: wenn zum Beispiel Gründe gesucht werden, wenn Homosexualität als Stagnation in der sexuellen Entwicklung hin zur Heterosexualität angesehen wird oder wenn sie automatisch mit Effemination assoziiert wird. Einige dieser Topoi sind schuld daran, daß viele Schwule insbesondere in der Zeit ihrer Pubertät leiden, und Lamarca verbindet die Homosexualität ironisierend und damit entwaffnend mit dem baskischen Milieu: „Man sagt, daß die Homosexualität – die männliche natürlich, denn die weibliche wird ja nie studiert – die Folge des nicht überwundenen Ödipuskomplexes sei. Wenn das stimmte, wären im Baskenland die heterosexuellen Männer auf dem besten Weg auszusterben."

Während seiner Jugend schrieb Lamarca Tagebuch, das er in *Gay nauzu* in Fragmenten wiedergibt. Es kreist um drei Achsen: baskischer Nationalismus, Katholizismus und sexuelle Gemütsbewegung, wobei letztere in der baskischen Gesellschaft als Tabu angesehen wird. Aus diesem Grund, so schreibt er in seinem Tagebuch, konnte er die Liebe nicht auf sein Wunschobjekt Aitor projizieren, sondern mußte sie umlenken auf die Liebe, die er

---

[1] Das spanische „salir del armario", „aus dem Schrank kommen", das hier direkt übersetzt wurde, steht metaphorisch für *sich outen* (Anm. des Übersetzers).

dem Baskenland und seinem Nächsten (im christlichen Sinne) zuerkannte, dem politischen und sozialen Engagement also.

Schlüsselerlebnis in Lamarcas Leben ist sein *outing* und der zaghafte Anfang, seine Homosexualität ohne Schuldgefühle, „das schwule Ich mit Würde, Freude und Stolz zu leben". Dies gelingt ihm in der kosmopolitischsten Stadt des Baskenlands, in Bilbao, wo sich wie in New York, Paris oder London Schwule zusammenfinden, um die *Normalisierung* zu suchen. Er beginnt eine Liebesbeziehung, die es ihm verbietet, sich länger zu verstecken: „Weder mein Geisteszustand noch meine Beziehung hätten diese Situation des Versteckspielens ertragen können. Im Dunkeln leben leider sehr viele Homosexuelle, noch immer vom 'Lepra-Syndrom' betroffen." Er nicht mehr. Seine Aktivitäten und der Schritt vom Homosexuellen zum *gay* helfen ihm, die letzten Hindernisse des Unbewußten, die es ihm nicht erlaubt hatten, seine Homosexualität unproblematisch zu leben, zu überwinden. Der Aktivismus ist nach Lamarca eine Notwendigkeit für den Schwulen, nur er kann verhindern, daß die soziale Abdrängung auch weiterhin erlitten wird. Mit seinem Freund Fernando zusammen trägt er sich in das Register der unverheirateten Paare in San Sebastián ein. Die baskischen Städte bieten diese Möglichkeit an und sind in dieser Hinsicht in Spanien am fortschrittlichsten und richtungsweisend.

In der baskischen Literatur findet man Homosexualität als zentrales oder sekundäres Thema nicht sehr oft. Dennoch hat sich in den letzten zehn Jahren eine Veränderung angebahnt, die selbst in den siebziger Jahren noch nicht denkbar gewesen wäre. Fast allen behandelten Texten sind folgende Charakteristika gemein:
– In vielen Fällen stellt sich bei dem Homosexuellen während der Phase, in der er seine Veranlagung noch nicht akzeptieren kann, eine enorme Spannung zwischen Geist und Körper ein. Etwa bei Lamarca während seiner Jugend oder auch bei Gabriel in *Battitta Haundia*, als er sich fragt, „Was ist mit mir los? Warum bin ich so?", als er von Arzt zu Arzt geht, sich aber nicht traut, sein *Problem* einzugestehen. Es vergehen leidvolle Jahre „von da an, als ich merkte, wie ich war [...] bis ich dies akzeptierte".
– Die Aufwertung der Homosexualität, die Enthüllung des vor der Welt gehüteten Geheimnisses wird immer als große Befreiung behandelt. „Ich war ein anderer, fühlte mich leichter", gesteht Lamarca nach seinem *outing*. Mendiguren wählt eine poetischere Ausdrucksweise: „Ich bemerkte damals nicht, daß ich mit jenem Besuch einen Schritt weiter ging, um mein Herz aus den Schlupfwinkeln der Angst herauszuziehen." Der Autor spielt hier mit einer

klaren intertextuellen Bezugnahme: *Die Schlupfwinkel der Angst* heißt ein Gedichtband des berühmten baskischen Schriftstellers Joseba Sarrionandia.

– Nach dem Selbstmordversuch des Jungen in Mendigurens Werk wird das Bekennen zur Homosexualität nicht als individueller Akt, sondern als Angelegenheit des Paares aufgeworfen: „wir beschlossen, aus der Halbunterwelt ins göttliche Licht zu treten". Lamarca begreift durch die neue Lebenssituation, daß seine frühere Haltung Ergebnis sowohl der sozialen Unterdrückung als auch des inneren Konflikts, den er als Homosexueller durchlebte, war: „Die Homosexualität wurde in der Gesellschaft nicht als normal angesehen, aber das Verhalten dem Homosexuellen gegenüber war weniger aggressiv und negativ, als ich annahm. Wenigstens bei den meisten. Meine eigene Neurose verschlimmerte die durch die sozialen Normen nicht gerade einfache Situation. Denn die psychologisch-emotionale Verinnerlichung meiner Homosexualität brachte mich soweit, die Umwelt verzerrt zu sehen und zu fühlen. Mir läuft ein Schauer über den Rücken, wenn ich an die vielen Schwulen denke, die diese Situation nie überwinden können!"

– Alle Werke (einschließlich des Gedichts von Mirande, aber mit Ausnahme von *Battitta Haundia*) sind in der Ich-Form abgefaßt. Der Erzähler ist immer schwul, aber nur in „Martxoak 7" (*in extremis* dank des letzten Satzes der Erzählung) und in *Gay nauzu* erfahren wir die Namen des Ich-Erzählers. *Tu quoque*, *Haltzak badu bihotzik* und „Martxoak 7" sind an einen Adressaten gerichtet: an Oscar Wilde, an den Schüler und an Joan. Mehrmals – in *Tu quoque*, *Aspaldian* und *Haltzak badu bihotzik* – finden wir zwischen der ersten und zweiten Erzählfigur die Verbindung Lehrer-Schüler vor, was die Konstellation „mit Erfahrung/ohne Erfahrung" verdeutlichen soll.

– Wenn es um lesbische Liebe geht (*Aspaldian*, „Hondarreko distira ahantzi hura"), kommt es nie zur körperlichen Vereinigung: die offensichtlichste Szene findet zwischen zwei Schwestern statt und wird von Mirande beschrieben. Im Falle der männlichen Homosexualität werden Momente des Beischlafs dargestellt, allerdings nicht explizit. Die Autoren vermeiden direkte Beschreibungen, vielleicht wegen einer immer noch spürbaren Zurückhaltung unter den baskischen Schriftstellern gegenüber sexuellen Themen. Sie ziehen das rein Sinnliche dem Sexuellen und Erotischen vor.

Übersetzt von Arno Gimber

Werke

Borda, Itxaro: *Bakean ützi arte* (*Bis sie uns in Frieden lassen*), Lasarte-Oria, 1994

Borda, Itxaro: *Bizi nizano munduan* (*Solange ich auf der Welt bin*), Zarauz, 1996.

Borda, Itxaro: *Amorezko pena baño* (*Liebeskummer*) Zarauz, 1996.

Iturregi, Patxi: *Haize kontra* (*Gegen den Wind*), San Sebastián, 1996.

Lamarca, Iñigo: *Gay nauzu* (*Ich bin gay*), Irún, 1999.

Landart, Daniel: *Battitta Haundia* (*Der große Battitta*), San Sebastián, 1994.

Mendiguren, Iñaki: *Haltzak badu bihotzik* (*Auch die Erle hat einen Kern*), San Sebastián, 1990.

Mirande, Jean: „Neskatxak", in: *Gernika* (1951).

Mujikairaola, Inazio: „Tu quoque", in: *Hegats*, San Sebastián, 1991.

Olasagarre, Juanjo: *Txori errariak* (*Wandervögel*), Bilbao, 1996.

Urretabizkaia, Arantxa: *Aspaldian espero zaitudalako ez nago sekula bakarrik* (*Da ich dich schon lange erwarte, bin ich nie allein*), San Sebastián, 1983.

Zubizarreta, Patxi: *Bihotzerre* (*Sodbrennen*), San Sebastián, 1995.

Al Berto

Das geheime Leben der Bilder

Von Sven Limbeck

„bilder, bilder, die sich innen an die lider heften, bilder von schnee und elend, von obsessiven städten, von hunger und gewalt, von blut, aquädukten, sperma, schiffen, zügen, schreien ... vielleicht ... vielleicht eine stimme"
(Al Berto, *Garten der Flammen:* 127).

Am 20. November 1996 inszenierte der Lyriker Al Berto in vier langen Gedichten im Lissabonner Theater Coliseu *Rimbauds Tod.* Arthur Rimbaud, der im Alter von achtzehn Jahren sein dichterisches Werk vollendet hatte und damit zu einem der homosexuellen Gründerväter der europäischen Moderne geworden ist, der als Handlungsreisender und Waffenhändler in Nordafrika den Rest seines Lebens verbringt und am 10. November 1891 in Marseille an Krebs stirbt, dieser Rimbaud ist das poetische *Alter ego* von Al Berto, das von der Lissabonner Bühne aus den Tod des Dichters ankündigt. Als Al Berto am 13. Juni 1997 gleichfalls an Krebs stirbt, ist klar, wie konsequent der portugiesische Lyriker sich in die Biographie seines nordafrikanischen Ahnen eingeschrieben hat.

Al Bertos Leben ist abgeschlossen, aber noch nicht aufgezeichnet. Es liegt in den Erinnerungsfragmenten seines literarischen Œuvres und einer Reihe von Interviews vor. Al Berto hat seine Biographie als eine „Art Reise auf den Spuren von Autoren" gesehen und beschrieben:

Ich war von den Büchern umgeben und entdeckte, daß ich jahrelang nichts gehabt hatte, daß ich aber immer die Bücher gehabt hatte. Es konnte vorkommen, daß ich kein Hemd hatte, aber ich hatte immer einen Koffer voll Bücher. Die Bücher waren sozusagen das Fleisch auf den Knochen. Und plötzlich wurde mir klar, daß die phantastische Bibliothek nicht in den Gegenständen, in den Büchern war. Die Bibliothek war in mir, ich hatte in mir ein Regal voller Bücher. Ich brauchte die Bücher nicht mehr. Sie konnten verbrannt, gestohlen werden. Ich begann die Bücherregale zu betrachten und zu spüren, daß die Bücher, die ich liebte, in mir waren.
(Al Berto / Ferreira Alves, *Der unbekannte Al Berto*: 169).

Einige Hauptstationen jener besagten Reise sind neben Rimbaud Marcel Proust und Jean Genet, Herman Melville, William S. Burroughs und Bruce Chatwin. Ein flüchtiger Blick erhellt: Es überwiegen die Chronisten Sodoms.

Gewiß nicht weniger aufregend als diese Stützpunkte der inneren Biographie sind die äußerlichen Lebensstationen Al Bertos: Alberto Raposo Pidwell Tavares, so sein bürgerlicher Name, wird am 11. Januar 1948 in Coimbra geboren (den englischen Bestandteil seines Nachnamens erhält er von seiner Großmutter). In Sines in der Provinz Alentejo verbringt er unter schwierigen Familienverhältnissen – besonders sein tyrannischer Großvater ist ihm verhaßt – eine einsame Jugend. Zu jener Zeit entdeckt er die Bücher, und Lesen wird dem einzigen Kunden der einzigen Buchhandlung von Sines eine jener Süchte, die sein Leben beherrschen werden.

In Lissabon nimmt er an der Escola António Arroio das Studium der Malerei auf. Doch in einer Zeit der ideologischen Verhärtung der Salazar-Diktatur, der wirtschaftlichen und kulturellen Stagnation wenden viele Intellektuelle Portugal den Rücken zu und wählen das Exil. Aus dem Ausland sind die ersten Echos eines Aufbruchs der Jugend zu vernehmen, und so geht der gerade siebzehnjährige Tavares 1967 nach Belgien. Dort studiert er zunächst noch weiter Malerei an der École Nationale Supérieure d'Architecture et des Arts Visuels. Er wohnt in der ersten Brüsseler Stadtkommune in der Rue de l'Aurore, wo er ein eigenes Atelier hat. Er nutzt es zum Malen- und zum Schreiben, zunächst auf französisch. Seine Sucht bleibt das Lesen: In der umfänglichen Bibliothek eines seiner Mitbewohner darf er sich frei bedienen. Seine Entdeckungen: Proust, Céline und Genet.

Es folgen rastlose Jahre in verschiedenen Zentren Europas. Al Berto bewegt sich vor allem im Underground. In Paris wohnt er in einem Hotel, wo Prostituierte und Schwule verkehren und wo Genet höchstpersönlich ein- und ausgeht. Einmal will er in einer Pariser Buchhandlung das *Tagebuch eines Diebs* kaufen:

> Die Dame im Geschäft beginnt Grimassen zu schneiden, als ich sie um das Buch bitte. Sie packt es ein, ich sage ihr, sie soll es nicht einpacken, und sie schneidet immer noch Grimassen. Und sie lacht leise, was ich aber nicht beachte, und die Frau windet sich vor mir. Nach einer Weile sagt sie zu mir: Es ist unglaublich, Sie haben gerade das *Tagebuch* gekauft, und Monsieur Genet war hier! Ich ließ alles stehen und liegen, lief zur Tür und da sah ich ihn mit einem Henkelkorb von hinten. Ein Anblick, schon kahl, halb gebeugt, ein altes Männchen, so wie die Leute ihn 1970 kennen (ebd.: 172 f.).

Wirklich begegnet sind sich die beiden nie.

Barcelona erlebt Al Berto, wie Genet es im *Tagebuch* beschrieben hat. Die Fiesta von Pamplona sieht er mit den Augen Hemingways. In Málaga ist er dabei, wie die Schwulen gegen den Abriß eines Pissoirs demonstrieren. Weitere Stützpunkte seiner Reisen in die Subkulturen sind London und Amsterdam.

Schon zu Anfang der siebziger Jahre gibt Al Berto die Malerei auf. 1975, ein Jahr nach der Nelkenrevolution in Portugal, kehrt er in sein Heimatland zurück. Er läßt sich in Sines nieder, wo er aufgewachsen ist und nun eine Buchhandlung betreibt. Von 1981 bis 1986 ist er Kulturbeauftragter der Stadt. Seine Übersiedlung nach Lissabon im Jahr 1987 bleibt Zwischenspiel. Seit 1988 leitet er, zurück in Sines, das Centro Cultural Emerico Nunes. Von 1977 bis 1989 erscheinen in fast regelmäßigen Abständen Gedichtbände von Al Berto, die jetzt auf portugiesisch abgefaßt sind. Für seine gesammelten Gedichte, *O Medo* (1987), wird er 1988 mit dem Preis des portugiesischen PEN-Clubs ausgezeichnet. Sein einziger längerer Prosatext, der Roman *Lunário* (1988), wird im gleichen Jahr veröffentlicht. Seine gesammelte Kurzprosa (Beiträge in Zeitschriften und Ausstellungskatalogen, Unveröffentlichtes) bildet den Inhalt des Bandes *O Anjo Mudo* von 1993. Teils handelt es sich dabei um Prosaskizzen zu später ausgeführten Gedichten, die einen interessanten Einblick in Al Bertos Schaffensprozeß der Verdichtung bieten. Nach mehrjährigem Abstand publiziert er 1997 seinen viel beachteten letzten Gedichtband *Horto de Incêndio*, der auch den Zyklus *Morte de Rimbaud* beinhaltet. Im Wissen um seinen baldigen Tod vermacht er die Rechte an seinem Werk dem Verlag Assírio & Alvim, mit dessen Chef Manuel Hermínio Monteiro Al Berto eng befreundet ist. Ebenfalls 1997 erscheint hier eine komplettierte Fassung von *O Medo*, ein monolithischer, schwarz eingeschlagener Buchblock von mehr als 600 Seiten, der das Schaffen eines der bedeutendsten portugiesischen Gegenwartslyriker zum Abschluß bringt.

Am 26. April 1997 druckt der *Diário de Notícias* ein Interview mit Al Berto, in dem er sehr offen über seinen Tod spricht: „Vielleicht ist es ein Privileg, daß ein Dichter seinen Tod ankündigen kann". Auf die Frage, wie er mit seiner Krankheit lebe, antwortet er:

> Indem ich sie frontal angreife, ohne sie zu verheimlichen. Ich kann nicht verbergen, daß ich Krebs habe. Und ich möchte, daß dieser Krebs verschwindet, schon deswegen, weil er, wie man mir sagt, heilbar ist. Man kämpft nicht nur mit Tabletten, sondern auch mit dem Kopf. Daran würde ich auch glauben, wenn ich HIV-positiv wäre (Al Berto / Marques Gastão: 33).

Am 13. Juni desselben Jahres hat Al Berto seinen Kampf verloren.

Al Bertos frühe Lyrik ist beherrscht von langen Prosagedichten, die sowohl stilistisch als auch thematisch der Prosa von William S. Burroughs verpflichtet sind: Polaroidartige Wahrnehmungsfragmente, fremdsprachige Zitate, Langsätze in *stream-of-consciousness*-Technik, etc. werden mittels unerwarteter Perspektivwechsel miteinander zu strengen collageartigen Kompositionen verfugt. Durch den Gebrauch von Underground-Jargon und die Schilderung von sexuellen Exzessen und Drogenräuschen bricht Al Berto sehr bewußt mit den Traditionen der portugiesischen Lyrik. Gegen eine Etikettierung als portugiesischer *beatnik* verwahrt er sich jedoch entschieden:

> Das war ein Ton, der damals in der Luft lag. Ich mag die *beat generation* überhaupt nicht, aber die Techniken, das, was sie vermittelten, war und ist interessant. Burroughs interessiert mich nicht als Schriftsteller, er interessiert mich als Person, die mich furchtbar aufregt. Die Schreibverfahren interessieren mich.
> (Al Berto / Ferreira Alves, *Der unbekannte Al Berto*: 167 f.)

Tatsächlich sind Stil und Inhalt der Beat-Lyrik Voraussetzung für ein Novum der portugiesischen Literatur: die subjektive Darstellung homosexueller Erfahrungen. So beispielsweise im „Dritten Äquinoktium" von Al Bertos Band *À Procura do Vento num Jardim d'Agosto* (1977):

ein violetter und transparenter dunst
Ich komme gleich zurück, ich sage nur meinem bruder, daß ich nicht zuhause schlafe. Hast du ein bißchen kohle, damit wir was trinken und eine pension zahlen können? die schwulen sind alle gleich, alle brüder, alle leben auf kosten der barmherzigkeit anderer. sie baggern uns in den öffentlichen bädern an und haben viele vettern und onkel. sie sagen, daß es ihnen nicht gefällt, hier zu leben. wegen der unmengen bier, die sie trinken, werden sie immer blasser. manchmal riechen sie unter den achseln nach pommes frites, aber im bett sind sie lustig. sie schwitzen nach mittelmeer, sie sind erlöst.

ein violetter, immenser und transparenter dunst
der Fliehende-Gazelle-Knabe Mustafa klammert sich an mein krummes rückgrat und lebt drangeklebt *like a little monkey*. er ist mein burroughesker parasit. er snifft koks und fickt, als ginge in dem augenblick, wenn er abspritzt, die welt unter. wir verschlingen einander, saugen einander aus. er bewacht meine gesten, wenn ich schreibe, und ich fühle manchmal, wie er in meinen adern verschwindet. die liebe ist abgekühlt, der körper ist erstarrt und vergessen in dem, was ich schließlich schrieb. die wüste wird dort sein, wo du sein wirst, sie ist eine leichte lehre für das nichts.

ein violetter immenser und transparenter dunst
mustafa existiert nicht, ich auch nicht. aber manchmal überschneiden wir uns in der betrachtung des regens oder bei einem wunder hinter irgendeiner maske aus sand. die wüste, siehe, sie hat den ganzen umfang unserer geschlechter. schwankend steige ich die treppe hinauf, mustafa folgt mir schon nicht mehr. ich fühle mich krank, ich würde gern weiter schreiben, und es gelingt mir nicht. schreiben, bis das lachen mich am gehen gehindert und die nacht aller versäumten begegnungen offenbart hätte. das grausame lachen von nervenkid. plötzlich weiß ich, daß alles zu einer anderen zeit geschah, weit, weit weg von hier. ich erreiche den augenblick, da wir uns von dem nähren, was der körper absondert. rotz, schweiß, pisse, spucke, scheiße, dem ekelhaftesten auswurf. es wurde absolut notwendig, die zeichnung der haut zu kennen, auf die kontraktionen der organe zu achten, auf die erweiterungen der kör-

peröffnungen, kontorsionen, beruhigung der adern, knochen und nerven.
(Al Berto, *O Medo:* 23 f.)

Die Form des langen Prosagedichts wird Al Berto auch weiterhin pflegen, beispielsweise in Gestalt von fiktiven lyrischen Tagebuchnotaten. Von der Prosacollage löst sich der Dichter seit Mitte der siebziger Jahre mit langzeiligen, nunmehr jedoch deutlich in Verse gebrochenen Gedichten (z.b. in dem Band *Meu Fruto de Morder, Todas As Horas,* 1980). Al Berto entwickelt einen unverwechselbaren lyrischen Stil und eine von immer wiederkehrenden Chiffren bestimmte Bildersprache. In präzisen, fast fotografischen Momentaufnahmen, die gegeneinander geschnitten werden, entstehen Konstruktionen von Körpern und Räumen. Einer dieser in zahlreichen Gedichten immer wieder umschriebenen und durchquerten Räume sind die „cidades nocturnas", die „nächtlichen Städte" als Orte sowohl von Einsamkeit, Entfremdung und Anonymität als auch von Begegnung, Rausch und Lust.

Spätestens mit dem Band *Salsugem* (1984) erobert sich Al Berto endgültig die klassische Form des modernen Gedichts: parataktische Kurzzeilen, konsequente Kleinschreibung, Verzicht auf Interpunktion und eine hermetische Chiffrensprache, die er später einmal ein „vocabulário reduzido e obsessivo", ein „eingeschränktes und wahnhaftes vokabular" nennen wird. Grundbefindlichkeit in dieser Dichtung ist die Einsamkeit; die liebende Begegnung mit dem anderen vollzieht sich erst in Gedächtnisräumen. Ein Beispiel dafür bieten die sechs Gedichte von Al Bertos Zyklus *Eras novo ainda* aus *Salsugem,* der meines Erachtens zugleich einen Höhepunkt seiner Liebeslyrik bildet: Das lyrische Ich rekapituliert seine Beziehung zu einem jungen Mann und reflektiert dabei den Schreibprozeß als Erinnerungsarbeit:

ich beuge mich über den alten gewachsten tisch
eine spinne schleppt sich über das blatt papier
ich durchsteche sie mit der feder ... ich schreibe
die grausamkeit der wörter die dich preisen. *(*Al Berto, *O Medo:* 287)

Die Sprache dieser Gedichte beruht auf einer fundamentalen Kritik an Bildern, insbesondere am vermeintlichen Realismus der Fotografie, der immer nur Augenblicke, Gegenwartsfragmente festhalten kann und von dem wir gleichwohl besessen und gebannt sind. Dem Dichter dienen chiffrierte Erinnerungsbilder hingegen dazu, aus Vergangenem und Gegenwärtigem die Summe einer inneren und emotionalen Wirklichkeit zu ziehen:

ich legte den kopf auf die fotografie
und mit meinem atem erweckte ich deinen körper
von dem schattigen ort wo du gelebt hattest

> die zeit war nicht vergeudet
> ich verbrachte diese jahre damit die dinge an die
> plätze zu stellen wo sie hingehören
> ich höre noch
> die herbstliche stimme der palmen und das murmeln
> des windes der das vom schimmel geschützte haus umweht
> es war eine kleine insel sagtest du
> wo die geräusche eines lebens das diesem vorausging
> noch schlummerten (ebd.: 289)

Im vierten Gedicht von *Eras novo ainda* stellt der Sprecher in einem Vers fest, daß die Geschichte der Trennung schon bei der Begegnung der Liebenden stattgefunden habe und längst aufgeschrieben sei: In jeder Gegenwart ist das Ende bereits vorweggenommen. Ich zitiere das Gedicht vollständig:

> die dahlien verbleichen und die zinnien sind verwelkt
> in der plastikflasche wurde das wasser trüb
> dann kam mir ein weit entfernter gedanke
> jener augenblick in dem du lächelnd
> meine hand unter dem tisch des restaurants gesucht hast
>
> ich bitte dich deine haare nach hinten zu streichen
> ein faden aus öl funkelt auf deinen lippen
> wenn die wörter gewalttätig sind ... ohne es zu wissen
> zwinge ich dich zur rückkehr nach hause
>
> heute beklage ich mich nicht
> ich hebe den blick zu der stelle die du fast leer hinterließest
> ich spreche über die wiederholung der tage
> die lust überkommt mich mir vorzustellen wie du hier mit mir zu abend ißt
> fast flüsternd bittest du mich um fünf paus damit wir
> in aller ruhe immer wieder *shade of pale* hören können
>
> diese abwesenheit war die einzige gabe die du zurückließest
> ich schrieb all dies schon vor langer zeit
> und vermied dabei daß meine hemdmanschette an den
> schmierigen tischkanten schmutzig würde ... und ich war mir sicher
> du würdest niemals die herzen entdecken
> die ich zärtlich auf die papierserviette gemalt hatte (ebd.: 290)

Konsequenterweise leistet Al Berto in seinem Band *A Secreta Vida das Imagens* (1991), in dem der einstige Kunststudent und Maler Skulpturen und Gemälde klassischer wie zeitgenössischer Künstler (z.B. Giotto, Modigliani, Beuys, Warhol u.a.) mit seinen Gedichten konfrontiert, keine Bildbeschreibungen, die Anspruch auf Objektivität erheben könnten. In Gedichten wie jenem, mit dem er dem von ihm verehrten Maler und surrealistischen Dichter

Mário Césariny seine Reverenz erweist, versucht Al Berto, gleichsam mit geschlossenen Augen die Imagination des Betrachters mit den Formen, Strukturen und Inhalten der Bilder zu einer subjektiven Wirklichkeit des gemeinsam Erlebten zu verschmelzen. Die kollektive Erfahrung der schwulen Subkultur als Kulminationspunkt der Einsamkeit wird in dem Gedicht über die „Porträts von António Correia" imaginiert:

ich schließe mit gewalt die lider
und es lösen sich von ihnen diese körper heben
ihre gesichter vom schlaf umhüllt
bewegen sich langsam durch die nacht verfangen sich
im beben der musik brauchen auf
was die schlaflosigkeit von gestern übrigließ
beben lachen zwischen begierden verzögert
durch die kleinen niederlagen der liebe

es sind körper weder traurig noch froh
sie erwarten das morgengrauen gelehnt an die theken
unbeweglich und allein unter dem nervösen neonlicht

ganz allein und namenlos
sie bieten sich dar völlig erschöpft schlafen sie ein
bevor die stadt entflammt und die
trostlose fläche der spiegel enthüllt

schließlich öffne ich die augen
ich male bis das schillernde weiß der leinwand
sich überfluten läßt vom leuchtenden bildnis der einsamkeit
(Al Berto, *O Medo:* 435)

In Al Bertos einzigem Roman, *Mondwechsel,* wird in harten Fügungen von Passagen einer wildbewegten, haltlosen Vergangenheit und einer erstarrten, lähmenden Gegenwart die Geschichte eines Heimatlosen erzählt, der offensichtlich autobiographische Züge des Autors trägt. In Rückblenden, die keiner chronologischen Kontinuität unterworfen sind, werden in höchst sensibler und teilweise auch schneidend-schmerzhafter Sprache Episoden aus dem Leben des Protagonisten und Ich-Erzählers Beno geschildert: Streifzüge durch den Underground der nächtlichen Städte, Zufallsbegegnungen und sexuelle Ausschweifungen mit Namenlosen, Erfahrungen mit Drogen und Kriminalität. Das Kernproblem des Textes, das in reflexiven Passagen unter wechselnden Gesichtspunkten verhandelt wird, ist dabei die Frage nach der grundsätzlichen Möglichkeit von Liebe und ihrer Integration in die Biographie. Eine zentrale Rolle spielt dabei Benos Beziehung zu dem geheimnisvollen Nému. Die Schilderung ihrer ersten Begegnung mag einen Eindruck von dem Erzähler Al Berto vermitteln:

> Beno hatte nicht bemerkt, daß sich jemand seinem Tisch genähert hatte und schroff sein Umherschweifen in Erinnerungen an andere Nächte und seinen träumerischen Blick, mit dem er vor sich hinstarrte, unterbrach. Er vergaß sofort, was ihn umgab. Er fuhr zusammen und wandte schnell den Kopf um. Er sah einen schmalen Jungen vor sich, der ihn anlächelte.
> Er hatte ihn noch nie gesehen, das wußte er genau. Gerade wollte er ihn fragen, was er wolle, als der Junge sich über den Tisch beugte und flüsterte:
> »Du hast doch nichts dagegen, daß ich mich zu dir setze, oder?«
> Er sagte, nein, es mache ihm nichts aus, und wandte sich zur Tür. Der Junge ließ seinen Blick nicht von ihm, und Beno begann, sich durch die blauen Augen des Fremden, der sich an seinen Tisch gesetzt hatte, verwirrt zu fühlen. Er senkte seinen Blick und beschäftigte sich damit, einen verfärbten Sprung in seinem Glas anzustarren. Aber der Junge blickte ihn immer noch an, als Beno nur für einen Augenblick zu ihm hinschaute: Die graublauen Augen strahlten mit einem merkwürdig flüssigen und kaum wahrnehmbaren Leuchten, wie bestimmte Drogen es hervorrufen. »Er kann nicht älter als sechzehn, siebzehn sein«, dachte er.
> Er war blond, jenes fast weiße Blond, das das Licht nicht reflektiert, wenn es auf das Haar fällt. Und er lächelte, der Junge lächelte immer noch.
> Beno wich seinem Blick aus. Verstohlen beobachtete er ihn weiter, bis er hörte, wie jener ihn bat:
> »Kann ich ein Glas Wein haben? Ich habe Lust, etwas von deinem Wein zu trinken.«
> »Ja ... ja, bedien' dich. Ich kann es sowieso nicht leiden, allein zu trinken, und es ist noch keiner aufgetaucht, den ich kenne«, antwortete Beno und zwang sich dazu, ebenfalls zu lächeln. Er schluckte und fuhr fort: »Leisten wir einander Gesellschaft, ich nehme an, du bist auch allein.«
> Der Junge füllte sich das Glas und nahm einen Schluck, dann trank er gierig den Rest des Weins, die Lider halb geschlossen. Er stellte das Glas ab, streckte die Hände über die Tischplatte aus und blickte ihn weiter versonnen an.
> Als ob etwas, das sich in ihm versteckte, ihn aus einem langen Winterschlaf geweckt hätte, richtete er sich nach einigen Augenblicken auf der Bank auf, schüttelte sein Haar hinter die Schultern und mit einer langsamen Geste voller Zartheit strich er mit den Fingern über seine Lippen. Danach beugte er sich über den Tisch und legte die Hand, die er zu seinem Mund geführt hatte, auf Benos Hand, indem er in der Luft die Bewegung eines Vogels beschrieb, der nach einem Ort zum Ausruhen sucht.
> »Du weißt nicht, wer ich bin, und vielleicht wirkst du deswegen so erschrocken.«
> Beno zog seine Hand zurück und antwortete ein wenig verwirrt:
> »Ich habe nicht die geringste Vorstellung, wer du sein könntest, woher sollte ich das wissen? Aber ich bin nicht erschrocken, nein, ich bin nur ... ein bißchen verwirrt. Verstanden?«
> »Du brauchst keine Angst zu haben. Eigentlich weiß ich selbst nicht so genau, wer ich bin ... oder ich weiß es, aber ich will nicht wissen, wer ich war, ich will alles vergessen bis zu dem Augenblick, in dem ich das Café betreten habe ...«

Er schwieg und neigte den Kopf zur Seite auf die linke Schulter, wo sich seine langen und seidigen Haare ausbreiteten.

»Und warum die Hände? Ich kenne dich nicht«, beharrte Beno.

»Deine Hände verführen mich, seit ich hereingekommen bin und sie gesehen habe. Frag mich nicht warum. Aber versteck' sie nicht. Gibst du mir noch Wein? Stört es dich, wenn ich mich mit dir betrinke? Weißt du, ich habe schon eine Menge getrunken, ich weiß nicht wohin ... Ich mag immer eine Sache an den Leuten: Bei dem einen war es eine Leidenschaft für die Augen, beim andern eine Verführung durch die Haare oder die Lippen und bei noch einem andern die Finger, nur die Finger oder die Schultern, verstehst du ... aber jetzt bin ich hier. Ich liebe deine Hände. Willst du mich kennenlernen?« Und er blickte Beno sehnsüchtig an.

»Klar will ich dich kennenlernen, aber ich weiß nicht wie. Vielleicht hilfst du mir ...«, antwortete Beno beinahe schroff und erschrak über den festen Ton seiner eigenen Stimme.

Dann lehnte er sich an die Bank an. Er atmete tief ein, schloß die Augen für eine Sekunde. Der Junge wurde immer unbefangener. Und obwohl Beno, den die Wendung des Gesprächs verwirrt hatte, wie er einige Augenblicke zuvor versichert hatte, sich wünschte, ihn kennenzulernen, wußte er immer noch nicht, wohin er schauen oder seine Hände legen sollte. Wie um sie zu schützen, klemmte er sie unter dem Tisch zwischen seine Schenkel. Er spürte, wie der Wein in ihm aufstieg und Wirkung zeitigte. Als er die Hände wieder auf den Tisch legte und nach dem Glas griff, überkam ihn eine große Erleichterung, und er begann, an der Gesellschaft des Unbekannten sogar Vergnügen zu finden.

Er füllte von neuem die Gläser. Sie tranken, leerten die Flasche und bestellten noch eine. Die Musik hatte inzwischen die höchste Lautstärke erreicht. Der Lärm hatte zugenommen, ohne daß sie darauf geachtet hatten. Das Lura war dabei, vor Gästen zu bersten.

Verlegen und in dem Wissen, daß er sehr wahrscheinlich keine Antwort erhalten würde, zwang sich Beno zu einem Lächeln und brach das Schweigen, das sich einige Augenblicke zuvor zwischen ihnen eingestellt hatte, indem er fast flüsternd fragte: »Wie heißt du?«

Der Junge schaute zu Beno und lächelte, streckte seine Hände wieder über die Tischplatte, beugte den Kopf leicht zurück und starrte an die Decke. Er verharrte eine ganze Weile in dieser Haltung, als ob die Decke nicht da wäre und er einen weiten, kalten, sternenbesäten Himmel betrachten könnte. Danach richtete er mit der Geschmeidigkeit einer Katze den Kopf wieder auf, beugte sich nach vorne und sagte langsam mit ausgedehnten Pausen zwischen den Wörtern:

»Ich werde bei dir bleiben. Mit dir leben, hörst du?«

Beno nahm sich etwas Zeit zu versuchen, den Sinn dieses *mit dir leben* zu begreifen, das in seinem Kopf herumwirbelte wie ein scharfer Gegenstand. Aber mit jeder Sekunde wurde alles deutlicher, klarer und unmißverständlicher. So deutlich und klar wie der strahlende Blick des Jungen.

Hier war er, unerschütterlich, schön, blickte zu Beno und wartete, daß der in der Lage wäre, etwas zu sagen. Aber Beno war wie leer, und ihm fiel nichts Sinnvolles ein, das er sagen konnte. Er hob die Augen und suchte die des Jungen, und als er

mit ihnen zusammentraf, war es, als wäre die Zeit in diesem Augenblick stehengeblieben.
»Selbst ohne deinen Namen zu kennen werde ich bei dir bleiben«, stammelte Beno mit Mühe.
Und in einem Rausch der Stille verloren sich die beiden wieder in ihren Blicken.
(Al Berto, *Mondwechsel:* 38-42)

Es ist gewiß nicht verfehlt, in Al Bertos letztem Gedichtband *Horto de Incêndio* nicht nur den Schlußpunkt, sondern auch den Höhepunkt seines lyrischen Schaffens zu erblicken. Seine Sprache erreicht hier ihren höchsten Grad an Dichte: Klare, fast simple Strukturen bilden den Rahmen für eine gleichermaßen komplexe wie provokante Metaphorik, hermetische Chriffren und subtile intertextuelle Referenzen (z.b. auf den „herrn des asthmas" Marcel Proust und den „äthiopischen wanderer" Arthur Rimbaud). Zu den neuen Themen, die der Dichter in diesem Buch erstmals in seinem Werk behandelt, gehören neben dem Krieg insbesondere Krankheit und Sterben. Die Erfahrungen mit der Aids-Epidemie machen das Gefühl des Verlustes, das in allen Büchern des Autors präsent ist, hier wesentlich konkreter. Den Tod von Freunden und Geliebten verarbeitet Al Berto in dem Gedicht *Aids:*

die einen namen haben und uns anrufen
magern eines tages ab – sie gehen fort
lassen uns zurück der verlassenheit preisgegeben
in einem sinnlosen stummen und gefräßigen
schmerz

wir archivieren die liebe im abgrund der zeit
[...]
die abwesenheit schimmert in der morgenröte
und mit dem gesicht das noch schmutzig ist vom schlaf horchen wir
auf das raunen des körpers der sich mit schmerz füllt
(Al Berto, *Garten der Flammen:* 61 ff.)

Die Bildsprache von *Horto de Incêndio* ist leitmotivisch von den Metaphern der infektiösen Körpersäfte durchzogen („wir vergifteten uns von mund zu mund [...] / am verbotenen speichel", S. 11; „giftiges sperma", S. 25; „sieh / wie einer den anderen schützt – beide suchen / einen sauberen samen", S. 41). Mit solchen Metaphern geht der Dichter freilich über den „genauen Blick auf Ereignisse", der den Texten zugrundeliegt, hinaus (Al Berto / Ferreira Alves, *Der unbekannte Al Berto:* 167); sie deuten Grundbefindlichkeiten menschlicher Existenz an: Al Berto beharrt auf seiner Erkenntnis, daß jede Begegnung bereits einen Verlust in sich trägt, die Frucht einer möglicherweise tödlichen Konsequenz. Damit bringt sie den einzelnen aber dem Endzweck seines Daseins entgegen, denn der Verlust des Geliebten oder der Liebe ist zugleich Spiegel eines letztendlichen Selbstverlustes:

> [...] deine hand hält das messer fest
> dessen schneide die tödlichkeit des verseuchten bluts
> der zufälligen geliebten besitzt – nichts zu machen
>
> du wirst allein durchs leben gehen
> die arme ausgestreckt als stiegest du ins wasser
> der körper ein gespannter bogen aus stein der das haus vortäuscht
> wo ich zuflucht suche vor dem tödlichen glanz des mittags
> (Al Berto, *Garten der Flammen:* 23)

Nach einem simplen dialektischen Prinzip wird die Erfahrung des Verlustes aber auch zu einem Motor rastloser Suche, die immer dort von Hoffnungslosigkeit und Resignation geprägt ist, wo sie die Wiederholung von Vergangenem im Gegenwärtigen versucht:

> du streifst
> durch die gassen auf der suche nach einem gesicht das
> das Glück der verlorenen stimme nachahmt – oder irgendeinen körper
> um den schlaf vorzutäuschen neben deinem (ebd.: 81)

In der Suche nach etwas Absolutem, Unbekanntem jenseits der erfahrbaren Welt, das traditionellerweise Gott heißt, tritt in *Horto de Incêndio* der Mystiker Al Berto in Erscheinung. In dem Gedicht *Mektub* ist es der auf das Wesentliche reduzierte, von äußerster Kargheit („an der grenze des knappen wassers") und unveränderlicher Zeitlosigkeit („orte wo das leben aufhörte und alles seit jahrhunderten / geschrieben steht") geprägte Raum der Wüste, wo sich der „fast zärtliche umriß vom antlitz gottes" ahnen läßt (ebd.: 47).

Zu dieser überraschenden Seite des Bandes äußert sich Al Berto folgendermaßen:

> Es ist ein Buch kleiner Geheimnisse, intimer Bekenntnisse [...]. Ich habe immer stärker den Verdacht, daß die Poesie die einzige Sprache ist, in der man zu Gott reden kann. Aber um keine Mißverständnisse aufkommen zu lassen, nicht daß man mir vorwirft, ich sei fromm, Gott kann ein Kotzbrocken sein. Gott ist ein Unbekannter, ich spreche von einem Unbekannten.
> (Al Berto / Ferreiro Alves, *Der unbekannte Al Berto*: 174)

Dem Bild der Wüste entspricht in Al Bertos letzten Gedichten eine diskursive Verkarstung, die Reduktion der mitteilenden, erzählenden oder erklärenden Sprache auf eine Chiffrentextur. Das Gedicht trägt in sich die Tendenz zu verstummen:

> Ich schreibe immer weniger, und ich habe immer geglaubt, daß das Schreiben auch zum Schweigen führt. Das Schreiben von Gedichten ist eine Art, das Schweigen zu finden und eine gewisse Weisheit, in der es nicht mehr notwendig ist, die Wörter aufzuschreiben (ebd.: 167).

Eine Summe der Dialektik von Vergangenem und Gegenwärtigem, Verlust und Suche, Schreiben und Schweigen zieht Al Berto in seinem Gedicht *Spuren,* das hier vollständig zitiert sei:

> früher
> als wir noch an die existenz des mondes glaubten
> konnten wir gedichte schreiben und
> wir vergifteten uns von mund zu mund mit dem gemahlenen glas
> am verbotenen speichel – früher
> flossen die tage mit dem wasser und wuschen
> die flechten von den schmutzigen masken
>
> heute
> kann kein wort mehr geschrieben werden
> keine silbe hat bestand in der dürre der steine
> oder breitet sich aus über den körper ausgestreckt
> im zimmer des grünspans und des alkohols – man übernachtet
>
> wo man kann – in einem eingeschränkten und
> wahnhaften vokabular – bis der blitz in die sprache schlägt
> und nichts mehr zu hören ist
>
> trotz allem
> wiederholen wir weiter die gesten und trinken
> die ruhe des lebenssafts – mit dem fieber
> der zedern steigen wir empor – bis wir den mystischen
> sternenbusch berühren
> und
> das mysterium des lichts uns die augen peitscht
> in einer mitreißenden euphorie
> (Al Berto, *Garten der Flammen*: 11 ff.)

Mit Al Berto versiegt eine der kraftvollsten und radikalsten Stimmen der modernen portugiesischen Dichtung. Es bleibt ihr, wie es im Titel eines Gedichtbandes heißt, „uma existência de papel", ein „Dasein aus Papier". In *Rimbauds Tod* resümiert Al Berto: „ich habe nichts mehr zu sagen. die Gedichte sind gestorben" (ebd.: 129).

Werke und Übersetzungen

Al Berto: Lunário. Lisboa: Contexto 1988.

Al Berto: Mondwechsel. Übersetzt von Sven Limbeck. Heidelberg: Elfenbein 1999.

Al Berto: O Anjo Mudo. Lisboa: Contexto 1993.

Al Berto: Horto de Incêndio. Lisboa: Assírio & Alvim 1997.

Al Berto: Garten der Flammen. Übersetzt von Luísa Costa Hölzl und Michael von Killisch-Horn. Mit einem Nachwort von José Riço Direitinho. Heidelberg: Elfenbein 1998.

Al Berto: O Medo. Lisboa: Assírio & Alvim 1997 [Enthält sämtliche Gedichte].

Al Berto: „Jaula de neón – Neonkäfig". In: *Poemas Portugueses / Portugiesische Gedichte*. Herausgegeben und übersetzt von Maria Fátima Mesquita-Sternal und Michael Sternal. München: Deutscher Taschenbuchverlag 1997, 192 - 193.

Al Berto: „vergängliche melancholie". Übersetzt von Luisa Costa Hölzl und Michael von Killisch-Horn. In: *die horen* 194 (1999), 190 [drei Gedichte]

Al Berto / António Cabrita: „Al Berto, a secreta cartola do poeta" [Interview]. In: *Jornal de Letras* 305 (1988), 6-7.

Al Berto / Ana Marques Gastão: „A mais bela morte é a da sublimação" [Interview]. In: *Diário de Notícias* 26 (April 1997) 33.

Al Berto / Clara Ferreira Alves: „A um deus desconhecido" [Interview]. In: *Expresso*, 31. Mai 1997), 86-92.

Al Berto / Clara Ferreira Alves: „Der unbekannte Al Berto". Übersetzt von Luísa Costa Hölzl und Michael von Killisch-Horn. In: *metaphorá* 1, 1997, 166-174.

Juan García Larrondo

Liebesutopien auf der Bühne

Von Arno Gimber

Als im Januar 1999 im andalusischen Puerto Real *La Cara Okulta de Selene Sherry* uraufgeführt wurde, erschien Juan García Larrondo mit einer brennenden Kerze auf der Bühne, um, wie er in der Tageszeitung *Diario de Cádiz* erklärte, auch mit dieser Geste die immer noch verängstigten und versteckten Gesichter anzuleuchten. Die religiöse Metapher der Licht spendenden Kerze („Die Frucht des Lichts ist lauter Güte und Gerechtigkeit und Wahrheit", Eph. 5,9) verweist im Zusammenhang mit Homosexualität sehr genau auf literaturästhetische Vorlieben und Absichten des 1965 in der Nähe von Cádiz geborenen Autors. Schon vierundzwanzigjährig erhielt er den zweiten internationalen Theaterpreis *Teatro Romano de Mérida* mit dem Stück *El último Dios*, das allerdings erst 1994 in Sevilla uraufgeführt werden konnte. Seither häufen sich die Auszeichnungen, vier seiner Werke wurden in Andalusien inzwischen inszeniert und fünf sind veröffentlicht. Sie sprengen, wie wir sehen werden, in vielerlei Hinsicht die Konventionen des Theaters; *Mariquita aparece ahogada en una cesta* und *La Cara Okulta de Selene Sherry* sind in ihrer ursprünglichen Form nicht einmal aufführbar.

Schon in García Larrondos erstem theatralischen Versuch, *El último Dios* (EV: 1989; UA: 1994), wird Homosexualität offen dargestellt, als solche aber weniger problematisiert als der Konflikt, den der römische Kaiser Hadrian zwischen Öffentlichkeit und Macht einerseits und seiner Privatsphäre, der Zuneigung zu dem Knaben Antinous, andererseits austragen muß. Der Text stellt Bezüge zu Marguerite Yourcenars *Mémoires d'Hadrien*, einem kanonisierten Werk der Schwulenliteratur, her. Wie in der bekannten Stoffgeschichte wird Antinous wegen der Unmöglichkeit, die Liebe zum Kaiser, die ständig auf gesellschaftliche Konfrontation stößt, ausleben zu können, zum Selbstmord getrieben. Das Frühwerk ist ästhetisch von einem Lob auf Knabenschönheit durchdrungen: gleich zu Beginn nimmt der Leser an einem erotisierenden Leibeskampf Antinous' mit Gleichaltrigen teil, und die Liebenden tauschen ihre Zärtlichkeiten auch in der Öffentlichkeit aus. Der dramatische Konflikt rührt jetzt aber nicht daher, daß Antinous und Hadrian eine *verbotene* Liebe leben, sondern beruht auf Neid und Mißgunst der Kaiserin Sabina und der politisch ambitiösen Günstlinge am Hof, die gern Antinous' Platz einnehmen würden.

Homosexualität wird in *El último Dios* nicht gesellschaftlich diskriminiert, sondern als erstrebenswert angesehen. Wie die heterosexuelle Ehe ist sie nach García Larrondo in der Antike als eine mögliche Beziehungsfacette in das soziale Leben integriert. Antinous wird als furchtloser Jüngling geschildert, der in der römischen Hofgesellschaft in keinem Moment für seine sexuellen Neigungen kämpfen, sie rechtfertigen, entschuldigen oder sie gar verbergen müßte. Hier schon ist zu erkennen, daß García Larrondo auf der Suche nach Kulturen ist, in denen Liebe sowohl in der heterosexuellen als auch in ihrer homosexuellen Variante gelebt werden kann, ohne daß dies mit einem negativen moralischen Werturteil und dem üblen Ruf schwuler bzw. lesbischer Sexualität verbunden wäre. Im klassischen Altertum findet er diese Möglichkeit gegeben und stilisiert die Antike deshalb zu einer Quasi-Utopie der toleranten Lebensform.

Die Forderung, homosexuelle Liebe in der Gesellschaft als gleichberechtigt zu akzeptieren, findet man hier als selbstverständlich vorgegeben. Schon in *El último Dios* setzt der Autor darüber hinaus Gedanken um, die in seinen späteren Werken ausführlicher behandelt werden. Dies ist zum Beispiel da der Fall, wo die Liebesgeschichte zwischen Hadrian und seinem vergötterten Knaben das Thema der Toleranz streift und damit die Kritik an der katholischen Kirche möglich macht. Diese Kirchenkritik wird sich als roter Faden durch das Gesamtwerk García Larrondos ziehen. Den zaghaften Anfang finden wir in einem Seitenhieb des Kaisers auf die neue Religion, die in Jerusalem ihren Ausgang genommen hat: „Und all das wegen eines lächerlichen Gottes der Intoleranz. Die ganze Welt weiß, daß die Götter nebeneinander existieren können, auch wenn wir ihnen verschiedene Namen geben! Warum der ihre nicht? Warum? Mit solchen Menschen kann man nicht zusammenarbeiten" (García Larrondo, *El último Dios*: 65).

Auch in *Zenobia*, neben *Celeste Flora* das einzige Stück, in dem Homosexualität nicht explizit zur Sprache kommt, spielt das Thema Toleranz eine wichtige Rolle. Wie der Autor im Vorwort schreibt, interessiert ihn hier die Frage, warum die Menschheit den Weg der Intoleranz eingeschlagen habe. Hadrian verlor mit dem Tod Antinous' seinen Lebenssinn, und die Königin Zenobia, die sich im Zeitalter Aurelians in Asien gegen die römische Oberherrschaft zur Wehr setzte, verlor ihren Lebenssinn durch den Machtverlust. Deshalb lehnen sich beide Figuren gegen eine göttliche Hierarchie auf, die nach García Larrondo unser heutiges Leben in vielerlei Hinsicht einschränkt: Hadrian läßt Antinous als Gott verehren und Zenobia verbündet sich mit Luzbel, dem gefallenen Engel, der als schönster unter seinesgleichen galt. Schönheit steht als homoerotischer Bezugsrahmen auch in *Zenobia* im Zentrum der Handlungsmotivation, und sowohl die Vermengung von Menschen- und Götterwelt als auch die Erscheinung von Engeln verweisen schon auf die Hauptwerke *Mariquita aparece ahogada en una cesta* und *La Cara Okulta de Selene Sherry*. García Larrondos letztes historisches Werk, *Al-Mutamid. Poeta y Rey de Sevilla*, ist noch nicht veröffentlicht, wurde aber während des Sommers 1998 mit beachtlichem Erfolg in den *Reales Alcázares* in Sevilla aufgeführt. Das Stück erzählt den Niedergang des sevillanischen Taifakönigs und Dichters Al-Mutamid im letzten Dezennium des 11. Jahrhunderts. Die Rahmenhandlung und die Hauptfiguren sind historisch nachweisbar. Der Autor fügt seinem Text eine Bibliographie geschichtswissenschaftlicher Werke, die er zur Ausarbeitung des Stückes benutzte, hinzu. Auf seine dichterische *inventio* ist zum Beispiel die Charakterisierung Al-Mutamids als friedliebender Herrscher und Mäzen zurückzuführen. Er distanziert sich von der kampfbereiten Männerwelt und stellt ihr seine künstlerisch-feminine Sensibilität entgegen: „In Kriegszeiten gehöre ich zu denen, die sich nicht mit dem Schild, sondern mit dem Herzen schützen" (García Larrondo, *Al-Mutamid. Poeta y Rey de Sevilla*: 31), oder: „Krieg! Was ist mit diesen Männern, die nichts von Versen verstehen und nur blutrünstig sind?" (ebd.: 42) Als sein Sohn Abbad im Kampf um Córdoba stirbt, wird Al-Mutamid, dessen Wesen vorher edel war, hart und unnachgiebig. Auch Ibn Ammar gegenüber, den er vorher als Wesir und besten Freund in seiner Nähe wissen wollte, verhält er sich immer feindseliger, denn er sieht in ihm, jetzt wo er sich als männlicher Krieger beweisen muß, eine Bedrohung.

In dieser Beziehung des Königs zu Ibn Ammar ist noch das Echo ihrer längst abgeschlossenen homosexuellen Freundschaft zu vernehmen. Wie Hadrian in *El último Dios* ist auch Al-Mutamid verheiratet, liebt im Gegensatz zum römischen Kaiser jedoch seine Frau Itimad. García Larrondo präsentiert uns hier erneut die Utopie von Toleranz und grenzenloser Möglichkeit in Liebesdingen; die Kriegsumstände (d.h. letztendlich das unaufhaltsame Vordringen der Christen) und die diskriminierenden Äußerungen der Hofgesellschaft verhindern jedoch, daß das Goldene Zeitalter der Künste und der Liebe am sevillanischen Taifahof realisiert werden kann. In diesem Zusammenhang fällt erneut ins Gewicht, daß die Christen, hier die Kastilier unter König Alfons VI., als intolerant und im Vergleich zu den islamischen Taifas zudem als ungebildetes Volk angesehen werden.

Zuletzt versucht Al-Mutamid seine Liebe zu Ibn Ammar völlig zu vergessen, weil er in dessen Lebensform in den Kriegszeiten eine Gefahr sieht, von der er sich befreien muß, wie Ibn Ammar selbst insinuiert: „Der, den du siehst, ist ein Teil von dir, dein eigenes verneintes Ich, deine Schande, dein innerster Schmerz, deine eigene, verkleidete Poesie. Was du siehst, ist kein Traum mehr, sondern der schlimmste deiner Alpträume" (ebd.: 50). Al-Mutamid tötet den Freund mit eigener Hand. Daraufhin kommt es, ähnlich wie in Martín Recuerdas Stück *El carnaval de un reino* (s. Seite 76), zu einem bedeutungsvollen Ritus, einem letzten Liebesbeweis, bei dem die Selbstkasteiung noch einmal auf die Verzweiflung wegen der zerstörten Utopie verweist:

> Noch bevor der Monarch abgeht, kann man beobachten, wie er neben dem Leichnam Ibn Ammars auf die Knie sinkt. Mutamid betrachtet die Wunden, die die Ketten in den Knöcheln und Handgelenken des Mannes aufgerieben haben, der in früheren Zeiten sein geliebter Freund war. Mit seinem Speichel säubert er diese Wunden. Dann nimmt er ihm die Ketten ab und legt sie sich auf symbolische Weise selber an. (ebd.: 51)

Daß sich García Larrondo nicht in einfaches Schubladendenken zwängen läßt und daß seine Art, Homosexualität zu behandeln, auf die Anprangerung zivilisatorischer Mißstände zielt, sollte schon durch die kurze Erwähnung seiner historischen Dramen deutlich geworden sein. In seinem bisher letzten Werk, *La noche de San Juan* (entstanden 1997), wird der griechische Mythos um die Gorgone Medusa eklektisch mit frühchristlichen (Johannes der Täufer) und spanischen Überlieferungen (der Heilige Johannes vom Kreuz, Don Juan und die unglückliche Königin Johanna die Wahnsinnige) verbunden. Medusas versteinernder Blick soll die Liebe unter den Menschen vernichten, weil ihre eigene unerhört blieb. Sie weissagt der Menschheit Ehebruch, Lüge, Feigheit, Lieblosigkeit und setzt alles in Bewegung, um die Tragödie des christlichen Abendlandes Wirklichkeit werden zu lassen. Johannes ohne Furcht gelingt es jedoch durch seine uneingeschränkte Liebe, die in diesem Stück so weit gespannt wird, daß sie sogar zwischen einem Wolf und einem Menschen möglich ist, Medusa zu besiegen. Die Bedingung, die zum Sieg führen wird, formuliert schon eingangs in einem epischen Rekurs der Dramaturg:

> Achte nicht auf das Althergebrachte und schau nicht in die Spiegel, denn sie zerbrechen. Geh weiter und wende dich dabei nicht um, damit, so sagt es dir der Gott der Kindheit, nicht auch du dich in eine Salzsäule verwandelst.
> (García Larrondo, *La noche de San Juan*: 5)

Celeste Flora (UA: 1993; EV: 1996) gibt auf eine andere Weise Zeugnis von den geheimnisvollen Wegen der Liebe, die auch in die Irre führen können. Nur zwei Personen treten in den neun Szenen dieses Stückes ohne Schwule auf: Narcisse und Flora. Flora, eine Naturwissenschaftlerin, die ihr Leben botanischen Forschung widmete, ermordete aus Liebe zu den Pflanzen sechs

Mädchen, die (nicht) zufällig die Namen von Blumen trugen: Azucena (Lilie), Jacinta (Hyazinthe), Margarita, Rosa, Violeta (Veilchen) und Hortensia. Während der Untersuchungshaft und vor dem Todesurteil will die französische Psychologin Narcisse Floras Fall untersuchen. Die Struktur des Stückes wird von fünf Gesprächen zwischen den beiden Frauen und vier Szenen, in denen Narcisse in Briefen an ihren Mann das Erlebte reflektiert, getragen. Trotz der zweimal geäußerten Vermutung, Flora habe die Morde aus sexuellen Gründen begangen, scheint dies nicht zuzutreffen. Vielmehr gibt auch sie sich einer bedingungslosen Liebe hin, Liebe in einer Abwandlung, in der Blumen und Menschenleben auf der gleichen Ebene bewertet werden. Was der Mörderin fehlt, ist die Fähigkeit, ihre eigenen Gefühle zu relativieren und sich in die gesellschaftlichen Konventionen einzufügen. Durch ein enges Netz symbolischer Bedeutungen, die sich auch in der Struktur des Stückes widerspiegeln, gelingt es dem Autor, den Schönheitssinn, der Floras Verbrechen zugrunde liegt, zu unterstreichen. Der ästhetische Höhepunkt wird da erreicht, wo Flora gesteht, die Mädchen nach der Vergiftung im Garten vergraben und über ihren Körpern die Blumen gesät zu haben, deren Namen sie trugen:

> [...] und über ihren nackten und reinen Körpern pflanzte ich Margareten und Hyazinthen. Mein Garten verwandelte sich in das außergewöhnlichste Eden auf Erden, mit einer üppigen, himmlischen Flora (García Larrondo, *Celeste Flora*: 203).

Die nächsten beiden Werke, *Mariquita aparece ahogada en una cesta* (EV: 1993) und *La Cara Okulta de Selene Sherry* (EV: 1996; UA: 1996), stehen in einer dramatischen Produktionsreihe, die kaum einer literarischen Tradition zugeordnet werden kann. Sie bilden den originellen Beitrag García Larrondos zum spanischen Gegenwartstheater und sollen nicht nur deshalb ausführlicher behandelt werden, sondern auch, weil hier die literarische Utopie einer Gesellschaft, in der Homosexualität gleichberechtigt neben Heterosexualität bestehen kann, am radikalsten durchdacht ist. Beide Stücke sprengen den dramatischen Rahmen des Aufführbaren nicht nur wegen ihrer Länge und komplexen Personenführung, sondern auch durch die Einfügung von Illusionseffekten, die auf der Bühne nicht umgesetzt werden können. Außerdem sind die Nebentexte umfangreich und zudem noch in die innere Spielebene verwoben, so daß die Annäherung an die Tradition der *Celestina*, jener spanischen Tragikomödie aus der Zeit der Epochenschwelle zwischen Mittelalter und Renaissance, die in ihrer ursprünglichen Form auch nicht für die Inszenierung taugte, nicht von der Hand zu weisen ist.

Der Autor selbst bezeichnet *Mariquita aparece ahogada en una cesta* als „novela teatral" und versteht das Werk als szenisches Experiment. Mariquita ist eine Frau um die vierzig, die in Puerto de Santa María lebt. Ihr Name selbst schon ist im Spanischen als Wortspiel zu verstehen, da Mariquita in der Alltagssprache eine Ableitung von Maria ist, daneben aber auch als Verniedlichungsform zu *maricón*, als Schimpfwort für Homosexueller mit *Schwuler* gleichzusetzen, verstanden werden kann.

Juan, Mariquitas Ehemann, hat sie wegen eines Kellners verlassen, und zu allem Übel läßt ihre Tochter, La Chari, die in Sevilla eine Ausbildung als Opernsängerin macht, eine Geschlechtsveränderung vornehmen. Sie kommt eines Tages als Mann aus Sevilla zurück und bittet ihre Mutter, sie als solchen zu akzeptieren. Innerhalb der Geschichte vom plötzlich schwul gewordenen Ehemann und von der Geschlechtsumwandlung, Themen, die auf Filme des spanischen Regisseurs Pedro Almodóvar verweisen, klingt diese Aussprache nicht mehr glaubhaft. An der ironischen Absicht kann niemand zweifeln, und die Unterredung zwischen Mutter und Tochter-Sohn driftet deshalb nicht ins Pathetische ab, obwohl sie sich auf einem stereotypen Niveau („du hast mich nie verstanden") bewegt.

Aus Frustration prostituiert sich Mariquita im Hafen und wird von marokkanischen Matrosen ins Meer gestoßen, wo sie dann ertrinkt. Die Jungfrau Maria, von zwei Engeln begleitet, rettet sie und gewährt ihr noch drei Tage unter den Lebenden (ohne daß Mariquita sich ihres ersten Todes bewußt wird), um Versäumtes nachzuholen und mit ihren problematischen zwischenmenschlichen Verhältnissen ins Reine zu kommen. Erst dann will sie ihr die ewige Seligkeit gewähren.

Die ersten beiden Akte erzählen diese drei Tage, der dritte Akt setzt mit Mariquitas Himmelfahrt ein. Ab diesem Zeitpunkt wechseln die Szenen ständig zwischen dem Reich Gottes und der Erde. Im vierten Akt schließlich sind die sterblichen Reste Mariquitas, die in ihrem zweiten Erdenleben einen Selbstmord begeht, aufgebahrt. Erneut erscheint die Jungfrau Maria, um sie nun endgültig in den Himmel aufzunehmen. Valeria, Mariquitas Freundin, die einen Literaturpreis gewonnen hat, weil sie mit der Frau eines Juryrichters schlief und es dadurch zur Bestsellerautorin bringt, wird Zeugin dieser Auferstehung. Dieses Erlebnis soll dann in einem zweiten Teil, *La Cara Okulta de Selene Sherry*, den Ausgangspunkt des Handlungsverlaufs bilden. Im christlichen Jenseits erwartet Mariquita Abdul, der Marrokaner, der sie anfangs ins Meer stieß und der, obwohl doch ihr Mörder, der einzige ist, der sie wirklich liebt. Der Moslem ist unter den katholischen Toten der Gläubigste. Im himmlisch-kitschigen Happy-End klingt das Stück aus.

Es ist hier nicht möglich, die komplizierte Handlungsführung mit all den eingearbeiteten Episoden zu rekonstruieren. Verwicklungen entstehen dadurch, daß die Polizei davon ausgeht, Mariquita sei tot, diese aber weiterlebt, und daß sich die irdische und die himmlische Handlungsebene ineinander vermengen. Einen besonderen Stellenwert haben in diesem Stück die komischen Effekte, die oft mit der homosexuellen Thematik vermengt sind. Die Komik wird außerdem von den Figuren und ihrer sprachlichen Charakterisierung in der andalusischen Umgangssprache bestritten, von Mariquita und ihren beiden Freundinnen, Nuria, einer drogenabhängigen Prostituierten, und Valeria, der lesbischen Erfolgsautorin.

Einen großen Teil der komischen Wirkung erzielt der Autor durch die lästerliche Behandlung der christlichen Wertvorstellungen. Respektlos geht er damit um, wenn er etwa die Jungfrau Maria über ihre Gesundheits-, insbesondere Verdauungsprobleme reden läßt. Blasphemisch mutet auch an, daß der einzige, der die Mutter Gottes während ihrer wundertätigen Erscheinungen auf Erden sieht, der Moslem Abdul ist. Außerdem wird dieser Marokkaner, dessen überproportioniertes Geschlecht öfter zur Sprache kommt und der, wie wir wissen, in Mariquitas Ermordung verwickelt war, von der Gottesmutter beauftragt, ihre Seele zu retten. Dies gelingt, indem er sein eigenes Leben opfert und Mariquitas Körper sozusagen aus dem Unterwasserhades heraus ins Paradies führt. Die eindeutige Anspielung auf den Orpheus-Mythos vermengt sich mit christlichen Glaubensinhalten, was erneut von García Larrondos eigenwilliger Verarbeitung kultureller Traditionen zeugt.

Und dennoch verbirgt sich hinter diesem scheinbar leichtfertigen Mokieren eine tiefere Bedeutung: Auf einer allzumenschlichen Ebene gibt es Zeugnis von der Forderung der Ausgeschlossenen nach Anerkennung auch durch die christliche Gemeinschaft. Homosexuelle, Prostituierte und andere an den Rand der Gesellschaft Abgedrängte vereinnahmen für sich die Jungfrau Maria und finden in ihr eine Schutzherrin und Fürbitterin. Als mythische Figur trägt sie das Zentrum der Welt in sich, einerseits nehmen wir teil an ihrer Erscheinung in barockem Pomp und andererseits wird sie als eine uns nahe, unvollkommen menschliche Figur gezeichnet.

Mit dem Thema Homosexualität wird der Zuschauer spätestens dann direkt konfrontiert, als er erfährt, daß Juan sich von Mariquita nach langjähriger Ehe wegen eines Mannes getrennt hat. Sofort erkennen wir, daß der Autor eine sehr eigene Art besitzt, mit der gleichgeschlechtlichen Liebe umzugehen. García Larrondo nähert sich durch seinen szenischen Marienkult zwar der *camp*-Ästhetik (vgl. den Beitrag von Dieter Ingenschay im vorliegenden Band), aber trotzdem werden seine schwulen Bühnenfiguren nicht dadurch definiert. Man muß sich überhaupt fragen, ob irgendjemand in der langen Liste der *dramatis personae* als eindeutig homosexuell ausgemacht werden kann. Schwulsein wird immer nur als eine Liebesvariante in einem *normalen* Kontext verstanden. Niemand bewegt sich in einem Ghetto, niemand tritt für spezifische Schwulenrechte ein, sondern unter alltäglichen Bedingungen wird versucht, Homosexuellen ihren Platz in der Gesellschaft einzuräumen. Mariquita selber ist nicht lesbisch und ihre Probleme sind „allgemeinmenschlicher" Art. Ihr Elend rührt nicht daher, daß sie von einem schwulen Ehemann verlassen wurde, sondern daher, daß sie Opfer der Männerwelt ist, die eben auch von Schwulen mitgetragen wird. Nuria bringt dies auf den Punkt: „Mariquita ist die Konsequenz der ausbeuterischen Macho-Gesellschaft. Schaut sie nur an, sie sieht aus wie eine Bettlerin, kann weder schreiben, noch arbeiten, noch sonst etwas" (García Larrondo, *Mariquita aparece ahogada en una cesta*: 116).

Worum es García Larrondo eigentlich geht, erfahren wir am Ende des Stückes, wo die Muttergottes im Schlußwort gegen die Ausschließung aller Randgruppen der Gesellschaft, ob es nun Schwule oder Drogenabhängige, Ausländer oder Prostituierte sind, plädiert:

> JUNGFRAU MARIA: [...] Niemand darf sich als Garant einer absoluten Wahrheit in Szene setzen, und noch weniger darf er sie den anderen mit Gewalt aufzwingen! Deshalb darf niemand gerichtet werden ob seiner Gedanken, Gefühle oder Werke. Das ist Gottes Arbeit oder die seiner Magd, die ja auch zu etwas nützlich ist. Jeder muß das intensiv ausleben, was er für seine Wahrheit hält! (ebd.: 164)

Ganz ähnlich fordert auch Jacinto in *Agosto en Buenos Aires* Toleranz und freie Entscheidungsmöglichkeit in Liebesangelegenheiten, nachdem es der Magierin Hiperbórea Mallé gelungen ist, ihm durch einen Liebestrank seinen Lebenspartner Zakarías abzuwerben. In diesem schon 1996 geschriebenen und vor kurzem überarbeiteten Stück treten auch schwule Offiziere und Priester auf, und Liebesbeweise zwischen Männern werden wie in *El último Dios* auf der Bühne offen dargestellt.

La Cara Okulta de Selene Sherry könnte als zweiter Teil von *Mariquita aparece ahogada en una cesta* gelesen werden. Das Stück, im Januar 1999 im *Teatro Principal* in Puerto Real (Cádiz) uraufgeführt, beginnt mit einem Brief Valerias an die Heilige Rita, Schutzpatronin des Unmöglichen, wo die Erfolgsautorin und Freundin Mariquitas quasi als Fortsetzung des oben zitierten Epilogs ihre eigentümliche Vorstellung einer Gesellschaftsutopie entwickelt:

> Trotz allem stößt mich immer ab, daß die „Normalität" derer, die nicht wie ich denken oder leben, als eine bessere oder die meine ausschließende dasteht. Das ist wirklich mißbräulich und reaktionär abnormal, oder etwa nicht? [...] Ein heterosexuelles Paar überlebt mit den alltäglichen Problemen: Untreue, Krankheit, Einsamkeit,

Langeweile. Ein gleichgeschlechtliches Paar hingegen – oder ein Paar irgendeiner anderen Neigung – muß sich neben der Auseinandersetzung mit all dem noch vor einer scheinheiligen und verlogenen Gesellschaft verstecken [...], muß gegen die Angst ankämpfen, gegen das Unverständnis, gegen das selbstgewählte intime Randgruppendasein, gegen die Massenmedien, kurzgefaßt, gegen die „Normalität".
(García Larrondo, *La Cara Okulta de Selene Sherry*: 184f.)

Hieraus resultiert die Ungerechtigkeit, die auch die Schriftstellerin zu spüren bekommt, wenn sie ihre Liebesgedichte auf Frauen schreibt. Darauf kann sie jedoch nicht verzichten, denn sie weigert sich, in der „Normalität" zu leben und bittet die Heilige Rita darum, daß alle, auch die Homosexuellen, auf dieser Welt glücklich sein mögen. Diesen etwas naiven Wunsch verbindet sie mit der Forderung, daß *La Cara Okulta* irgendwann einmal aufgeführt werden möge. Die Autorin Valeria weiß, daß die Gesellschaft sich erst dann ändert, wenn Werke wie das ihre in den Theatern gespielt werden können. Im Sinne dieser Ausführungen im Prolog des Werkes ist auch sein Titel zu verstehen: „dar la cara" bedeutet soviel wie „sich zu erkennen geben". Das in *Mariquita* noch versteckte Gesicht der Schriftstellerin („la Cara Okulta") wird hier *geoutet*, „obwohl ich hoffe, daß diese Aufgabe in Zukunft andere, intelligentere und freiere Generationen an meiner Stelle [...] übernehmen werden" (ebd.: 187).

Nach dem Vorwort in Briefform setzt die Handlung im Vorspiel auf der Bühne mit der Beerdigung Valerias ein. Zuletzt bleibt nur ihre Freundin und Geliebte Meteora Malle am Grab zurück. Sie öffnet den Sarg, Valeria steigt heraus und der Zuschauer erfährt, daß Tod und Beerdigung nur vorgetäuscht wurden. Valeria, die nicht vergessen kann, daß sie in *Mariquita aparece ahogada en una cesta* Zeugin einer Marienerscheinung wurde, möchte sich auf die Aufklärung dieses unwahrscheinlichen Vorfalls konzentrieren.

Die erste Szene des ersten Aktes führt uns dann zu Mariquita in den Himmel. Dort geht es wie auf Erden zu, mit der Ausnahme, daß die Himmelsbewohner ihre Sexualität frei und ungezwungen ausleben. Männer schlafen auch mit Männern, sogar Marquitas Vater unterhält ein Liebesverhältnis zu einem Engel, worüber sich seine Frau ständig beklagt. Der Himmel als Schwulenparadies, dieses Gedankenspiel vom Gegenbild unserer Welt zeigt über die blasphemischen Implikationen hinaus erneut, daß das gleichgeschlechtliche Begehren wegen der Mangelsituation auf Erden utopisch ausgestattet werden muß. Der homosexuellen Utopie, die natürlich als satirische Schreibweise zu lesen ist, verweigert sich nur Mariquitas Verlobter Abdul.

In der zweiten Szene teilt die Jungfrau Maria Mariquita einen Auftrag mit: Nach fast zwei Jahrtausenden ist sie ihres Amtes müde und sucht nach einer würdigen Vertreterin. Mariquita soll der neuen *Regina Coeli* die frohe Botschaft bringen und sie in die himmlischen Verhältnisse einführen. Bei der Auserwählten handelt es sich um Valeria. Die Verkündigung wird sich während einer Mondfinsternis ereignen, und gleichzeitig soll dabei die göttliche Schöpfung vervollständigt werden, dadurch nämlich, daß nun endlich die Liebe unter den Menschen Verbreitung finden wird. Im zweiten Akt kommt es zur Reinkarnation Mariquitas als Selene Sherry, und die Zuschauer werden Zeugen, wie durch den Virus *Andrógino*, den außerirdische Zwittergestalten in ihren Körpern transportieren, menschliches Liebesbegehren neue Erfüllung erfährt. *Andrógino* zeigt

> seine Wirkung besonders bei Eheleuten und Personen, die einem großen psychischen Druck ausgesetzt sind, und bewirkt bei allen, die seine Symptome aufweisen, ein einzigartiges Gefühl von Frieden, eine Ablehnung der Gewohnheiten und der konventionellen Regeln unserer herkömmlichen Moralvorstellungen. [...] Die Wirkung dieses „Virus der freien Liebe" stellt sich schnell ein, und in diesem Zusammenhang ist es besonders bezeichnend, daß in den letzten Stunden zahlreiche Standesämter auf der ganzen Welt dem Andrang nicht standhalten konnten, der sich durch die Anhäufung von Scheidungsanträgen einstellte. Männer und Frauen, die es vorher nicht wußten oder sich nie trauten, es zu erzählen, werden jetzt durch ein gewisses Streben nach Ehrlichkeit dazu bewegt, nach der reinen und wahren Liebe zu suchen. Unsere Redaktion erreichen noch immer Hunderte von Solidaritätskundgebungen herausragender Persönlichkeiten aus der Politik, der Armee und aus der Welt des Spektakels, in denen diese öffentlich ihre homosexuelle Veranlagung zugeben und alle, die es auch danach verlangt, dazu einladen, das gleiche zu tun. (ebd.: 284)

Durch homosexuelles Verhalten bewirkt diese Art von Ansteckung im Aids-Zeitalter statt Tod einen gegenteiligen Effekt, ein neues, erfüllteres und glückliches Leben. Wieder ist es die Jungfrau Maria, die den ideologischen Hintergrund liefert: Sie trägt den Mythos der sexuellen Orientierung der Menschheit vor, in dem die homosexuelle Variante einen zentralen Platz innehat. Seine Grundlage bilden Aristophanes' Ausführungen über den Ursprung des Menschengeschlechts in Platons *Symposion*: Nachdem die Menschen – neben den männlichen und weiblichen Geschlechtern gab es auch die androgyne Variante – als Strafe für ihren Stolz in zwei Teile geschnitten wurden, begaben sie sich auf die Suche nach ihren anderen Hälften. Die Frauen, die aus der ursprünglich ganzen Frau geschnitten waren, hatten wenig Sinn für den Mann und fühlten sich mehr zum eigenen Geschlecht hingezogen: daher kommen die lesbischen Frauen. Ebenso laufen die Männer, die aus dem alten männlichen Geschlecht geschnitten sind, dem Manne nach. Schon als Knaben, heißt es bei Platon, lieben sie die Männer und sind froh, wenn sie Männer umarmen. Wer sie schamlos nennt, so Aristophanes, der lüge. Denn nicht aus Schamlosigkeit handeln sie so; ihr Mut und ihre Männlichkeit liebten eben ihresgleichen.

Durch den bekannten platonischen Mythos gelingt es García Larrondo, die sexuelle Identität auf neue und zugleich in der abendländischen Tradition verankerte Wahrheiten festzulegen. Gleichgeschlechtliche Liebe wird gleichberechtigt neben die zweigeschlechtige, die hier als androgyne Variante im Einflußbereich der Homosexualität angesiedelt ist, gestellt und kann kulturgeschichtlich aufgewertet werden. Aus dieser Sicht ist die erneut thematisierte Vermischung der Antike mit christlichen Wertvorstellungen als Absage an die Scheidung der Menschheit in homosexuelle und heterosexuelle Wesen zu deuten. Es ist zudem kein Zufall, daß in der neueren Literatur zu unserem Thema immer wieder auf die homosexuellen Entsprechungen im Männlichkeitskult der griechischen und christlichen Kultur hingewiesen wird (Kosofsky Sedgwick).

Im vierten und letzten Akt von *La Cara Okulta* wird geschildert, wie Valeria in der Tat zur neuen Himmelskönigin erkoren wird, und im Epilog finden wir die wirkliche Jungfrau Maria und Mariquita plaudernd an einem türkischen Strand liegen. Es erübrigt sich anzumerken, daß sich das Schlußwort Mariens auf jede nur erdenkliche Form von Liebe bezieht:

> Ich hab' genug von den Liebestränen! Liebe ist Schönheit und Freude. Liebe ist ein Dämon, der die Menschen und die Götter glücklich macht, der uns Friede und Trost gegen den Schmerz bringt, der die Ozeane und die Winde besänftigt, und mehr noch, Amor ist der älteste der Götter: er ist alles! (ebd.: 399)

Natürlich will Juan García Larrondo sowohl in *Mariquita aparece ahogada en una cesta* als auch in *La Cara Okulta de Selene Sherry* vor allem durch einen respektlosen Umgang mit den religiösen Wertvorstellungen provozieren. Aber er unternimmt dies nicht leichtfertig, sondern visiert die Kirche als Institution satirisch an und wendet sich gegen die durch sie verschuldete reaktionäre Position, die in der abendländischen Welt dominiert und die Mehrdeutigkeiten nicht anerkennt und das Anderssein so lange bekämpft, bis es sich in die konventionellen, abgesegneten Normen einfügt. Der Sinn der beiden zuletzt besprochenen Stücke liegt im Bemühen um eine absolute Toleranz in einer noch immer unwirtlichen, weil homophoben Gesellschaft im heutigen Spanien oder in Europa oder sonstwo, wo der Autor nur „grausame Zeiten ohne Hoffnung" (ebd.: 409) erkennt.

Um die bestehende Mangelsituation noch einmal herauszustellen, wird abschließend Jacinto aus dem schon erwähnten Stück *Agosto en Buenos Aires* seine (Alp-)Träume erzählen:

> Ich habe meine Mutter weinen sehen, weil ich es als Kind vorzog, mit Nancy, der Puppe meiner Schwester, zu spielen, anstatt, wie dies die anderen Jungen meines

Alters machten, völlig absurd hinter einem Ball herzulaufen. Und zum ersten Mal habe ich mich schuldig gefühlt. Warum, frage ich mich, wo sich mir doch, wenn ich das Puppenkleiderschränkchen öffnete, Türen in Welten der Phantasie und der Schönheit auftaten. Ich habe erlebt, wie sich meine Schüler Schwulenwitze erzählten, und habe dadurch viele Schimpfwörter hören müssen, die ich vorher nicht kannte. Ich habe gesehen, wie meine ersten Freunde, Jugendfreunde und einige meiner ersten Liebhaber heirateten und Familien gründeten. Ich habe gesehen, wie sie später Blicke suchten, Hosenwölbungen zwischen den Oberschenkeln und die heimlichen Treffen mit anderen Männern. Ich habe die dunkle Seite, die Finsternis, die Heuchelei und die Unterdrückung in einer Gesellschaft erlitten, in der ich anders leben wollte. Und ich habe ihre Ängste gesehen und habe sie auch gefühlt. [...] Ich habe sogar gefühlt, wie Gott sich von meiner Seite entfernte und mich im Stich ließ. [...] Ich träumte, daß sie mich folterten und mich einkerkerten, weil ich ein Homosexueller war. Meine ehemaligen Schüler erfanden Verleumdungen und klagten mich auch der sexuellen Nötigung und des Mißbrauchs Minderjähriger an; meine Mutter, wegen der Schande, einen Pervertierten geboren zu haben, war zunächst am Boden zerstört und zehrte sich auf in ihrem Leid, erholte sich dann auf wundersame Weise und gründete den „Nationalen Verband der Mütter gegen die Homosexualität". Die kollektive Wahnvorstellung: Eltern denunzierten ihre Söhne, Söhne denunzierten ihre Eltern, und sie machten uns für alle Seuchen, die das Jahrhundert erlebt hatte, verantwortlich, beschuldigten uns einer Geschichte, die von jetzt an mit unserem Blut geschrieben werden sollte ... Ich fühlte mich krank, sah mich als außerirdisches Wesen, fern von allem, von allen, sogar mir selbst fremd. Und warum? Warum habe ich das alles geträumt? Ich weiß es nicht. Ich nehme an, weil ich mir in Wirklichkeit nichts und keinem sicher bin, oder weil ich es leid bin, daß alles gegen mich steht. Meine Ängste sind wie die Ängste aller Menschen, und es ist nicht gerecht, daß ich stärker sein muß als die anderen. Deshalb fühlte ich mich abnormal, obwohl ich es nicht bin. (García Larrondo, *Agosto en Buenos Aires*: 39 f.)

Werke und Übersetzungen

Agosto en Buenos Aires (Maschinenschrift).

Almutamid, poeta y rey de Sevilla (Maschinenschrift).

Celeste Flora, in: Juan García Larrondo: *Teatro de la memoria*. El Puerto de Santa María, 1996.

El último Dios, in: Juan García Larrondo: *Teatro de la memoria*. El Puerto de Santa María, 1996.

La Cara Okulta de Selene Sherry, in: Juan García Larrondo: *Mariquita aparece ahogada en una cesta. La Cara Okulta de Selene Sherry*. Sevilla: Centro andaluz de teatro, 1996.

Mariquita aparece ahogada en una cesta, in: Juan García Larrondo: *Mariquita aparece ahogada en una cesta. La Cara Okulta de Selene Sherry*. Sevilla: Centro andaluz de teatro, 1996.

La noche de San Juna (Maschinenschrift).

Mariquita aparece ahogada en una cesta, in Juan García Larrondo: *Mariquita aparece ahogada en una cesta. La Cara Okulta de Selene Sherry*. Sevilla: Centro andaluz de teatro, 1996.

Zenobia, in: Juan García Larrondo: *Teatro de la memoria*. El Puerto de Santa María, 1996.

Juan Goytisolo

Sexualität, Sprache und arabische Welt

Von Felice Balletta

Juan Goytisolo, geboren 1931 in Barcelona, gehört zu den meistgelesenen, -übersetzten und -rezipierten Autoren der spanischsprachigen Literatur des 20. Jahrhunderts. Den Resonanzboden seines umfangreichen und vielschichtigen Werks bilden in wesentlichem Maße persönliche Erfahrungen oder Erinnerungen, anhand derer Goytisolo nicht nur seine eigene Lebensgeschichte rekonstruiert, sondern auch bedeutsame Etappen der spanischen Geschichte fokussiert. In besonderer Weise prägend wirken die Erfahrungen des freiwilligen Exils in Frankreich, die stete Konfrontation mit dem Franco-Regime bzw. die generelle Skepsis gegenüber jeder monolithischen, auf Orthodoxie und Dogmatismus gründenden Ideologie, die zunehmende – auch sprachliche – Abnabelung von seinem Vaterland Spanien als Folge der kritischen Hinterfragung und Ablehnung der traditionellen iberischen Werte bei gleichzeitiger Hinwendung zur arabisch-islamischen Welt, aber auch das Einbringen der eigenen Homosexualität als Gegenstand literarischer Betrachtung. Angesichts dieser Vielfalt offensichtlicher autobiographischer Referenzen liegt eine Annäherung über das Leben des Autors nicht nur nahe, sie bildet für das Textverständnis gewissermaßen die Voraussetzung. Die sichersten biographischen Quellen erschließt uns Goytisolo selbst mit seinen beiden autobiographischen Romanen *Coto vedado* (1985) und *En los reinos de taifa* (1986) sowie mit dem im Anhang des Essay-Bandes *Disidencias* (1977) abgedruckten chronologischen Lebenslauf.

Im ersten der beiden etwa gleich langen Teile von *Coto vedado* führt uns Goytisolo zurück in das Barcelona seiner Kindheit. Er skizziert ein eindringliches Bild des repressiven Klimas, das die katalanische Gesellschaft zur Zeit des Bürgerkriegs und der franquistischen Diktatur dominierte, und der düsteren Strenge seines großbürgerlichen, konservativ-katholischen und Franco-freundlichen Elternhauses. Ausgangspunkt der genealogischen Retrospektive ist Goytisolos Urgroßvater väterlicherseits, ein nach Kuba emigrierter Baske, der in der ehemaligen spanischen Kolonie als Zuckerfabrikant zu Reichtum gekommen ist. Auch seine Mutter, die 1938 bei der Bombardierung Barcelonas ums Leben kommt, stammt aus dem reichen Großbürgertum. Von ihr erben Juan und seine Brüder Luis und José Agustín (beide ebenfalls bekannte

Schriftsteller) ihre musische Begabung und die Neigung für die schönen Künste, vor allem für die Literatur und die Musik. Eine wichtige Schlüsselfigur innerhalb der Familie ist der Vater der Mutter, Großvater Ricardo, mit dem Goytisolo seine ersten sexuellen Kontakte verbindet:

> Mein Großvater näherte sich in seinem langen weißen Nachthemd dem Kopfende und setzte sich zu mir auf den Rand meines Bettes. Mit einer Stimme, die fast ein Flüstern war, sagte er, daß er mir ein Märchen erzählen wolle, doch er fing sofort an, mich abzuküssen und mich zu kitzeln. Ich war sehr erstaunt über diese ungewöhnliche Erscheinung und vor allem über diese Heimlichkeit. Laß uns spielen, sagte der Großvater, und nachdem er die Nachttischlampe gelöscht hatte, in deren Licht ich manchmal vor dem Schlafengehen las und die ich angeknipst hatte, als ich seine Schritte hörte, streckte er sich neben mir aus und schob seine Hand sachte in meine Schlafanzughose, bis er mein Geschlecht berührte. Seine Berührung war mir unangenehm, aber Angst und Verwirrung lähmten mich. Ich spürte Großvater über meinen Körper gebeugt, spürte zuerst seine Finger, dann seine Lippen, spürte die schleimige Berührung seines Speichels. Als er sich nach einigen endlosen Minuten zu beruhigen schien und sich wieder auf den Bettrand setzte, schlug mein Herz schneller. Was bedeutete dieses ganze Spiel? Warum hatte er, nachdem er an mir herumgespielt hatte, so etwas wie einen Seufzer ausgestoßen? Die Fragen blieben ohne Antwort, und während der lästige Besucher auf Zehenspitzen in das Zimmer nebenan zurückkehrte, in dem meine Großmutter schlief, blieb ich in einem Zustand banger Sprachlosigkeit eine Weile wach liegen.
> (Goytisolo, *Eine spanische Jugend:* 110f.)

Die nächtlichen Besuche des Großvaters wiederholen sich noch mehrere Male. Juan weiß nicht anders darauf zu reagieren, als sich schlafend zu stellen, um „so das Schauspiel seiner lästigen und wiederholten Praktiken" (ebd.: 111) zu umgehen. Trotz des Versprechens, niemandem von den nächtlichen Besuchen zu erzählen, vertraut sich Juan seinem älteren Bruder José Agustín an. Als auch der Vater davon erfährt, läßt der seinem bislang unterdrückten Haß auf den Schwiegervater freien Lauf. Juan erfährt nun das Motiv dieser tiefen Abneigung: Vor dem Krieg wurde der Großvater wegen pädophiler Handlungen angezeigt, was nicht nur die Entlassung aus dem Staatsdienst zur Folge hatte, sondern auch eine öffentliche Demütigung für die gesamte Familie bedeutete. Da er finanziell von ihm abhängig ist, kann Juans Vater jedoch mit seinem Schwiegervater nicht vollständig brechen. Dennoch läßt er keine Gelegenheit mehr aus, ihn zu demütigen und seine Verachtung spüren zu lassen. Der Großvater seinerseits nimmt diese Demütigungen ohne Aufbegehren wie eine gerechte Strafe für sein sündhaftes Dasein an:

> Diese Übereinstimmung mit dem Urteil anderer, diese unterwürfige Hinnahme seines naturgegebenen Status als Paria, die Unfähigkeit, auf die Angriffe, die er stän-

dig über sich ergehen lassen mußte, zu reagieren, lösten später ein ungeheures Mitleid in mir aus. Seine jahrelang schamhaft verborgene zwanghafte Päderastie hatte er als eine urpersönliche Tragödie erlebt: ein von der Religion, an die er glaubte, und von der Gesellschaft, in der er lebte, verdammtes Laster. Da ihm die notwendige moralische Kraft fehlte, um sich zu ihm zu bekennen, blieb ihm nichts anderes übrig, als jedesmal, wenn er ihm unglücklicherweise nachgab und daraufhin an den Pranger gestellt wurde, dem Beil des Henkers seinen Kopf hinzuhalten. Die Einnerung an diese auf die Geringschätzung der anderen folgende Selbstverachtung, an diesen hingenommenen und schließlich in ein Schuldgefühl verwandelten Schimpf wog sehr schwer bei meinem Entschluß, allen Widerständen zum Trotz zu meiner Veranlagung zu stehen und die Dinge gegenüber den andern und mir selber klarzustellen. Als Monique ihren ersten Roman *Les poissons-chats* (Die Katzenfische) veröffentlichte, ein Buch, in dem die Liebe der Heldin zu einem Homosexuellen beschrieben wird, war die Lektüre, wie mir Luis erzählte, für Großvater Ricardo, zwei oder drei Jahre vor seinem Tod, ein gewaltiger Schock. Weinend erklärte er ihm, daß die im Buch dargestellten Leidenschaften eine schreckliche Sünde seien; daß er sein ganzes Leben lang darunter gelitten habe, daß er ihnen immer wieder erlegen sei und damit Gott aufs schwerste beleidigt habe. Die Vorstellung, seinen Spuren zu folgen, mich ebenfalls mit einem armseligen und zerstörten Leben abzufinden, war das wirkungsvollste Gift gegen meine Zweifel und mein Zögern an dem mehr oder weniger erwarteten Tag, an dem ich mich in der widersprüchlichen Lage befand, eine intensive Liebesbeziehung mit Monique zu erleben und zugleich ein bis dahin unbekanntes physisches Glück mit einem marokkanischen Maurer zu entdecken, der vorübergehend in Frankreich lebte und arbeitete. Glücklicherweise ersparte der Tod meinem Vater diesen letzten grausamen Schicksalsschlag: festzustellen, daß seine geheimen Ängste, vielleicht sogar seine düsteren Vorahnungen, sich schließlich bei mir erfüllt hatten. (ebd.: 115f.)

Zum Zeitpunkt der nächtlichen Begegnungen mit dem Großvater ist Juan allein der Gedanke an die mögliche eigene Homosexualität noch fern. Bestimmend ist hingegen die zunehmend aggressiver werdende Stimmung, die in Juan den Wunsch verstärkt, dieser latenten Spannung und der beklemmende Enge und Strenge der väterlichen Fürsorge zu entfliehen.

Illustriert der erste Teil von *Coto vedado* vor allem Goytisolos Kindheit, so stehen im Mittelpunkt des zweiten Teils die Erfahrungen des Studentenlebens, das zunehmende Interesse an der Literatur, die wachsende Kritik gegenüber dem Franco-Regime und schließlich die Übersiedlung nach Frankreich.

Nach dem Abitur schreibt sich Goytisolo 1948, dem Beispiel seines älteren Bruders folgend, an der Universität für Jura ein. Seine Begeisterung für die Literatur (vor allem für Gide, Sartre, Camus) wächst, und auch seine religiösen Zweifel nehmen zu. Eine der ersten großen Unifreundschaften Juans wird „Mariano Castells, der Sohn einer bekannten Barceloneser Familie, dessen brillanter und zügelloser Charakter, zusammen mit seinem unersättlichen Lesehunger, ihn sehr schnell angezogen und verzaubert haben" (Goytisolo, *Die Häutung der Schlange:* 161). Die beiden schließen sich mit anderen Kommilitonen zu einer *tertulia*, einem literarischen Zirkel, zusammen, dem neben namhaften Persönlichkeiten wie Ana María Matute, Carlos Barral, Fernando Diaz-Plaja und Salvador Espriu auch ein nicht namentlich genannter Dramatiker angehört. Es kommt zum Eklat, als der Dramatiker nach einem vertrauten Gespräch mit Mariano eines Abends „in dem irrigen Glauben, er habe das Terrain mit Zitaten von Platon und Hinweisen auf Gide vorbereitet, zu Marianos Schrecken und Überraschung versuchte, vom Wort zur Tat zu schreiten" (ebd.: 185). Dem Verführungsversuch folgt stehenden Fußes der Ausschluß des Schuldigen aus der Gruppe:

> Die übrigen Mitglieder unserer Gruppe teilten die heftige Mißbilligung Marianos: wie ich schon damals nach dem Vorfall mit dem Großvater in meiner eigenen Familie hatte feststellen können, war das diffamierende Wort »Schwuler« auch weiterhin das *monstrum horrendum, informe, ingens*, ein Stigma oder Schandfleck, für den es keine Entschuldigung und kein Mitleid gab. Luis Carandell wurde damit beauftragt, dem Ruchlosen den Urteilsspruch der Verbannung bekanntzugeben, und dieser versuchte nicht einen einzigen Augenblick, zu protestieren oder sich dagegen aufzulehnen. Als Sündenbock der Gesellschaft beugte er wie mein Großvater die Stirn und folgte dem ungerechten Gesetz der Unterdrückung: da er den ihn verdammenden Spruch verinnerlicht hatte, gab es für ihn keinen anderen Ausweg als Schweigen, Scham und Demütigung (ebd.: 186).

Ähnlich wie der Großvater, akzeptiert der ansonsten selbstbewußt und geistreich auftretende Dramatiker fatalistisch den Schiedsspruch der anderen als scheinbar berechtigte Strafe. Dadurch, daß sich Goytisolo wieder nur die Schattenseiten des Andersseins vergegenwärtigt, nimmt auch die zweite Konfrontation mit der Welt der Homosexualität einen dramatischen Verlauf. Er selbst findet sich das erste Mal in der Rolle des Angeklagten, als ein Bekannter Mariano gegenüber andeutet, Juan sei homosexuell – eine Behauptung, die sich nicht auf Fakten gründet, sondern auf bloße Vermutungen, die sich letztlich wiederum auch als wahr erweisen werden. Zwar gelingt es Juan, mögliche Zweifel Marianos an seiner „Normalität" zu zerstreuen, die direkte Konfrontation mit seiner nicht eingestandenen Homosexualität hinterläßt allerdings tiefe Spuren:

> Obgleich der Vorfall bald vergessen war, hinterließ er dennoch einen bitteren Beigeschmack. Die Vorstellung, daß ich für ein Mitglied dieser Zunft gehalten wurde, die Gegenstand allgemeiner Verachtung und Abscheu war, erfüllte mich mit Angst und Schrecken. Der pathologische Horror meines Vaters, der durch das erzwungene Zusammenleben mit dem Großvater von Tag zu Tag größer wurde, hatte mich stark

geprägt. Alle meine Freunde, mit ein oder zwei Ausnahmen, bekundeten den gleichen heftigen Abscheu für die »Homos«. In dem Wunsch, jedem möglichen Verdacht zu entgehen, tat ich so, als interessierte ich mich für die Freundinnen Marianos und Juan Eugenio Moreras. Doch diese Versuche, der Öffentlichkeit ein »normales« Bild von mir zu bieten, stießen sofort auf ein Hindernis, für das es keine Lösung gab: meine Zurückhaltung, um nicht zu sagen meine Gefühlskälte gegenüber diesen Mädchen (ebd.: 189f.).

Das Problem wird kurzzeitig entschärft, als Goytisolo nicht sehr viel später nach Madrid zieht und so nicht nur der düsteren, durch den voranschreitenden finanziellen Ruin der Familie immer deprimierenderen Atmosphäre des Elternhauses, sondern auch weiteren möglichen Konfliktsituationen wegen seiner Sexualität entgeht. Im Vergleich zur bedrückenden Enge der Familienvilla empfindet Goytisolo seinen Madrid-Aufenthalt als ungeahnte Befreiung. Bei seinen nächtlichen Streifzügen schließt er zahlreiche neue Bekanntschaften. Einer der vielen lateinamerikanischen Kommilitonen, mit denen er sich anfreundet und mit denen er das Nachtleben der Hauptstadt genießt, ist der Kolumbianer Lucho, „ein kräftiger Bursche von etwa dreißig Jahren mit einem dunkelhäutigen, wie gemeißelten Gesicht und von ungewöhnlicher Stärke, Vitalität und Anziehungskraft" (ebd.: 201). Das persönliche Drama beginnt, als Juan während einer der nächtlichen Touren Lucho im Vollrausch streichelt, was nicht unbemerkt bleibt:

Dieser moralische Schock stürzte mich in einen schwer zu beschreibenden Zustand der Demütigung und der Bestürzung: was ich, seit ich der Kindheit entwachsen war, dunkel und instinktiv gefürchtet hatte, war mit überraschender Pünktlichkeit eingetreten. Ich fühlte mich nackt, wehrlos, verwundbar, grund- und schuldlos dem Gespött und der Schande ausgesetzt. Was mich am meisten kränkte und aufwühlte, war die Tatsache, daß diese Geschichte geschehen war, ohne daß mein Wille die geringste Rolle dabei gespielt hatte: ganz natürlich und unabänderlich, eine absurde Strafe oder ein grausamer Scherz des Schicksals. Irgend jemand, der in meinem Innern auf der Lauer lag, hatte sich meine momentane Unaufmerksamkeit zunutze gemacht und mich zu einem unschicklichen Verhalten verführt, das ich selber, wenn ich bei klarem Verstand und Herr meiner Sinne war, ohne Wenn und Aber verurteilte. Doch wer war dieser spöttische und übelwollende Störenfried, der, vom Alkohol ermutigt, mich widerrechtlich mit den allseits verachteten Parias in Verbindung und mich so in die mißliche Lage brachte, mich bei meinen Freunden zu kompromittieren? Angst und Abscheu vor dem unerwünschten Mr. Hyde, dessen verborgener Wirklichkeit ich mir plötzlich bewußt wurde, führten dazu, daß ich meine Wachsamkeit mir selber gegenüber verstärkte: in Zukunft mußte ich, wollte ich mein beschädigtes Image wieder aufpolieren, alle Umstände vermeiden, die sein Wiederauftauchen begünstigen konnten. Doch das Übel war geschehen, und dennoch lehnte ich mich, von sinnlosen Gewissensbissen gepeinigt, mit allen Kräften gegen das Urteil eines fernen, nicht greifbaren Gerichts auf (ebd.: 206f.).

Lucho schenkt diesem Zwischenfall keineswegs die Bedeutung, die ihm Juan beimißt. Vielmehr geht er zur Tagesordnung über und versucht die „Katastrophe" (ebd.: 207) herunterzuspielen, indem er diesen Ausdruck von Körperlichkeit als selbstverständliches Zeichen einer freundschaftlichen Beziehung hinstellt. Rückblickend wird sich Goytisolo fragen, ob ein späterer Zwischenfall, von Lucho provoziert, als Test oder als Aufforderung zu mehr zu interpretieren war:

> Lucho (...) war am Ende so betrunken, daß er sich nicht mehr auf den Beinen halten konnte. Ich begleitete ihn in mein Zimmer und half ihm, sich aufs Bett zu legen. Als ich gehen wollte, hörte ich, wie seine rauhe Stimme meinen Namen rief und mich aufforderte, mich neben ihn zu legen. Selbst heute, nach dreißig Jahren, bin ich mir immer noch nicht der Bedeutung oder der Absicht seiner Worte sicher: war es eine Aufforderung zu einer wirklichen Intimität zwischen uns oder war es, wie ich damals vielleicht irrtümlich glaubte, eine letzte Probe, auf die er mich stellen wollte, um die Wahrheit über mein seltsames Verhalten herauszufinden? Doch wenn seine Trunkenheit übertrieben oder vorgetäuscht war, hätte er mir dann nicht öffentlich eine Falle gestellt, um mich vor den andern bloßzustellen? Die Anziehungskraft, die Lucho während meiner alkoholbedingten Verwirrung auf mich ausgeübt hatte, zeigte an jenem Abend, an dem ich nur ein paar Schluck getrunken hatte und nüchtern geblieben war, keine Wirkung: Mr. Hyde tauchte nicht wieder auf (ebd.: 211f.).

Goytisolos Autozensur gipfelt im therapeutischen Versuch, mit Homosexuellen zu schlafen, um so die gewollte Heterosexualität bestätigt zu bekommen:

> Um das Bild meiner Abenteuer zu vervollständigen, sei noch hinzugefügt, daß ich, um mir nach der kläglichen Episode mit Lucho Klarheit zu verschaffen, meine Angst und meine Verwirrung überwand und damals das Angebot annahm, mit Homosexuellen, die ich in irgendeiner Vorstadtkneipe kennengelernt hatte, ins Bett zu gehen. Doch meine Unbeholfenheit und Gefühlskälte ihnen gegenüber, wie ich sie vermutlich mit einem zimperlichen Mädchen aus gutem Hause ähnlich empfunden hätte, überzeugten mich von der Nutzlosigkeit, meine Bemühungen auf diesem Gebiet fortzusetzen. Mit einer Mischung aus Enttäuschung und Erleichterung – einer Erleichterung, die dennoch ein wenig Traurigkeit einschloß – gab ich mich eine Zeitlang der tröstlichen, betäubenden Vorstellung meiner vermeintlichen „Normalität" hin (ebd.: 222).

1953 kehrt er nach Barcelona zurück, und so ist es wieder die Veränderung des Wohnorts, die ihn vor einem klaren Eingeständnis bewahrt. Zum Leidwesen seines Vaters bricht Goytisolo das Jurastudium ab und unternimmt seine erste Parisreise. In diesem Zeitraum beginnt auch sein Interesse für den Marxismus. 1954 erscheint *Juegos de manos*, ein Jahr später *Duelo en el paraíso*. Der bekannte Übersetzer Coindreau, der auf die Romane aufmerksam wird, möchte sie beim französischen Verlag Gallimard veröffentlichen. Goytisolo reist deshalb 1955 zwei weitere Male nach Paris, wo er die Bekanntschaft zweier Menschen macht, die sein Leben nachhaltig beeinflussen und verändern werden: Juans spätere Lebensgefährtin und Ehefrau Monique Lange, Lektorin bei Gallimard, und Jean Genet, *enfant terrible* der französischen Kultur- und Literaturszene und Moniques Freund, der Goytisolo helfen wird, frei von allem moralischen Ballast der konservativ-katholischen Erziehung, zur eigenen Identität und Sexualität zu finden. Nachdem er 1956 seinen Militärdienst in Mataró abgeleistet hat, läßt sich Goytisolo in Paris nieder. Mit der Übersiedlung nach Frankreich, die trotz vereinzelter Reisen nach Spanien, einem freiwilligen Exil gleichkommt, beginnt für ihn ein völlig neuer Lebensabschnitt, ein langsamer Selbstfindungsprozeß, geprägt von der Akzeptanz der eigenen Homosexualität, die einen grundsätzlichen, weitreichenden Persönlichkeitswandel bewirken wird. Auf diese „Häutung" konzentriert sich Goytisolos zweiter autobiographischer Roman *En los reinos de taifa*.

Nach seinem Umzug nach Paris wird Goytisolo als literarischer Berater bei Gallimard tätig und beschäftigt sich neben der Arbeit an seinen Romanen auch journalistisch. Er verkehrt mit den bekanntesten Schriftstellern und Intellektuellen (darunter viele lateinamerikanische) der Zeit. Als 1960 der jüngere Bruder Luis verhaftet wird, organisiert Juan eine breitangelegte Kampagne in den französischen Medien. Die heftigen Angriffe auf Goytisolo seitens der franquistischen Presse, die mit dieser Aktion einhergehen, gewinnen auch in den darauffolgenden Jahren immer wieder an Schärfe. 1962 fliegt Goytisolo nach Kuba, um sich mit den dortigen Intellektuellen zu treffen, doch seine Begeisterung für die Revolution beginnt angesichts der Tendenz, die die politische Entwicklung annimmt, zu schwinden. Zwar tritt er 1963 für kurze Zeit der KP bei, die unmenschliche, weil inquisitorisch anmutende Art und Weise aber, mit der die Partei Nonkonformisten (wie z.B. Semprún) behandelt, bewirkt eine starke Skepsis, die letztlich zum Zusammenbruch der politischen Ideale führt. Jedoch nicht nur das politische Idealbild unterliegt immer stärkeren Korrekturen, auch der Zweifel am eigenen Schaffen sowie die „ungelösten Probleme der sexuellen Identität", auf denen sein unaufrichtiges Verhältnis zu Monique fußt, bewirken „kurze Intervalle der Euphorie und der Inbrunst und dann wieder schraubenförmige Zyklen voller Depressionen und Selbstmordobsessionen" (ebd.: 74), die Goytisolo Anfang der sechziger Jahre in eine tiefe Krise stürzen. Im Jahr 1962, zum Zeitpunkt von Juans längerem Aufenthalt in Kuba, erreicht die Beziehung mit Monique ihren Tiefpunkt: Monique leidet unter der zunehmenden Entfremdung, deren wahre Gründe sie nicht kennt, und dem bevorstehenden Tod ihrer krebskranken Mutter;

Juan dagegen erlebt sein definitives *Coming-out*. Die beiden ertragen ihren Schmerz jedoch nicht gemeinsam, sondern entfremden sich mehr und mehr. Als ihre Mutter stirbt, kündigt Monique die Lektorenstelle bei Gallimard und geht (um Abstand zu gewinnen) mit Juan nach Saint-Tropez. Der Umzug nach Südfrankreich ist zugleich der Versuch, die angeschlagene Beziehung zu retten. Was Monique nicht weiß, ist, daß Juan zwischenzeitlich heimlich eine homosexuelle Beziehung mit dem Marokkaner Mohamed eingegangen ist, den er in einer Pariser Kneipe kennengelernt hat:

> Zu meiner Linken, den Rücken mir zugewandt, unterhielt sich ein junger Mann mit seinem Freund auf arabisch, und als dieser Freund wegging, drehte er sich plötzlich mir zu. Schlank, sehnig, mittelgroß, mit dunklen Augen und einem großen schwarzen Schnurrbart, ging von seinem Gesicht ein starker Eindruck von Kraft und Herzlichkeit aus. Er bat mich um Feuer, und da er sah, daß meine Hände zitterten, als ich ihm das Streichholz hinhielt, hielt er sie mit den seinen fest. Merci, Khouya, sagte er, indem er seine Sprache mit dem Französischen mischte. Ich weiß nicht mehr, worüber wir sprachen, und ich habe auch nicht mehr die geringste Ahnung, was wir tranken: vielleicht zwei oder drei Glas Bier, die der Kellner auf ein Zeichen von mir jedesmal schnell vor uns stellte, da ich die Absicht hatte, dieses zufällige und verheißungsvolle Gespräch fortzusetzen. Ich fürchtete schon, der Faden könne beim Bezahlen abreißen und jeder würde seiner Wege gehen; doch mein Nachbar strafte meine Befürchtungen Lügen, er wartete, bis der Kellner das Wechselgeld brachte, und ging mit mir hinaus. »Ich weiß nicht, wo ich heute nacht schlafen soll«, sagte er zu mir. »Kennst du einen Ort, wo wir die Nacht zusammen verbringen können?« Obgleich mir das Herz plötzlich bis zum Halse schlug, blieb ich nach außen hin ganz ruhig; ich sagte ihm, daß es im Viertel viele Hotels gebe: in einem von ihnen würden wir schon ein Zimmer finden. Wir gingen den Boulevard Rochechouart hinauf und stießen sofort auf ein Hotel, das am Anfang der Rue de Clignancourt lag. Das Zimmer war unwohnlich und armselig, mit einem Doppelbett, an dessen Kopfende eine lange Schlummerrolle lag. Während ich mich auszog, schlüpfte Mohamed unter die Decke, wobei er mich nicht aus den Augen ließ und mit seinen vollen Lippen unter dem struppigen Schnurrbart lächelte. Mein langsamer Untergang in die Lust war im bewegten Halbschlaf der Nacht von einer wiedergefundenen Heiterkeit begleitet (ebd.: 263f.).

Diese „wiedergefundene Heiterkeit" (ebd.: 264) der Pariser Zeit, deren Grund Monique bestenfalls ahnt, strahlt jedoch nur teilweise auf beider Beziehung aus. Saint-Tropez ist zu klein und zu provinziell, als daß sich Juan sexuell mit anderen Männern ausleben könnte. Diese aufgezwungene Abstinenz läßt ihn erkennen, wie wichtig ihm der gleichgeschlechtliche Sex ist, aber auch welch herausragende Rolle Monique nach wie vor in seinem Leben spielt. Aus Angst sie zu verlieren, behält er sein Geheimnis für sich, was die Situation nicht unbedingt entspannt. Als der Zustand unhaltbar wird, entscheidet sich Juan für einen klärenden Brief, den er kurz vor seiner Abreise in die UdSSR, wohin er 1965 auf Einladung des russischen Schriftstellerverbandes fliegt, schreibt. In diesem Brief, der auch in *En los reinos de taifa* wiedergegeben ist (280-286), gesteht er Monique die Wahrheit über seine sexuelle Orientierung. Monique, die wenig später mit ihrer Tochter ebenfalls in Moskau eintrifft, und Juan nutzen den Aufenthalt, um ihre Beziehung neu zu überdenken. 13 Jahre später, am 17. August 1978, heiraten beide in Paris.

Angesichts von Moniques Toleranz in sexuellen Dingen und ihrer allgemein bekannten Begeisterung für die schwule (Halb-)Welt, erscheint Goytisolos langes Schweigen nur bedingt gerechtfertigt. Während Monique „einen regelrechten Tuntenkult" (ebd.: 244) zelebriert, begeistert sich Juan besonders für das betont männliche Wesen der arabischen Homosexuellen; dabei interessieren ihn vor allem intellektuell unterlegene Männer:

> Besessen von ihnen und ihrer herben Lust, suchte ich instinktiv danach, wie ich meine physische Unterwerfung durch eine intellektuelle Beherrschung ausgleichen könne, die das Gleichgewicht zwischen den Waagschalen herzustellen vermöchte. Die Lust, die mir diese Entschädigung verschaffte – das heimtückische, verschwiegene Gefühl, Herr über ihr Schicksal und ihr Leben zu sein, wenn sie meiner Feder die an ihre nächsten Angehörigen gerichteten Worte anvertrauten –, war ebenso stark wie das Gefühl, welches ich in der Gemeinsamkeit mit ihrem Geschlecht empfand: der Akt des Schreibens und des Wortergreifens an ihrer Stelle, der mit der gleichen Ausschließlichkeit geschah, mit der sie einige Stunden oder einige Minuten zuvor über meinen Körper verfügt hatten, sollte häufig das offensichtliche Wohlwollen des Schreibens mit dem geheimen Behagen der Erektion vermischen (ebd.: 267f.).

Das „Eindringen der maghrebinischen Welt" (ebd.: 269) in Goytisolos Leben (gemeint ist die Beziehung mit Mohamed) bewirkt eine radikale Wende, die weit über rein sexuelle Begierde hinausgeht:

> Die späte Berufung zum Linguisten und Ethnologen, der ich in den letzten Jahren dem Anschein nach unsinnig viel Zeit und Energie gewidmet habe, um zunächst einmal maghrebinisches Arabisch und dann Türkisch zu lernen, entstand aus dem hartnäckigen Wunsch und dem Willen heraus, mich einem physischen und kulturellen Körpermodell zu nähern, dessen Glanz und Glut mich wie ein Leuchtturm leitete. Die Umwandlung des meiner Normabweichung innewohnenden Stigmas in eine fruchtbare Neugier für das Fremde wurde so zu einer Gnade, zu der ein in der konventionellen Starrheit seines engstirnigen Universums gefangener Bürger keinen Zugang hat. Indem ich unversehens Sexualität und Literatur miteinander verband, konnte ich mir im Gegenzug eine neue, gereinigte, durch die harte, quälende Erfahrung der Begierde geklärte Sprache erschaffen – ein langer, fruchtbarer Prozeß, dessen Ursprung in dieser zufälligen Erstbegegnung lag: Mohamed, mit seinem Päckchen Gitanes an der Theke einer Kneipe an Boulevard de la Chapelle stehend, in die ich eingetreten war, ohne ihn zu sehen (ebd.: 264f.).

„Der mit dem schändlichen Laster verbundene Fluch hatte sich plötzlich in Anmut verwandelt" (ebd.: 269); der „moralische Schaden", der Jahre zuvor der unglücklichen Episode mit Lucho folgte, ist zu einer „vitalen Quelle der Erkenntnis geworden" (ebd.: 357). Je selbstbewußter Goytisolo seine nunmehr angenommene Homosexualität nicht nur sich selbst gegenüber, sondern auch nach außen hin vertritt, d. h. je selbstverständlicher und nachhaltiger sich die Akzeptanz der eigenen Persönlichkeit gestaltet, umso stärker findet sie auch Eingang in sein literarisches Werk. So werden nach Goytisolos *Coming-out* Sexualiät und arabische Kultur zu wesentlichen Eckpfeilern sowohl seines Lebens als auch seines Schaffens:

> Der Einbruch der Lust mit Männern in meine Welt verlangte eine Hingabe von Leib und Seele an den Abgrund des Schreibens; nicht nur eine Übereinstimmung oder ein Zusammenspiel zwischen Hingabe und Schreiben, sondern etwas Vielschichtigeres und Umfassenderes: persönliches Universum und Erfahrung der Welt sowie bis dahin verborgene Bezirke dergestalt in den Text des Werkes, das ich undeutlich vor mir sah, einfließen zu lassen, daß nicht nur sie, sondern ich selber als zusätzliche konstitutive Elemente integriert wurden (ebd.: 270).

Das Werk, auf das oben anspielt wird, ist der 1966 erschienene Roman *Señas de identidad,* den Goytisolo im Herbst 1965, also kurz nach seiner Rückkehr aus der UdSSR, in Tanger vollendet. Der Roman markiert einen Wendepunkt in der spanischen Literatur wie in Goytisolos Leben. Waren die Anfangswerke noch politisch motiviert, bzw. dem *realismo social* der spanischen Nachkriegsliteratur verpflichtet, so geht es in *Señas de identidad* nicht mehr in erster Linie darum, die Mißstände des Franco-Regimes kritisch zu beleuchten, sondern das eigene Verhältnis zum Vaterland, zur Geschichte, Religion, Kultur und Sprache im Rahmen einer persönlichen Identitätssuche zu erforschen und aufzuarbeiten. Die bereits durch die Titelgebung programmatisch exponierte Identitätssuche des Protagonisten, der viele Gemeinsamkeiten mit Goytisolo selbst aufweist, geht mit der Suche nach der nationalen Identität Spaniens einher, die am Ende zur Abnabelung vom Vaterland führt. Kreist in diesem Roman die Handlung noch weitgehend um die Erfahrungen der Hauptfigur im freiwilligen Pariser Exil, so geht Goytisolo in *Reivindicación del conde don Julián* (1970) noch einen Schritt weiter. Hier ist es bereits erkärtes Ziel, Spanien zu zerstören; eine Haltung, die sich in *Juan sin Tierra* (1975) schließlich zu einer generellen Kampfansage an die gesamte abendländische Kultur ausweitet.

Ein wesentlicher Grund für die Hinwendung zur arabischen Welt liegt nicht zuletzt in der körperbezogenen Sinnlichkeit, welche die islamische Kultur im Gegensatz zur katholischen keineswegs als sündhaft ausschließt;

d.h. Goytisolos Kampfansage konzentriert sich nicht ausschließlich auf die jahrhundertealten, seiner Meinung nach stereotypen iberischen Tugenden (Tapferkeit, religiöse Ergebenheit usw.), auf denen auch das Franco-Regime seine Ideologie gründet, sondern bezieht zugleich Attacken auf die ebenso alte Lustfeindlichkeit der katholischen Kirche, die dem Individuum das Recht auf den souveränen Umgang mit dem eigenen Körper und somit der eigenen Sexualität verwehrt, mit ein. Mit seinem Plädoyer für eine körperbezogene Literatur, wie sie seines Erachtens vor der Mauren- und Judenvertreibung in Spanien existierte, wird er zum Exegeten einer neuen, der traditionellen Interpretation entgegengesetzten Literaturgeschichtsschreibung.

Dementsprechend groß ist verständlicherweise Goytisolos Interesse an (spanischen oder spanischsprachigen) Autoren, die es auch in Zeiten unnachgiebiger staatlicher bzw. kirchlicher Repression wagten und (noch) wagen, Sexualität – gegebenenfalls codiert – zu thematisieren. In seinem Essay-Band *Disidencias* (1977) beispielsweise analysiert er u.a. das Verhältnis von „Erotik und Tabu in den Schriften verschiedener spanischer Autoren des 15., 16. und 17. Jahrhunderts" (Goytisolo, *Dissidenten:* 7) sowie der Gegenwart, für die er z.T. ebenso originelle wie erhellende Lesarten anbietet. Viele der von Goytisolo porträtierten Schriftsteller mußten ihre Offenheit mit dem Exil bezahlen. Mitte des 20. Jahrhunderts waren spanische Autoren noch immer bzw. wieder gezwungen, zwischen Selbstzensur, innerer Emigration und Dissidieren zu wählen. Goytisolo entschied sich freiwillig für das Pariser Exil, allerdings nicht aus primär existentiellen, politisch motivierten Gründen heraus, sondern weil er schon bald erkannte, daß die Zensoren vielen seiner Werke nie die Möglichkeit der Publikation gewährt hätten; war doch zu Francos Lebzeiten die explizite Darstellung sexueller Szenen, vor allem gleichgeschlechtlicher, praktisch ebenso unmöglich wie offene Kritik am politischen System. So erschienen jene Bücher, die deutlich regimefeindliche oder homoerotische Passagen enthielten, auch meist in Frankreich oder Lateinamerika. Daß *Señas de identidad* nicht in Spanien, sondern in Mexiko publiziert wurde, lag in erster Linie an der politisch brisanten Thematik des Buches, nicht an der kurzen homosexuellen Textstelle, deren deutlich autobiographische Komponente dem Leser von *En los reinos de taifa* unwillkürlich ins Auge springt:

> Du schlenderst langsam dahin. Der Araber hat die Betrachtung des Panoramas der Kräne aufgegeben und geht ebenfalls weiter, vorsichtig und ängstlich, die Hände in den Taschen vergraben. Etwa zwanzig Meter von ihm entfernt, kannst du nach Belieben seine Gummistiefel betrachten, die Hose aus einem hellblauen schweren Wollstoff, die Lederjacke mit den pelzbesetzten Revers, die Wollmütze auf seinem Kopf. Seine diskrete Anwesenheit beherrscht die Straße. Als er vor den kahlen

Anlagen des Platzes ankommt, biegt er in Richtung des Boulevards ab, er wartet, ohne sich umzudrehen, auf grünes Licht, überquert die Fahrbahn und geht, wie du vorausgesehen hast, unter dem rostigen Dach der Hochbahn weiter nach La Chapelle. Du folgst ihm.
[...] Der Araber bleibt stehen und sieht sich mit geistesabwesender Miene um. Als du ankommst und seinem Beispiel folgst, mustert er dich einige Sekunden mit seinen tiefen, schwarzen Augen. Er hat die rechte Hand aus der Tasche seiner Jacke genommen und fährt sich mechanisch mit Daumen und Zeigefinger über den Schnurrbart. [...] Als ihr euch trenntet, ging er, ohne dir seine Adresse zu geben oder dich um die deine zu bitten. Er hatte zwei Frauen und sechs Kinder, und du erfuhrst nie, wie er hieß. (Goytisolo, *Die Häutung der Schlange:* 409f.)

Der gleichgeschlechtliche Verkehr wird hier noch durch einen *blanc* lediglich angedeutet. Weitaus offener und radikaler beschreibt Goytisolo sexuelle Extreme hingegen in seinen späteren Büchern. *Paisajes después de la batalla* (1982) beispielsweise erzählt die sadomasochistischen Phantasmagorien eines pädophilen Fetischisten aus dem Pariser Stadtteil Le Sentier, einem Schmelztiegel der unterschiedlichsten Nationalitäten und Rassen. Die besondere Vorliebe des Protagonisten, der weder mit seinen Freunden noch mit seiner Frau kommuniziert, gilt jungen Mädchen, die er auf dem Spielplatz anspricht oder die er über Kontaktanzeigen kennenlernt. Seinen perversen Phantasien läßt der eigenwillige Einzelgänger in Briefen, die er schreibt und mit peinlich genauer Akribie sammelt, freien Lauf:

Eine Möhre im Hintern, mit herausragendem Strunk, so reibe ich mir jetzt einen und denke an Dich. Nach dem Foto von meinem Arsch wirst Du inzwischen das von meinem Schwanz bekommen haben, aufgenommen in vollem Aufstand. Ich erwarte Deine Antwort, die ich wie versprochen nackt lesen werde, den Schwengel in der Hand und einen Finger in der Hinterpforte, es sei denn, Du verlangtest von mir eine noch albernere und demütigendere Position. Außerdem warte ich ungeduldig auf das Polaroid, das gleichzeitig Dein Gärtchen und Deine fette Rosette zeigen sollte, mit ein paar Pipitröpfchen vom ersteren und einem Stück Papier, das intimen Kontakt zum letzteren gehabt hat, damit ich in unsagbarer Wonne daraus atmen kann. Dein demütiger Bewunderer und Sklave: DER REVEREND.
(Goytisolo, *Landschaften nach der Schlacht:* 61)

Diese Träume werden teilweise sogar Realität, als die kleine Agnes auf den Brief antwortet. Als sie jedoch den „Reverend" in oben beschriebener Position fotografiert, um die Bilder an seine Ehefrau und sämtliche Nachbarinnen zu verschicken, nimmt die gesuchte Demütigung eine unerwartete Eigendynamik an. Bei aller Derbheit bleibt aber auch Raum für kunstsinnige Reflexionen, z.B. über die „unglaubliche und unerhörte Neigung zur Poesie" (ebd.: 78) des Protagonisten.

Mit *Paisajes después de la batalla* bleibt Goytisolo seinem komplexen narrativen Konzept, das er bereits zwei Jahre zuvor im Roman *Makbara* (1980) erfolgreich umgesetzt hatte, treu. Die beiden zentralen, homosexuellen Hauptfiguren dieses Romans sind ein Paria und ein Engel. Der akzentuiert maskuline Paria ist ein lepröser, von Mäusen angefressener Aussätziger, der, wo immer er erscheint, Aufsehen erregt. Ein Grund dafür ist sein enormes, auffälliges Geschlechtsteil, ein „dunkles, pochendes Eichel-As, unfreiwillig Anlaß für Hohn, Neid, Bestürzung: unterwürfig auf den ersten Blick, doch störrisch, aufständisch, trotzig, bei der geringsten Erregung oder Unachtsamkeit sofort bereit, den Kopf unter dem Saum hervorzustrecken" (Goytisolo, *Engel und Paria:* 45). Dem Paria steht praktisch diametral der Engel gegenüber, ein aus dem Paradies verstoßener Transsexueller, dessen Nonkonformismus den himmlischen Autoritäten entschieden zu weit geht, denn „sie forderte das Recht auf Verschiedenheit, dich zu verwirklichen in der Hinnahme deiner bereichernden Anomalie, öffentlich zu leben, bei Tageslicht, so wie es meine unteilbare Einzigartigkeit mir diktierte" (ebd.: 25). Nach einer Geschlechtsumwandlung verdingt sich der Engel als Prostituierte und träumt von der Ehe mit einem potenten marokkanischen Soldaten. Dieser wiederum ist (in wandelnder Gestalt) als Paria lesbar, mit dem der Engel mehrere sexuelle Begegnungen teilt, u.a. in Paris, in Afrika und zuletzt in der Kanalisation von Pittsburgh:

> komm näher, ich habe gelitten ohne dich, Tag und Nacht verzweifelt gesucht nach dir, komm dichter heran, laß mich dich berühren, ich weiß, daß du geil bist, dein Szepter ist stolz erhoben, dein knorriger Pilgerstock, mein kräftiger Amtsstab, ich will ihn formen und polieren, mein Fieber kühlen ein für allemal, seinen Honig an die Lippen führen, komm, steck ihn rein, versenk deinen Stachel, stoß den Schaft in mich, wir wollen uns lieben wie von Sinnen, die Dunkelheit ist unser Haus, lösch das Licht, das mich zu dir geführt hat, die Nacht, die Einsamkeit, die Mäuse genügen uns, sittsam bin ich, ich will nicht, daß du mich siehst, dein Stamm ist eine Pracht, ich werde ihn aufnehmen bis zum Ende, am Grunde meiner Kehle soll er seine Rechte geltend machen, ich werde meinen Schleier abnehmen, die Tüllhaube, die Perücke, mein Amt verlangt Bewegungsfreiheit, Disziplin und tiefes Konzentrationsvermögen, ein Attribut wie das deine ist nicht jedermanns Sache, keine Novizin würde damit fertig, scheitern würde sie sofort, aufgeben nach der Hälfte des Versuchs, würde dich mit Eckzähnen, Schneidezähnen zerkratzen, würde ersticken, prusten wie ein gehetzter Wal (...), so, mein Schatz, rühr dich nicht, gib nichts auf die Lichter und den Lärm, werden Kanalarbeiter sein, Bettler, kommen her, um Ratten zu jagen, die Kloaken zu inspizieren, deine sechsundzwanzig Zentimeter in mir, als hätte sich mein Organismus potenziert, verschütte nicht deinen Likör, ein paar Sekunden halt noch aus, ich will mich laben, wieder jung werden (...), eine Waffe wie die deine vergißt man nicht, lauert im Arsenal der Erinnerung, bewahrt

ihre schamanische Kraft über Jahre, dein Trank ist wundervoll, gesegnet sei der Arzt, der ihn verschrieben, ich schlucke ihn in einem, lecke den Löffel ab, kehre zurück in die Zeit der Rationierung, deine armen Mäuse werden leer ausgehen, hast du gesehen, du Halunke?, und er will immer noch nicht sinken, bleibt stocksteif, für ihn, für dich werde ich mich entkleiden, das Modell Étincelle von Pronuptia, den Rock mit Volantschleppe, das unkonventionelle Dekolleté, die falschen Brüste aus Gummi, ich will mich auf ihn setzen, arbeiten mit Ellbogen und Knien, es gibt kein gelenkigeres, geschmeidigeres Mädchen als mich, was man an Jugend einbüßt, gewinnt man an Savoir-faire, keine Anfängerin könnte sich mit mir messen, ich bin ein Born des Wissens, eine emsige Spinne, meine tausend Beine überall (ebd.: 127ff.).

Angesichts der bevorstehenden Wiedereingliederung in die hierarchisch streng gegliederte, körper- und lustfeindliche Himmelsrepublik, bittet der Engel in einem Brief darum, erneut verstoßen zu werden:

Niedertracht, Elend und Abnormitäten, die ich in einer mangelhaften und hinfälligen Welt kennengelernt habe, welche rettungslos dazu verurteilt ist, zu verlöschen und der von uns verkörperten höheren Dynamik zu weichen, locken mich mehr als die unsagbare, ewig währende Glückseligkeit, mit der man mich unnützerweise bedacht hat und immer noch bedenkt
eine Minute der Lust, die Erinnerung an pralle Lippen, ein kämpferischer Katzenblick, eine wohlgerüstete, stolze Männlichkeit fegen Eure wundervollen Versprechungen und Wirklichkeiten mit einem Schlag hinweg
ich will endgültig sterblich sein, in die Jauchgrube der Geschichte stürzen
gebt mir mein Alter zurück, meine Falten, den zahnlosen Mund, meine verlebte Vagina, den geschundenen Anus
dies ist meine Selbstkritik, von ihr rücke ich kein Jota ab
im Vertrauen auf die unreine Wahrheit meiner Äußerungen lege ich mein Schicksal ganz in Eure Hände (ebd.: 162).

In *Makbara* zerstört Goytisolo bewußt den linearen Handlungsablauf. Zwar nähern sich die einzelnen Absätze wie Steinchen eines Mosaiks nach und nach einem Ganzen an, doch es wird bis zuletzt keine narrative Einheit erzielt. Dementsprechend lassen sich bestimmte inhaltliche Zusammenhänge lediglich deuten. Die Zerstörung des narrativen Aufbaus manifestiert sich in *Makbara* in neuen, immer radikaleren Erzählformen und -techniken, die Goytisolo seit *Señas de identidad* konsequent weiterentwickelt hat: innerer Monolog, collageartige Verwendung verschiedener Erzähler- und Zeitebenen, Perspektivenwechsel, Auflösung der Syntax und der Interpunktionsregeln, Einbeziehung fremder Sprachen usw. Diese systematische Auflösung der eigenen Sprache ist ebenso bittere wie logische Konsequenz im Abnabelungsprozeß von der spanischen Vergangenheit, denn nur eine von Tabus und falscher, ideologischer Rhetorik gereinigte Sprache ist (wie in *Makbara*) eine freie Sprache: „Befreiung der Rede, aller Rede, die dem herrschenden Regelmaß entgegensteht: Aufhebung des unerbittlichen, von Gesetz, Aberglauben, Brauch verhängten Schweigens: abrupter Bruch mit Dogmen und amtlichen Geboten" (ebd.: 181). Und ebendieser „befreiten Rede" weist Goytisolo eine neue, fundamentale Rolle zu:

> In den Ländern, in denen es keine Freiheit des künstlerischen Ausdrucks gibt (...), zeigt sich die provokatorische Macht des Schriftstellers in der Wahl von Themen, welche – da sie vom moralischen oder politischen Gesichtspunkt aus tabu sind – augenblicklich eine subversive Färbung annehmen. (...) In den Ländern, in denen diese Freiheit des Ausdrucks existiert, gibt es bekanntlich keine provokatorischen Themen mehr. Die letzten Tabus sind verschwunden – zumindest auf legaler Ebene –, und der Schriftsteller kann nicht mehr, wie vor zwanzig oder fünfundzwanzig Jahren noch, schockieren, wenn er etwa den Inzest oder Drogen, die Homosexualität oder das Verbrechen verherrlicht. Von dem Augenblick an, in dem der Nackte legal ist, kann es keine provozierenden Nackten mehr geben. (...) Sagen wir es mit aller Deutlichkeit: In der gegenwärtigen kapitalistischen Welt gibt es keine virulenten Themen mehr; die Sprache, und nur die Sprache, kann subversiv sein (Goytisolo, *Dissidenten*: 125f.).

Werke und Übersetzungen

Juegos de manos (1954), *Duelo en el paraíso* (1955), *El circo* (1957), *Fiestas* (1958), *Para vivir aquí* (1960), *Campus de Níjar* (1960), *La resaca* (1961), *La isla* (1961), *La Chanca* (1962), *Fin de fiesta* (1962), *Pueblo en marcha* (1963), *Señas de identidad* (1966), *El furgón de cola* (1967), *Reivindicación del conde don Julián* (1970), *Obra inglesa de José María Blanco White* (1972), *Juan sin Tierra* (1975), *Disidencias* (1977), *Libertad, Libertad, Libertad* (1978), *El problema del Sáhara* (1979), *España y los españoles* (1979), *Makbara* (1980), *Crónicas sarracinas* (1981), *Paisajes después de la batalla* (1982), *Coto vedado* (1985), *En los reinos de taifa* (1986), *Las virtudes del pájaro solitario* (1988), *Estambul otomano* (1989), *Aproximaciones a Gaudí en Capadocia* (1990), *La cuarantena* (1991), *Cuaderno de Sarajevo* (1993), *La saga de los Marx* (1993).

Die Falschspieler (1958), *Trauer im Paradies* (1958), *Das Fest der anderen* (1960), *Sommer in Torremolinos* (1963), *Strandgut* (1965), *Spanische Gewissensforschung* (1966), *Die Rückforderung des Conde don Julián* (1976), *Identitätszeichen* (1978), *Johann ohne Land* (1981), *Spanien und die Spanier* (1982), *Dissidenten* (1984), *Landschaften nach der Schlacht* (1990), *Die Quarantäne* (1993), *Notizen aus Sarajevo* (1993), *Jagdverbot. Eine spanische Jugend* (1994), *Ein algerisches Tagebuch* (1994), *Die Häutung der Schlange. Ein Leben im Exil* (1995), *Engel und Paria* (1995), *Weder Krieg noch Frieden: Palästina und Israel heute* (1995), *Gaudí in Kappadokien. Türkische Begegnungen* (1996), *Landschaften eines Krieges: Tschetschenien* (1996), *Die Marx-Saga* (1996).

Eduardo Mendicutti

„Yo no tengo la culpa de haber nacido tan sexy"
Von echten Ledermännern und falschen Heiligen

Von Dieter Ingenschay

An Samstagabenden kann man in Madrids traditioneller Schwulenbar „Black and White" einen charmanten, dezenten, gepflegten Literaten treffen, der absolut nicht so aussieht wie die „verrückten" Protagonisten seiner erfolgreichen Romane. Eher erinnert Eduardo Mendicutti (geb. 1948) an einen leitenden Angestellten aus der Chefetage einer umsatzstarken Consulting-Firma – und ungefähr das ist er auch, obwohl er gleichzeitig zu den prominentesten Vertretern einer „bewußt schwulen" Madrider Schriftstellergruppe zählt. Mendicuttis Foto und seine Artikel sind in den einschlägigen Stadtmagazinen ebenso allgegenwärtig wie seine Glossen in der Kolumne der Tageszeitung *El Mundo* und seine Fernsehauftritte; er ist ein engagierter Autor, der bei den „mesas redondas" und Aktivitäten des Madrider *gay life* selten fehlt.

Vielleicht sind Mendicuttis Romane und Erzählungen, obwohl er im andalusischen Sanlúcar de Barrameda (Provinz Cádiz) der Welt Licht erblickte, viel zu madridspezifisch, um übersetzt zu werden; in deutscher Sprache jedenfalls ist bislang leider nur ein knappes (absolut untypisches) Fragment aus dem Roman *El palomo cojo* zu lesen („Das Haus der Großeltern", in: *Die Horen* 179, 3. Quartal 1995). In Spanien ist dieser Text besonders durch die Filmversion bekannt geworden (die im übrigen in Mendicuttis originalem großbürgerlichen, inzwischen lange schon zu einem Hotel umgebautem Elternhaus gedreht wurde). Da zu den früheren Werken bereits Kommentare und Analysen (auch in deutscher Sprache) vorliegen, zentriere ich die folgende Präsentation auf den vorletzten Roman mit diesem vielsagend kitschigen Titel und einer Frontseite, die ein Foto von Pierre et Gilles ziert, eine „Sainte Marie Madelaine" als barbusige Pop-Ikone mit verklärtem Augenaufschlag. *Yo no tengo la culpa de haber nacido tan sexy* kann, wie zu zeigen sein wird, durchaus als Höhepunkt des bisherigen Schaffens Mendicuttis bezeichnet werden.

Der Roman

Da der Roman relativ neu und unübersetzt ist, sei eine kurze Inhaltsangabe vorangestellt. Das erzählende Ich – gehörig zu der Mann-zu-Frau-Transsexuellen Rebecca de Windsor (präoperativ Jesús López Soler) – stellt eines Morgens beim Blick in den Spiegel fest, daß die mehr als vierzig Jahre des Lebens an ihrem (bzw. die ersten 37 Jahre: an seinem) Körper nicht spurlos vorübergegangen sind und daß damit die Karriere eines selbsterklärten perfekten Sexsymbols zur Neige gehen könnte. Sie beschließt, dem Sex (und dem damit verbundenen Stress) zu entsagen und sich einem Leben in Heiligkeit zu widmen, und dies – wie alles, was sie in ihrem Leben unternahm – radikal. Sie will eine Superheilige werden, eine Heiligste der Heiligen, eine „wie sie im Buche steht". Also studiert sie zunächst die Werke der spanischen Barockmystiker, die Gedichte des Heiligen Johannes vom Kreuz, die Werke des Fray Luis de León und vor allem die Schriften der Heiligen schlechthin, der Teresa von Avila (auch Santa Teresa de Jesús genannt), deren fromme Ekstasen die französische Zeichnerin Claire Brétécher zu ihrem Comic *Die eilige Heilige* inspiriert haben. Kaum hat Rebecca ihren Beschluß gefaßt, in den Abteien des Landes, welche zahlende Gäste aufnehmen, nach dem neuen und wahreren Leben zu suchen, als sie in einer Madrider Kirche einen gutaussehenden und sehr stattlich gebauten jungen Mann beobachtet, der vor ihren Augen in gottnaher Levitation zu schweben beginnt. Auch dieser, Dany mit Namen, strebt nach einem gottgefälligen Leben. Beide machen sich in Rebeccas altem Golf auf den Weg, um in insgesamt sieben Klöstern die Nähe des Herrn zu suchen. Zuerst kehren sie in Santa María de Bobia ein, wo Rebecca und Dany einige erhebende Momente erleben: Während Dany in der Schar einiger in Klosternähe spielender Schulknaben Engel erkennt, kann Rebecca indes nur sterbliches Fleisch, „und zwar der allerersten Kategorie", sehen. Dafür begegnet sie in einem nächtlichen Traum dem Amado, dem göttlichen Geliebten, der sich letztlich allerdings ausgerechnet als Che Guevara erweist, dem Ideal früherer Zeiten, wie es vom Plakat ihres Jugendzimmers herabschaute.

Fiel eine gewisse Diesseitigkeitsverfallenheit schon in diesem ersten voll computerisierten Kloster auf, so erscheint die zweite Station, San Esteban de los Patios, als wahrer Ort klösterlichen Sakraltourismus. Die Anspielung auf den Heiligen Stefanus konkretisiert sich darin, daß die Abtei als Reliquie drei der Steine bewahrt, mit denen der Märtyrer getötet wurde. Dem frommen Vorbild nacheifernd, betreiben die sündigen Gäste vornehmlich alle Formen von Selbstkasteiung, und das Kloster San Esteban selbst widmet sich der Produktion und dem Vertrieb diverser Züchtigungsinstrumente. Es wird dort eine Geißel hergestellt, in deren Lederriemen kleine Steinchen eingelassen sind, die der klostereigenen Reliquie entnommen sind. Durch göttliche Wunderkraft wachsen die für die Herstellung jener Spezialgeißeln dezimierten Steine immer wieder nach – etwa so, wie bei dem biblischen Wunder der

Brote und Fische. Doch scheint die Selbstmißhandlung mit der Peitsche allein Danys Domäne zu sein; Rebecca findet keinen Gefallen an solcher fleischlichen Züchtigung.

Als nächstes gelangen die frommen Reisenden zu der Abtei San Juan de La Jara, einem mit EU-Gütesiegel ausgezeichneten Tourismuskomplex „de máxima categoría". Um Einlaß zu bekommen, muß sich Rebecca schweren Herzens optisch wieder in Jesús López Soler rückverwandeln, da an diesem Ort der kameradschaftlichen Männlichkeit Frauen nicht zugelassen sind. Als man beim Sport, der in San Juan de La Jara besonders ausgiebig gepflegt wird, feststellt, daß der Mann mit der zarten Haut in diesem Sinne keiner ist, muß Rebecca eilig das Kloster verlassen und die nächste Abtei aufsuchen, während Dany noch in der Männerherrlichkeit von San Juan zurückbleibt. Bevor Rebecca jedoch Nuestra Señora del Descanso, die vierte Station, erreicht, wird sie Zeugin seltsamer Ereignisse in einem Dorf, einer fürwahr Lorcaschen Geschichte, so sagt sie. Die frühere Lebensgefährtin eines örtlichen politischen Helden, legendär bekannt in der ganzen Gegend für ihr Recht, alle jungen Männer in der Nacht vor ihrer Eheschließung in ihr Bett zu holen, erweist sich nach ihrem Ableben überraschenderweise als Mann. Solche Erfahrung läßt Rebecca nicht nur in der Ruhe von Nuestra Señora del Descanso über ihre eigene Vergangenheit nachdenken, sondern führt auch zu intensiven mystischen Erfahrungen auf dem Weg zur Vereinigung mit dem „Geliebten".

Nachdem Dany – inzwischen völlig mittellos – sich ihr wieder angeschlossen hat, gelangen beide zu dem für die Schönheit seiner Gärten berühmten Konvent von San José de los Cuidados, wo Rebecca in dem kräftigen Gärtner ein Abbild des geliebten Gottes zu erkennen glaubt. Von dort aufgebrochen, treffen die Gottsuchenden auf eine Gruppe von Männern in einem Geländewagen, welche Rebecca in mystischer Verzückung als himmlische Engel identifiziert. Sie sind auf dem Weg zum „Gran Encuentro", zum Großen Treffen, und auch sie wollen eine Nacht im Kloster San Servando, der sechsten Station der modernen Pilger, verbringen. Dort stellen die Mönche ein weltweit renommiertes hochwertiges Leder her. Reges internationales Treiben herrscht in San Servando – etwa wie in Benidorm –, und die einzelnen Klostertrakte sind von „Dienern der Strikten Observanz" bewacht, (die allerdings nicht verhindern, daß einige der „Engel" zueinander finden ...). Rebecca erhält schließlich brieflich Danys Nachricht, daß er mit den „Lederengeln" aufgebrochen sei und daß er seine Gottsuche aufgebe in der sicheren Überzeugung, auf dem geplanten Weg zu scheitern; man sähe sich beim „Großen Treffen". Auf dem beigelegten Informationsblatt liest die Heiligenprätendentin, daß es sich nicht etwa um das Große Treffen mit dem Herrgott handelt, wie sie gedacht hat, sondern um das Internationale Ledertreffen mit Wahl des Mr. Leather usw.

Allein begibt sich Rebecca nach La Altura, einer sehr angenehmen klösterlichen Bleibe, wo sich interessante Menschen in nicht einmal religiösem *small talk* ergehen – so die Autorin eines Bestsellers über Reliquien in Spanien, ein Schallplattenproduzent und ein berühmter Küchenchef. In ihrer Zelle letztlich erlebt Rebecca eine lange und komplizierte Vision: ihr gegenüber kniet ein Mädchen im Kommunionkleid, mit Jungengesicht, und tritt in einen langen Dialog mit ihr. In ihn sind zahlreiche Erinnerungen an die Lebensstationen der Rebecca de Windsor und des Jesús López Soler eingeflochten, insbesondere mehrere Liebschaften werden aufgerufen und verdichten sich zu einem Idealbild, dem Bild des „Geliebten", das sich aus den jeweils besten Zügen und Eigenschaften all der ehemaligen Liebhaber zusammensetzt. Und augenzwinkernd diskutiert dann Rebecca mit ihrem knaben- und mädchenhaften *alter ego* ihr Identitätsproblem. Um ehrliche Antwort gebeten, räumt das *alter ego* ein, Rebecca sei für einen Platz im Heiligenhimmel ungeeignet. Tatsächlich verläßt Rebecca auch das siebte Kloster und zieht sich im kurzen Schlußkapitel zu einer letzten Selbstreflexion unter freiem Himmel zurück. Sie plant ein Altwerden in akzeptierter Diesseitigkeit, schwört auf Treue zu sich selbst, die auf Züchtigung ihres geliebten und gepflegten Körpers ebenso verzichtet wie auf Komplexe und Gewissensbisse, denn schließlich sei es ja nicht ihre Schuld, so sexy geboren worden zu sein.

Intertextualität / Pastiche

Homotextuelle Literarisierungen spielen sehr oft religiöse Bezüge aus, indem sie schwule Sinnlichkeit in schwülstig-religiöser Tropik und Metaphorik feiern oder das Skandalon gleichgeschlechtlicher Sexualerfahrung zu heiliger Päderastie oder himmlischer Transgression (v)erklären. Doch anders als die derart generell konstituierten (pseudo-)religiösen Diskurse (von Wilde über Genet zu Ana Rossetti), entsteht Mendicuttis Romantext in direktem Respons auf einen speziellen Intertext, welchen der Autor selbst gleich eingangs bei der Nennung der Mystiker des spanischen Barock preisgibt, nämlich auf das Hauptwerk der Santa Teresa de Avila, *El castillo interior*, auch *Las Moradas* („Die Stationen" oder „Aufenthaltsorte") genannt, zuerst 1588 in Salamanca gedruckt. In diesem Leitfaden für besonders fromme Nonnen beschreibt die spätere Heilige die Suche nach der Einswerdung mit dem geliebten Gott als Reise durch das als Burg symbolisierte Ich, dessen verschiedene Räume, eben die (später auf die Zahl sieben festgelegten) *moradas*, mit Gebet und Verstand („oración y consideración") zu durchwandern sind:

> Dann denken wir, daß diese Burg viele Räume hat, einige oben, andere unten, andere an den Seiten, und in der Mitte, im Zentrum hat sie den wesentlichsten, und dort geschehen höchst geheimnisvolle Dinge zwischen Gott und der Seele.
> (Santa Teresa de Jesús, *Las Moradas*. Buenos Aires 1939: 10)

Während sich Mendicuttis Stil stark an den der Lyrik des Heiligen Johannes vom Kreuz anlehnt, ist die Struktur des Romans deutlich auf die *moradas* bezogen: ganz wie das Werk der Barockmystikerin, gliedert sich auch sein Roman in eine kurze Einleitung („La iluminación", „Die Erleuchtung"), dann folgen die sieben zentralen Teile, letztlich ein Schlußkapitel (bei Santa Teresa „Conclusión", bei Mendicutti „A la intemperie" – „Im Freien" – überschrieben). Die Sprache, die der Autor seiner Protagonistin beigibt, lehnt sich sehr eng an den heute oft süßlich wirkenden Diskurs der angestrebten ekstatischen Verzückung in der Barockmystik an; die Metaphorik des Ich als Burg, die Verklärung Gottes zum Geliebten („Amado") und zum Bräutigam („Esposo") und die repetitive Beschwörung der Vereinigung mit Gott in der siebten *morada*, dies alles übernimmt und bewahrt Mendicutti aus seinem intertextuellen Modell. Allerdings baut sich in *Yo no tengo la culpa de haber nacido tan sexy* ein Spannungsverhältnis zwischen dem zeitgenössischen Roman und seinem barocken Hypertext auf: Rebecca muß ihre Adaptation des mystischen Diskurses immer wieder verteidigen, selbst vor dem (zumindest streckenweise) frommen Dany:

> Woher kam dieses Gejammere, wenn ich mich auf den Geliebten bezog, als ob das mit dem Geliebten meine Erfindung wäre? In der ganzen mystischen Literatur wird der Geliebte so genannt, oder er heißt Gemahl, aber ich empfand das so, daß das Wort Gemahl reserviert werden sollte, außer bei besonderen Anlässen der Phase des Strafens und der kontemplativen Phase, für die Vereinigungsphase, die dann ist, wenn man die Hochzeit bei der siebten Station, am Zielpunkt der Identifikation erreicht und du buchstäblich verrückt wirst.
> (Mendicutti, *Yo no tengo la culpa de haber nacido tan sexy*: 199)

Der barocke Sprachgestus wird also zitiert, um vielfach gebrochen zu werden. So tritt die potentiell sexuelle Konnotation der mystischen Erfahrung allzu evident zutage, wenn sich etwa die Vorstellung vom Amado in dem Zitat der vorigen Anmerkung an dem reizenden Gärtner des Klosters San José de los Cuidados festmacht. Dessen körperliche Qualitäten werden im Stile des Salomonschen Hohen Liedes beschworen, gipfelnd freilich in der Partie vom Gürtel an abwärts:

> Mein Geliebter – sagte ich mir – ist in seinen Garten herabgestiegen, seine Haut ist von der Farbe der Spreu, wenn der August kommt, und seine Augen sind von der Farbe des Hafers, sein Haar ist vergoldet von den vier Jahreszeiten, und die Brise, die von den vier Kreuzpunkten kommt, hat es gelockt, seine Lippen scheinen von Marzipan gemacht, und er hat das Profil einer klassischen Büste, [...], und da überdies sein Hals wie der Mast eines von den Furien des Meeres nicht zu besiegenden Schiffes ist, und seine Schultern wie die Türme einer Burg sind, an denen sich der Winde Zorn besänftigt, seine Brust von der Weite und der Harmonie einer australischen Landschaft ist, und da man vom Gürtel abwärts die Härte der Eiche, die Qualität des Mahagoni, die Widerstandskraft des Eukalyptus, die Flexibilität der Weide und die Schlichtheit und Bescheidenheit der Pinie des Mittelmeers sieht oder ahnt, so ist nichts und niemand ist meinem Geliebten vergleichbar. (ebd.: 184)

So interferiert der mystische Gestus (auf der Ebene der Sprache wie auf der der Referenzen) mit jener zeitgenössischen Tuntensprache, die Mendicutti in seinen vorhergehenden Werken mit großer Innovationskraft zu literarisieren verstand (vgl. meinen Aufsatz zu *Una mala noche la tiene cualquiera*; in: *Aufbrüche*, s. Bibliographie). Rebecca bezieht ihre Lebensphilosophie eben erst seit kurzem aus der Barockmystik, und die für sie bis dahin geltenden Welterfassungsmodelle schleichen sich allenthalben in ihr Empfinden ein: ein Kosmos der Äußerlichkeiten, der schönen Kleider, der halbseidenen Filme (so taucht *Shanghai Express* mit dem Schwulenidol Marlene Dietrich auf), eine Kunstwelt, in der zu oberflächlich schönen Menschen von Rainier von Monaco bis zu Claudia Schiffer schwul-kitschige Kultmomente hinzutreten wie Barockengel und der *Grand Prix d'Eurovision de la Chanson*.

Die Konstruktion der außerordentlichen Geschichte aus tagtäglichsten Ingredienzien macht Mendicuttis Romangeschehen so nachvollziehbar, so „menschlich", so geeignet für die Breitenrezeption, trotz der barocken Windungen des Diskurses. Die hochgradig stilisierte Sprachebene bleibt dieser sympathetischen Lektüredisposition untergeordnet – anders gesagt: Aus den Bezügen zur Sprache des spanischen Barock konstruiert Mendicutti nicht einen eigenständigen/eigenwertigen neobarocken Diskurs, wie er insbesondere in Lateinamerika (und dort gerade im Kontext homotextueller Entwürfe – etwa bei Reinaldo Arenas oder Severo Sarduy) auftaucht; vielmehr ist seine Technik eher zu beschreiben als ein permanentes doppeltes Pastiche. Die zweifache Pastiche-Technik imitiert und überholt zum einen den *stilus nobilis* der barocken Mystik, imitiert und überhöht zweitens zugleich jene hier von der Tunte verwendete Spielart des gegenwärtigen Schwulendiskurses. Ein Musterbeispiel der manipulativen Verfahren der Pastichisierung liefert Mendicutti in zwei Gedichttexten, die als Motto dem Roman vorausgehen – die *copla* eines Gedichts des barocken Mystikers San Juan de la Cruz und

dessen Kontrafaktur durch Jaime Gil de Biedma, den „spanischen Allen Ginsberg". Durch minimale Wortveränderung wird hier aus der mystischfrommen Suche ein Aufbruch zu sexuellen Abenteuern.
Der Text des Hl. Johannes von Kreuz lautet:

> En una noche oscura, / con ansias, en amores inflamada, / ¡oh dichosa ventura!, / salí sin ser notada, / estando ya mi casa sosegada."
> (In einer dunklen sehnsuchtsvollen Nacht, in Liebe entflammt, oh glückvolles Geschick, trat ich hinaus, unbemerkt, da schon mein Haus in Frieden lag.)

Daraus macht Gil de Biedma:

> En una noche oscura, / con ansia, y en ardores inflamada, / en busca de aventura / salí, toda alocada, / dejando atrás mi celda sosegada.
> (In einer dunklen sehnsuchtsvollen Nacht, in Glut entflammt, und Abenteuer suchend, trat ich hinaus, völlig verrückt, ließ hinter mir zurück meine Zelle, die in Frieden lag.)

Dabei weist die grammatisch feminine Form des lyrischen Ich in dem barocken Gedicht eine im Deutschen nicht nachzuahmende kuriose Eigenart auf, die dann – verfremdet – im Kontext des Tuntendiskurses, in welchem jedes Ich von sich in der grammatisch weiblichen Form spricht, aufgegriffen und variiert wird.

Die Ironisierung „unserer schwulen Alltagswelt"

Stand in Mendicuttis vorausgehenden Romanen stets die Tunte, ihr Diskurs und ihr Verhalten (und dabei sehr oft ihr Problem bezüglich der operativen Geschlechtsveränderung; vgl. dazu die Details bei Reinstädler, *Stellungsspiele*, s. Bibliographie) im Zentrum der literarischen Gestaltung, so geht es in diesem Roman nicht mehr ausschließlich darum, die alternde Transsexuelle, ihre Sprache, ihre Wunschträume und ihre Lebensrealität festzuhalten. Vielmehr ist das Werk deshalb von so durchschlagender Witzigkeit, weil sich in ihm eine totale Ironisierung sämtlicher Bereiche heutiger schwuler Lebenspraxis in spanischen Großstädten erkennen läßt. Gut zwei Jahrzehnte, nachdem das Ende der frankistischen Diktatur es erstmals den Homosexuellen Spaniens erlaubte, eigene Lebensformen zu entwickeln und zu prägen, gibt es heutzutage eine facettenreiche schwule Infrastruktur, die allen internationalen Vergleichen standhält. Und genau diese Vielfalt einer modernen internationalisierten / amerikanisierten schwulen Lebenswelt wird in Mendicuttis Roman mit sanfter Ironie aufs Korn genommen.

Zunächst ist da das Spektrum verschiedener sexueller Begehrensformen zu nennen. Sehr lange stand in dem von *machismo* und Katholizismus geprägten Mittelmeerland der effeminierte Homosexuelle als vorherrschender Typ im Blickfeld (und das Recht zu gleichgeschlechtlichem Sex artikulierte sich über das Recht, „loca" zu sein; vgl. dazu etwa die Studie von Oscar Guasch, *La sociedad rosa*). Dagegen entfaltet Mendicutti in *Yo no tengo la culpa de haber nacido tan sexy* ein Gesamtspektrum, das außer der Transsexualität ganz disparate sexuelle Identitäts- und Begehrensformen wie die pädophile „Engelverehrung", sadomasochistische Praktiken und die verbreitete Fetischisierung von Leder thematisiert.

Nehmen wir exemplarisch letztere näher in den Blick. Auf dem Weg zu der sechsten Station treffen Rebecca und Dany auf jenen Geländewagen, dessen Insassen die euphorisierte Rebecca für Engel hält, was Dany „ziemlich ordinär" („de un modo bastante ordinario", ebd.: 207) kommentiert. Zunächst einmal verbindet der Diskurs die Engelhaftigkeit der Männer subtil mit deren Vorliebe für Leder:

Tatsächlich schienen sie dem Äußeren nach eher ausgewählte Zenturionen des Himmlischen Heeres zu sein. Kräftig, von Kopf bis Fuß in lederne Gewänder gekleidet – obwohl manche nur eine Weste trugen, welche die muskulösen Arme sichtbar ließ – und mit sehr kurzem Haarschnitt sahen sie wunderbar aus, und ich begriff, daß es auch in der seraphischen Miliz ein Elitekorps gab. (ebd.: 207 f.)
[Ob die Erwähnung des „cuerpo de élite" zugleich als Anspielung auf einen bekannten Schwulenporno, Jean Daniel Cadinots *Corps d'élite*, zu werten ist, vermag ich nicht zu entscheiden.]

Kurz darauf will Dany – vergeblich – Rebecca aufklären: „Aber merkst Du nicht? Das sind Lederfreunde. – Engel sind das." (ebd.: 207) Die Lederfreunde werden als auffallend homogene, nahezu uniforme Gruppe beschrieben:

Mit Ausnahme desjenigen, der wie ein gereifterer Dompteur aussah […], entsprachen alle dem Modell des dreißigjährigen Singles, eckiges Kinn, gerade Nase, superkurze Haare und einen Sportstudio-Körper. (ebd.: 214)

Eine Besonderheit der Lederszene ist der Gebrauch von sichtbar getragenen Taschentüchern, deren Farbe und Position jeweilige sexuelle Präferenzen kundtun, wobei die Farbe die Sexualpraktik (von Oralverkehr bis Faustfick), die Position den Algorithmus aktiv vs. passiv anzeigt. Dany, vertraut mit dieser spezifischen sexuellen Semiotik, will Rebecca aufklären (ebd.: 214). Diese allerdings beharrt auf ihrer Überzeugung, in den Ledermännern nur eine Gruppe von Engeln mit Sinn für Schmuck und Farbe zu sehen:

Tatsächlich boten die sieben Engel eine Symphonie von bunten Taschentüchern, und einer trug ein graues, ein anderer ein olivgrünes, ein anderer ein lebhaft rotes, und zwei trugen purpurfarbene, obwohl der eine in der linken Hosentasche und der andere in der rechten. (ebd.: 215)

Dieser ironische Umgang mit den „adictos al *leather*" ist kaum zu verstehen, wenn man sich nicht die Tatsache vor Augen führt, in welchem Maße die früher eher unbedeutenden Leder-Treffs in Madrid und Barcelona in den letzten Jahren Zulauf erhalten haben. So findet Rebecca dann auch ausgerechnet in dem Touristenladen des lederproduzierenden Klosters San Servando augenscheinlichsten Nachweis für die Internationalität dieser Szene. Und bezeichnenderweise gipfelt die Aufzählung in der Nennung Madrids, das heute durchaus in einem Atemzug mit den anderen Metropolen genannt werden kann:

Viele erschienen vor Läden oder Bars mit Namen wie Bootscoot (Melbourne), Le Track (Montreal), Twilight Zone Kellerbar (Berlin), Mr. Chaps Leatherworks (Hamburg), Stablemaster Bar (Amsterdam), London Leatherman (London), Eagle's und The Pleasure Chest (New York), Jackhammer (San Francisco) und SR (Madrid). (ebd.: 225)

In gewissen Zusammenhang mit der Fetischisierung von Leder mögen die ironischen Spitzen gegen sadomasochistische Begehrensformen stehen, obwohl der Gedanke, die Selbstkasteiung des Sünders im Zeichen katholischer Religionspraxis mit der sexuellen Lust des Sadomasochisten zu verbinden, nicht neu ist – es sei nur hingewiesen auf Pedro Almodóvars Film *Kika* (und die Szene, in der Kikas Vergewaltiger, das Sexualmonster, sich mit einreiht in die Schar der sich geißelnden Büßer einer Fronleichnamsprozession). Wenn das gesamte Kloster San Esteban de los Patios zum Ort kaum verhohlener S/M-Praktiken wird, wenn Dany mit naivem Stolz von seinen einschlägigen Fortschritten berichtet, so verweist dies schon auf einen ironischen Umgang mit der Proliferation dieser Begehrensform. – Viel tiefer aber als sadomasochistischer Sex ist heute eine neue Körperkultur in der spanischen Schwulenszene verankert, der Kult des *gimnasio*, des Bodybuilding-Studios, der in Mendicuttis Roman subtil mit der S/M-Thematik (und gleichzeitig mit der religiösen Selbstzüchtigung) verbunden wird, wenn die Sportgeräte als Folterinstrumente erscheinen (ebd.: 74). Rebecca lehnt „musculación" und „tortura" für ihren „neuen" Körper ab, auf den sie auch bei der Hinwendung zu seelischen Exerzitien stolz ist. Beide Protagonisten des Romans scheitern auf dem Weg, Körperbezogenheit durch die Hinwendung zur Seele zu ersetzen. Jene allerdings äußert sich in diametralen Formen: Während Rebecca sich um die kosmetische Pflege ihrer zarten gepflegten *cutis* und um ihren schlanken Körper kümmert, erarbeitet sich Dany im Studio seine Muskelpakete. Die Ironisierung bezieht sich also auf zwei ganz entgegengesetzte Formen von Körperfixiertheit, die in ihrer Komplementarität deren gesamten Fächer in der gegenwärtigen Szene aufzeigen und karikieren. In meinem Aufsatz über „Homotextualität" (in *Antipodas* XI/XII, zuerst auf dem Deutschen Hispanistentag 1995 in Bonn vorgetragen; vgl. Bibliographie) beklagte ich die fehlende Thematisierung der Lederszene im spanischen Schwulenroman; Mendicutti hat die Lücke gefüllt mit einer ironischen Verarbeitung des in der Alltagswelt auffallend proliferierenden Phänomens.

Camp und Kitsch, Ernst und Unernst

Ich hatte eingangs bereits auf das Cover des Romans hingewiesen, auf Pierre et Gilles' Konterfei der heiligen Maria Magdalena in Madonna-Pose, die bloße Brust umspielt von den herabfallenden Locken, die blauen, weichgezeichneten Augen himmelwärts gerichtet. Das französische Fotografen-Duo hat wie kaum sonst jemand es verstanden, die kitschigen Anteile zahlreicher fromm-religiöser Darstellungen zu dekuvrieren und sie ästhetisch sekundär zu recyclen, sie also zu „bewußt zitiertem Kitsch", zu *camp*, zu überhöhen. Es bedarf dieses Hinweises aber nicht, um Mendicuttis Roman in den Kontext einer Ästhetik des *camp* zu stellen. Eingedenk der bekannten Definition von Susan Sontag, *camp* sei die Betrachtung der Welt unter dem Gesichtspunkt eines Stils, der die Liebe zum Exzeß, zur Übertreibung, zur Uneigentlichkeit ausdrücke, werden hier nicht nur exakt solche Stilexuberanzen durchgespielt, sie sind überdies auch bezogen auf eine Welt der homosexuellen Ästhetik, die Sontag ja ebenfalls als förderlich für die *camp*-Ästhetik ansah. Die Blasphemie, die hier mit der Übertreibung einhergeht, wird überspielt durch den spezifischen Humor Mendicuttis, in dem Alfredo Martínez Expósito das Hauptcharakteristikum all seiner Werke sieht. Die verfremdete Ausnutzung religiösen Kitsches, das unernste Zitieren etwa von Wundern, Heiligenbildern und (allenfalls) halbgeglaubten Erlösungsversprechen, das alles, so sei behauptet, ist ohnehin *camp*-affin. Hier in *Yo no tengo la culpa...* tritt dazu die reflektiert gebrochene Inszenierung des barocken Stils als kardinales Element einer *campenden* Uneigentlichkeit.

Angesichts der hochgradig stilisierten diskursiven Realisation, also angesichts der dem doppelten Pastiche verpflichteten Kunstsprache, liegt es nahe, Mendicuttis Kreation der Kategorie des „High Camp" zuzuordnen (zum Begriff und zur Applikation von „High Camp" siehe inbesondere Gregory Woods). Während man in Spanien innerhalb der akademischen Kulturwissenschaft große Schwierigkeiten hat, *camp* als kreative Form zu werten (ganz zu schweigen von Kitsch oder *cursi*), gilt es dagegen in der neueren (nord-) amerikanischen Kulturtheorie als Gemeinplatz, eine Ästhetik des *camp* als Ausdruck einer für die „queer identity" charakteristischen Subversivität positiv zu werten. Zwei Aspekte sprechen theoretisch dafür, *Yo no tengo la culpa de haber nacido tan sexy* als Manifestation eines transgressiven schwulen Diskurses zu lesen, nämlich die, daß hier zu einem (möglicherweise) subversiven Stil – dem des *camp* – eine noch viel stärker subversive Thematik – die Transsexualitäts- bzw. Transgender-Problematik – hinzutritt. Die Frage, ob *Transgender*-Verhalten stets und immanent subversiv ist, wird gerade in den nordamerikanischen *Gender Studies* gegenwärtig intensiv diskutiert. In ihrer inzwischen kanonischen Untersuchung der farbigen New Yorker *Transgender*-Protagonisten des Films „Paris is Burning" weist Judith Butler – entgegen einer verbreiteten Lesart ihrer zunächst propagierten These – darauf hin, „daß es keine zwangsläufige Verbindung zwischen *drag* und Subversion gibt und daß *drag* so gut im Dienst der Entnaturalisierung wie der Radikalisierung übertriebener heterosexueller Geschlechtsnormen stehen kann" (Judith Butler, *Körper von Gewicht. Die diskursiven Grenzen des Geschlechts.* Frankfurt 1995: 178). Subversion oder „Entnaturalisierung" heterosexueller Matrices ist also nicht automatisch Begleiterscheinung des *Transgender*-Diskurses, und bei Mendicutti ist sie vorderhand nicht zu finden. Vielmehr ist die Rolle der Protagonistin in *Yo no tengo la culpa de haber nacido tan sexy* eher die der Radikalisierung von heterosexuellen Normen. Erst auf den zweiten Blick wird es möglich, die übertriebene Eindeutigkeit als Kritik an diesem Normenkatalog zu lesen. Natürlich steht die Transsexuelle in einem prinzipiellen Spannungsverhältnis zu der zwangsheterosexuellen gesellschaftlichen Matrix (sagen wir: des von *machismo* geprägten Spanien), doch reintegriert sich Rebecca de Windsor mit einer schon fast peinlichen Vollständigkeit und Vorbehaltlosigkeit in dieses System. Im Roman wird das besonders sinnfällig, wenn in sie in ihren Rückerinnerungen an den ersten Mann denkt, den sie nach ihrer Operation mit nach Hause nahm – einen absolut spießigen Kleinbürger – und ihre „Dankbarkeit" ihm gegenüber unterstreicht. Selbst terminologisch reiht sich Rebecca sehr eindeutig in die heterosexuelle Matrix ein, wenn sie Dany gegenüber spitz bemerkt, sie selbst sei schließlich heterosexuell.

Damit ist Rebecca zwar keine subversive, doch durchaus eine politisch bewußte Protagonistin (wobei sich die eigene politische Position aus familiären und privaten Beziehungen verdichtet). Ihr Vater war Kommunist, und seine Marginalisierung vergleicht sie durchaus mit der ihren: er habe gelitten, nicht als Schwuler, sondern als Roter („no por mariquita, claro, sino por comunistón"; ebd.: 117). Als der Knabe Jesús López von seinem ideologisch und pädagogisch strengen Vater im Frauenfummel überrascht und zur Rede gestellt wird, als was er sich denn da verkleidet habe, antwortet das schlagfertige Kind: „de Pasionaria" (ebd.: 47), und mit diesem Hinweis auf die legendäre, ins sowjetische Exil gegangene spanische Kommunistenführerin Dolores Ibárruri zwingt er seinen Vater zu verlegenem Schweigen – ein hervorragendes Beispiel für Mendicuttis Produktion von Humor aus den kleinen Details der Handlungsgestaltung heraus. Wie schon die Protagonistin in *Una mala noche la tiene cualquiera*, ist auch Rebecca de Windsor bei aller Kleinbürgerlichkeit politisch links, ohne daß dies Subversivität freisetzen könnte.

Das Reflexionspotential, das sich hinter der *outrierend campenden* Barocktravestie versteckt, zielt nicht auf eine subversive, sondern auf eine andere, individualistische Dimension, die ebenfalls in früheren Romanen Mendicuttis (insbesondere in *Una mala noche la tiene cualquiera*) tragend war: auf eine komplexe Poetik der persönlichen Erinnerung im Raum der Geschichte. Die künftig Heiligkeit anstrebende Rebecca thematisiert und ventiliert während ihrer gesamten Reise keinesfalls nur die vor ihr liegende Zukunft, sondern in gleich starkem Maße ihre Erinnerungen an eine Vergangenheit, als deren Produkt sie in all der körperlichen Spezifik einer Transsexuellen erscheint – als Produkt von Benachteiligungen und Enttäuschungen, von Selbstbehauptungen und Strategien des Überlebens und Genießens, der Verbundenheit mit der Familie und der Emanzipation von ihr. Wenn letztlich sogar der *Amado* profanisiert wird zu der Summe der guten Eigenschaften der verflossenen Liebhaber, so wird die Zukunft in Gott mit den Erlebnissen der Vergangenheit und der verklärten Erinnerung an sie gleichgesetzt. Hat Mendicuttis Roman hinter der Mächtigkeit des vordergründigen Humors eine „Aussage", so ist es die, daß man sich weder der eigenen Körperlichkeit noch der Macht der Erinnerung entziehen kann, „wie sexy auch immer man geboren sein mag".

Werke

Mendicutti, Eduardo: *Siete contra Georgia*. Barcelona 1987. Tusquets
Mendicutti, Eduardo: *Una mala noche la tiene cualquiera*. Barcelona 1988. Tusquets
Mendicutti, Eduardo: *Tiempos mejores*. Barcelona 1989. Tusquets
Mendicutti, Eduardo: *Ultima conversación*. Barcelona 1991. Tusquets
Mendicutti, Eduardo: *El palomo cojo*. Barcelona 1991. Tusquets
Mendicutti, Eduardo: *Los novios búlgaros*. Barcelona 1993. Tusquets
Mendicutti, Eduardo: *Fuego de marzo*. Barcelona 1995. Tusquets
Mendicutti, Eduardo: *Yo no tengo la culpa de haber nacido tan sexy*. Barcelona 1997. Tusquets
Mendicutti, Eduardo: *El beso del cosaco*. Barcelona 2000. Tusquets

Luis Antonio de Villena

Ein melancholischer Optimist der Liebe

Von Horst Weich

Biographische Existenz

Mit seinem umfangreichen, bereits zur Unübersichtlichkeit angewachsenen literarischen, essayistischen und journalistischen Werk ist der 1951 geborene Madrider Dichter, Erzähler, Übersetzer, Literaturwissenschaftler, Kunst- und Kulturkritiker sowie Zeitungskolumnist Luis Antonio de Villena der zweifellos beständigste und fleißigste Arbeiter auf dem weiten Feld schwuler Kultur in Spanien, dessen historische Tiefe im Kontext einer lange Zeit verschütteten abendländischen Tradition und dessen zeitgenössische Breite im Kontext des nachfranquistischen Spaniens er in beharrlicher Weise immer wieder und immer neu präsent macht und fortschreibt. Seiner unermüdlichen Arbeit liegt ein konstantes Ziel zugrunde: der namenlosen Liebe – „the Love that dare not speak its name", wie die Lord Alfred Douglas zugeschriebene, berühmt gewordene Formel lautet – eine Stimme zu geben und das über Jahrhunderte hinweg stumm Gebliebene zu Gehör zu bringen. Dies gelingt ihm auf zweierlei Weise: Er deckt durch das erinnernde Aufschreiben eines schwulen Kanons die in der mediterranen Welt der Antike, im Okzident wie im Orient, einsetzende Tradition dieser Liebe auf, und er entwickelt geduldig einen entspannten schwulen literarischen Diskurs, der – befreit vom Gebot des Schweigens, das sein tabuisiertes Interesse im Zeichen von Maskierung und Camouflage verstecken mußte – gleichgeschlechtliches Begehren selbstverständlich und in vielfältiger Weise zum Ausdruck bringt. De Villena erscheint so als Vorarbeiter und herausragender Repräsentant einer dissidenten Gegen-Kultur; er arbeitet konsequent an einem schwulen Gegendiskurs in Opposition zu einer sich als naturgegeben dominant setzenden Heteronormativität, deren fraglose Gültigkeit zur Franco-Zeit mit strafrechtlichen Mitteln durchgesetzt wurde und deren latenter hegemonialer Anspruch in der Gesellschaft nach Franco – da ist Spanien selbstverständlich keine Ausnahme im Konzert der Kulturen – weiterhin besteht.

Die bloße Auflistung allein der Werke, die in Buchform erschienen sind und für deren Vollständigkeit gerade bei diesem Autor keinerlei Gewähr übernommen werden kann, verschafft einen Einblick in seine enorme Schaffenskraft. Wie die am Ende dieses Beitrags abgedruckte, überaus eindrucksvolle Liste erst bei genauerem Studium zu erkennen gibt, scheint de Villena mit zunehmendem Alter immer produktiver zu werden; denn allein 1998 sind vier selbständige Publikationen herausgekommen: die Anthologie *Poesía plural*, in der er die bislang zehn Preisträger des angesehenen Loewe-Preises für zeitgenössische spanische Lyrik würdigt, seine eigene – mit dem Preis der Stadt Melilla ausgezeichnete – Gedichtsammlung *Celebración del libertino*, seine Zusammenstellung von Gedichten über die männliche käufliche Liebe *Afrodita mercenaria* sowie sein „lyrischer Roman" *Oro y locura sobre Baviera*, in dem er in die versunkene Welt des „Märchenkönigs" Ludwig II. eintaucht. Festzustellen ist, daß er zunächst für ein eher kleines Publikum schrieb; seine Lyrik erscheint zwar von Anfang an beim renommierten Visor-Verlag, findet aber – da es Lyrik ist – von vornherein nur eine begrenzte Leserschaft. Seine erzählenden Texte publiziert er zunächst in Kleinverlagen, u.a. bei Laertes, der in den Jahren nach Franco ein wichtiges Forum für homosexuelle Literatur bereitstellte; seit 1990 erscheinen sie fast ausschließlich bei Planeta, einem der größten spanischen Verlagshäuser, was deutlich macht, daß der Autor, trotz der dissidenten Inhalte seiner Bücher, auf dem spanischen Buchmarkt mittlerweile arriviert ist und mit seinem Werk auch bei einem breiten Publikum zunehmend Interesse findet. Dies bestätigt jüngst in eindrucksvoller Weise der ihm im Frühjahr 1999 zuerkannte Preis der renommierten Erotik-Buchreihe *La sonrisa vertical* (*Das vertikale Lächeln*) für zwei Erzählungen leidenschaftlicher männlicher Liebe: *La bendita pureza* und *El mal mundo*. Da hierzulande Luis Antonio de Villena hingegen praktisch ein Unbekannter ist – einzig und allein sein Kurzroman *Amor pasión* ist Ende der achtziger Jahre ins Deutsche übersetzt und bei Bruno Gmünder verlegt worden –, soll es im folgenden darum gehen, ihn anhand einiger Beispiele aus seinem Werk als herausragenden Theoretiker und Praktiker eines zeitgenössischen Diskurses der Homosexualität vorzustellen.

Kultur der Dissidenz

In seinem umfangreichen essayistischen Werk zeigt sich de Villena als ausgezeichneter Theoretiker einer schwulen Sub- bzw. präziser Gegenkultur. Programmatisch steht hierfür der Aufsatz zur „Contracultura", der in dem zusammen mit dem Philosophen Fernando Savater verfaßten Bändchen *Heterodoxias y contracultura* (1982) erschienen ist und als theoretisches Manifest der zur gleichen Zeit – der Zeit der politischen Aufbruchstimmung im Jahr des Regierungsantritts von Felipe González – einsetzenden, gegenkulturellen Bewegung der *movida* gelten kann, also der Zeit der „wilden" achtziger Jahre, in denen Spanien die aufgrund der Franco-Repression verpaßte 68er-Bewegung unter dominant hedonistischem Vorzeichen nachholte. Er definiert „Gegenkultur" als

> *kulturelle* Bewegung in Opposition zum etablierten System und zu den dominanten gesellschaftlichen Werten dieser Welt; in einem Wort zur als unhinterfragbar und unverrückbar verstandenen NORM. [...] [D]ieses Verlangen nach Freiheit, nach Neuem, nach Individualismus (gegenüber dem Normativen und Herdenmäßigen) und nach *lebendiger*, sensibler Kultur in Opposition zu den verkrusteten Strukturen des Akademischen und des Offiziellen ist paradoxerweise nichts Neues, noch gehört es ausschließlich der strahlenden, wenn auch hinfälligen Welt der alten kalifornischen *hippies*. Die *Gegenkultur* [...] ist eine historische Konstante: Der Wille zur optimistischen Marginalisierung, die möglich gewordene Suche nach dem Glück im Hier und Jetzt – im Irdischen –, der unausgesetzte Wunsch, (auch im Intimen) brüderlich und frei zu sein. Das heißt (und ich benenne nur einige Beispiele von vielen): die ketzerischen Katharer gegenüber der Strenge und den Lanzen des Papsttums; die ersten fauvistischen Maler, die ihre Leinwände mit den lebhaftesten und schreiendsten Farben füllten, gegenüber einer verbohrten Akademie, die immer nur dasselbe Bild malen wollte; Rimbaud und Verlaine, außergewöhnliche Dichter, die sich der Moral und der Sakralisierung der zu ihrer Zeit gültigen Werte widersetzten [...]. Die *Gegenkultur* ist also eine lange (und – manchmal brutal – unterbrochene) Kette, die gleichwohl bis hierher reicht, bis heute und bis jetzt, lustvoll. (Savater/de Villena, *Heterodoxias y contracultura*: 90 f.)

De Villenas Plädoyer für die Gegenkultur valorisiert die Abweichung gegenüber der Norm, die individuelle Freiheit gegenüber dem kollektiven Zwang, das Lebendige gegenüber dem Konventionell-Erstarrten. Ihre Träger sind Randständige, Ausgegrenzte, die ihr Außenseitertum nicht fatalistisch hinnehmen, sondern es als Chance begreifen, im Widerstand gegen die dominanten, einengenden Strukturen das eigene Glück zu finden. Die herabsetzende Ausgrenzung wird beantwortet mit der selbstbewußten Behauptung des Andersseins. In ihrer „optimistischen Marginalisierung" drückt sich die Hoffnung aus, in der Dissidenz zur Norm (vgl. Jonathan Dollimore, *Sexual Dissidence.* Oxford 1991) eine unabhängige und selbstbestimmte Existenz zu finden. „Gegenkultur" ist somit ein dynamisches Konzept; sie antwortet kritisch und subversiv auf die Unterdrückungsmechanismen der offiziellen Kultur, und sie ist je nach ausgrenzender Norm jeweils unterschiedlich akzentuiert: religiös, ästhetisch, moralisch, geschlechtsspezifisch. Ihre exemplarische Verkörperung findet sie für de Villena in der historischen Figur des Dandy.

Der Dandy als prototypischer Dissident

In seiner „Einleitung zum Dandytum" (in *Corsarios de guante amarillo*) definiert de Villena den Dandy als Rebell und Ästhet. Als ein Kind der Romantik rebelliert er „individualistisch, irrational in seiner Vernunft, mutig [...] gegen eine Gesellschaft – und gegen eine Welt – und verschreibt sich der Sterilität, der Unmöglichkeit und dem Bösen" (de Villena, *Corsarios de guante amarillo:* 10). Seine dissidente Haltung „gegen die Moral, die Konventionen, die Regeln" (ebd.: 17) bringt er dabei in vollendeter ästhetischer Selbststilisierung zum Ausdruck. Der Dandy erschafft sich selbst; er stilisiert sein Leben zum Kunstwerk, das geltende Regeln mißachtet und nur selbstgesetzten Normen gehorcht. Als Ästhet widersetzt er sich dem gesellschaftlich-bürgerlichen Diktat der Nützlichkeit; als satanische Figur des Bösen ist er Widerpart zum moralisch Guten. Als Kunstfigur im Zeichen programmatischer Sterilität unterläuft er den Reproduktionszwang einer heterosexuellen Gesellschaft und wird dadurch, daß er sich „weibliche" Attribute aneignet, zum Grenzgänger zwischen den Geschlechtern, zum Androgynen. Seine Rebellion zeigt sich besonders in der sexuellen Dissidenz:

> Der Eros des Dandy ist narzißtisch, exhibitionistisch oder (auf vielfältige Weise) skandalös. Nur dies paßt zu seinem Stil. Nur dies setzt ihn ab, unterscheidet ihn und läßt seinen Ästhetizismus intakt, seine Unerschütterlichkeit, seine Apotheose des Ich und sogar seinen sterilen Glanz. Bei diesem dem Skandal zugeneigten Eros denken wir an den Inzest Byrons, an die abrupten Zurückweisungen des Comte d'Orsay, die seine Impotenz verdeckten, oder an die Homosexualität eines Wilde oder eines Montesquiou. [...] Der Dandy genießt sich in der Ambiguität [...]. Außerdem ehrt der Dandy in der „griechischen Liebe" einen der Satane, eine Facette des Bösen, in dem er lebt und das die Gesellschaft verurteilt. [...] Der Dandy ist androgyn, und seine Verführungskraft richtet sich auf alle Geschlechter gleichermaßen. (ebd.: 23 f.)

Mit seiner theatralischen Existenz im Zeichen sozialer, moralischer und erotischer Transgression wird der Dandy faßbar als frühes Beispiel einer Fixierungen aufbrechenden, Grenzen außer Kraft setzenden Kultur der *queerness* (vgl. zu diesem neueren Konzept der Geschlechterforschung z.B. Eve Kosofsky Sedgwick, *Tendencies.* Durham 1993 und Michael Warner, *Fear of a Queer Planet. Queer Politicas and Social Theory.* Minneapolis/London 1993), mit seiner Kunst der Selbststilisierung löst er sich von den überkommenen Fesseln von Authentizität und Identität und schafft sich selbst, in imitativ-parodistischen wie auch autonomen Akten der *performance* (Judith Butler, *Das Unbehagen der Geschlechter.* Frankfurt 1991), immer wieder neu nach den Gesetzen seiner eigenen Moral. Nicht die biologische Natur, das vermeintliche natürliche Geschlecht bestimmen den Dandy, sondern einzig und allein die exhibitionistische, ebenso elegante wie dissidente Pose.

Die Faszination de Villenas am Dandy hat auch biographische Gründe, wenn man den Jugendmemoiren *Ante el espejo* (1982) Glauben schenken kann, in denen sich der Autor, leicht maskiert, selbst porträtiert. Aufgewachsen in einem aristokratischen, von Frauen dominierten Haus ist er mit seiner Andersheit erst in der Schule und in einem franquistischen Sommerlager konfrontiert worden. Die Kameraden, die ihn als *mariquita* („Schwuli") hänselten und ausgrenzten, brachten ihm zu Bewußtsein, daß er etwas Exotisches war. Trotzig kultivierte er jedoch, unterstützt von der Großmama, seine soziale und geschlechtliche Differenz. Er genoß es, sich im Jugendlager vor den Augen der anderen täglich vom Chauffeur der Familie frisches Essen, einen Klappstuhl und einen Sonnenschirm bringen zu lassen, und markierte so seinen gesellschaftlichen Abstand zu den anderen; sich selbst stilisierte er zunehmend zum Dandy, der die streng fixierten Geschlechterrollen und Männlichkeitsmuster der Franco-Gesellschaft in provokativer Selbstverständlichkeit unterläuft (vgl. Ellis).

Der schwule „Kanon"

De Villena hat es sich zur Aufgabe gemacht, die „lange (und – manchmal brutal – unterbrochene) Kette [der Gegenkultur], die gleichwohl bis hierher reicht, bis heute und bis jetzt," ans Licht zu bringen. Er konzentriert sich dabei auf den geschlechtlichen Akzent und arbeitet mit unbeirrbarem Fleiß die Geschichte abendländischer „homosexueller" Kultur umfassend auf, in der Lebenswelt, in der bildenden Kunst, in der Literatur. Dazu befähigt ihn besonders seine Ausbildung als Literar- und Kunsthistoriker; nach dem Studium der Klassischen Philologie und Vergleichenden Literaturwissenschaft an der Madrider Complutense-Universität von 1968 bis 1973 lehrte er dort noch eine Zeitlang als Literaturdozent, bevor er zum freien Schriftsteller wurde. Bereits mit seinen wissenschaftlichen Publikationen bezieht er Position; mit der Edition von Gedichtsammlungen der modernen Lyriker Vicente Aleixandre (1898-1984; Literaturnobelpreis 1977) und Luis Cernuda (1902-1963) widmet er sich zwei herausragenden Vertretern der Generation von 1927, die besondere Bedeutung dadurch erlangen, daß sie – neben Federico García Lorca (1898-1936), Emilio Prados (1899-1962) und Juan Gil-Albert (1904-1994) – die Initiatoren und Träger einer sich erstmals, vornehmlich in den frühen dreißiger Jahren, während der Zweiten Republik, formierenden

„Kultur der Homosexualität" (Sahuquillo) sind. Darüber hinaus schreibt er die Geschichte homoerotisch akzentuierter spanischer Lyrik bis in die Gegenwart fort; in zahlreichen Aufsätzen, Vorreden zu Gedichtbänden und Vorträgen präsentiert er u.a. Pablo García Baena (geb. 1923), Jaime Gil de Biedma (1929-1990), Francisco Brines (geb. 1932), Antonio Carvajal (geb. 1943), Leopoldo Alas (geb. 1962). (Einen Einblick in die reichhaltige homoerotische spanische Lyrik des 20. Jahrhunderts verschafft die zweisprachige Anthologie *Namenlose Liebe*.) Mit seinen Übersetzungen und Kommentaren der Klassiker – Catull, Michelangelo – widmet er sich einer partiell dissidenten erotischen Literatur, die sich mit Straton von Sardes eindeutig auf das lyrische Lob der Knabenliebe verengt. Auch mit seinem eigenen literarischen Werk schreibt er die Tradition homosexueller Kultur auf und erstellt so einen umfassenden schwulen Kanon der abendländischen Kultur. Dessen thematische Zentren sind Hedonismus und Rebellion; historisch erstreckt er sich von der klassischen Antike bis in die Gegenwart.

In der klassischen Antike, in der „griechischen Liebe", entdeckt de Villena eine heidnische Kultur der Lust, die (noch) nicht von der körper- und lustfeindlichen Sexualmoral der jüdisch-christlichen Religion verdeckt ist, die sich dann in der italienischen Renaissance – bei Leonardo da Vinci, bei Michelangelo, aber auch in der neuplatonischen Liebesphilosophie eines Marsilio Ficino – wiederfinden läßt und sich, wenn auch gebrochen und oft im Zeichen des Scheiterns stehend, bis ins 19. und 20. Jahrhundert fortsetzt, etwa bei August Graf von Platen, Konstantinos Kavafis oder Luis Cernuda. In seinem *Libro de las perversiones* (1992) stellt er Spielarten und historische Ausprägungen einer heterodoxen Kultur der Lust zusammen, die auf fröhliche Weise „pervers" ist, da sie mit dem „kanonischen Sex des Männchens mit dem Weibchen zum Zweck der Fortpflanzung" bricht, dies aber lustvoll in einer spielerischen und phantasievollen „Orgie des Körpers" tut (de Villena, *El libro de las perversiones:* 11f.). In aneignender Umkehr einer *Psychopathologia sexualis*, wie sie etwa Richard von Krafft-Ebing um die Jahrhundertwende zu gerichtsmedizinischen Zwecken verfaßte, liest de Villena den akribisch verzeichneten Katalog „krankhafter Deviationen" als abwechslungsreiche Quellen der Lust und beschreibt den Sex als anthropologisch unverzichtbares Mittel des Heraustretens des Menschen aus sich selbst: „Sin un íntimo sentimiento de ultredad –parcial– no hay *hombre*" – ohne ein inneres Gefühl des – partiellen – Sprengens der Grenzen des Ich gibt es den *Menschen* nicht (ebd.: 20).

Hedonismus verbindet sich hier mit einer optimistischen Dissidenz, die die mit negativen Konnotationen belasteten Begriffe „Sünde und Normbruch" (ebd.) umpolt und in rebellischer Gegenbewegung positiviert. Die Tradition der emphatischen Rebellion beginnt mit der Romantik, die starke, individuelle Subjekte in Szene setzt, die im steten Drang nach Transgression, nach der permanenten Überschreitung von Grenzen (de Villena nennt dies auch *allendismo*, „Jenseitismus") gegen die überkommene Ordnung verstoßen – im Satanismus eines Lord Byron und eines Comte de Lautréamont, in der Amoral der *poètes maudits* Rimbaud und Verlaine, im narzißtischen Ästhetizismus der melancholischen Dandys der *décadence*, in der verzweifelten Liebe eines Oscar Wilde zu Lord Alfred Douglas.

In seinen Essays und seinen halbfiktionalen biographischen Porträts schreibt de Villena somit vornehmlich die außerspanische Tradition einer lustvoll-rebellischen Gegenkultur bis zum Beginn des 20. Jahrhunderts auf. Nach Spanien – bis in die Gegenwart – richtet er den Blick in seiner Lyrik und in seinem fiktionalen erzählerischen Werk und schreibt so die gegenkulturelle Geschichte unter nationalem Vorzeichen fort.

Lyrik: Hedonismus und Begehren

Sein lyrisches Werk, das er ohne Unterbrechung seit 1971 pflegt, ist eine einzige Meditation über das (gleichgeschlechtliche) Begehren. Dessen inszenierte Subjekte und Objekte sind häufig kulturell verankert: griechische Götter (Ganymed, Narziß), katholische Heilige (Sebastian), Gestalten der Kunst (Caravaggios Cupido, Donatellos David) und der Literatur (Tristan), historische Personen (Heliogabal, Ludwig II.), europäische und orientalische Autoren (Plato, Catull, Ficino, Michelangelo, Marlowe, Byron, Rimbaud; Ibn Hazm, Ibn Quzmán, Kavafis). Die Gedichte feiern in immer neuer Variation die verführerische Schönheit junger Männerkörper, die das Begehren des Betrachters weckt. Das Begehren wird, in der hedonistischen Variante, tatsächlich erfüllt, da die Objekte sich hingeben. Besonders klare Beispiele sind etwa die Strichergedichte „Hustler" und „Unglaubliche Schönheit" in *Hymnica* (1979) oder „Ein neues Madrigal" in *Huir del invierno* (1981); sie finden sich auch in dem schmalen Band *Afrodita mercenaria* (1998) gesammelt und um bisher unveröffentlichte Gedichte ergänzt, in dem de Villena den traditionellen Varianten der griechischen Göttin der Schönheit und der sinnlichen Liebe – der „himmlischen" Aphrodite Urania und der irdischen Aphrodite Pandemos – eine dritte hinzugesellt: „warum sollte es keine *Söldnerische Aphrodite* geben, eine Schutzgöttin der käuflichen Liebe, wo sie doch alle Arten der Liebe protegierte?" (de Villena, *Afrodita mercenaria:* 9).

In der tragischen Variante bleibt das Begehren unerfüllt, das Objekt entzieht sich, ist unerreichbar, Phantasma eines unstillbaren Verlangens. Die Gedichte, die die Einsicht in das Scheitern der Liebesbewegung behandeln, geben einer anhaltenden Reflexion Raum über die Natur der Liebe, ihre grundsätzliche Flüchtigkeit, ihre allenfalls in der Imagination zu realisierende dauerhafte Erfüllung. Doch noch das Scheitern auf der Ebene der dargestellten Liebesbeziehung wird dem Dichter zum glücklichen Erlebnis, da er es im Wort, im Gedicht festhält: „El poema es un acto del cuerpo" (*Hymnica*) – das Gedicht ist ein Liebesakt. Grundton solcher Lyrik ist ein freudiger Schmerz, eine optimistische Melancholie: Freude wegen der Epiphanie der begehrenswerten Schönheit, Schmerz aufgrund der Einsicht, daß die Inbesitznahme der Schönheit grundsätzlich nicht möglich ist.

Zwei grundsätzlichen Erfahrungen verhilft de Villena somit in seiner Dichtung zum Ausdruck: dem Optimismus der Erfüllung des körperlichen Begehrens im Geschlechtsakt, im promisken Sex, und zugleich der profunden Meditation über die prinzipielle Unerfüllbarkeit eines Begehrens, das allenfalls im Akt seiner Aufhebung im Gedicht ersatzweise Befriedigung finden kann. Die Botschaft der Lusterfüllung leitet er dabei von der heidnischen Tradition des Hedonismus ab, die er im Vorwort zu seiner Anthologie *Un paganismo nuevo* (1981) aufzeigt und die er in seinem bislang letzten Gedichtband, *Celebración del libertino* (1998), in der Figur des Libertin fortgesetzt sieht:

> *Libertinus* war, im Lateinischen, der Name des Sohns des Freigelassenen. Im Französischen des 17. Jahrhunderts hieß *libertin* [...], wer sich nicht dem Glauben und den Praktiken der Religion unterwarf. Und, folglich, wer in bezug auf die herrschende Moral ein anderes, ungeregeltes Leben suchte. [...] Der Libertin, den ich feiere und liebe, ist lateinisch und französisch, glücklich und antikatholisch.
> (de Villena, *Celebración del libertino:* 108).

Die liebesphilosophische Einsicht in das notwendige Scheitern des Begehrens, das allenfalls sekundär, über die Imagination und die Dichtung erfüllt werden kann, bezieht er ebenfalls aus der klassischen Antike – der platonischen Liebestradition – sowie aus dem von ihm verehrten Vorbild Luis Cernuda, der für die schwule spanische Literatur insofern von großer Bedeutung ist, als er im 20. Jahrhundert als erster homosexuelle Liebe explizit gestaltet und die widersprüchliche Natur des Begehrens in seiner hymnisch feiernden, aber auch meditativ melancholischen Dichtung ausgelotet hat.

Erzählende Texte: Der hedonistische Blick auf ein schwules Spanien

In seinen Erzählungen und Romanen wendet sich de Villena verstärkt dem zeitgenössischen Spanien zu. Seine Erzählkunst ist anfangs eher konventionell, im Gefolge einer neorealistischen Schreibweise, die auf der Erzählebene wenig wagt. Das Unerhörte, die Innovation, liegt auf der Ebene der Geschichten, der erzählten Inhalte; hier gestaltet er in immer neuen Variationen und Konstellationen „dissident heroines and heroes [...] and transgressive desires" (Perriam: 5). In jüngeren Erzähltexten nutzt er verstärkt die dem Medium eigenen Möglichkeiten zur Verschachtelung mehrerer narrativer Ebenen zum Zweck einer polyperspektivischen Wirklichkeitsdarstellung. Stets entwirft er am Beispiel von homosexuellen Protagonisten Bilder der spanischen Gesellschaft des 20. Jahrhunderts, bei dem aus hedonistischer und erotisch-softpornographischer Perspektive eine üblicherweise ausgegrenzte schwule Welt ins Zentrum rückt. An einigen repräsentativen, teils ausführlicher behandelten Beispielen soll dies nunmehr verdeutlicht werden.

In seinem ersten Roman, *Amor pasión* (1983), gestaltet er die leidenschaftliche Beziehung des Madrider Literaturprofessors Arturo zu dem hübschen andalusischen Jungen Sixto, bei der die Liebesgeschichte immer auch Anlaß für die neoplatonistisch akzentuierte Reflexion über die Liebe ist. Dieser autobiographisch gefärbte Text ist eine – teilweise etwas wortreich geratene – narrative Konkretisierung von liebestheoretischen Problemlagen, die auch – und überzeugender – in der Lyrik behandelt werden.

Divino (1994) erzählt am Beispiel der fiktiven Lebensgeschichte des erfundenen Dichters, Erzählers, Theaterschriftstellers und Dandys Max Moliner das wechselvolle Schicksal homosexueller Existenz zwischen gesellschaftlichem Glamour und bitterster Not. 1891 geboren erlebt der Held in den zwanziger und frühen dreißiger Jahren seine glücklichste Zeit in der Glitzerwelt des Kulturgeschäfts, des ebenso raffinierten wie dekadenten Adels (am Beispiel des historisch verbürgten Dandys Antonio de Hoyos, dem de Villena bereits in *Corsarios de guante amarillo* ein Kapitel gewidmet hat), der ungehemmten Trieberfüllung an mondänen Orten wie Paris, Côte d'Azur, Mallorca und Tanger.

Der Bürgerkrieg macht dem orgiastischen Treiben im permanenten Fest ein jähes Ende; Alejandro, der junge Geliebte von Max, fällt an der Ebro-Front; Max selbst wird 1939 für neun Jahre ins Gefängnis gesteckt und versucht nach seiner Freilassung, sich als Kellner und Verfasser von Groschenromanen durchzuschlagen; von ehemaligen Freunden, die sich mit dem Regime arrangiert haben, im Stich gelassen, vegetiert er in einer schäbigen

Dachkammer, in der er schließlich 1950 – wahrscheinlich von einem gewalttätigen Stricher – erstochen aufgefunden wird.

Mit diesem Roman bzw. dieser fiktiven Biographie – de Villena hält sich nicht klar an Gattungsgrenzen – wird *en passant* ein markanter Abschnitt der Geschichte der Homosexualität in Spanien erzählt: die Entwicklung einer zunehmend öffentlich werdenden Homosexuellenkultur in den zwanziger und frühen dreißiger Jahren und ihre brutale Repression zur Zeit der Franco-Diktatur. Spiegelbildlich dazu behandelt de Villena in dem Band *Chicos* (1989) das erneute Aufblühen einer Kultur der Dissidenz zum Ende der Franco-Zeit und die ungehemmte Körperlust im Zeichen von exzessivem Sex und wildem Drogenkonsum nach dem Tod des Diktators, in der *transición*. In acht Geschichten erzählt ein junger Mann aus der gehobenen Madrider Gesellschaft Episoden aus seinem Leben, von der Studienzeit gegen Ende der sechziger Jahre bis zu den Anfängen der *movida* in den frühen achtziger Jahren. Die acht Episoden haben jeweils das Verhältnis des Erzählers zu einem anderen jungen Mann zum Thema: dem kanadischen Hippie Peter, dem verführerischen Epheben Rafael, dem Arbeiterjungen Leopoldo, der sich seine Schönheit bezahlen läßt, sich aber keinem hingibt, dem überaus schönen Callboy Emilio, mit dem der Erzähler für kurze Zeit die Illusion einer glücklichen Liebe erlebt, usw. *Chicos* läßt sich lesen als *educación sentimental* eines jungen Mannes zwischen platonischer Liebe und Abstieg in das verführerische Infernum anonymer käuflicher Körper und tödlichen Drogenrauschs und ist dabei zugleich die heterodoxe Chronik eines entscheidenden Jahrzehnts der spanischen Geschichte, in der Privates und Historisches aufeinander bezogen werden, und zwar sowohl ernst im Zeichen des Widerstands und der Bedrohung wie auch im Zeichen komischer Brechung, wenn z.B. die verpaßte Gelegenheit des Erzählers, den noch allzu jungen Rafael im Familiensalon zu verführen, durch das gleichzeitige Geschehen im Fernsehen ironisch überblendet wird, das die pompöse Trauerfeier für den toten Generalísimo überträgt.

Chicos ist ein für die spanische Literatur der achtziger Jahre typischer Text, insofern er individuelle, persönliche Geschichten vor dem Hintergrund der jüngeren Geschichte Spaniens gestaltet. Besonders aufschlußreich ist hierfür das erste Kapitel, „Peter", in dem aus der Perspektive der Generation der noch nicht Zwanzigjährigen die ausgehende Franco-Zeit beleuchtet wird. In Reaktion auf die deutlich politisierte Atmosphäre im Zeichen von Kampf und Streik verweigert sich der Erzähler als junger Student dem ideologischen Aktivismus einer Konfrontation von Links gegen Rechts und gibt sich von daher betont apolitisch. Doch die Nichtbeachtung des Regimes ist Teil einer radikaleren und grundsätzlichen Form des Widerstands: diese Generation entdeckt den eigenen Körper als staatlich nicht disziplinierbares Mittel der Transgression und der Befreiung; statt auf den kämpferischen Marxismus setzt sie auf die Anarchie der Triebe. Statt dem kommunistischen Engagement im Untergrund wählt der 17jährige Student mit Bedacht eine eigenwillige Sorge um die Freiheit, und zwar „auf dem Feld der Freiheit selbst und nicht auf dem der Politik": „Für mich war *Freiheit* ein moralisches Wort und bedeutete die Verpflichtung zur Überschreitung des alltäglichen Horizonts. Ich spürte, daß diese *Freiheit*, neben anderen Dingen, den Körper streifte, die Tore öffnete, die der Geist ihm verschloß" (de Villena, *Chicos:* 13). Der Körper und die eigene Erfahrung im Zeichen tabuloser Transgression („ich brauchte einen subtileren, mehr im Inneren liegenden, dunkleren, beunruhigenderen und unregelmäßigeren Weg […], ich suchte […] eine Bahn, die nach Nacht, nach Chimäre, nach Sex, nach Normbruch roch"; ebd.: 14) werden so zum Medium einer zunächst individuellen Befreiung. Der „Masse", der „Mehrheit", den „rötlich züngelnden sozialistischen Flämmchen" setzt der Junge ein elitäres Programm der Selbstmarginalisierung entgegen und stilisiert sich – in deutlicher Nachfolge seiner Vorläufer in der Romantik und besonders der *bohémiens* und *maudits* der zweiten Hälfte des 19. Jahrhunderts – zum dissidenten Außenseiter und emphatischen Vertreter einer befreienden Gegenkultur, die sich programmatisch „dem Bruch mit dem Normativen" (ebd.: 15) verschreibt. Zeitgenössisch ist diese Selbststilisierung als erlesene „Subminorität" und Speerspitze der „absoluten Moderne in ihrer innersten Essenz" (ebd.: 16) natürlich gebunden an die anglo-amerikanische Hippie-Bewegung, an die *beat generation* und *flower power*, die „den Minirock, den Drogenkonsum und die freie Liebe" propagierte. Was hier durchaus mit Ironie erinnert wird, sollte doch nicht den Blick dafür verstellen, daß gerade der *underground* der späten sechziger und der siebziger Jahre, vor dem die Zensur des Franco-Apparats das eigene Land abzuschirmen trachtete, eine bedeutsame Sprengkraft entfaltete für die im offiziell verordneten klerikalen Mief, im engen Korsett der Trias von Gott, Vaterland und Familie aufgezogene Jugend. Der Erzähler hat dabei insofern eine privilegierte Position, als er durch die Freundschaft mit dem vorübergehend in Madrid studierenden kanadischen Hippie Peter diese Kultur gewissermaßen aus erster Hand erlebt.

In den folgenden Kapiteln beschreibt der Erzähler die weitere Umsetzung seines Programms im Verlauf der Jahre: statt des „entnervenden (und vielleicht notwendigen) politischen Engagements" (ebd.: 18) die Befreiung des Ich durch körperliche Erfahrungen auf dem vorwiegend nächtlichen Weg in die Ekstase der Sinne. Über die Atmosphäre jener Jahre gibt das kurze, im

Frühjahr 1998 verfaßte und explizit autobiographisch gehaltene Vorwort zu *Afrodita mercenaria* Aufschluß:

> Der Begriff [Söldnerische Aphrodite] kam mir eines Nachts, im Spätfrühling des Jahres 1975, in den Sinn, in einem schillernden Nachtlokal des damaligen Madrid – dem Drugstore de Velázquez, einem ebenso distinguierten wie verruchten Etablissement –, wo ich glücklicherweise nicht wenige Nächte der Jugend verbrachte. [...] Es waren Tage, in denen viele Jungen wie ich eine wunderbare Schallplatte – eine LP – von Lou Reed mit dem Titel *Transformer* als Lebensbanner hatten, die für mich Songs barg, die wahre Hymnen der Seelen waren. Zum Beispiel: *Take a walk on the wild side* („Spaziere auf der gefährlichen Seite"): das bewundernswerte Motto jener risikofreudigen Jugend. Dieser Song handelt von New York – sagen wir 1972 – mit von *hustlers*, Strichjungen, männlichen Prostituierten geschmückten Straßenecken ... Andy Warhol – der andere Große der Moderne – hatte sie verherrlicht in der Kamera von Morrisey und im schönen Bild von Joe d'Alessandro – *little Joe* –, seiner Muse jener Zeit, in einem berühmten *underground*-Film mit dem Namen *Flesh*, Fleisch ... [...]. Kurz darauf starb Pier Paolo Pasolini, [...] ermordet von einem Straßenjungen, einem von denen, die sich in der Nacht das Leben suchen, in Rom, zum Beispiel, auf den Stufen der Stazione Termini. In Madrid, damals, im Umkreis des hochliterarischen Café Gijón ... Alles schien schrecklich und geheim und quoll über von Leben. [...] Meine Biographie – im leichten Hauch des *maudit* – als braver Junge und liederlicher *señorito* (je nach Nacht) ist eng mit all dem verbunden und mit einem vitalen und ausgehungerten Madrid, das verzweifelt nach Freiheit und Sex giert. Einer Stadt, die es (das kann ich ganz klar sagen) nicht mehr gibt. (ebd.: 9-12)

Die Euphorie einer hemmungslosen Körperlust, die der Erzähler von *Chicos* durchaus valorisiert, bleibt selbstverständlich nicht ungetrübt. Nebenbei wird beispielsweise kurz das Ende von Peter erzählt, der nach einem exzessiven Leben in den alternativen Szenen von London und Kalifornien sowie in Indien, wo er als Bettelguru schließlich den totalen physischen und psychischen Zusammenbruch erleidet, von der Familie heim nach Toronto, ins Sanatorium, verbracht wird. Der Trip in die Selbstverwirklichung mündet in die unheilbare Alienation. Doch dies ist nur eine Variante der umfassenderen *educación sentimental*, die de Villena hier aufzeichnet.

In diesem Licht gestaltet de Villena mit *Chicos* eine Chronik der laufenden Ereignisse der neueren spanischen Geschichte, und er läßt sich von daher durchaus vergleichen mit Manuel Vázquez Montalbán, der mit seinen um den Privatdetektiv Pepe Carvalho zentrierten Kriminalromanen zeitkritisch Stellung bezieht zur politischen und gesellschaftlichen Situation des nachfranquistischen Spanien, oder auch mit Rosa Montero, die mit ihrer *Chronik der Lieblosigkeit* ein schonungsloses Bild eben dieser Gesellschaft aus weiblicher Sicht entwirft. Mit seiner dezidierten Absage an die die regimekritische Literatur der Franco-Zeit bestimmende Ästhetik eines sozialkritischen Realismus sowie an den politischen Kampf steht der Erzähler exemplarisch für viele seiner Generation, wie ein bei Perriam (S. 19) belegtes, typisches Statement zeigt: „unser Widerstand gegen den Franquismus bestand gerade darin, ihn zu ignorieren". Daß de Villena mit seinem schwulen Hauptstadt-Porträt der siebziger Jahre offenbar gleichfalls in literarisch überzeugender Form den Nerv der Zeit getroffen hat, zeigt sich u.a. darin, daß *Chicos* soeben, neun Jahre nach der Erstpublikation, als wohlfeiles Taschenbuch für ein großes Publikum wieder aufgelegt worden ist.

Der 1996 erschienene Roman *Fácil* ist, wie der Untertitel erläutert, die Lebensgeschichte eines „chico de la vida", womit mit einer gängigen euphemistischen Wendung ein Strichjunge umschrieben ist. Doch dies trifft nur einen Teil des Romans, der, wie die meisten neueren Erzähltexte de Villenas, komplexer strukturiert ist. In den insgesamt 16 Kapiteln ergreifen mehrere Stimmen das Wort: neben dem *chico de la vida* Rui, der im Zentrum steht, ist dies vor allem sein textinterner Gesprächspartner, ein bekannter Schriftsteller, der als übergeordneter Erzähler die Lebensgeschichte von Rui aufschreibt, kommentiert und mit seinem eigenen Leben kontrastiert. Dieser läßt daneben drei weitere Stimmen zu Gehör kommen, drei „Herren" des „Dieners" Rui, die ihrerseits ihre Einstellung zum Leben und ihr Verhältnis zu dem Jungen erläutern. Mit dieser Vielstimmigkeit wird ein polyperspektivisches Tableau sozialer Schichten und unterschiedlicher Einstellungen zum Leben und zur Liebe entworfen.

Auf einer eingebetteten Ebene erzählt der 22jährige Rui seine Lebensgeschichte: 1970 im Norden Portugals auf dem Land geboren und in ärmlichen bäuerlichen Verhältnissen aufgewachsen, wird er mit 14 Jahren von einem begüterten Lissaboner Ehepaar auf einer Urlaubsreise entdeckt, seinen Eltern abgekauft und „adoptiert"; sein Leben in Lissabon spielt sich zwischen dem „inzestuösen" Ehebett der neuen „Eltern" und der ungeliebten Schule ab (Kap. 2-3). Der Beziehung leid geworden, geht er mit einer Freundin nach Madrid und verdingt sich auf dem Straßenstrich (Kap. 5). Er findet Unterkunft und Auskommen bei einem über 60jährigen Modedesigner (Kap. 7), wird unter dem Namen Fabio zum Star eines Männerbordells (Kap. 9), bleibt lange Zeit bei einem guten Kunden, einem gleichfalls älteren, erfolgreichen Maler, den er auf seinen mondänen Reisen begleitet, dem er den Haushalt führt, in den er sich verliebt und von dem ihn der Marokkanerjunge Selim verdrängt. Wieder zurück im Bordell schwärmt er davon, seine Freundin Marta zu heiraten (Kap. 11-12). Er wird Favorit der reichen Lia, die das

Geld ihres Gatten zum Kauf junger Männer nutzt und Rui verwöhnt, bis sie merkt, daß auch ihr Sohn Alfredo ihn verwöhnt, und ihn von Samuel, dem Besitzer des Bordells, vor die Tür setzen läßt (Kap. 14). Rui muß sich wieder auf der Straße durchschlagen und lebt mit Marta zusammen, die im sechsten Monat von ihm schwanger ist (Kap. 16).

Wie unschwer deutlich wird, liegt hier eine moderne Schelmengeschichte vor, die das Gattungsschema – Lebensbeichte eines jungen Mannes, der sich als *mozo de muchos amos* (Diener vieler Herren) in unterschiedlichen gesellschaftlichen Milieus verdingt – in wesentlichen Strukturen aufnimmt und erotisch umakzentuiert. In der Geschichte der Pikareske ist diese Erotisierung bereits im 18. Jahrhundert geleistet durch die Wahl eines weiblichen Schelms; Daniel Defoes *Moll Flanders* ist dabei die literarische Ahnherrin, die Nachfolgerinnen u.a. in Fanny Hill oder auch einer Josephine Mutzenbacher gefunden hat. Für die zeitgenössische spanischsprachige Neopikareske ist eine erneute Umakzentuierung des traditionsreichen Schemas hin zu einer dezidierten Homoerotisierung zu beboachten. De Villena steht mit *Fácil* in einer Reihe etwa mit dem Mexikaner Luis Zapata, der den hübschen Streuner Adonis in die verschiedensten gesellschaftlichen und homosexuellen Konstellationen in Mexiko-Stadt schickt (*Die Abenteuer, Mißgeschicke und Träume des Adonis García, Vampyr von der Colonia Roma*, 1979; vgl. dazu Castro-Gómez 1997), oder auch dem Spanier Carlos Sanrune, der seinen jungen Helden die schwule Topographie Madrids entdecken und zu seinem finanziellen Vorteil nutzen läßt (*Der Gladiator von Chuecas*, 1992); dem Schema der fiktiven Autobiographie folgend, erzählen beide schwulen Schelme ihre episodischen Abenteuer selbst und sprechen sie zeitgemäß auf Band. Diesem Gattungsschema entsprechend, das durch solche Tricks die Authentizität des Erzählten auszuweisen sucht, aber seine Fiktionalität gleichwohl nicht zu kaschieren vermag, hält auch Rui, der – obgleich noch immer jung – an einem vorläufigen Wendepunkt seines Lebens angekommen ist, Rückschau auf sein Leben, das ihn vorübergehend in die Höhen der Welt der Bürger und den mondänen Glamour der Künstler, nunmehr aber wieder in die Niederungen der Straße geführt hat.

Die intertextuelle Anlehnung von Ruis Geschichte an den *Lazarillo de Tormes*, den ersten Vertreter dieser ganz und gar spanischen Gattung, wird zu Beginn des Romans dicht signalisiert. Wie Lazarillo hat Rui unehrenhafte Eltern: die Mutter hurt, der Vater stiehlt und sitzt im Gefängnis. Beim Abschied von zu Hause werden Rui – in einem direkten, fiktionsironischen Zitat des *Lazarillo* – die aufmunternd-bitteren Worte der Mutter des jungen Blindenführers mitgegeben:

Mein Sohn, ich weiß, daß ich dich nicht mehr wiedersehen werde. Strebe danach, gut zu sein, und möge Gott dich leiten. Ich habe dich aufgezogen und einem guten Herrn anheimgegeben; jetzt sieh selbst, wie du zurecht kommst. (de Villena, *Fácil:* 33)

Anders als der traditionelle Schelm, der im Zeichen der Unreinheit seines Blutes ein für die Gattung charakteristisches, tragikomisches „Stigma-Management" zur Aufrechterhaltung einer immer schon bedrohten Fassade der Ehre betreiben muß (vgl. Bauer 1994, S. 10-13), ist es für den einfachen Jungen vom Land kein moralisches Problem, über den Verkauf seines Körpers in der Welt voranzukommen. Von Kind auf hat er ein unkompliziertes Verhältnis zu Körperlichkeit und Sexualität. In der ungezwungenen Natürlichkeit des Landlebens, wo die Buben auf dem Hof in fröhlichem Wettstreit die Hühner begatten, gewinnt der kleine Rui früh sexuelle Erfahrungen beiderlei Geschlechts. Momente des Glücks erlebt er beim sommerlichen Baden im kühlen Fluß, aber auch im Verführtwerden durch die ältere Amalia oder bei der Verbrüderung mit Lionel:

> Wasser machte mich glücklich. Es war ein Augenblick des Glücks. Und auch einer des Sexes. Denn beim Ausziehen, bevor wir ins Wasser liefen, betrachteten wir gegenseitig unsere Schwänze und berührten sie. Und die Haare. Mal sehen, wer schon welche hat. Ich weiß nicht, ob wir uns am Anfang in Unterhosen badeten, diesen weißen von damals, aber Lionel sagte uns, daß es nackt mehr Spaß macht, und das stimmte. Hat dir jemand als Kind einen runtergeholt? So mit elf oder zwölf. Es kam nichts heraus. Aber die Lust war die gleiche. Und er wurde ganz schön hart. Der von Lionel war sehr groß und sehr dick. Aber dann entdeckte er, daß meiner noch größer war, und in einer Nacht – in jenem Sommer – nahm er mich mit in den Stall, in eine Ecke, wo er einen kleinen Verschlag hatte, gleich neben den Hunden, und sagte, ich weiß nicht mehr genau, daß wir Brüder werden müßten, Kumpel. Und er wichste mich und ich ihn. Bei mir kam nichts, bei ihm schon, und er sagte mir, daß ich es abschlecken sollte, direkt von der Eichel herunter, weil uns das zu den allerdicksten Freunden machen würde. [...] Für mich war Sex immer etwas ganz Normales. (ebd.: 21)

Während Lazarillo sein Leben einem hohen Kleriker im Gestus einer Beichte erzählt, spricht Rui in einer heruntergekommenen Transvestitenbar einen bekannten Schriftsteller aus guter Familie an, lädt sich selbst zu einem Cubalibre ein und weckt nicht nur das Interesse seines Gesprächspartners durch seine Schönheit und seine traurigen Augen, sondern auch seine Neugierde, als er anfängt, sein bewegtes Leben zu erzählen. Dem Schriftsteller – aus dessen Perspektive diese Begegnung geschildert wird (Kap. 1) – kommt sofort ein altes Projekt wieder in den Sinn, das Vorhaben, ein neues *Satyricon*, einen modernen Schelmenroman zu schreiben. In Rui findet er seinen

Helden, der ihm später – so die typische Fiktion – in mehreren Sitzungen sein Leben auf Band spricht. Der Roman *Fácil* ist somit zu einem großen Teil die Abschrift des Bandes durch den übergeordneten Erzähler, der Ruis Geschichte kommentiert, mit seiner eigenen Biographie kontrastiert und zudem drei der „Herren" des Rui Gelegenheit gibt, ihre Sicht ihres Verhältnisses zu dem Jungen darzulegen. Nach dem Lissaboner Ingenieur Dr. Rocha, der seine pädophile Fürsorglichkeit herausstreicht (Kap. 3), schildert der Top-Schneider Armito seine – platonisch gefärbten – Ansichten über die jugendliche Schönheit (Kap. 8), und im Kontrast dazu legt der Maler Emilio sein hedonistisches Konzept der Suche nach der Schönheit dar, einer unausgesetzten Suche, die sich in einer regelrechten Jagd auf immer neue und immer junge Männerkörper entlädt; ohne lieben zu können, setzt er auf den schnellen Verbrauch (Kap. 11). All diese Stimmen bündelt der Generalerzähler, der sich zum Teil in der Rolle des bloßen Herausgebers sieht, zu einem großen Teil aber auch seine eigene Lebensgeschichte einbringt. Erneut spielt de Villena hier mit autobiographischen Elementen, wenn der Erzähler – ein 1951 geborener, die Madrider Schwulenbars frequentierender, bekannter Schriftsteller aus bestem Haus – deutlich Merkmale des realen Autors aufweist. Dieser Erzähler beichtet seine eigenen Erfahrungen mit Strichjungen in Paris und später in Madrid (Kap. 6), denkt nach über die Doppelnatur der Prostitution zwischen Glanz und Misere, zwischen Abstieg in die Gosse und Möglichkeit des sozialen Aufstiegs (Kap. 10), und verteidigt, indem er ihre lange Geschichte in der Literatur von Meleagros und Straton über Wilde und Gide bis Pasolini und Genet reflektiert und ein Loblied des Kapitals im Zeichen von Sex und Geld anstimmt, die Käuflichkeit der männlichen Liebe als Praxis einer dissidenten Gegenkultur, die sich nicht von einer pseudoliberalen Gesellschaft vereinnahmen läßt (Kap. 15).

Mit seiner dominant homoerotischen Umarbeitung des Schelmenromans verbindet de Villena für ihn typische Ziele. Durch die sexuelle Besetzung des Gattungsschemas stellt er einen exemplarischen Lebensweg eines Strichjungen durch verschiedene Schichten der Gesellschaft – vom *mundo del hampa* der Gosse bis zur High Society des Madrider Künstler- und Geldadels – vor, der aus unterschiedlichen Perspektiven beleuchtet wird. Es geht dabei weniger, wie im traditionellen Schelmenroman, um die komisch-satirische Bloßstellung gesellschaftlicher Fassaden, sondern vielmehr um die Diskussion grundsätzlicher Lebensfragen: was ist die Schönheit, was ist die Liebe, kann das Begehren je erfüllt werden? In moralistischer – und damit gerade nicht moralisierender – Manier werden verschiedene Verhaltensweisen und Einstellungen protokolliert, die vorrangig die Käuflichkeit von Körpern, die

Verführung Minderjähriger und so grundsätzlich die Würde und die Freiheit des Menschen zum Thema haben. In weit ausgreifenden Reflexionen, die die abendländische Kulturgeschichte von Positionen der griechischen Philosophie bis zu Pier Paolo Pasolini und Jean Genet abrufen, denkt besonders der Generalerzähler darüber nach. Die pragmatische, vitalistische Position Ruis, der darauf vertraut, daß das Leben immer seinen Weg finden wird, trifft sich mit der hedonistischen Position Emilios, der im Leben die Verpflichtung sieht, „glücklich zu sein" (ebd.: 213), und beides wird vom Erzähler teilweise übernommen, aber zugleich aus der skeptischen Perspektive neoplatonischer Abgeklärtheit und wissender Melancholie relativiert. Deutlich wird einmal mehr, daß de Villena über dem exzessiven Spiel mit literarischen und kulturellen Referenzen, das Apuleius' *Goldenen Esel* als antiken Vorläufer der Schelmengattung ebenso einbringt wie *canciones* der spanischen Popkultur oder mexikanische *rancheras*, mit seinem polyperspektivischen Blick auf eine marginalisierte Welt konsequent sein übergreifendes Projekt der Sichtbarmachung und Affirmation einer dissidenten Gegenkultur verfolgt.

Auch sein bislang letzter Roman, *Oro y locura sobre Baviera* (1998), ist diesem Projekt verpflichtet; mit dieser als „Chronik, Tagebuch oder Memoiren" (de Villena, *Oro y locura sobre Baviera:* 305) ausgegebenen, halbfiktionalen Biographie Ludwigs II., erzählt von seinem preußischen Privatsekretär Markus Kielshof, richtet de Villena den Blick wieder auf die außerspanische, historische Tradition einer Gegenkultur und setzt die archäologische Arbeit der Erinnerung an prominente dissidente Persönlichkeiten fort: nach Leonardo da Vinci, Michelangelo, Lord Byron, Oscar Wilde und Konstantinos Kavafis widmet er sich nun der schwulen Ikone Ludwig II. und einer Epoche, die ihm, neben der klassischen Antike, seit je die liebste ist: die im Zeichen exzessiver Sinnlichkeit wie preziöser Sterilität stehende Zeit der *décadence*. Das Erzählinteresse liegt daher weniger auf den nicht zuletzt aus Viscontis opulenter Verfilmung bekannten tragikomischen Episoden aus dem Leben des Königs, die vor dem historischen Tableau des üblichen Konflikts zwischen Bayern und Preußen, der für den frankophilen Ludwig schmerzlichen Niederlage Frankreichs und der Einigung zum Deutschen Reich aufgespannt werden. Das Interesse liegt einzig und allein auf der Figur des Königs, in der de Villena – wie schon vor ihm Luis Cernuda in dem Langgedicht „Ludwig von Bayern lauscht Lohengrin" (*Desolación de la quimera*, 1961) – eine Spiegelfigur seiner eigenen ästhetizistischen Vorlieben entdeckt. Dieser lyrische Roman zeigt – wie der Untertitel *Un rey en los abismos* erklärt – einen abgründigen König, der, in der steten Spannung zwischen Kunst und Leben stehend, sich für ein Leben im Zeichen der Kunst und die Stilisierung seines Lebens zum Kunstwerk entscheidet. In immer neuen Reflexionen wird der Zwiespalt Ludwigs beleuchtet, der, „nach Schönheit und mitreißender Leidenschaft dürstend" (ebd.: 189), vom Leben angezogen wird, aber zugleich weiß, daß „das Wirkliche immer unbefriedigend" ist (ebd.: 126) und nur dank der Phantasmagorien der Kunst – in seiner Aufhebung im „Reich der Chimäre" (ebd.: 173) – überhaupt auszuhalten ist. Ludwig wird so porträtiert als dekadenter Ästhet, der die imaginäre Welt der Kunst zum Schutzschild gegen das Leben erhebt, dem er gleichwohl zum Opfer fällt.

Vorläufiges Fazit

„Seine Perversität" Luis Antonio de Villena – so huldigt ihm der junge Dichter Leopoldo Alas in einem lobenden Artikel – bezeugt in eindrucksvoller Weise die Tradition und Gegenwart einer abendländischen wie spezifisch spanischen Kultur der Dissidenz. Er gibt der Liebe, die ihren Namen nicht zu nennen wagte, eine Stimme und modelliert dissidente Sexualität in der Weise, daß er sie nicht als Abweichung und Ausnahme stigmatisiert, sondern als selbstverständliche Variation dominant setzt; damit plädiert er für eine entspannte Neu-Relationierung der Geschlechter im Zeichen der Anerkennung der Differenz. Seine Leistung liegt unzweifelhaft in der Subversion des hegemonialen Diskurses der Hetero-Norm, die er ebenso beharrlich wie unaufgeregt, mit ernster Zielsetzung und zugleich mit spielerischem Vergnügen an der ironischen Brechung, an der parodistischen Bezugnahme, am sich anverwandelnden Pastiche, betreibt. Sein ästhetizistischer Exhibitionismus und die lustvolle Ausstellung seiner Bildung erschöpft sich mithin nicht in der narzißtischen Selbstreferentialität eines die eigene Künstlichkeit feiernden *l'art pour l'art*, sondern macht vielmehr deutlich, daß hier ein *poeta doctus* einer überaus gelehrten Ästhetik des Palimpsests verpflichtet ist, insofern er dissidente Personen und dissidente Texte in geduldiger Beharrlichkeit dem Vergessen entreißt und eine Kunst der Erinnerung pflegt, deren ideologische Sprengkraft darin liegt, daß das Tabuisierte, Negierte und Ausgegrenzte wieder zu Wort kommt. Wie dies für die neue spanische Schwulenkultur generell gilt, die aufgrund der politischen Verhältnisse die *gay liberation* in einem späteren, dekonstruktiven Stadium für sich lebte (vgl. Smith 1992, S. 4 f.), hält sich de Villena dabei nicht mit der Suche nach einer vermeintlichen homosexuellen Identität auf, sondern begreift im Sinne der *queer theory* Geschlecht jenseits biologischer „Essenz" als immer neu auszuagierende

Performativität. Ihren zentralen historischen Ort findet sie in der Karnevalskultur der *movida*, die im Zeichen fröhlicher Relativität festgezogene Grenzen aufbricht und überkommene, feste Ordnungen in Bewegung bringt. Sein ausgeprägter Hedonismus – die Feier von Eros, Lust und Fleisch – entstammt dem Bewußtsein, daß gerade die praktizierte Körperlust sich gesellschaftlichen und diskursiven Zugriffen verweigert. Dieser schreibt er im Vorwort zu *Como a lugar extraño* (1990) die Eigenschaft zu, ein ganz besonderer „Ort" zu sein, ein „Heterotopos", wie man mit Michel Foucault sagen könnte:

> Wir fühlen uns gewöhnlich fremd in der Welt. Wir gehören zur Welt und sind doch nicht von ihr, weil sie uns weder ausfüllt noch befriedigt. Die Welt, das Leben, ist für uns ein fremder Ort, weil es in ihr Unmöglichkeit und Schmerz gibt und das Begehren, die Vollkommenheit, das Verlangen nach Schönheit fast andauernd ausgeschlossen bleiben. Aber es gibt fremde Orte im fremden Ort: die Erotik, die Freude über das Leben als gefühltes *Leben*, die seltenen Inseln des Jubels, diese Lust am psychischen Fleisch sind ihrerseits fremde Orte.
> (de Villena, *Como a lugar extraño:* 7)

Daß der ekstatische Hedonismus, der in einer entfremdeten Welt Lustorte des Eigenen entdeckt, dabei gepaart ist mit der schmerzlichen Erkenntnis der grundsätzlichen Gefährdung, Flüchtigkeit und Unerfüllbarkeit menschlicher Liebe, verdeutlicht die Position Luis Antonio de Villenas als die eines im Kern optimistischen Melancholikers homosexuellen Liebesbegehrens.

Werke und Übersetzungen

Lyrik
Sublime solarium (1971)
El viaje a Bizancio (1978)
Hymnica (1979)
Huir del invierno (1981)
Un paganismo nuevo (1981)
La muerte únicamente (1984)
Como a lugar extraño (1990)
Marginados (1989-1993), (1993)
Asuntos de delirio. 1989-1996 (1996)
Celebración del libertino (1996-1998) (1998)
Afrodita mercenaria (1998)

Lyriksammlungen
de Villena, Luis Antonio: *Poesía 1970-1984.* Madrid 1988

Erzählsammlungen
Para los dioses turcos (1980)
En el invierno romano (1986)
Chicos (1989, 2. Aufl. 1998)
El tártaro de las estrellas (1994)
El mal mundo (1999)

Romane / (Auto-)Biographien / Porträts
Ante el espejo. Memorias de una adolescencia (1982)
Corsarios de guante amarillo. Sobre el dandysmo (1983)
Amor pasión (1983/1986)
Leidenschaftliche Liebe. Übersetzt von G. Büntzly. Berlin 1989
La tentación de Icaro (1986)
Máscaras y formas del fin de siglo (1988)
Yo, Miguel Angel Buonarroti (1990)
Fuera del mundo. Una novela romántica sobre el amor al imposible (1992)
Leonardo da Vinci. Una biografía (1993)
Divino (1994)
El burdel de Lord Byron. Una novela lírica (1995)
Carne y tiempo. Lecturas e inquisiciones sobre Constantino Kavafis (1995)
Antibárbaros (1995)
Fácil. Historia particular de un chico de la vida (1996)
El charlatán crepuscular. Oscar y Bosie (1997)
Biografía del fracaso (1997)
Oro y locura sobre Baviera (1998)

Essayistisches Werk
Dados, amor y clérigos (1978)
„La contracultura". In: Fernando Savater, Luis Antonio de Villena: *Heterodoxias y contracultura*, 2. Aufl. 1989, S. 87-157
El libro de las perversiones (1992)
Lecciones de estética disidente (1996)

Herausgeberschaft von Anthologien
Postnovísimos (1986)
Fin de siglo. El sesgo clásico en la última poesía española. Antología (1992)
10 menos 30: La ruptura interior en la „poesía de la experiencia" (1997)
La poesía plural. Antología (1998)

Kritische Editionen
Vicente Aleixandre, *Pasión de la tierra* (1976)
Luis Cernuda, *Las Nubes / Desolación de la quimera* (1984)

Übersetzungen mit Herausgeberschaft
Catulo (1979)
Estratón de Sardes, *La musa de los muchachos. Antología de poesía pederástica* (1980)
Michelangelo Buonarroti, *Sonetos completos* (1986)
Los trabajos del ocio (1993)

Terenci Moix

Peter Pan trifft Marilyn

Von Felice Balletta

Die Zeiten, in denen Terenci Moix seinen Lebensunterhalt in einer Druckerei, als Kellner oder Übersetzer (um nur einige der unterschiedlichen Tätigkeiten zu nennen) verdienen mußte, gehören seit langem der Vergangenheit an. Längst zählt der katalanische Vielschreiber, geboren 1942 in Barcelona und dort aufgewachsen, zu den erfolgreichen Bestseller-Autoren der spanischen Literaturszene. Mit dreißig Jahren hatte Terenci Moix bereits rund ein Dutzend Bücher veröffentlicht und einige der renommiertesten Literaturpreise Spaniens gewonnen. Dementsprechend groß war und ist der Bekanntheitsgrad des streitbaren Katalanen, der es seit seinem literarischen Debüt im Jahr 1967 versteht, sich Schritt für Schritt die Gunst des spanischen Lesepublikums zu erobern und zu sichern. Scheinbar unbeeindruckt von der Krise, die auch die spanischen Verlagshäuser seit mehreren Jahren zwingt, marktstrategisch umzudenken, d.h. obwohl immer mehr Bücher bei gleichzeitig sinkender Auflagenzahl publiziert werden, gehört Moix in Spanien zu den meistgelesenen Gegenwartsautoren. Romane wie beispielsweise *No digas que fue un sueño* (1986), *Garras de astracán* (1991) oder *El beso de Peter Pan* (1993) erreichten sechsstellige Verkaufszahlen und schlugen damit alle Verkaufsrekorde.

El beso de Peter Pan ist – nach *El cine de los sábados* (1991) – der zweite Teil der als Pentameron angelegten Autobiographie mit dem Gesamttitel *El peso de la paja*. Er umfaßt den Zeitraum 1956-1962, d.h. jene Jahre der Adoleszenz, die in erster Linie geprägt sind vom Entdecken der eigenen Homosexualität. Mit einem weinenden und einem lachenden Auge, frech und witzig, beschreibt Moix die ebenso bewegten und bewegenden wie tristen Jahre seiner *éducation sentimentale*, das Erwachen des Interesses und der Lust am eigenen Geschlecht. Einen nicht geringen Teil der Lebenserinnerungen verquickt Moix dabei mit den drei großen Leidenschaften, die bis heute sein Leben und Werk nachhaltig prägen: mit der Literatur und der Musik, vor allem aber mit dem Kino, das wiederholt als thematischer Ansatzpunkt fungiert. Anhand der Filme, die in jener Zeit am nachhaltigsten auf ihn wirkten, rekonstruiert der passionierte Cineast seine Jugend im Barcelona der endenden fünfziger Jahre und unternimmt so zugleich eine nostalgische Reise in die spanische Vergangenheit. Dabei geht die Begeisterung für die männlichen Filmidole oft über bloße pubertäre Schwärmerei hinaus: Darsteller wie z.b. Steve Reeves, Held unzähliger Sandalenfilme und cinematographische Ikone geballter, viriler Potenz, verkörpern anfangs noch uneingestandene sexuelle Desiderate, d. h. sie dienen zugleich als Ventil, als Projektionsfigur. Ähnliche Wirkung und Funktion haben die leichtgehüllten Bodybuilder der amerikanischen Posing-Magazine, die oft mehr betonen als verbergen, und die somit im direkten Kontrast zur feinsinnigen Literatur – von den Klassikern der Weltliteratur bis hin zur europäischen und amerikanischen Avantgarde – stehen, der sich Moix ebenfalls in jenen Jugendjahren zuwendet. So wird die laszive, körperbetonte Erotik des Films und der Zeitschriften gewissermaßen durch die stilisiert-sublime Form der Liebe, wie sie die literarische Fiktion seiner Lektüren propagiert, komplementiert: ein Dualismus, der lange Zeit bestimmend sein wird.

Durch seinen ebenfalls homosexuellen Taufpaten Cornelio und dessen Lebensgefährten Alberto lernt Terenci das klandestine Schwulenleben der Stadt kennen. Einerseits faszinieren ihn die Ungezwungenheit und die erotische Ausstrahlung, die von Cornelios Freunden ausgeht (ihn aber gleichzeitig in seinem Glauben an die eigene, vermeintliche Häßlichkeit bestärken); andererseits fühlt er, der beseelt ist vom klassischen Ideal platonischer Männerfreundschaft, sich abgestoßen von deren oft schriller tuntiger Welt. Diese anachronistische Haltung, die natürlich ein großes Stück weit Selbstbetrug und Folge der unterdrückten Homosexualität ist, verstärkt zwangsläufig die Außenseiterposition, die er aufgrund seine Belesenheit sowieso schon einnimmt. Terencis erster gleichgeschlechtlicher Kontakt mit einem Arbeitskollegen, dem Maschinensetzer Andrés, der auf der Toilette kurz und heftig seine Lust an dem Jungen befriedigt, ist dementsprechend weitaus prosaischer:

> So kann ich heute sagen, daß ich mit fünfzehn Jahren meine Jungfräulichkeit verlor, aber ich muß auch beklagen, daß dies nicht im geringsten meine Probleme löste, denn ich blieb weiterhin so dumm und verwundbar wie zuvor, als ich noch unberührt war. Ich wußte nicht, was ich mit meinem Körper machen sollte, und mein Herz blieb weiterhin leer. (Moix, *Suspiros de España:* 153)

Die erlebte Form der Lustbefriedigung entspricht nicht der (heterosexuellen) Liebe, die ihm die Literatur suggeriert. Die wenigen, nur illegal erhältlichen Texte andererseits, die mann-männliche Beziehungen thematisieren, zeichnen ein apokalyptisches Bild moralischer Korruption und Sündhaftigkeit, das dem perversen, gesellschaftlich geächteten Homosexuellen meist nur einen Ausweg läßt: den Suizid. So hat die Literatur, in die sich der heranwachsende Terenci zunehmend und nach jeder emotionalen Enttäuschung um so bereitwilliger vertieft, nicht befreiende, sondern eher gegenteilige Wirkung. Und an Enttäuschungen soll es nicht mangeln. Immer wieder folgt den emotionalen Strohfeuern rasche Ernüchterung: Entweder stellen sich die Angebeteten als heterosexuell heraus, oder sie geben dem Jungen zu verstehen, daß sie ihn nicht anziehend finden. Als ihn auch Alberto, der Freund seines Taufpaten, u.a. mit dieser Begründung zurückweist, ist Terenci geschockt und fühlt sich gedemütigt. Nicht die geistigen Fähigkeiten, die er zu perfektionieren bemüht war, interessieren Alberto, sondern lediglich der physische Aspekt. Dabei hatte er sich nie um sein eigenes Aussehen gekümmert, da er dies auch von den anderen nicht erwartete. Um so überraschter ist er, als er in einer der einschlägigen Kneipen des Barrio Chino von einem andalusischen Kellner, dem er gefällt, angesprochen wird. Er folgt ihm bereitwillig in dessen Pensionszimmer, doch die Begegnung endet abrupt mit einer weiteren persönlichen Katastrophe, als sich der fromme Andalusier während des Vorspiels daran erinnert, daß Karfreitag ist:

– Heute ist Karfreitag! – rief er – Heute ist Karfreitag!
Er wiederholte es mehrere Male, und jedesmal hielt ich es für eine große Unaufmerksamkeit seinerseits. Als wäre es eine Neuigkeit, die nicht in allen Kalendern stünde, in allen Zeitungen des Vortags sowie in der Tatsache, daß an eben diesem Tag keine erschienen. Alles wies in der Tat darauf hin, daß Karfreitag war. Und was weiter?
– Heute richteten sie Christus! Ans Kreuz schlugen sie ihn, an einem Tag wie heute.
Um den Scherz weiterzuführen, bemerkte ich:
– Die Historiker haben sich immer noch nicht geeinigt.
– Christus am Kreuz! Ah, welch Lanzenstich in die Seite! Ah, wieviel Bitterkeit auf den Lippen!
Ich war nicht so rückständig, daß ich nicht ausländische Ansichtskarten von Eiferern gekannt hätte, die ihren Gefallen an der Kreuzigung oder anderen groß inszenierten Martyrien fanden. Aber es war nicht das, was er suchte. Er war nicht einmal ein anständiger Fetischist. Er griff lediglich auf die für eine unterentwickelte Denkweise typischen Atavismen zurück.
– Meine heilige Mutter wird wohl gerade an der Dorfprozession teilnehmen. Um diese Zeit erreichen sie bereits die Einsiedelei. Wenn sie wüßte, daß ihr Sohn gerade mit einem Perversen sündigt! Meine heilige Mutter! Einen Altar müßte ich ihr errichten, und stattdessen bespucke ich sie, entweihe ich sie, indem ich am Karfreitag ficke.
Es kann keine größere Last für einen Homosexuellen geben als eine heilige Mutter. Diese guten Damen, im allgemeinen verbrauchte, leidende, reine und fromme Greisinnen, haben das Leben vieler Söhne zerstört, dadurch daß sie die entsagungsvolle Versenkung der drei Marien nachahmten. Eine heilige Mutter erdrückt wie eine

Steinplatte das Gewissen eines bäurischen Homosexuellen. Und insbesondere jene Mutter war dabei, mir aus der Ferne mit den Beleidigungen ihres Sohnes das Herz zu zerreißen.

Er hörte nicht auf, mich als Ferkel, Schwein, Drecksau zu beschimpfen, bis er, als die Synonyme erschöpft waren, sich für ein originelleres Repertoire entschied:
– Du bist der Teufel. Der Dämon, der kommt, um mich in Versuchung zu führen. Satan, Beelzebub und Luzifer, du bist all das in einem! (ebd.: 174)

Terencis Versuche, (sexuelle) Beziehungen mit Frauen einzugehen, scheitern ebenfalls und reihen sich in die Serie der Mißerfolge ein, zu der sein Gefühlsleben inzwischen geworden ist. Einen deutlichen emotionalen Wendepunkt bringt erst die Freundschaft mit dem aufgeschlossenen, lebenslustigen Roberto, der Terencis Interessen und Neigungen uneingeschränkt teilt. Tragischerweise verliebt sich Roberto Hals über Kopf in den kubanischen Fotografen Rubén, den er und Terenci ausgerechnet am Tag der geplanten „ersten gemeinsamen Nacht" kennenlernen. Zum Gefühl der Enttäuschung und der Ohnmacht kommt ein neues dazu: das der Eifersucht. Terenci vertraut sich der Mutter an, nicht aber dem Vater, der „einen toten Sohn einem schwulen vorzieht" (ebd.: 142) – eine Ansicht, die sich ändert, als Terencis Bruder überraschend stirbt. Die Mutter hält (wie viele), bei aller Toleranz und Offenheit, die sie ausstrahlt, die Homosexualität ihres Sohnes für eine Krankheit und schickt ihn zum Arzt. Natürlich läßt sich die „Krankheit" nicht kurieren; vielmehr steht Terenci nun zu seiner sexuellen Orientierung:

– Ich will mich nicht ändern – sagte ich stotternd.
Der Doktor war sprachlos. Ich mußte meinen Vorsatz mehrmals wiederholen, bis es schließlich aus ihm herausplatzte:
– Bist du dir im klaren, was du bist? Weißt du, wie man solche wie dich nennt?
– Ja, aber ich will nichts ändern. Nur meinen Freund wiederbekommen.
[...] Er schickte nach meiner Mutter, die im Wartezimmer wartete. Er zeigte sich ihr gegenüber in keinster Weise freundlich, nicht einmal mitleidig. Totale Verachtung. Schließlich und endlich hatte sie ein Monster zur Welt gebracht:
– Ihr Sohn will keine Heilung. Vielmehr will er sich weiter zerstören. So wie es als Wissenschaftler meine Pflicht ist, ihn dafür zu tadeln, so muß ich ihn als Katholik aus meinem Haus verweisen. (ebd.: 407)

Die Konsequenzen der nunmehr offen eingestandenen Homosexualität beschreibt Moix in *Extraño en el paraíso* (1998), dem unlängst erschienenen dritten Teil seiner Autobiographie, der sich auf die sechziger Jahre konzentriert, also in etwa da beginnt, wo *El beso de Peter Pan* zeitlich und inhaltlich endet. Angesichts der angeschlagenen Staatsfinanzen ist Spanien seit Beginn der sechziger Jahre gezwungen, seine Grenzen weiter für den Tourismus zu öffnen. Die Konfrontation mit der zuweilen sehr freizügigen Art der Fremden bleibt nicht ohne Folgen für das Moralverständnis und das Sexualverhalten der Einheimischen, v.a. jener jüngeren Generation, der auch Moix angehört.

Am Strand von Barcelona lernt Terenci die beiden homosexuellen Neuseeländer Kent und Bryan kennen, die ihn aus Kostengründen als Mitbewohner in ihrer Wohnung aufnehmen. Durch sie erhält Terenci direkten Kontakt mit der Barceloneser Schwulenszene, die sich langsam aber sicher in die gemeinsame Wohnung verlagert. Das ostentative, provokante Verhalten, das Kent und Bryan an den Tag legen, ist jedoch nicht ungefährlich, denn die Repressalien der Polizei gegenüber Minoritäten sind noch unverändert hart. Allein schon dieser Umstand läßt Terenci von fremden, freien Städten träumen.

Über Roberto und Rubén (dem Leser bereits aus *El beso de Peter Pan* bekannt) lernt Terenci den intellektuellen, in Paris lebenden Exilkubaner und Filmemacher Néstor Almendros kennen, der jedoch trotz aller Schwärmerei kein sexuelles Interesse an ihm hat. Die kulturelle Stagnation Barcelonas sowie die schwindende Hoffnung auf einen raschen politischen Systemwechsel bestärken Terenci in seinem Wunsch, Néstor nach Paris zu folgen, was er schließlich auch tut. Dort macht er die Bekanntschaft von Alexander, einem amerikanischen Juden griechischer Herkunft, der Terencis ungebrochen große Begeisterung für Kunst und Literatur, besonders fürs Kino, teilt. Im Marihuanarausch landen die beiden im Bett:

> Sicherlich sagten wir uns pornographische Dinge, denn uns war beiden klar, daß der nächste Schritt das völlige Besitzen sein mußte. Ohne die nötige Zeit, um uns auszuziehen – noch ohne es zu wollen, so kalt war es – machten wir Liebe oder etwas, das dem sehr nahe kam, denn ich erinnere mich an Alexanders Raserei, und auch an meine, im Augenblick des gemeinsamen Höhepunkts. Daher weiß ich, daß wir trotz unseres schlechten Zustands die Perfektion erreichten und wiederholten, zum Ärger des Katers, der nicht auf den Platz konnte, den er in meinen einsamen Nächten einnahm. (Moix, *Extraño en el paraíso:* 95)

Terenci und Alexander werden ein Paar; sie ziehen zusammen und reisen gemeinsam nach Griechenland und in den Nahen Osten – Erfahrungen, die in besonderer Weise Terencis Leben und späteres schriftstellerisches Schaffen prägen. Immer wieder versuchen sowohl Terencis als auch Alexanders Eltern, ihre Söhne nach Hause zurückzuholen. Zunächst allerdings wenig erfolgreich, dank deren Einfallsreichtum:

> Alexanders Antwort war genial: er mußte auch weiterhin als Student in Paris bleiben, um Gitarrenstunden bei einem brasilianischen Lehrer zu nehmen. Er sagte ihnen nicht, daß der Lehrer in der Metrostation der Bastille schlief und seinen Lebens-

unterhalt mit Masturbation in Vorstadtkinos verdiente. Und man darf ihn dafür nicht tadeln: diese Tätigkeit verlieh seiner Hand die notwendige Geschicklichkeit, um die Gitarrenseiten mit dem Können zu spannen, das Alexander benötigte. (ebd.: 131)

Als Alexander schließlich Paris doch verläßt, kehrt auch Terenci nach Barcelona zurück, wo er die meiste Zeit mit Carlitos verbringt. So sehr sich die beiden Freunde auch äußerlich ähneln, so grundverschieden sind sie andererseits, was ihre Vorstellungen von Liebe und Sex anbelangt: Während für Terenci nach wie vor die intellektuellen Qualitäten des Partners ausschlaggebend sind, lebt Carlitos nur für den schnellen Sex. Als er der (nicht allzu ernstgemeinten) Einladung von Frank, einer englischen Bettbekanntschaft, folgt und nach London zieht, begleitet ihn Terenci. Bis sie letztlich Arbeit in einem Lokal finden, lassen sie sich von Frank aushalten bzw. leben von dem Geld, das Carlitos von seinen neuen englischen Bekanntschaften für sein „Entgegenkommen" erhält.

Das London der *swinging sixties*, permissiv und wild, ist in jeder Hinsicht frei und offen: Am Rande einer Gruppensex-Party, auf der Carlitos sich „versteigern" läßt, lernt Terenci den fast doppelt so alten, angesehenen Musikkritiker Stephen kennen. Wie im Falle von Néstor ist er hingerissen von dessen Intellekt und Kultiviertheit. Die Beziehung bleibt aber platonischer Natur. Terencis ungebremste Wißbegierde wird u.a. gestillt von Letitia, einer weiteren Bekanntschaft, die ihm das London außerhalb der Konzertsäle näherbringt. Die Londoner „Lehrjahre" enden, als Stephen nach Amerika geht und Terenci nach Barcelona zurückkehrt, wo ihn allerdings rasch die gewohnte Langeweile und Unzufriedenheit einholen. So läßt er sich für einige Zeit in Madrid nieder. Dort lernt er Daniel kennen, mit dem er eine Beziehung eingeht, die allerdings bereits nach einiger Zeit scheitert. Wie nach allen emotionalen Enttäuschungen vorher (und auch nachher) „ersetzte die Literatur wieder das Leben als eine Art Onanie, die offen die Vernunft beherrschte, vorausgesetzt, daß diese überhaupt existiert hatte" (ebd.: 611). Es gelingt ihm, in der katalanischen Kulturszene weiter Fuß zu fassen und sich einen Namen als Nachwuchsautor zu machen:

> Alles was ich erlebt hatte, fand Eingang in die Literatur, und auf sie konzentrierte ich von da an all meine Kraft. Zurückblieb das, was hätte sein können und nicht war, oder, in Ermangelung dessen, etwas so Starkes, so Wildes, das nur die Literatur bändigen konnte. Meine Heilmethode hieß nun *La torre de los vicios capitales* und *El día que murió Marilyn*. (ebd.: 626)

Das zunächst auf katalanisch veröffentlichte Buch *El día que va morir Marilyn* (1969) auf das Moix in seinen Memoiren mehrfach anspielt, ist eines seiner bekanntesten und erfolgreichsten und gilt vielen als einer der wichtigsten Schlüsselromane der sechziger Jahre. Das Buch spiegelt die Situation jener Generation wider, die wie der Autor in den vierziger Jahren im Barcelona der Nachkriegszeit (gemeint ist der Spanische Bürgerkrieg) geboren wurde bzw. aufgewachsen ist und die „mehr oder weniger zwanzig Jahre alt war, als Marilyn starb" (Moix, *El día que murió Marylin:* 9). Es ist die Zeit der franquistischen Repression, eine rückwärtsgewandte, sexualfeindliche Zeit ohne Ideale, die Moix dokumentiert und analysiert.

Im Mittelpunkt des Romans mit dem emblematischen Titel, der sich aus einem einführenden Prolog und fünf „llibres", Büchern, zusammensetzt, steht die Geschichte des jungen Bruno Quadreny. Bruno entstammt einer wohlhabenden Familie, deren Geschichte exemplarisch für die Entwicklungen der Stadt seit dem Bürgerkrieg steht. Anhand der deformierten Moralvorstellungen (v.a. in Bezug auf Familie und Sexualität), mit denen er konfrontiert wird, skizziert Bruno/Terenci ein erbarmungsloses Bild von Staat und Gesellschaft, deren verlogene Scheinmoral er bloßstellt. Dieses Bild setzt sich, wie ein Mosaik, aus den Erinnerungen einzelner Personen unterschiedlichen Alters zusammen, die allesamt Bruno aus ihrem Leben berichten. Das dritte Kapitel steht ganz im Zeichen Jordi Llovets, Brunos homosexuellem Freund, der auf Ereignisse der gemeinsamen Jugend rekurriert. Jordis Retrospektive kreist im wesentlichen um sein allmähliches Coming-out, das auffällige Übereinstimmungen mit Moix' persönlichen Erfahrungen aufweist. So wie *El beso de Peter Pan* und *Extraño en el paraíso* als autobiographische Romane nicht nur Aufschluß über eine entscheidende Phase im Leben des Autors geben, sondern zugleich ein Stück Zeitgeschichte vermitteln, so geht auch Jordis Geschichte über die bloße chronologische Wiedergabe von Lebensstationen hinaus: Es ist in der Tat die Geschichte einer ganzen Generation, besonders aber eine Wiedergabe jener spezifischen Verhältnisse, mit denen sich ein junger Homosexueller im katholisch-konservativen Spanien der Franco-Diktatur konfrontiert sah.

Wie Bruno entstammt auch Jordi einer wohlhabenden Barceloneser Familie. Jordis Vater wurde nach dem Bürgerkrieg als skrupelloser Verleger literarisch minderwertiger Bücher reich. Eines der vom gewinnsüchtigen Vater ausgebeuteten Opfer ist der Schriftsteller Benlloc: Vor dem Krieg als Autor katalanischsprachiger Werke bekannt geworden, verkörpert er symbolisch Niedergang und Wiedererwachen der katalanischen Literatur im franquistischen Spanien. Der feinfühlige und kunstsinnige Jordi bewundert Benlloc, ihm vertraut er sich an. Als Jordi eine zunächst rein platonische Liebesbeziehung zu Andreu eingeht, versucht Benlloc, ihn wieder auf den „rechten Weg" zu bringen, doch Jordi steht zu seiner Veranlagung, denn er glaubt, daß auch unter Männern eine „reine Liebe" möglich ist, für die man sich nicht zu schämen braucht: „Und wenn ich Scham empfinde, dann ist es nicht wegen meiner selbst, sondern dessentwegen was die anderen sagen: die Gesellschaft kann mich schuldig fühlen lassen, aber ich weiß, daß ich unschuldig bin ..." (ebd.: 279). Andreu hält allerdings Jordis Ideal einer hellenistischen Männerfreundschaft nicht stand. Als die beiden erstmals eine Schwulenbar im Barrio Chino besuchen und Andreu, geschminkt und wie ausgewechselt, sich auch optisch in nichts mehr von den gemeinen Tunten dort unterscheidet, reagiert Jordi enttäuscht und wirft ihm seine seine Mittelmäßigkeit vor: „Ich betrachte dich als unnütz und mittelmäßig, als Opfer deiner selbst und deiner Stadt" (ebd.: 288). Andreu seinerseits wirft Jordi Weltfremdheit vor, denn die Neigung zur Sublimierung ist unrealistisch, weil nicht durchzuhalten: „Irgendwo muß man die Lust suchen, und uns kommt es zu, sie im Müll zu suchen. Es ist traurig, aber dazu wurden wir geboren." (ebd.: 292)

Jordi will diese Erklärung nicht gelten lassen, doch schon bald läßt sich auch bei ihm das körperliche Verlangen nicht mehr unterdrücken, und so besucht er trotz Andreus Warnung vor dem schädlichen Einfluß eine Schwulenkneipe. Der Besuch endet mit einem *One-night-stand*, der alle bisherigen Ideale über den Haufen wirft:

Solange die Erhöhung existierte, bin ich rein gewesen. Andreu und ich waren nur Geist. Ein einziger Geist, immer. Das Fleisch war nichts: wir erhöhten es. Und heute, diese Nacht, ist das Fleisch alles gewesen. Es war die einzige Kraft, die meinen Fall bewirkte. Und es ist ein tiefer, widerlicher, stinkender Fall. Heute ist das Ende. Heute, diese Nacht, habe ich einen anderen Jordi in mir gespürt, wild und schmutzig, genau so wie ich, wie ich jetzt weiß, sein kann. Vielleicht ist dieser der wahre Jordi, den niemand kennt? Diese Nacht spürte ich, während ich studierte, daß das Geschlecht mit einer unbekannten Stärke, die mich zu einer Welt voller Geheimnisse hintrieb, pulsierte. Ich habe gespürt, daß mir nur die Raserei der Raubtiere etwas bedeutete, das Feuer, das mächtig und unabänderlich unter meiner armen Reinheit verborgen loderte. Wie armselig ist sie doch, die berühmte Reinheit! Ich bin zu der Bar mit den Männern mit den dunklen Augenringen gegangen, ich habe mich gesetzt, habe das getrunken, was alle trinken, ich habe alle angeschaut und verstanden, daß alle mich begehrten, weil ich neu bin, weil ich schön bin. Ich bin mit jemandem mitgegangen – nicht einmal an den Namen erinnere ich mich, nur an das Feuer seines Körpers –, jemandem, den ich nicht wiedersehen werde. Wie schmerzt mein Magen, wenn ich daran denke, welcher Schmerz in meinem Herzen bei dem Gedanken, daß ich früher oder später in diese Bar zurückkehren muß. Ich schreibe Dir bei Tagesanbruch. Ich kann nicht schlafen. Es ist ein unbekanntes Zimmer. Im Spiegel, in dem ich mich nackt sehe, entdecke ich, daß ich der gleiche wie gestern bin. Trotzdem bin ich nicht derselbe. Die Welt der Verdorbenen hat einmal mehr gesiegt. Ich bin wie die anderen. Ich verabscheue mich selbst. Ich ekle mich vor mir, aber das Feuer ist nicht erloschen: ich muß es aufs neue spüren. Ich will mich nicht betrügen: Ich weiß, daß ich Andreu einige Lügen erzählen und in andere Bars und danach in andere dunkle Zimmer zurückkehren werde, ohne daß er es erfährt. Schon mit zwanzig Jahren kann man die Zukunft nicht mehr erhöhen. Wie nie zuvor habe ich in dieser Nacht der Lust Gott gebraucht: ich hatte ihn angefleht, daß er mich davon abhalte, es zu tun ... dennoch bin ich gefallen. Und jetzt bitte ich Gott, daß er mir verzeihen möge. Und ich denke an Dich, Bruno, denn Du bist das einzige Wesen auf dieser Welt, das Gott ersetzen kann. Morgen, wenn mich Andreu am Bellas Artes abholen wird; übermorgen, wenn ich mich mit Dir treffe, um Griechisch zu lernen, werde ich meine Scham nicht verbergen können. Und dennoch, dies ist der Weg, den ich gewählt habe, und ich habe den Eindruck, daß er letzten Endes natürlich ist. Wenn der Ehebruch in der Welt der normalen Lieben existiert, warum sollte er nicht auch in meiner existieren? So beginne ich zu glauben, daß ich nicht verdorben bin, daß die Verderbtheit nicht nur in mir ist, sondern in der Unordnung, die sich uns aller bemächtigt hat. Ja, mein Lieber, es war richtig, was Du mir letztes Jahr sagtest: die Unordnung triumphiert immer über die Ordnung, die uns die Gesellschaft aufzwingen will. Also, vielleicht ist es die Gesellschaft, mit der etwas nicht stimmt; nicht wir. Denn schließlich und endlich habe ich nichts anderes getan, als die Sünde des Geschlechts zu begehen, an die Papa, seine Freunde und die ehrwürdige Amèlia Quadreny so sehr gewohnt sind. Und das muß etwas heißen: etwa, daß die Sünde notwendig, daß die Ordnung gestört ist. Das würde bedeuten, daß nicht die Verdorbenheit der Liebe, sondern die Liebe selbst das ist, was uns zum Verbrechen treibt: daß Liebe und Verdorbenheit zwei Seiten derselben Medaille sind. Ich sehe daher, daß wir keinen Ausweg haben, daß es keinen gibt. Vielleicht werden die, die nach uns kommen, ihn finden. Vielleicht ja. Aber jetzt, Bruno, kann ich, obgleich ich mich beschämt und elend fühle, nichts bereuen. Ich schwöre Dir, daß ich es versucht habe. Glaub mir. Gott möge mir wenigstens verzeihen. Aber ich kann nicht bereuen, und vielleicht will ich das nicht einmal. (ebd.: 294ff.)

Während Andreu Barcelona über alles liebt, erkennt Jordi, daß es nur einen Weg gibt, um ein menschenwürdiges, sexuell befriedigendes Dasein ohne falsche Scham und gesellschaftliche oder staatliche Repression führen zu können: Er muß Barcelona verlassen und wie Bruno, der übrigens sehr positiv auf das Geständnis seines Freundes reagiert, nach Paris gehen.

Das Thema Homosexualität, das Moix bereits in seinem Erstlingsroman *El dia que va morir Marilyn* aufgreift, entwickelte sich in den nachfolgenden Jahren zu einer wichtigen litarischen Konstante, die bis heute nicht an Bedeutung verloren hat. Angesichts der Vielzahl homoerotischer Textstellen, die Moix' Bücher kennzeichnen, ist eine Auswahl aus dem umfangreichen Gesamtwerk an dieser Stelle ebenso schwierig wie unumgänglich. Daher soll nun abschließend lediglich ein weiterer, aufgrund seiner offenen homosexuellen Passagen durchaus relevanter Roman stellvertretend betrachtet werden.

1991 erscheint mit großem Erfolg *Garras de astracán*, ein „Liebeslied auf die Stadt Madrid" (Moix, *Suspiros de España:* 317), in dem Moix seine persönlichen Erfahrungen und Eindrücke aus der Zeit seines Militärdienstes in der Figur des jungen Raúl verarbeitet. Raúl ist der sechzehnjährige Sohn der erfolgreichen Katalanin Imperia Raventós, einer der zentralen Frauenfiguren dieses im modernen Madrid angesiedelten Romans. Er lebt bei seinem Vater. Imperia und ihr Sohn sehen sich nur selten, eigentlich nie; dementsprechend wenig weiß sie über ihn. Als Raúl seine Mutter über die Weihnachtsfeiertage besucht, erfährt sie von seinem gescheiterten Selbstmordversuch und dessen Folgen:

– (...) Als ich aus der Klinik kam, behandelte mich Papa wie eine Schwuchtel, seine Frau täuschte eine Ohnmacht vor, die Großmutter sagte, ich käme nach dir und sie brachten mich unter anderem zu einer Psychiaterin mit dem Gesicht eines Sergeanten, damit ich mich einer Elektroschockbehandlung unterziehe. Zum Glück war die Ärztin ehrlich genug, mir zu sagen, daß die Symptome die waren, die ich annahm, und daß auch die angewendeten Stromstöße daran nichts ändern würden.
– Von den Elektroschocks wußte ich nichts. Ich hätte das niemals gebilligt.
– Bevor ich nochmals eine vergleichbare Erfahrung mache, ziehe ich es vor, daß Papa mich weiterhin wie eine Schwuchtel behandelt. Was dich anbelangt...
– Was mich anbelangt, wird nichts geschehen. Das versichere ich dir. Es ist bekannt, daß es im Leben einer jeden intelligenten Frau einen Verrückten gibt.
Das war der passende Moment für den ersten zärtlichen Kuß.
(Moix, *Garras de astracán:* 264)

Raúls Vorliebe für Männer bringt Imperias Leben gehörig durcheinander, denn er interessiert sich ausgerechnet für Álvaro Montalbán, den Liebhaber seiner Mutter:

Raúl sprang aus dem Bett und bereitete mit äußerster Sorgfalt das Bad. Er war, was das anbelangte, ein kleiner Schlemmer. Er hatte gelernt, zwischen Lavendelduft und rosaroten Wasserblasen besser zu masturbieren. Er wurde an diesem Weihnachtstag zu Ehren eines stattlichen Brillenträgers namens Álvaro Montalbán rückfällig. Kein anderer war der Verwahrer seiner beiden vorhergehenden Orgasmen gewesen.
(ebd.: 323)

Entsetzt angesichts dieser verzwickten Situation, versucht Imperia, Raúl mit ihrem ebenfalls homosexuellen Freund Alejandro, einem bekannten Philosophieprofessor, zu verkuppeln:

– Ich habe einen jungen Katalanen, der dir zusagen könnte.
– Hoffentlich ist das so! Die Katalanen haben den Ruf, ernst zu sein.

– Dieser wird dir gefallen, denn er ist sehr hübsch. Und ich betone nachdrücklich, daß mich nicht die Mutterliebe blind macht.
– Was willst du damit sagen?
– Das was du denkst. Ich bitte dich, ich flehe dich an, daß du mit meinem eigenen Sohn schläfst.
– Imperia! Was redest du?
– Daß du ihn fickst, Idiot! Oder spreche ich nicht gut genug Spanisch?
Der Professor dachte, sie wäre zur Trinkerin geworden. (ebd.: 371)

Alejandro, der von der klassischen Liebe zu jungen Epheben träumt, wehrt Imperias Vorschlag ab. Doch als er den ebenso anmutigen wie intelligenten Jungen kennenlernt, beginnt seine Standhaftigkeit zu schwinden. Alejandro hält den systematischen Verführungsversuchen Raúls zwar zunächst noch stand, am Ende aber bricht jeglicher Widerstand – nicht zuletzt dank der taktischen Ratschläge, die Imperia ihrem Sohn erteilt – zusammen. Nachdem das leidige Thema der Altersfrage (Alejandro ist dreimal so alt wie Raúl) geklärt ist, und Raúl von seiner Mutter eine kurze theoretische Einführung in die Mysterien des Analverkehrs bekommen hat, darf schließlich in aller Interesse das Fleisch über den Geist siegen:

Der Geliebte biß die Zähne zusammen, er bohrte die Nägel ins eigene Fleisch, er hielt die Luft an, ängstlich und erschreckt, denn er wußte, daß die Lust des Liebhabers sein Martyrium verlangte. Und er verlangte, daß er ihm den Schmerz, möge er auch noch so groß sein, auferlege, denn das war der Preis, den er zahlen mußte, um die höchste Stufe der Harmonie zu erreichen. Der Liebhaber begann, mit der größten Zärtlichkeit, zu der er fähig war, in ihn einzudringen, aber er litt auch wegen der Leiden, die er zu schaffen gezwungen war. Denn es gab einen Moment, in dem die Zärtlichkeit nicht möglich ist, und deshalb beschleunigte er seinen Angriff, wobei er die Eingeweide des jungen Märtyrers mit dem Ungestüm eines Kriegers durchfuhr und zerriß, als wollte er den letzten Tropfen des Blutes abnötigen, das sich ihm als Opfer darbot. Und nach einem letzten und entscheidenden heftigen Angriff blieben die Körper dicht aneinander liegen, die männliche Brust an der zarten Schulter, die Kraft an der Sanftheit, alles mit allem vereint. (ebd.: 469f.)

Das harmonische Glück, das das ungleiche Liebespaar ausstrahlt, bringt Imperia dazu, die eigene Beziehung zu Álvaro zu überprüfen. Der hat sich inzwischen in Reyes del Río verliebt, die ihrerseits wiederum Imperia begehrt. Erst als Álvaro sie bittet, ihr bei der Eroberung Reyes del Ríos zu helfen, wird sie sich der veränderten Situation bewußt. Um sich an Álvaro zu rächen, schläft sie in dessen Gegenwart mit Reyes.

Während sich in Madrid die Ereignisse überstürzen und die bisherigen Konstellationen ändern, unternehmen Alejandro und Raúl eine mehrmonatige Reise nach Griechenland und in die Türkei, wo sie die Stätten der antiken Kultur bewundern und sich ganz ihrer Liebe hingeben: „Nie zuvor hatte Alejandro seine Rollen als Liebhaber und Vater mit solcher Intensität erfüllt: noch nie fühlte sich Raúl so glücklich und so beschützt, so sehr als Geliebter seines Vaters und als Sohn seines Liebhabers." (ebd.: 641f.)

Ein Vergleich von *El dia que va morir Marilyn* und *Garras de astracán* zeigt, daß sich Terenci Moix in den knapp zwanzig Jahren, die seine beiden Erfolgsbücher zeitlich trennen, inhaltlich wie formal treu geblieben ist. Vieles was bereits in *El dia que va morir Marilyn* angelegt ist, bleibt bis heute bestimmend: die Auseinandersetzung mit einer oft vulgären, pervertierten Welt voller Gefühlskälte und Berechnung, Ehebruch, Prostitution und Homosexualität, aber auch das Streben nach Liebe, die Erinnerung an die Vergangenheit, die Sehnsucht nach Schönheit, die Einsamkeit der Protagonisten, das Ganze oft vor einer historisierenden, im Vorderen Orient angesiedelten Bühnenkulisse, und immer mit einem gehörigen Schuß Humor gezeichnet. Besonders der klassische Schönheitskult, das Ideal vergeistigter Männerfreundschaften, das letztlich den fleischlichen Begierden doch nicht standhalten kann, also speziell jene Erfahrungen, die – wollen wir Moix' Lebenserinnerungen wörtlich nehmen – sein eigenes Leben bestimmten und bestimmen, sind auch im neueren Werk noch ungeschmälert präsent. Moix wird jedoch seinem eigenen qualitativen Anspruch nur bedingt gerecht. Oft gelingt es ihm nur teilweise, Personen oder Situationen psychologisch tiefgreifend darzustellen, d.h. die Figuren bleiben zuweilen typenhaft skizziert, ohne glaubwürdiges Eigenleben, und auch die Handlungsschemata scheinen, trotz der thematischen Vielfalt des Repertoires, zunehmend klischeehaft oder rutschen ins Kitschige ab. Selbst problematische Konfliktsituationen werden durch Moix' Blick durch die rosarote Brille allzu leicht entschärft oder gar banalisiert. Und so kommt Terenci Moix, den der interessierte Leser nur unter Mühen in kritischen Werken der Sekundärliteratur finden wird, gelegentlich nicht über eine bloß oberflächliche Sichtweise der Dinge hinaus, sondern verharrt im Trivialen. Dem Vorwurf, eine glamouröse, schwule Romanwelt à la Hollywood ohne wirkliche Reibungsfläche und ohne intellektuellen Anspruch zu präsentieren, können sich auch die vorgestellten autobiographischen Romane streckenweise nicht entziehen. Gleichzeitig soll aber im Gegenteil auch keineswegs verschwiegen werden, daß es ebenso oft gerade Moix' Pointenreichtum und seine spitze Feder sind, die die Lektüre zum Vergnügen machen: Terenci Moix' Literatur will unterhalten. Und das tut sie, erfolgreich!

Werke

La torre de los vicios capitales (1968)

Introducció a la història del cinema (1968)

Los cómics, arte para el consumo y formas pop (1968)

Olas sobre una roca desierta (1969)

El día que va morir Marilyn (1969; span.: *El día que murió Marilyn*, 1970)

El sadismo de nuestra infancia (1970)

Mundo macho (1971)

Crónicas italianas (1971)

Melodrama o La increada conciencia de la raza (1972)

Nuestro virgen de los mártires (1983)

Terenci del Nilo. Viaje sentimental a Egipto (1983)

Amami Alfredo! (1984)

No digas que fue un sueño (1986)

Tres viajes románticos (1987)

El sueño de Alejandría (1988)

El cine de los sábados (1991)

Garras de astracán (1991)

La herida de la Esfinge (Capriccio romántico) (1991)

Mis inmortales del cine (1991)

El sexo de los ángeles (1992)

El beso de Peter Pan (1993)

Suspiros de España (1993)

Venus Bonaparte (1994)

Sufrir de amores (1995)

Mujercísimas (1995)

El amargo don de la belleza (1996)

Extraño en el paraíso (1998)

Lluís Maria Todó

Verführung auf katalanisch

Von Cecilia Dreymüller

Der Siegeszug des schwulen Romans begann in Katalonien, genauer gesagt in Barcelona. Terenci Moix verhalf ihm mit seinem Roman *El día que va morir Marilyn* zum Durchbruch. Wenn auch von vielen seine Bücher als frivole Unterhaltungsliteratur abgetan werden: Tatsache ist, daß sich 1969 mit Erscheinen seines Romans zum ersten Mal eine homosexuelle Identität literarisch artikulierte, und das hatte einen nicht zu unterschätzenden Signaleffekt. Von da an ging's bergauf mit der schwulen Literatur. Zur großen Popularität seiner Prosa kam außerdem die Medienwirkung des Selbstdarstellers Terenci Moix, der, ganz zeitgemäß und gewitzt durch seine *statements* in Presse und Fernsehen, das Thema Homosexualität in Spanien auf breiter Ebene enttabuisierte.

Wieso aber geschah dies ausgerechnet im peripheren Barcelona, und nicht im größeren und zentraleren Madrid? In den siebziger Jahren war Barcelona nicht nur die kulturelle, sondern auch die „homosexuelle Hauptstadt" Spaniens. Dort spielte sich, aus dem Innern einer Gegenkultur heraus, die über den (nationalistischen) Widerstand gegen das Franco-Regime entstanden war, so etwas wie eine homosexuelle Revolution ab, die sich auch in der Literatur niederschlug. Josep-Anton Fernández weist in seiner Untersuchung *Another Country: Sexuality and National Identity in Catalan Gay Fiction* auf den Zusammenhang von Geschichte und Begehren in der schwulen katalanischen Gegenwartsliteratur hin. Es kommt also nicht von ungefähr, daß viele der in diesem Band vorgestellten Autoren und Autorinnen aus der katalanischen Metropole sind oder zumindest längere Zeit dort lebten. Dennoch schrieben sie wegen der langjährigen Unterdrückung der katalanischen Sprache durch die Franco-Diktatur nicht katalanisch. Das änderte sich erst mit der allmählichen Öffnung der Diktatur Ende der sechziger Jahre. Auch in dieser Hinsicht setzte der Roman von Terenci Moix ein Zeichen: Er erschien zuerst auf katalanisch.

Den spanisch schreibenden schwulen Schriftstellern steht also eine katalanisch schreibende (zahlenmäßig kleinere) Gruppe gegenüber, die zumindest namentlich genannt werden soll, wenn schon nicht an dieser Stelle auf jeden einzelnen Autor ausführlicher eingegangen werden kann. Dazu gehören die drei Lyriker Jaume Creus, Narcís Comadira und der aus Mallorca stammende Blai Bonet. Letzterer (geb. 1926) hat sich, wenn auch sehr zurückhaltend, ebenfalls als Romanautor mit der homosexuellen Problematik befaßt. Die zwei einschlägigen Titel, beide 1995 erschienen, sind: *Mister evasió* (Mister Flucht) und *Judes i la primavera* (Judas und der Frühling). Genannt werden sollten ebenfalls die Romanautoren Emili Teixidor und Miguel Angel Riera, wobei Riera in *Els deus inaccesibles* (Die unerreichbaren Götter), ähnlich wie sein Landsmann Blai Bonet, nur indirekt die Männerliebe thematisiert.

Der erste katalanische Roman jedoch, der nach *El día que va morir Marilyn* das homosexuelle Thema in den Mittelpunkt stellte, war *Puta Marés (Ahí)* (Hure Marès, Dort, 1978) von Biel Mesquida (geb. 1947 in Castelló de la Plana). Der mallorkinische Lyriker, Romanschriftsteller und Journalist hatte sich einen Namen gemacht mit dem experimentellen Roman *L'adolescent de sal* (Der Junge aus Salz, 1975). Von einem Roman, im herkömmlichen Sinne, mit einer verfolgbaren Handlung, kann auch in *Puta Marés (Ahí)* nicht die Rede sein. Mit seinem Text beabsichtigt der Autor, in Anlehnung an die französischen TheoretikerInnen um die Zeitschrift *Tel Quel,* die vorherrschenden Darstellungsformen der bürgerlichen Gesellschaft aufzubrechen und damit grundlegende Veränderungen der literarischen Praxis auszulösen. Das Resultat ist ein wildes Durcheinander von bis ins surrealistische überzogenen Extremsituationen und wilden Gewalt- und Sexszenen. In neun Kapiteln lassen sich zwei parallel zueinander laufende Erzählstränge ausmachen: zum einen die Geschichte der Verbrechen und sexuellen Phantasien einer jungen Novizin, der späteren Sor Catalina de Tomàs, einer auf Mallorca populären Heiligen des 16. Jahrhunderts, zum anderen die kriminalistischen und linguistischen Nachforschungen eines Biel genannten Ich-Erzählers, der in delirierenden Gedankenspielen über das Schreiben, die Gefahren seiner detektivischen Arbeit und seine (homo-)sexuellen Begegnungen reflektiert. Im Gegensatz zu Mesquidas preisgekröntem ersten Roman, wurde *Puta Marés (Ahí)* wegen seiner experimentellen Form, die ihn nur schwer lesbar macht, aber sicherlich auch wegen der zentralen Stellung des Homosexuellen und der nationalistischen Frage, nicht wieder aufgelegt.

Anders verhält es sich mit dem etwa gleichzeitig erschienenen *L'anarquista nu* (Der nackte Anarchist, 1979) von Lluís Fernández. Der 1945 in Valencia geborene Journalist, Filmemacher und -kritiker hat nur diesen einen Roman auf katalanisch veröffentlicht. *L'anarquista nu* war sein erfolgreichstes Buch, was sicherlich auch mit dem Moment des Aufbruchs und der Öffnung zusammenhing, in dem es erschien. 1978 gewann es den angesehenen *Prudenci-Bertrana*-Literaturpreis und wurde anschließend ins Spanische,

Englische und Französische übersetzt; 1990 erschien ein katalanische Neuauflage (Barcelona, Edicions 62). Der als Briefroman aufgebaute Text zeigt das tagtägliche Miteinander verschiedener Mitglieder der valencianischen Schwulenszene zwischen August 1975 und September 1976. In dieser kurzen Zeit unmittelbar vor und nach dem Tod Francos erlebt die Gruppe von Freunden den entscheidenden Umbruch der spanischen Gesellschaft. Der Leser erhält seinen Einblick durch die Briefe, die Aureli Santoja, ein im Amsterdamer Exil lebender Homosexueller, von seinen Freunden in Valencia bekommt, bevor er mit einer Überdosis von Aufputschmitteln Selbstmord begeht. Jeder von ihnen sucht auf seine Art, seine schwule Identität öffentlich zu manifestieren, sei es als exzentrische Drag-Queen oder als politischer Aktivist. Doch gilt es einen Preis für die fröhliche Libertinage zu zahlen: die frenetische Erfüllung des schwulen Begehrens geht einher mit verschiedenen Morden, Über- und Unfällen. Die Grenzen, die von den experimentierfreudigen Freunden auf allen Ebenen – auch der politischen – überschritten werden, weisen den Roman als das aus, was Kritik und zeitgenössisches Publikum in ihm sahen: ein radikales Manifest zur Einforderung der öffentlichen Anerkennung schwuler Identität.

Ebenfalls einen Rückblick auf diese Zeit, die entscheidenden Jahre der *transición* (des friedlichen Übergangs von der Diktatur zur Demokratie), bietet der zweite Roman von Lluís Maria Todó. Sein Werk soll hier ausführlicher besprochen werden, nicht nur weil es Kontinuität und ein beachtliches literarisches Niveau besitzt, sondern auch weil es die aktuellste und in den neunziger Jahren einzige Bearbeitung dieses Themas ist. *El joc del mentider* (Das Lügnerspiel) handelt von einem Traum von Freiheit, der sich in einem bestimmten historischen Moment – im Barcelona des Jahres 1977 – für drei junge Männer zu erfüllen scheint. Eine Freiheit, die sich sowohl auf politischer Ebene – das große, historische Gewerkschaftstreffen am Montjuïc wird ausführlich beschrieben, die katalanische Nationalitätsfrage kommt immer wieder zur Sprache – als auch auf persönlicher Ebene entfaltet: die drei Protagonisten bewegen sich zwanglos in allen Gesellschaftsschichten und leben ihre „sexuelle Befreiung" extensiv aus. Das Buch handelt aber auch von einer Identitätssuche oder, wenn man es genauer betrachtet, von dem Verhältnis zwischen Wahrheit und Identität.

Der Romantitel bezieht sich auf ein in Katalonien beliebtes Würfelspiel: Der erste Spieler würfelt, sagt eine Augenzahl, zeigt seine Würfel aber nicht und gibt dann an den nächsten Spieler weiter. Wenn niemand der Mitspieler den ersten als Lügner bezeichnet und ihn seine Würfel aufdecken läßt, setzen alle auf diesen ersten Wurf, seine „Lüge" wird weitergegeben und macht die

Runde bis der Becher wieder bei ihm anlangt. Todó hat für die Erzählstruktur den Spielablauf übernommen. Seine drei Hauptfiguren lassen sich auf einen Reigen von Verführung und Betrug ein, dessen tieferer Sinn das Abstreifen aller moralischen Konvention und aller anerzogenen Identitätsmerkmale sein soll.

Im Frühjahr 1977 lernt Jaume Ribes, ein frisch diplomierter Graphik-Designer ländlicher Herkunft, Oriol Valls, Universitätsdozent für Literaturtheorie, in einem bekannten barcelonesischen Nachtlokal kennen. Beide stellen sich mit falschen Namen vor und beginnen, aus reiner Fabulierlust („Eigentlich bin ich aus ganz anderen Gründen weggegangen. Ich weiß ja nicht, ob dich das interessiert. – Doch, Geschichten interessieren mich sehr.") erfundene Lebensgeschichten zu erzählen, um sich dem begehrten Gegenüber interessanter zu machen. Die Verführungsstrategie verfängt, Oriol hört sich amüsiert eine rührselige Geschichte an und verbringt die Nacht mit Jaume. Wenige Tage später stellt sich Oriol Valls, ebenfalls bei einer nächtlichen Tour durch die Szene, Emili Giralt vor, mit eben derselben, ihm von Jaume Valls aufgetischten Biographie. Emili, Chef wider Willen eines herabgewirtschafteten Familienunternehmens, läßt sich bereitwillig auf Oriols Spiel ein und erzählt ihm seinerseits eine haarsträubende Familiensaga. Als Emili jedoch kurz darauf Jaume Valls kennenlernt und vor ihm die nämliche Biographie als die eigene ausgeben will, schließt sich der Kreis.

Als ich acht oder neun Jahre alt war, fiel mir etwas sehr Merkwürdiges auf: sowohl mein Vater als auch meine Mutter waren sehr dunkelhaarig und dunkelhäutig, ich hingegen, wie du sehen kannst, ganz blond und weiß.
– Na ja, so etwas ist möglich, nach den Gesetzen der Genetik.
– Ja, ich weiß; aber es war so, daß in der Familie der 'Herrschaften', wie meine Eltern immer sagten, alle ganz blond waren.
– Nun sag mir nur nicht, du bist in eine Privatschule gegangen mit einem 'Stipendium' der 'Herrschaften'.
– Doch ... tatsächlich. Woher weißt du das?
– Und eines Tages bist du ausgerissen und hast einen Jungen in den Billardsälen an den Ramblas kennengelernt ...
– Genau das wollte ich dir als Krönung der Geschichte erzählen, erwiderte Emili mit verwirrtem Lächeln.
In diesem Augenblick brach Jaume Ribes in schallendes Gelächter aus, das nicht aufhören wollte.
– Was hast du? Warum lachst du denn so?
– Ach, weißt du, ich hatte nur plötzlich das Gefühl, von mir selber angemacht zu werden.
– Was willst du damit sagen?

– Hör zu. Kennst du einen eher kleinen, dunkelhaarigen Jungen, der sagt, er möchte Schriftsteller werden und der sehr schnell redet?
– Guillem?
– Mir sagte er, er hieße Quim, aber ich denke, es ist derselbe. Der, den ich meine, hat ein ziemlich großes Muttermal an der Innenseite des linken Oberschenkels.
– Ich sehe schon, du kennst ihn sehr gut. Ja, wir sprechen vom selben Jungen.
– Ich glaube, wir sollten ein Abendessen zu dritt organisieren.

(Todó, *El joc del mentider:* 82)

Der Einfall zum Spiel der wechselnden Identitäten ist Jaume Ribes bei einer *Don-Giovanni*-Aufführung gekommen, deren Beschreibung im ersten Kapitel enthalten ist – woraufhin sich der Leser einen Reim darauf machen kann, warum der Roman, genau wie die Mozart-Oper, in drei „Akte" und einen „Finale" genannten Schluß eingeteilt ist. Während er im Smoking im *Liceu* den Sängern lauscht, begreift der bildungsbeflissene Jaume die tiefere Bedeutung der Maskerade Don Giovannis. Was ihm da aufgeht, begeistert ihn derartig, daß er beschließt, dem illustren Beispiel zu folgen:

Von allen Triumphen Don Giovannis beneidete er diesen am meisten, diese Verwandlungsgabe. Das war schließlich die unerläßliche Bedingung seiner Eroberungen: weder von den verführten Frauen noch von seinen Verfolgern erkannt zu werden; daß die Verkleidungen, die er jeweils annahm, augenblicklich von Männern wie Frauen als wirklich angesehen wurden. (…) Wenn diese radikale chamäleonische Art doch auch aus der Fiktion heraus getragen werden könnte in die Wirklichkeit der Verführungen und Konflikte. (ebd.: 12f.)

Der zweite Akt der Tragikomödie bringt einen völligen Szenewechsel, bedingt durch die Sommerferien, die Emili nach Griechenland und Jaume ins heimatliche Dorf führen, während Oriol in Barcelona bleibt mit dem guten Vorsatz, seine Doktorarbeit zu schreiben. Die drei Freunde haben jedoch beschlossen, sich in dieser Zeit nicht aus den Augen zu verlieren, und sich in Briefen regelmäßig Bericht über die jeweiligen Liebesabenteuer zu erstatten. So schreibt Emili, der auf seiner Rundreise um das Ägäische Meer einen Freund in Athen besucht, zuerst von dessen sado-masochistischen Erlebnissen. Anschließend schildert er in den buntesten Farben die idyllische Geschichte seiner eigenen Ferienbekanntschaft mit einem jungen, gutgebauten Griechen, der sich, ebenso wie Emili, ganz dem Sport der Eroberung und dem sinnlichen Genuß verschrieben hat. Oriol seinerseits, der Theoretiker unter den drei „Lehrlingen zum Libertin", berichtet in seinen Briefen von den abendlichen Ausflügen in die Barceloneser Kneipen und Diskotheken, die ihn zu einer neuen wissenschaftlichen Forschungsarbeit inspiriert haben:

Da fiel mir etwas ein: dieses ganze Hin und Her von Blicken, dieser Tanz von Kommen und Gehen, diese Lügen- und Rollenspiele von angenommenen und wieder fallengelassenen und für eine andere ausgetauschten Rollen, also all das, was wir kurz anmachen" nennen, war noch nie systematisiert worden. Natürlich gab es gewissermaßen Bibliographie, und zwar reichlich, über die Liebe und auch über die Eroberung und die Verführung; aber dies hier war anders, es war ein neues Verhalten, Frucht unserer erst kürzlich errungenen sexuellen Freiheit, und ich erinnerte mich nicht, daß irgend jemand dem eine theoretische oder systematisierende Überlegung gewidmet hätte. (ebd.: 91)

Im Rausch seiner Begeisterung für das Forschungsfeld und seiner Bewunderung für Roland Barthes und die französischen Strukturalisten beschließt Oriol eine „Phänomenologie des Anmachens" zu schreiben, der er einen guten Teil der Sommernächte widmet.

Jaume hingegen, der seinen Urlaub im Gutshaus der Eltern, in der Nähe von Cambrils bei Tarragona, verbringt, berichtet den Freunden in seinen Briefen von den alles andere als geregelten Familienverhältnissen des nach außen hin hochanständigen und erztraditionellen katalanischen Landadels. Stein des Anstoßes bei den Ribes ist der unverheiratete Onkel Jaumes, der, seit er im fortgeschrittenen Alter einen jungen Adonis kennengelernt hat, sich nicht mehr mit gelegentlichen Ausflügen nach Barcelona zufriedengibt und den gutaussehenden Erbschleicher im Gutshaus einquartiert hat. Die Seifenoper endet damit, daß der Protegé des Onkels die Tochter des Dienstmädchens schwängert und in aller Eile mit ihr verheiratet wird.

Mit der Rückkehr nach Barcelona beginnt der letzte Teil des Romans, in dem die Erzählung vom teils komischen, teils satirischen Ton in das melodramatische Register wechselt, analog zu Mozarts Oper, die ebenfalls im letzten Akt den frivolen Helden mit den Konsequenzen seines Handelns konfrontiert. Die Freunde treffen sich wieder und planen die systematische Fortsetzung ihres selbsterzieherischen Programms, „jenes spirituelle und moralische Abenteuer, das uns wer weiß wohin führen wird". Kurioserweise betonen sie besonders – wie um sich zu rechtfertigen – die transzendente Bedeutung desselben. „Ihr werdet nicht ableugnen wollen, daß unser Abenteuer, soviel die Fleischlichkeit auch hineinspielt, vor allem ein moralisches Abenteuer ist, sein wird oder sein sollte".

Zunächst geht daher das Spiel mit den Identitäten vergnüglich weiter und alle drei erleben die sukkulentesten sexuellen Abenteuer, vor allem mit dem hübschen und dienstwilligen Kellner Toni, dessen körperliche Vorzüge abwechselnd alle drei kennen- und schätzenlernen. Doch kaum sind ein paar Wochen vergangen, zeigen sich die ersten Risse in der Fassade der Möchtegern-Don Juans: Emili verliebt sich in eine seiner Zufallsbekantschaften und lebt schon bald in geordneten, eheähnlichen Verhältnissen. Und sogar der zynische Jaume läßt sich für eine Weile regelmäßig von dem in ihn verzweifelt verliebten Xavier besuchen. Nur Oriol hält sich – als überzeugter Single, der seinem Whiskey-Glas treuer ist als seinen wechselnden Liebhabern – an die Abmachung. Der Showdown für das bereits brüchige Emanzipationsprojekt kommt anläßlich einer Halloween-Party, bei der sich die unterschiedlichen Charaktere der Beteiligten in aller Deutlichkeit zeigen. Hinter Jaumes lockerer Spielermentalität kommt seine menschenverachtende Skrupellosigkeit zum Vorschein, hinter Emilis gentlemanhafter Diskretion sein großbürgerlicher Puritanismus. Was anfänglich wie ein harmloser Scherz anfängt, endet mit der öffentlichen Demütigung Xaviers, des unglücklichen Liebhabers, durch Jaume.

> Jaume verlor langsam die Geduld, das war offensichtlich, genauso wie es offensichtlich war, daß Xavier immer lauter wurde. Er bewegte immer mehr seine Arme, wurde immer röter und rückte immer näher an Jaume heran. Diesem verschwand nach und nach das trunkene Lächeln, das er bis dahin zur Schau gestellt hatte, aus dem Gesicht, und er schaute mit verzerrter Miene, wie Hilfe suchend, nach links und rechts. Da umarmte er plötzlich mit einer verzweifelten Geste Xavier und begann ihn wild zu streicheln, wie wenn er drauf und dran wäre, ihn dort auf der Stelle zu lieben; dann drehte er ihn herum, bis er mit dem Rücken zu Toni stand, und, während er den Kellner mit diabolischer Intensität anblickte, machte er zu ihm hin mit der geöffneten Hand dieses Zeichen, das bedeuten soll: 'Warte hier' und führte Xavier zu einem der Zimmer. (...) Tatsache ist, daß Jaume seinen Freund in ein ziemlich kleines und dunkles Zimmer brachte, in dem nur ein Bettgestell und eine Matratze ohne Bettzeug war, das wahrscheinlich schon etliche Pärchen an diesem Abend besucht hatten. Sie begannen sehr zärtlich mit dem Vorspiel des sexuellen Aktes, wodurch alle Ressentiments Xaviers vollkommen zerstreut wurden. Sehr bald hatte er sich dem Willen seines Partners völlig unterworfen und zitterte vor Verlangen. Jaume entkleidete ihn entschlossen, was Xavier vollends aufheizte, dann ließ er ihn sich bäuchlings auf die schmutzige Matratze legen, die nach Mann stank, und als es so schien, als würde er gleich in ihn eindringen, sagte er, er müßte dringend auf die Toilette. Der andere preßte sich an die Matratze und vertrieb sich die Zeit mit Unterwerfungs- und Schmutzphantasien. Nach einer Weile hörte er das unverwechselbare Geräusch eines Mannes, der sich entkleidet und wenig später begrüßte er mit wütendem Vergnügen den gleichzeitig wildesten und am besten durchgeführten Akt, den er jemals erlebt hatte. Aber das Stöhnen, das er hörte, als der andere zum Orgasmus kam, ließ ihn sich entsetzt umdrehen.
> Da sahen wir Xavier nackt aus dem Zimmer kommen, mit roten und verweintem Gesicht. Er stieß wie ein Besessener wüste Beschimpfungen auf Jaume aus und fragte jeden, wo er sei. Stille trat ein. Vicenç eilte augenblicklich herbei, zog sich das Jackett aus und bedeckte ihn damit. Ein Schrei der Bewunderung erscholl, als in der Tür Toni erschien, ebenfalls nackt und mit einem wirklich beeindruckenden

Gesichtsausdruck. Mit dem Blick suchte er Jaume, der ihn strahlend anlächelte; daraufhin schenkte Jaume mir ein ebensolches Lächeln, als wenn er meine Zustimmung suchte, als wenn er mir sagen wollte, daß er endlich etwas getan hatte, was unserem moralischen Projekt würdig war. Ich lächelte zurück. (ebd.: 270f.)

Nach diesem dramatischen Höhepunkt kommt für alle die Ernüchterung. Die Orgie in der Nacht vor Allerheiligen bedeutet das Ende des Paktes. Melancholisch blickt Oriol im Epilog auf die Ereignisse des Vorjahres zurück. Sein eigenes Schicksal spiegelt sich im Whiskey-Glas, in das er sich tagtäglich hinein verspricht, am nächsten Morgen mit dem Schreiben – sei es nun seiner Doktorarbeit oder aber eines großen Romans – anzufangen. Mit Unbehagen denkt er daran, daß Emili sich ganz seinem bürgerlichen Milieu angepaßt hat und in seiner Rolle als 'Ehemann' und Firmenchef aufgeht. Am meisten aber bedrückt ihn die Erinnerung an Jaume, der ihm bei einer zufälligen Begegnung von seiner unerwiderten Liebe zu Toni erzählt hatte.

Armer Don Giovanni, dachte ich, zum guten Schluß in einen Leporello verliebt, der nie zu befriedigen und noch verdorbener war als er. Jetzt war ihm alles egal und ich merkte, wie ich mich nach jenem unverwüstlichen, dämonischen Jaume sehnte, nach jenem großartigen Hochmut, den ich 'feudal' zu nennen pflegte, wer weiß weshalb. Als er ging, gab er mir die Hand, und plötzlich wußte ich, daß wir in wenig mehr als einem Jahr sehr erwachsen geworden waren. (ebd.: 284)

El joc del mentider ist der zweite Roman von Lluís Maria Todó. Wenn er hier an erster Stelle besprochen wurde, dann, weil es von der gesamten Stringenz der Erzählung der gelungenste und von der Komplexität der Darstellung sicherlich der anspruchvollste ist. Aber auch, weil in ihm die homosexuelle Thematik am ausführlichsten behandelt wird. In seinem Erstlingswerk hingegen, *Els plaers ficticis* (Die scheinbaren Vergnügungen, 1991), spielt sie nur eine ganz untergeordnete Rolle. Im Mittelpunkt steht eine heterosexuelle *éducation sentimentale,* die ein Jugendlicher während eines Sommers durchlebt.

Der 18jährige Frederic ist von seinem Freund Eugeni Falguera eingeladen worden, den August im Sommerhaus der Falguera in Camprodon, einem angesehenen Ferienziel des barcelonesischen Mittelstands, zu verbringen. Die Falguera gehören, im Gegensatz zur Familie Frederics, zur guten Gesellschaft Barcelonas, genau wie die Familie der schönen Helena Vilanova, in die Frederic sich fast automatisch verliebt. Todó zeichnet in den beiden Familien und den Beziehungen ihrer Sprößlinge untereinander ein scharf beobachtetes und wenig schmeichelhaftes Bild der katalanischen Bourgeoisie. Ohne zu gewichten, entfaltet er parallel verschiedene Handlungsstränge: die reichlich unromantische Liebesgeschichte zwischen Frederic und Helena; das distanzierte Verhältnis der Heranwachsenden zur Elterngeneration zum einen und zur Dorfjugend zum anderen. Am interessantesten ist jedoch zweifelsohne die Freundschaft von Frederic und Eugeni. In ihren Gesprächen über die verschiedensten Themen aus Literatur und Kunst, besonders aber über Malerei manifestiert sich ein Weltverständnis, das die Freunde mehr als die gemeinsamen Vergnügungen, die der Titel schon relativiert, näherbringt, auch wenn dieses (da hat sich Todó im Ton vergriffen) weit über den Horizont von jungen Leuten ihres Alters hinausgeht. In der letzten Nacht vor Ende der Sommerferien kommt es jedoch zu einer Szene, die Frederic die Augen öffnet über seine Rolle im Trio mit Helena und Eugeni – die einzige Szene übrigens, in der die Homosexualität ins Spiel kommt:

Daraufhin streckte Frederic sich auf dem Rücken auf dem winzigen Raum aus, der ihm im Bett blieb, und hielt sich mit schmerzender Genauigkeit die neue Wahrheit vor: jene, die er für so verliebt in ihn gehalten hatte, so peinlich abhängig von ihm, schien jetzt zweifelsohne einzig mit dem anderen beschäftigt, mit Eugeni. Mit Erschrecken und gleichzeitiger Resignation kam ihm der Verdacht, daß er Zeuge einer Szene wurde, die längst vor seinem Erscheinen in der Gruppe vorbereitet worden war. Er spürte, wie eine Hand ihm die Schenkel hinauf- und hinabstrich, bis sie an seinem Geschlecht haltmachte (...) Er berührte die Hand, die ihn berührte und wußte, es war die von Eugeni. Leicht streichelte er den Unterarm, wie um seine Zustimmung zu verstehen zu geben, und fühlte die angenehme Berührung der von den vereinzelten und ganz feinen Haaren bedeckten Haut.
In diesem Augenblick gab es eine Bewegung der anderen beiden Körper. Der Kopf Eugenis senkte sich auf sein Geschlecht, und Helena, die, um nicht vom Bett zu fallen, ihre Stellung verändern mußte, drehte sich um, so daß sie ihr Geschlecht in Reichweite von Frederics Mund brachte.
La figure se composa, zitierte Frederic innerlich, im Andenken an die Romane des Marquis de Sade. Aber bald ließ der Film, der sich vor seinem inneren Auge abspielte, die freizügigen französischen Alkoven des 18. Jahrhunderts hinter sich und spielte in einem englischen *cottage*. Dort war er der Gärtner, der von den Herren des Schlosses, perversen und verklemmten Cousins, betrogen worden war und denen er jetzt Lust verschaffte, während er selbst sehr wenig davon erhielt. Sie hatte ihn betrogen, um an den Körper ihres Cousins heranzukommen, und der andere, um ihm seine Zärtlichkeit zu schenken. (Todó, *Els plaers ficticis:* 178-179)

Eine ganz andere Behandlung der homosexuellen Thematik findet sich im dritten und bislang letzten Roman von Lluís Maria Todó. War *El joc del mentider* als kämpferisches schwules Manifest angelegt und *Els plaers ficticis* als jugendliches Frühlingserwachen mit einem homosexuellem Erlebnis als Nebenerscheinung, so führt *L'adoració perpètua* die Normalität des schwulen Begehrens und einer schwulen Beziehung vor – wenn auch an einem ganz unglücklichen Fall. Todó wählt wieder ein klassisches Thema, die Delirien und Qualen der Liebesleidenschaft, dem seine Helden ganz konventionell gerecht werden: Betrug und Selbstbetrug sind verkörpert in einem jugendlichen Objekt der Begierde und einem älteren Liebhaber. In der Tradition des französischen Realismus – allen voran Flaubert und Proust, denen Todó hier eine Hommage widmet – zeichnet der Autor den Verlauf einer Leidenschaft nach, die den namenlosen Ich-Erzähler völlig aus der Bahn wirft und, wie dieser gleich zu Beginn seines Berichts erklärt, hauptsächlich von Illusionen lebt.

Ein reifer Lateinlehrer lernt einen sehr viel jüngeren Mann, Ramón, kennen und verliebt sich in ihn. Obwohl der junge Angebetete sich eher passiv verhält und den Verliebten lediglich gewähren läßt, versucht dieser ihn in eine feste Zweierbeziehung mit klassischer Rollenverteilung einzubinden. Der arbeits- und mittellose Ramón zieht zu seinem in bürgerlichen Verhältnissen lebenden Freund und läßt sich aushalten. Nach etlichen Wochen des glücklichen Zusammenlebens jedoch schlägt das anfängliche freundliche Entgegenkommen des Jungen in völlige Teilnahmslosigkeit um. Er verbringt ganze Tage auf dem Sofa und schaut sich ständig dieselben Videos eines Filmstars der sechziger Jahre an. Immer häufiger verschwindet der anscheinend unter Depressionen leidende Ramón unter fadenscheinigen Vorwänden für mehrere Tage nach Barcelona und der Protagonist erlebt die Qualen der Eifersucht. Doch obwohl ihm bald klar wird, daß Ramón ihn wahllos betrügt und mit seiner psychischen Labilität den denkbar ungeeignetsten Partner für ihn abgibt, unternimmt der Ich-Erzähler alles, um seinen Traum von einer stabilen Beziehung zu verwirklichen.

Letztendlich scheitert das Verhältnis an den unterschiedlichen Auffassungen von Liebe und Treue. Während der Ich-Erzähler eine feste Partnerschaft von eheähnlichem Zuschnitt anstrebt, sucht sein jugendlicher Liebhaber die Abwechslung, mit dem Argument, daß die Beziehung zwischen zwei Männern von Natur aus sowieso nicht von langer Dauer sein könnte:

> Dieser Junge (...) hielt ihm eine hochmütige Rede, während der er die Untreue verteidigte und sie mit den Farben der sexuellen Freiheit oder Befreiung, ich erinnere mich nicht genau an das Wort, ausmalte und schließlich sogar eine richtige Theorie aufstellte über die unvermeidliche und biologisch endgültige Labilität – wie er es so oder anders ausdrückte – der Beziehungen unter Männern.
> (Todó, *L'adoració perpètua:* 28)

In der Presse wurde *L'adoració perpétua* zwar viel besprochen, doch beschränkte sich die Kritik auf nichtssagende Bemerkungen über die formellen Aspekte. Von vielen Kritikern wurde, zu Recht, ermüdender Stil und Handlungsarmut bemängelt. Der dritte Roman Todós ist sicherlich stilistisch der schwächste, dabei aber vom Plot her sehr überzeugend und voller lebendiger und bissig beschriebener Details: über die Psychologie der Zweierbeziehung, das Suchtverhalten der Film-Mythomanen oder die Bauernfängertricks der Sekten. Die Tatsache, daß es sich um eine homosexuelle Liebesgeschichte handelte, wurde einfach ignoriert. Wenn man bedenkt, daß auch die sozialkritischen Inhalte des Romans nicht besprochen wurden, muß man annehmen, daß sich in dieser Diskretion nicht die Akzeptanz und Vorurteilslosigkeit der katalanischen Kritik ausdrückt. Im besten Falle läßt sie sich auf ihre Gleichgültigkeit zurückführen, im schlimmsten auf die in Spanien weitverbreitete Taktik des Verschweigens.

Werke und Übersetzungen

Fernández, Lluís: *L'anarquista nu*. Barcelona 1990. Edicions 62.

Englische Übersetzung von Dominic Luytens, London (Gay Men's Press) 1990.

Mesquida, Biel: *L'adolescent de sal*. Barcelona 1990. Empúries.

Mesquida, Biel: *El bell país on els homes desitgen als homes*. Barcelona 1985. Laertes.

Mesquida, Biel: *Puta Marés (Ahí)*. Barcelona 1978. Ucronia.

Todó, Lluís Maria: *Els plaers ficticis*. Barcelona 1991. Columna.

Spanische Übersetzung: *Placeres ficticios*. Barcelona 1993. Anagrama.

Todó, Lluís Maria: *El joc del mentider*. Barcelona 1994. Columna.

Spanische Übersetzung: *El juego del mentiroso*. Barcelona 1995. Anagrama

Todó, Lluís Maria: *L'adoració perpètua*. Barcelona 1997. Columna.

Spanische Übersetzung: *La adoración perpétua*. Barcelona 1999. Anagrama.

Esther Tusquets

Die Pforte zum Labyrinth

Von María Cinta Montagut

Esther Tusquets (geb. 1936 in Barcelona) findet erst im fortgeschrittenen Erwachsenenalter zum Roman: *El mismo mar de todos los veranos* erscheint im Jahr 1978. Es handelt es sich also um eine Schriftstellerin, die im Gegensatz zu all jenen, die ihre Schriftstellerlaufbahn als Zwanzig- oder Dreißigjährige begannen, mit einem weitaus größeren persönlichen Erfahrungsschatz zum Schreiben gekommen ist. Der besondere Tonfall dieser Autorin scheint sich dabei auf ganz natürliche Weise in den Kontext eines Schreibwerkes zu fügen, dessen Gegenstand Frauengestalten sind, die sich in ganz bestimmten, klar zu unterscheidenden Welten bewegen. Die Frauengestalten dieser Romane nämlich entstammen dem Bürgertum, das in der Regel hart gescholten, veralbert, bisweilen aber auch mit einem Mitleid betrachtet wird, das es uns geradezu lebendig, gegenwärtig und wirklich erscheinen läßt. Und man vermutet dieses Bürgertum zweifellos in Barcelona, wenngleich der Name in keinem der Romane ausdrücklich genannt wird. Die Literatur neigte immer schon dazu, die Wirklichkeit zu imitieren, und die Stimmen der sie bevölkernden Subjekte sind notwendigerweise individuell und geschlechtsspezifisch, wodurch das Entstehen von Doppeldeutigkeiten und Grenzüberschreitungen möglich wird. Die Protagonistinnen in den Romanen von Tusquets, bzw. deren Erzählsubjekte sind Frauen, die andere Frauen lieben oder von anderen geliebt werden. Mit anderen Worten, es handelt sich um Frauen, die Subjekte der Erzählung und Objekte der Liebe sind.

Im Rahmen dieses Beitrags werde ich mich mit folgenden Romanen beschäftigen: *El mismo mar de todos los veranos* (1978, dt. *Aller Sommer Meer*), *El amor es un juego solitario* (1979, Literaturpreis „Premio Ciudad de Barcelona", dt. *Die Liebe ein einsames Spiel*) und *Varada tras el último naufragio* (1980), die zusammen eine Trilogie bilden, sowie mit *Con la miel en los labios* (1997). In all diesen Werken finden wir die Liebe zwischen Frauen als ein konstitutives Element in der Entwicklung der erzählerischen Anlage. Abgesehen von diesen Werken hat Esther Tusquets zwei Sammlungen mit Erzählungen, *Siete miradas en un mismo paisaje* (1981) und *La niña lunática* (1997, Literaturpreis „Premio Ciudad de Barcelona"), sowie den Roman *Para no volver* (1985) veröffentlicht.

Alle Romane, mit denen ich mich hier beschäftige, haben einen gemeinsamen Ausgangspunkt, der allerdings aus jeweils unterschiedlichen Voraussetzungen entwickelt wird. Überall nämlich treffen wir auf Protagonistinnen, die ihre Identität aus der Zersplitterung, aus der Mannigfaltigkeit heraus konstruieren, und stets vermittelt sich diese persönliche Identität der jeweils anderen durch die Liebe.

Das zweifellos erste Problem, mit dem sich eine Frau konfrontiert sieht, die über Frauen schreibt, die zudem noch Frauen lieben, ist das Problem der Sprache. Denn in den Worten Teresa de Lauretis muß das Auftauchen der Frauen auf der Bühne von Sprache und Geschichte stets mit dem Wissen und dem Bewußtsein geschehen, daß die Sprache sie nicht ausdrückt und sie in der offiziellen Historie keinen Platz haben. In den Romanen weiblicher Autoren – und gleiches gilt für die Lyrik – finden sich daher häufig Brüche in der Syntax, Klanglöcher, ein Überlappen der Ebenen und Auslassungen, die dazu dienen, einen Diskurs jenseits jenes logozentrischen Objektivismus zu konstruieren, mit dem der Diskurs maskuliner Rationalität den Körper, die Sinnlichkeit, das Gefühl, den Subjektivismus ausblendet.

Das zweite Problem erwächst aus den Vorstellungen, die die herrschende Kultur vom Körper der Frau und von der Liebesbeziehung geprägt hat. Übertragen wir etwa die Idee der Frau auf den Bereich des Mythos oder der mythischen Literatur, so sehen wir, daß der Held in unserer Kultur stets männlich ist, während die Frau jenen Topos, jenen Ort darstellt, den der Held sucht, um er selbst sein zu können. Eine Frau also, die in ihren Erzählungen Frauengestalten als Protagonisten wählt, muß sowohl die Sprache als auch die Erzählstrategien gewaltsam aufbrechen, will sie uns ein Bild der Frau als ein Subjekt liefern, das nicht bloß Objekt der Begierde des Helden, nicht bloß Ort oder Abbildung, nicht bloß leerer Spiegel ist, der mit den verschiedensten Stereotypen gefüllt werden kann.

Und natürlich besteht das dritte Problem in den sexuellen Beziehungen, die diese Protagonistin im Verlauf der Erzählung unterhält und aufnimmt. Gehen wir davon aus, daß die Heterosexualität eine der wesentlichen Institutionen unserer Kultur darstellt, die Säule, auf der die gesellschaftliche Organisation unserer Welt ruht, so werden die Homosexualität und mehr noch der Lesbianismus stets wie eine Subversion erlebt, die von Sheila Jeffreys als schlichtweg politisch betrachtet wird. In den Worten von Biruté Ciplijauskaite unterscheidet sich der moderne Roman vom herkömmlichen – also jenem, der im 19. Jahrhundert die Weihe erhielt – durch seine Ausrichtung auf die Suche, die Analyse, die Nachforschung. In anderen Worten, der moderne Roman verläßt jegliche anekdotisch-naturalistische Betrachtungsweise und zeigt statt dessen in einer Pendelbewegung zwischen Innen und Außen das Bewußtsein der handelnden Personen im Verhältnis zum sozialen, kulturellen und sogar physischen Umfeld, in dem sich die Handlung entfaltet. Dieses Forschen im Bewußtsein übersetzt sich formal einerseits durch einen raum-zeitlichen Bruch der erzählten Ereignisse, andererseits durch eine Sichtweise mit mehreren Perspektiven. An die Stelle des allbewußten apollinischen Erzählers tritt ein mehr dionysischer, der aus Sicht der ersten Person berichtet, die zugleich Subjekt und Objekt der Erzählung ist, oder der aus Sicht einer dritten Person erzählt, die deutlich als ein autobiographisches Subjekt erkennbar ist.

Alle diese erzählerischen Vorgehensweisen finden wir auch in den Romanen von Esther Tusquets, die Romane des Suchens und Forschens sind und in denen der/die Leser/in von Anfang an in einer Art chaotischen Magmas versinkt, das nicht mehr als ein Trugbild ist, insofern sich über den gesamten Text verstreut Stützen finden, wie etwa der Gebrauch von Leitmotiven oder die Wiederholung von Wörtern, Sätzen und syntaktischen Strukturen, die es uns erlauben, in der Konstruktion der Geschichte fortzuschreiten.

Eine Trilogie bilden die eingangs zuerst erwähnten drei Romane mehr aufgrund des Gebrauchs bestimmter, immer wiederkehrender Elemente als – wie üblicherweise – aufgrund eines Erzählstranges, der im ersten Werk beginnt und sich dann linear oder als Nebenlinie in den folgenden fortsetzt. Diese drei Romane nämlich präsentieren uns eine jeweils andere, völlig eigenständige Geschichte. Gemein ist allen dreien dabei die Verwendung der gleichen Namen für die jeweiligen Protagonistinnen, Elia und Clara, denen im letzten Roman der Name Eva hinzugefügt wird. Immer ist Elia eine Frau zwischen vierzig und fünfzig Jahren, die – ihres Gatten überdrüssig oder von diesem gar verlassen – eine Ehekrise durchlebt. Sie ist die Protagonistin aller drei Romane. Außerdem ist sie in den ersten beiden Romanen die Protagonistin der lesbischen Beziehung, während sie im dritten Roman Zeugin einer lesbischen Liebe wird, die unerwidert bleibt, da Eva, das Objekt von Claras Begierde, sich einer Beziehung mit ihr verweigert.

Clara ist in allen drei Romanen die Liebhaberin, der Störfaktor, der Anlaß aller erotischen Beziehungen, die immer als besonders tiefe Erlebnisse dargestellt werden. Clara ist dabei immer jung, fast noch halbwüchsig (in *Varada tras el último naufragio*), und sie bleibt immer ein fremdes Element, ein Element, das eben nicht zu jenem gut situierten, müßigen Bürgertum gehört. Im ersten Roman ist Clara, diese „schweigsame Kolumbianerin [...], die schwarzen Kaffee schlürft, süchtig und freudlos raucht, kaum ein Wort spricht, anscheinend Shakespeare, Homer und Peter Pan liebt" (*Aller Sommer Meer:* 58);

sie ist die Schülerin einer reifen Elia, die nach fast dreißig Jahren an die Universität zurückkehrt, um eine Vorlesung über Ariost zu halten. Im zweiten Roman ist Clara wiederum eine junge Studentin, die die Prüfungen abgeschlossen hat und „sich im elterlichen Haus – graue Fassade, schmutzige Gasse, Elia hat Clara einmal mit dem Wagen abgeholt – wahrscheinlich nicht wohl fühlt" (*Die Liebe, ein einsames Spiel:* 27). Im dritten Roman schließlich ist Clara ein junges Mädchen, der Schützling der Rechtsanwältin Eva, deren Sorge um das Mädchen so weit reicht, daß sie es mit sich in ihr Haus am Meer nimmt, um dort mit ihrer Familie den Sommer zu verbringen. Clara ist Waise und lebt bei einer Tante. Als Eva sie dort abholt, um sie mit sich zu nehmen, sagt die Tante: „Sie ist eine Rotznase voller Frechheiten, die sie mit ihren Schwindeleien betrügt" (*Varada tras el último naufragio:* 62).

Gemeinsam ist allen drei Romanen auch, daß die Erzählung sich in jenem Moment entwickelt, in dem die ältere Protagonistin eine Ehekrise durchlebt. In *Varada tras el último naufragio* ist die Krise vielfältig, da der Roman zwei Ehen beschreibt: die von Elia und Jorge, die bereits vor dem Romanbeginn zerbrochen war, und die von Eva und Pablo, die während der Erzählung auseinanderbricht.

Andere Gemeinsamkeiten finden sich in allen drei Romanen hinsichtlich der gesellschaftlichen Umstände, in denen sich die Geschichten entfalten – das Bürgertum von Barcelona, seine Sitten, seine Verlogenheit, seine Unreife, die ironisch und hemmungslos kritisiert werden –, sowie hinsichtlich der Jahreszeiten. Denn immer spielen die Geschichten im Frühling oder Sommer, in jenen Jahreszeiten also, die wie ein irrealer Einschnitt im Leben der Romanfiguren wirken und zugleich dem Topos entsprechend der Liebe besonders zuträglich sind.

Den männlichen Charakteren fällt eine zweitrangige Rolle zu, die allerdings verschiedene Abstufungen kennt. Von untergeordneter Bedeutung ist sie vor allem deshalb, weil im Zentrum der drei Romane die Liebesbeziehungen zwischen Frauen stehen. Die männlichen Charaktere aber sind dennoch bedeutend genug, um die Liebesgeschichten in die eine oder andere Richtung zu lenken. Darüber hinaus ist das Maskuline stets in Form von Symbolen präsent, die fast immer einen Bezug zur Tierwelt oder zur Wildnis herstellen. In *El mismo mar de todos los veranos* etwa ist es das Symbol des Ochsen. Elia erinnert sich ihrer kürzlich verstorbenen Großmutter: „... sie hätten sie unweigerlich mit nie dagewesener Inbrunst und nie versiegender Zärtlichkeit bis zu ihrem Tode geliebt (...), wäre nicht der außergewöhnliche Umstand gewesen, daß eine Frau wie sie eines tristen Morgens neben einem Ochsen hatte erwachen müssen" (*Aller Sommer Meer:* 124). Der Menschenaffe mit seiner deutlich sexuellen Konnotation taucht als Symboltier in *El amor es un juego solitario* auf, woraufhin Ricardo, das dritte Element der in diesem Roman entwickelten Dreiecksbeziehung, zu einem „dichtenden Menschenaffen" wird (*Die Liebe, ein einsames Spiel:* 17). Im dritten Roman wird kein eindeutiges Symbol verwandt, wenngleich sich wiederholt der Hinweis auf Tarzan und den Dschungel findet, der an sich schon eine offensichtlich sexuelle Konnotation besitzt.

Gemeinsam ist allen drei Romanen außerdem die Ordnung des Erzählstoffes, der sich anstelle einer Kapitelgliederung in einzelne Sequenzen aufteilt. *El mismo mar de todos los veranos* beginnt und endet mit dem Zitat „Und Wendy wuchs heran", wodurch der Text sich als zirkulär, als etwas Abgeschlossenes präsentiert, das um sich selbst kreist, als wolle die Autorin bei der Rückkehr zum Ausgang symbolisch beschließen, was der Roman eröffnet hat. Die in der Person Elias aus der Ich-Perspektive erzählte Geschichte beginnt folgendermaßen: „Ich trete durch die schwere knarrende Tür aus Eisen und Glas und tauche in eine unsinnigerweise reinere Atmosphäre […], als sei ich vor dem staubigen, schmutzigen Vormittag – diese stickigen, obszönen Sommervormittage in meiner frühlingslosen Stadt – in die steinerne Kühle einer uralten Kirche geflüchtet …" (*Aller Sommer Meer:* 7). Das Durch-die-Tür-treten bedeutet in diesem Fall eine Welt, die zuvor verlassen wurde, erneut zu betreten: das Haus der Kindheit. Dies ermöglicht es, die Erzählung über die Pfade des Gedächtnisses und der Erinnerung, die uns das Ich in einer bestrickenden und zyklischen Prosa präsentiert, voranschreiten zu lassen. Zuweilen tritt dieses Ich dabei aus sich heraus und betrachtet sich von außen in einem Spiel zwischen erster und dritter Person, das an den Vervielfältigungseffekt einander gegenübergestellter Spiegel erinnert: „Und wenn ich sie auch nicht sehen konnte, das kleine Mädchen stellte sich ihre Mutter vor, wie sie das Lachen unterdrückt …" (ebd.: 11).

Von Beginn an prägt den Text eine alles überwölbende Sexualität, die manchmal ganz explizit in Erscheinung tritt, etwa auf den ersten Seiten, wo Elia sich ihrer stets von Freiern umringten Mutter erinnert, oder wenn sie von einer Figur berichtet – vielleicht Merkur? –, die am Kopfende des Treppengeländers triumphierend ihr Geschlecht zur Schau stellt. Ein anderes Mal erscheint die Sexualität diffus, jedoch nicht weniger ausdrücklich in den Episoden, die uns Elia aus ihrer Kindheit in der Schule erzählt, als sie und ihre Schulkameradinnen „mit wißbegierigen, gar nicht so naiven Fingern die langen gelben, die rauhen und flaumigen Penisse hinauf[fahren] …" (ebd.: 17). Und in der Kapelle „vergewaltigt uns die Donnerstimme von der Kanzel herab" in jenem „stickigen, wollüstigen Mai" (ebd.: 18).

Die Erzählung setzt mit der Einsamkeit der Protagonistin ein, die schon in jenem Mai existiert, mit dem die Geschichte beginnt. Zur Linderung dieser Einsamkeit wird auf die Liebe zurückgegriffen. Dabei vermischen sich unablässig die beiden Zeitebenen von Vergangenheit und Gegenwart, zwischen denen sich die Erzählung spiralförmig und Schritt für Schritt fortentwickelt. Wo sich die Erzählung zu einem Erinnerungsstrom formt, tauchen Wiederholungen von identischen oder leicht veränderten Sätzen und Ausdrücken auf, die zu wahren Leitmotiven werden, wie etwa „meine Einsamkeit ohne Julio" (ebd.: 40), „Ich verkrieche mich, um die Zeit des Vormittags totzuschlagen, in ein weiteres meiner uralten dunklen Löcher" (ebd.: 42), „in meinem ersten Loch aus Schatten" (ebd.: 80), „in dieser hoffnungslosen Einsamkeit" (ebd.: 123).

Elia, die Protagonistin dieser Geschichte, bildet eine Art Scheitelpunkt in einem weiblichen Familiendreieck. Dazu gehören eine stets abwesende, weit entfernt lebende, eitle und egoistische Mutter und eine ebenso ferne Tochter, die sich mit derselben Hingabe dem Studium widmet wie ihre Großmutter der Eitelkeit frönt. Von beiden allein gelassen sucht Elia die Linderung ihrer Einsamkeit bei Clara und beginnt mit ihr, erst spielerisch, dann verzweifelt, eine Liebesaffäre, die bisweilen gewalttätige Züge annimmt. Diese Gewalt allerdings würde ich als im strengsten Sinne des Wortes „natürlich" bezeichnen, da die metaphorische Aufladung, mit der die sexuellen Begegnungen der beiden Frauen im Text geschildert werden, sich stets auf die physische Welt beziehen. Zu sehen ist dies etwa auf Seite 95:

> ... das Zittern am ganzen Körper [wird] stärker, und lauter wird auch ihr meergleiches, ihr gesteinsgleiches Stöhnen, versetzt mit zusammenhanglosen Worten und immer heftigeren Küssen, obwohl ich auch da nicht weiß, ob dieses Sich-an-mir-Scheuern und Zuschlagen und Ihre-Zähne-und-Lippen-in-meine-Zähne-Schlagen eigentlich Küsse sind, und dazu der betäubende Algen-, Tabak- und Weingeruch, ich finde das alles furchtbar lästig und fehl am Platz und überaus unangenehm – so peinlich teenagerhaft – und weiß dabei doch, daß ich, selbst wenn ihre Hände mich jetzt losließen, schon nicht mehr von ihrer Seite hochkäme, und ihre herben, kratzigen, ach so unbeholfenen oder – weiß der Himmel – so gekonnten Küsse treffen bei mir merkwürdigerweise einen wunden Punkt.

Beachtenswert ist, wie das Meer und das maritime Vokabular nicht nur den Liebesakt versinnbildlichen, sondern – angefangen beim Titel des Romans selbst – als Assoziation für ganz verschiedene Aspekte im Leben der Protagonistin stehen. Das Meer ist in dieser Erzählung zweifellos ein symbolisches Element. Jung assoziiert das Symbol des Meeres mit der Fortpflanzung, der Fruchtbarkeit, jedoch finden wir es ebenfalls als Versinnbildlichung von grenzenloser Freiheit, von ewigem Werden, von ewiger Wiederkehr zu einem einzigen Ursprung. Und genau hierdurch erhält der Titel des Werkes auch seinen Sinn: *El mismo mar de todos los veranos* verweist auf Wiederholung durch den Gebrauch des Adverbs *todos*, ebenso wie das ständige Kommen und Gehen zu einem immer gleichen Ausgangspunkt dadurch Sinn erhält, daß der Roman mit derselben Aussage beginnt und endet: „Und Wendy wuchs heran." Clara wird bisweilen als Wölfin beschrieben, obgleich die häufigste Metapher die Katze ist, so wenn es von ihr heißt, daß sie „ein ersterbendes Miauen" (ebd.: 77) hat, oder daß sich unter ihrem Pullover „die schnurrigsten und weichsten Kätzchen der ganzen Party" verbergen (ebd.: 80).

Eine Konstante der Erzählung besteht in der Intertextualität sowie den literarischen Anspielungen. So ist vom Mythos des Minotaurus und Theseus die Rede, wobei Clara sich in der Gegenwart der Erzählung in Ariadne verwandelt, „meine Ariadne, die vielleicht niemandem den Weg zeigen kann, die mir aber ganz ohne Faden durch verschlungene Labyrinthgänge folgt" (ebd.: 72). Und in der Erinnerung ist Ariadne Elia selbst: „Dort spielten und wuchsen und liebten sich Ariadne und Minotaurus viele Jahre lang. Bis eines Tages Theseus kam. Ja, eines Tages kam Jorge, Clara. Jorge gehörte nämlich wie Theseus nicht der Welt meiner Eltern an" (ebd.: 159). Darüber hinaus werden Jason, Demeter und die Schöne und das Biest erwähnt, deren symbolisch-mythologischer Sinn bestimmte Funktionen im Textinneren übernimmt; und ebenfalls tauchen bekannte Kindergeschichten mit ihren erotischen Implikationen auf.

Im ganzen Text findet sich eine deutliche Tendenz zur Grenzüberschreitung, die in dem Moment ihren Höhepunkt erreicht, als Elia Clara in die Oper – zweifellos das Liceu in Barcelona – einlädt, von dem Elia sagt: „Ich weiß nur, daß ich auf Umwegen immer wieder hierher zurückkehre, weil diese Oper zwar eine jämmerliche Parodie, aber bei aller Parodie auch der authentischste Tempel meines Geschlechts ist – eine Parodie von Tempel auf ein Geschlecht von Geistern..." (ebd.: 105). Und in diesem Tempel, in der Loge, die seit Generationen im Besitz ihrer Familie ist, geben sich Elia und Clara der Liebe hin:

> ... in diesem meinem Tempel, in dem ich mich mit allem identifiziere, was ich bin und was ich nicht bin, was ich liebe und was ich zugleich hasse, in dem vibrierend – und stets verstimmt – Geigen erklingen ... in diesem staubigen Frühling, in dem ich mich so erhöht und so niedergeschlagen fühlte, in dem mir zum erstenmal bewußt wurde, daß ich anfange, alt zu werden, bin hier ganz allein mit einem großen hageren Kind ... und ich bette sie auf ihren glänzenden Pelz, streichle ihr ohne Eile die seidigen Beine, halte mich bei ihrer betörenden, flaumweichen Schenkelinnenseite lange auf. (ebd.: 114)

Das Opernhaus als einen Tempel zu bezeichnen, verwandelt die Grenzübertretung freilich in ein Sakrileg. Die einnehmende Schreibweise, mit der Esther Tusquets uns ihre Geschichte präsentiert, hat zur Folge, daß der knappe Monat, während dessen sich die fiktive Handlung entfaltet, zu einer fast ewigen, mythischen Zeitspanne wird, die sich jedem Leser ins Gedächtnis prägt.

In *El amor es un juego solitario* treffen wir erneut auf eine reife Frau, Elia, und ein junges Mädchen, Clara, die bis ins letzte Drittel des Romans hinein eine Liebesbeziehung unterhalten. Ricardo ist das dritte Element in einem erotischen Dreieck. Ricardo und Clara sind beide jung und unerfahren, während Elia die gelangweilte Mittelstandsfrau ist. Das Umfeld bildet einmal mehr das bürgerliche Barcelona. Ebenso wie in dem vorhergehenden Roman ist auch hier die Sexualität von der ersten Seite an stets präsent. Als entsprechende Allegorie dient dabei der Menschenaffe, der einer Kindergeschichte entstammt, die Elia zu Beginn der fünfziger Jahre las, um sich die sommerliche Langeweile der Siesta-Stunde zu vertreiben. Elia lebt in einer Familie, die sonntags nicht zur Messe geht, in der die „Eltern, wie es scheint, kurz vor der Trennung stehen und an Wochenenden manchmal Besuch von buntscheckigen, exzentrischen Freunden bekommen" (*Die Liebe, ein einsames Spiel:* 8). In ihrem sozialen Umfeld also herrscht als Norm, was der von der Franco-Diktatur aufgezwungenen Moralität diametral entgegensteht.

Der Roman ist eine Erzählung in der dritten Person, in der sich Elia – obgleich sie selbst nicht erzählt – durch die Erinnerung wiederfindet, so daß der eigentliche Erzähler eine Art zweites Ich von Elia darstellt. Clara ist die Freundin Ricardos, „ein noch nicht initiierter Menschenaffe. Und dazu ein Phantast und Dichter" (ebd.: 14), der Elia aufgrund einer heimlichen Verliebtheit kennenlernen möchte. Die Entwicklung der Dreiecksbeziehung erstreckt sich über den gesamten Text. Zunächst ist Clara die Vermittlerin und weiht den Jungen in alle Dinge ein, die sie über Elia weiß, während diese sich an dem Gedanken ergötzt, von jemandem begehrt zu werden. Für Clara ist die Vermittlung alles andere als eine leichte Arbeit, da „sie [Elia] auf verzweifelte, ausschließliche, schmerzhafte und so umfassende Weise liebt, daß sie für keinen anderen Menschen auch nur einen Blick übrig haben kann" (ebd.: 27).

Für Elia hat der junge Ricardo kein Mitleid übrig, behauptet von ihr statt dessen, sie sei „im Grunde ... nur eine gelangweilte verheiratete Frau ..., die etwas intelligenter als andere sein mag und unstreitig ausgesprochen attraktiv, dabei aber doch immer im Netz ihrer Unzufriedenheit und ihres Überdrusses gefangen ..." (ebd.: 42).

Die Liebe ist in diesem Roman ein Spiel, für das jeder Teilnehmer ein anderes Risiko eingeht und in dem der persönliche Einsatz von der bedingungslosen Liebe Claras über die Eitelkeit Elias bis zur Liebe der Eroberung und männlichen Bestätigung Ricardos reichen. In der Liebesaffäre der beiden Frauen tauchen wie in dem vorangegangenen Roman auch die mit Wasser und Tieren assoziierten Elemente auf. „Und so klein, so verletzlich und hilflos hat Clara die Katzenkönigin noch nie gesehen, und angesichts dieser Bedürftigkeit bordet jetzt all ihre in Monaten angestaute Liebe über, brechen alle Schleusen und Dämme ... bis Elias Hand sanft zwischen Claras feuchte, warme Leisten gleitet und Clara im ersten Moment vor Schreck und Verstörtheit erstarrt, dann aber leise aufseufzt und sich noch enger an Elia schmiegt und erschauert und schließlich wie ein braves Mädchen einschläft" (ebd.: 88).

In *Varada tras el último naufragio* treffen wir schließlich auf eine erst kürzlich von ihrem Mann geschiedene Elia, die auch deshalb einsam ist, weil sich auch ihr halbwüchsiger Sohn gerade in einem Sommerlager befindet. Zwar ist Elia die Protagonistin in diesem Roman, wird aber dennoch nicht zum Zentrum der Geschichte, sondern bleibt vielmehr die Zeugin der Liebesaffären, die sich in ihrer Umgebung abspielen. Ihren ersten Sommer der Einsamkeit verbringt Elia mit Pablo und Eva, einem seit langer Zeit befreundeten Ehepaar. Hinzu gesellt sich die halbwüchsige Clara, die Eva für den Sommer mitgebracht hat, um sie von den negativen Eindrücken ihrer alltäglichen Umgebung abzulenken. Die in der dritten Person erzählte Geschichte entwickelt sich spiralförmig, in auf Sequenzen verteilte Erzählzyklen, und endet mit einem Monolog Elias. Nicht die Liebe ist das Thema des Romans, sondern die allmähliche Erschöpfung der Paarbeziehung, die schließlich unausweichlich in der Katastrophe endet.

Die Allegorie, die Innenschau, das Abtauchen auf den Grund der Erinnerungen der verschiedenen Personen vereinigen sich mit dem Meer in all seiner symbolischen Kraft. Jede der Personen offenbart uns ihre Sicht der Liebe. Elia etwa erlebt sie als Totalität, und ihr Verlust entzieht auch allen anderen Dingen den Sinn: „als Jorge mit seinen lärmenden, wütenden Worten (...) ihrer beider Welt auf irreparable Weise zerstörte und versenkte und sie in diesen jüngsten Schiffbruch stürzte, stockten Elia Tränen und Stimme" (*Varada tras el último naufragio*: 48). Für Pablo bedeutet die Liebe Jagd, Eroberung, für Eva dagegen die Geborgenheit eines Heims. Am heftigsten aber, gleichsam als absolute Empfindung erfährt Clara die Liebe, denn „wenn sie Eva nahe ist, sind alle Pläne vergessen, und Clara fühlt eine Wärme, die sie vollständig in Glut versetzt, die ihr wie wahnsinnig den Pulsschlag in die Ohren treibt und sie erbleichen läßt" (ebd.: 41). Diese Absolutheit führt in Leid und Zerstörung, „da sie weder fliehen, noch der Verliebtheit entsagen, noch sich einer völlig unerwiderten Liebe hingeben kann" (ebd.: 144). Und es ist diese unerwiderte Liebe, die die Handlung des Romans, das Beziehungsgefüge zwischen den Personen antreibt.

Im Grunde entwerfen alle drei Romane lesbische Beziehungen, die durch ihre Unausgewogenheit und folglich durch ihre Unmöglichkeit gekennzeichnet sind. Immer ist es eine reife Frau, die selbst liebt oder geliebt wird von einem schüchternen, wehrlosen und bisweilen menschenscheuen Mädchen, das, wie in *El amor es un juego solitario* eher einer Tochter als einer Geliebten gleicht. In allen drei Romanen finden sich Frauen, die in einer bürgerlichen Welt eingesperrt leben, und andere Frauen, die dieser Welt nicht angehören, die am Rande leben, die im weitesten Sinne des Wortes Fremde sind. Und dabei ist vielleicht gerade diese Fremdheit oder Nicht-Zugehörigkeit die Ursache dafür, daß die Liebesaffären niemals glücklich enden.

1997, fast zwanzig Jahre nach der Veröffentlichung ihres ersten Romans, kehrt die Autorin mit *Con la miel en los labios* zum Thema der lesbischen Liebe zurück. Der Roman erzählt eine Liebesgeschichte, die einmal mehr im universitären Milieu entsteht und während des Sommers spielt, wodurch eine der stilistischen Konstanten erhalten bleibt. Und auch hier bildet das Bürgertum den gesellschaftlichen Hintergrund, vor dem sich die Geschichte entfaltet. Die Beteiligten allerdings sind diesmal zwei junge Frauen, wodurch der in allen vorhergehenden Romanen auftauchende Altersunterschied verschwindet. Eine der beiden, Irene, die erst kurz zuvor an die Universität kam, ist eigensinnig, etwas flatterhaft und zweifellos Produkt einer bürgerlichen Familie, die sie in ihrer Entwicklung sich selbst überlassen hat; die andere, Inés, hat erst kürzlich das Studium beendet und beginnt mit einer Doktorarbeit über die Juden von Mallorca. Sie ist eine ernsthafte, selbstkritische Frau, die sich in etwas Unbekanntes hineingezogen sieht, dem sie sich ganz bewußt ergibt:

> Denn Andrea [...] war, wie sie es versprochen hatte, mit Inés zusammen zurückgekehrt, hatte sich ihr zu Füßen gesetzt, den Rücken an die Knie gelehnt, und das dunkle Haar auf ihren Schoß gebreitet, und ihr Haar verströmte einen fremdartigen Duft aus Moos und wilden Früchten, und Inés bemerkte zu ihrer eigenen Verwunderung, daß sich ihre Augen mit Tränen füllten, daß sie erbebte und ihr der Atem stockte. Denn niemals zuvor war ihr etwas Ähnliches begegnet, hatte sie ohne einen plausiblen Grund ein derart intensives körperliches Gefühl verspürt. (*Con la miel...*: 31).

Die erste leidenschaftliche Begegnung spielt auf dem Kajütenboden jenes Schiffes, das sie nach Mallorca bringt, wo Inés die Recherche für ihre Doktorarbeit aufzunehmen gedenkt. Die überwältigende Leidenschaft dieser Begegnung rückt sie in die Nähe des Kitschromans:

> ... bis Andrea mit einem Seufzer Bereitschaft bekundet, Inés sanft an den Schultern beiseite schiebt, den Ledermantel abstreift und über den Boden, über die abgetretene Auslegware breitet, unterhalb jenes Fensters, durch das von außen sich die dunkle Nacht hineinreckt; und beide lassen sich darauf nieder – die Kojen sind viel zu eng –, und Andrea beginnt Inés zu entkleiden, und sie umarmen sich, küssen sich, liebkosen sich unermüdlich, gierig, jedoch ohne jede Eile, beide Körper hin- und herwiegend und geschaukelt durch den Wellenschlag des aufgewühlten Meeres, das sie beide in einem Augenblick über das weichste Leder rollen läßt (ebd.: 75).

Die Liebesbeziehung präsentiert sich als Leidenschaft, d.h. als etwas, das – wie man an dem etwas künstlich anmutenden Ende sehen wird – ohne Ausweg direkt in die Katastrophe führt. Und auch hier erfährt die lesbische Beziehung zwischen den beiden Frauen keine Festigung oder Fortsetzung, auch wenn dies der einzige Roman ist, in dem beide Frauengestalten ähnlichen Lebenswelten entstammen, in etwa gleichaltrig sind und – fast könnte man sagen – sogar gemeinsame Interessen verfolgen.

Esther Tusquets verzichtet hier auf die in den anderen drei Romanen verwendete Erzählform, gebraucht statt dessen die dritte Person im traditionellen Sinne und gliedert die Erzählung in Kapitel, die mit einem weitaus einfacheren Stil ohne psychologische oder allegorische Elemente und ohne die zahllosen literarischen Bezüge ihrer ersten drei Werke auskommen.

Übersetzt von Sören Brinkmann

Werke und Übersetzungen

El mismo mar de todos los veranos. Barcelona 1978
El amor es un juego solitario. Barcelona 1979
Varada tras el último naufragio. Barcelona 1980
Siete miradas en un mismo paisaje. Barcelona 1981
Para no volver. Barcelona 1985
Con la miel en los labios. Barcelona 1997
La niña lunática. Barcelona 1997

Aller Sommer Meer. Hamburg 1981
Die Liebe ein einsames Spiel. Hamburg 1982

Cristina Peri Rossi

Das travestierte Subjekt

Von Rosemary Geisdorfer Feal

Wer von Cristina Peri Rossi als lesbischer Schriftstellerin sprechen will, muß auf die Auswirkungen von Deplazierung in ihrem Werk achten. Deswegen sollen die Orte, die Peri Rossi als lesbische Autorin verlassen oder die sie niemals vollständig besetzt hat, hier untersucht werden. Tatsächlich würde Peri Rossi selbst ihr eigenes Werk nicht unter die Rubrik „lesbische Literatur" fassen, und wir wissen, daß sie beharrlich die Versuche von Lesern und Kritikern zurückgewiesen hat, ihr Schreiben zu kategorisieren oder zu stereotypisieren. Eine Analyse der Schriften Peri Rossis innerhalb einer lesbischen Tradition sollte daher weder dazu dienen, sie in beschränkender Weise zu klassifizieren, noch ihr Werk einem bestimmten Modell anzupassen. Meine Absicht ist es zu hinterfragen, in welcher Weise eine lesbische Präsenz (*lesbian presence:* ein Begriff, der von Amy Kaminsky geprägt wurde) unser interpretatives Raster formen und uns neue Lesarten anbieten kann. Um diese Fragen zu untersuchen, werde ich Peri Rossis Roman *Solitario de amor* näher betrachten sowie einen Überblick über ihre (De-)Plazierung als lesbische Schriftstellerin geben.

Peri Rossis eigene Worte über „lesbisches Schreiben" geben gute Hinweise auf dieses schwierige Vorhaben. Sie hat bei zahlreichen Gelegenheiten angemerkt, daß Schreiben kein Geschlecht hat – „Die Literatur ist nicht lesbisch, eine Frau ist lesbisch. Und außerdem glaube ich nicht, daß sie es vom Wesen her ist" (so in einem Interview 1995) –, und versichert, daß Leidenschaft in der Liebe nicht in direkter Beziehung zum Geschlecht oder zur sexuellen Orientierung steht.

Der Erwartungshaltung ihrer Leser hinsichtlich lesbischer Figuren in ihrem Werk ist sie strikt mit Kommentaren wie dem folgenden entgegengetreten: „An dem Tag an dem ich über lesbische Frauen schreiben will, werde ich über lesbische Frauen schreiben!" Peri Rossi ist sich der Tatsache bewußt, daß die lesende Öffentlichkeit häufig lesbische Beziehungen voreilig negativ beurteilt, und sie weigert sich, zu Vorurteilen beizutragen, die einen Text entwerten können. So könnte, wie Peri Rossi bemerkt, ein Roman wie *Solitario de Amor* als Darstellung „kranker lesbischer Liebe" mißverstanden werden, wenn beide Hauptfiguren Frauen wären.

Dennoch verbirgt Peri Rossi lesbische Liebe nicht hinter der akzeptierteren Fassade männlicher heterosexueller Charaktere. Wenn sie einen männlichen Erzähler vorgibt, dann deshalb, weil sie über männliche Wünsche und Fantasien schreiben möchte. Anders als jene Autoren, die ihre Person vor der Öffentlichkeit versteckt halten, steht Peri Rossi zu ihrem Lesbentum. Dieser Prozeß des *coming out* begann 1971 mit der Veröffentlichung der Gedichtsammlung *Evohé*, und wurde in der Folgezeit durch ihr Verlassen Uruguays sehr erleichtert (einer der wenigen positiven Aspekte des Exils, könnte man sagen). Sie fühlt sich dazu berechtigt, über jedes von ihr gewählte Thema zu schreiben, und sie erklärt, daß sie nicht die Absicht habe, 90 Prozent aller Themen den Heterosexuellen zu überlassen. Wir beobachten also bei Peri Rossi eine anti-essentialistische Haltung, eine Weigerung, irgendeiner eingeschränkten Wahrnehmung dessen zu unterliegen, was eine lesbische Schriftstellerin sein sollte, gekoppelt mit einer Haltung der Selbstakzeptanz hinsichtlich ihrer Sexualität (oder Sexualitäten, wie sie sagen würde).

Vor dem Hintergrund dieser einleitenden Bemerkungen können wir Cristina Peri Rossis Prosa und Poesie als Texte ansehen, die von einer lesbischen Autorin geschrieben sind, aber nicht notwendigerweise als Texte mit besonders gekennzeichneten lesbischen Figuren oder Themen. In Peri Rossis früher Prosa finden sich häufiger Beziehungen zwischen weiblichen Protagonisten, während in ihrer neueren Prosa männliche Erzähler vorherrschen oder die Handlung sich auf heterosexuelle Beziehungen konzentriert. *Viviendo* (1963), ein Erzählband, der veröffentlicht wurde, als sie noch in Uruguay lebte, enthält drei Geschichten, welche Frauenwelten beleuchten, die vordergründig von Einsamkeit, Langeweile und einem Leben ohne Männer handeln. Die Beziehung zwischen zwei weiblichen Figuren, einer sexuell unterdrückten Frau und ihrem Dienstmädchen, mit dem sie das Schlafzimmer teilt, hatte wegen ihrer diffusen Homoerotik Aufmerksamkeit erregt.

Peri Rossis Sammlungen von Kurzgeschichten, wie zum Beispiel *Los museos abandonados* (1969), die häufig mit denen ihres Freundes Julio Cortázar verglichen wurden, präsentieren uns Personen, die in Rituale, Spiele, Verfolgungen, Fluchten usw. verwickelt sind. Wie Cortázar benutzt Peri Rossi individuelle Charaktere, um das weite Feld der menschlichen Vorstellungskraft zu hinterfragen. So gewinnt die Sprache den Vorrang, weshalb die Frage der Sexualität, und im besonderen die lesbische Liebe, immer den Fragen von Sprache und Stil untergeordnet wird. Nicht umsonst ist Peri Rossis Lieblingsbuch seit ihrer Kindheit das Wörterbuch!

Die frühen Veröffentlichungen handeln mehr von Politik und Gesellschaft als von menschlicher Leidenschaft und sexuellen Beziehungen. Die Kritik an

Militarismus, Faschismus, Kapitalismus und patriarchalen Institutionen im allgemeinen kennzeichnet viele ihrer Texte aus den sechziger und siebziger Jahren. Ihre Werke bedienen sich häufig der Perspektive von Kindern oder Jugendlichen (ein weiteres Merkmal, das sie mit Cortázar teilt), um Kritik anzubringen. Es scheint, als ob die verwunderten Augen eines Kindes oder der wache Geist junger Leute als visuelle Instrumente geeigneter wären als die rationale Perspektive der Erwachsenen – speziell in Szenarien, in denen z.B. normale Bürger aus keinem ersichtlichen Grund verfolgt werden. *El libro de mis primos* (1969) wird ebenfalls aus der Perspektive von Kindern erzählt. In den Geschichten von *La tarde del dinosaurio* (1976) setzt sich eine Reihe von „klugen Kindern" deutlich positiv von den sie umgebenden Erwachsenen ab. Noch 1980 kehrt Peri Rossi zu dem Thema der Kindheit zurück. In *La rebelión de los niños* führt sie erneut vor, daß Kinder manchmal die glaubwürdigeren Zeugen einer korrupten Welt sind.

Im Vorwort zur Ausgabe von 1989, 20 Jahre nach der ersten Veröffentlichung von *El libro de mis primos,* äußert sich Peri Rossi folgendermaßen über ihren Roman: „Die jungen Leute sind kühn und selbstsicher. Ich habe diesen Roman jenseits der literarischen Gattungen geschrieben, und dabei bewußt Lyrik und Prosa miteinander vermischt!" Das Ergebnis ist ein äußerst origineller Text, voll von literarischen Bezügen, sinnbildlichen Erzählungen und inneren Landschaften. Die Betrachtung zum Weinen, so wie sie von Oliverio geboten wird, gibt einen guten Eindruck vom Ton des Buches: „Lieber Leser: Ich bin der Junge, der an jener Ecke weinte, der mittags weinte, als du Angst hattest, der im Zirkus weinte; ich hab dein gutes Wasser, mein Guten Tag geweint, das ganze Leben lang am Weinen." Oliverios Ansprache an den Leser endet poetisch:

> Ich bin der Junge der im Gefängnis weinte
> auf dem Begräbnis
> auf der Straße
> im Bordell
> sternkorallenhaft Lacrima Christi
> anakreontisch und wie der Nordwind

Diese Sprache trägt Anklänge an Christus und Maria (und sogar Maria Magdalena) in sich, so als ob das kleine Kind, „mit Schmerzen" die Verantwortung auf sich genommen hätte, Tränen für uns alle zu vergießen. *El libro de mis primos* ist kein leicht lesbares Buch. Es zeigt sich allerdings, daß mit der Zeit, während sie zur vollen schriftstellerischen Reife gelangt, Peri Rossis Erzählstil leichter und scheinbar weniger gelehrt wird.

Der erste größere Roman der Autorin, *La nave de los locos* (1984), weckte die Neugier der Leser mit vielfältigen metaphorischen Anspielungen (das mittelalterliche Konzept des Narrenschiffs, der Gobelin des 11. Jahrhunderts über die Welterschaffung). Daneben trägt er deutlich den Stempel der modernen populären Kultur. Die Hauptfigur, Iks, erzählt von seinen Reisen, einschließlich zahlreicher Ausflüge in die Welt der Frauen. Da setzt Peri Rossi zum Beispiel ihren männlichen Erzähler in einen Bus auf dem Weg in eine Abtreibungsklinik, wo er als eine Art Führer die schwangeren Frauen durch ihre persönliche Hölle geleitet. Der Roman gibt mehrfach kurze Einblicke in „abweichendes" sexuelles Verhalten, das mit Männeraugen gesehen wird: Szenen der Prostitution, die Liebe eines Mannes zu einem kleinen Jungen, heterosexuelle Beziehungen zwischen Personen sehr unterschiedlichen Alters oder lesbische Sexnummern auf der Bühne. Die zynische und dennoch sensible Figur Iks ist von vielen Kritikern als androgyn bezeichnet worden. Andere sehen in ihm einen mehrgeschlechtlichen oder sogar geschlechtslosen Vertreter von Humanität und Exil.

Die Bühnenszene vom Lesben-Sex in einer pornographischen Live-Show hilft Iks, das Rätsel zu beantworten, das ihm in seinen Träumen erschien: „Was ist der höchste Tribut, die Hommage, die ein Mann der Frau, die er liebt, zollen kann?" Die Antwort gibt die erotisch aufgeladene Vorstellung der beiden Frauenfiguren, Dolores (del Rio) und Marlene (Dietrich): „Dolores bewegte sich weiter, kriechend wie ein feuchtes, obszönes Tier, weiße Scheinwerfer auf den Beinen von Marlene, die von Dolores dunklen Armen überwältigt wurden, der Mund schießt seine Zunge heraus, eine schnelle und bewegliche Viper, die Zunge (…) beginnt langsam und minuziös zu saugen, fährt die Innenseite der Beine hinauf, ersteigt das Knie, stürzt sich auf den Schenkel, manchmal etwas zurückweichend (…) Marlene wirft den Kopf von links nach rechts, von rechts nach links, jetzt der Bereich des Venushügels, Dolores läßt ein langes und kräftiges, die Luft einsaugendes Schmatzen hören." Die Vorstellung vermittelt Iks, was er wissen mußte. Der höchste Tribut, den ein Mann einer Frau zollen kann, ist „seine Männlichkeit", und damit kann natürlich sowohl die Männlichkeit, die sich einer Frau unterwirft, gemeint sein als auch die, die sie selbst sich aneignet.

Wirft *La nave de los locos* einen kurzen Blick auf die Erotik, so bietet der Roman *Solitario de amor* (1988) eine ausführlichere Entwicklung sexueller Leidenschaft. Die Autorin merkt an, daß *Solitario de amor* von einem heterosexuellen männlichen Erzähler handelt, der eine Frau Namens Aida mit tiefer, obsessiver Leidenschaft geliebt und diese verloren hat. Der Roman beschreibt ihre intime Beziehung in all ihren Einzelheiten, vom Profunden zum Alltäglichen (was sie essen, was sie sagen, wie Aidas Sohn sich benimmt). Der Erzähler begehrt Aida, aber es verlangt ihn nicht nur danach, die Geliebte zu besitzen und in sie einzudringen, sondern mit ihr zu verschmelzen und sich in der Frau, die er begehrt, aufzulösen. Lesbisch identifizierte Leserinnen sehen diese Art von Beziehung gerne als eine, die eine nichtphallische Sexualität beschwört und die Raum zum Ausspielen von lesbischen Wünschen läßt. Doch Peri Rossis literarische „Sexualitäten" spielen sich auf einer extrem subtilen Ebene ab. Der Erzähler von *Solitario de amor* berichtet von Gedanken wie: „Sie liegt unten, ich bin oben. Trotzdem empfinde ich keinerlei Machtgefühle", oder: „Ich decke Aida nicht wie das Männchen das Weibchen bei den Tieren, sondern wie die Wolken den Himmel: ein langsames Gleiten über ihren Körper, um sie zuzudecken." Die Tatsache, daß es ein männlicher Erzähler ist, der diese Perspektive einnimmt, könnte uns zu der Überlegung verleiten, die Autorin beschreibe eine transsexuelle Show und die sanfte männliche Erotik verstecke eine sanfte weibliche Erotik. Dies ist jedoch eine Falle, vor der Peri Rossi selbst gewarnt hat. Man ist versucht, auf feste Vorstellungen von männlichen und weiblichen Körpern und Psychen zurückzugreifen, auf homosexuellen und heterosexuellen Sex, phallisches und nicht-phallisches Begehren, um dann zu sagen, daß lesbische Autorinnen diese Fixierungen durchbrechen. Aber dann stellt sich die Frau in *Solitario de amor* als eine heraus, die dem mythischen verschlingenden Weib ähnelt, einer primitiven Göttin, nicht sehr weit entfernt von dem urbildlichen Modell der Großen Mutter.

Der Erzähler verehrt Aidas Fruchtbarkeit, bewundert ihren Körper bei der Geburt: „ich habe deine gespreizten Beine geliebt, die methodischen Kontraktionen deiner Vagina, das Gewicht auf den Nieren." Ihr Körper, metaphorisches Haus, gehört nur ihr. Der Erzähler ist ein Besucher ohne ständigen Zutritt: „Ich bin ein Mann ohne Schlüssel, das heißt, ein Mann ohne Geschlecht." Aber er sagt auch von ihr: „Du erkennst nur die Liebe des anderen an in der absoluten Unterwerfung unter deinen Willen." Und als Aida ihn ausschließt, verwandelt sie sich von der Großen Mutter in die Schreckliche Mutter:

> Aida akzeptiert nicht, daß die Liebe sich auf einem Territorium entwickelt, das nicht das ihre ist, in ihrer Wohnung, das heißt, ihrer Höhle, ihrem Uterus, ihrem Bau. Wie ein riesige Beutelratte versteckt sie sich in ihrem Zimmer. Kommt sie heraus, dann um ihre Beute zu schlagen, die sie gierig in ihre Gemächer schleppt und dort pflegt, schmückt, verführt, bekämpft und verschlingt (…) Sie wird das Opfer zu ihrem Bett führen und mit ihrem Körper umfangen, mit ihren Zähnen befeuchten, mit ihren Nägeln zerstückeln, auf ihre breiten Schenkel setzen (…) die gierige Beutelratte wird sich daran ergötzen zu saugen, zu bluten, zu verletzen, zu schmeicheln, zu

schlürfen, zu umzingeln, zu lutschen, beißen, kauen. Das Opfer, isoliert und verführt, wird nach und nach seine Kräfte verlieren, bis zum völligen Erschlaffen.

Wir sollten an dieser Stelle einen Blick auf Peri Rossis Gebrauch von geschlechtsspezifischer Sprache werfen. Indem sie als direktes Objekt „das Opfer" („la víctima") und „die Beute" („la presa") setzt, muß das entsprechende Objektpronomen im Spanischen „la" sein. (Die spanischen Possessivpronomen unterscheiden nicht zwischen weiblichem und männlichem direktem Objekt!) In der Abfolge der weiblichen grammatischen Vorzeichen geht der Bezug auf den männlichen Erzähler verloren. Der Verführte übernimmt so eine weibliche Funktion, in der Sprache, in den Geschlechterrollen, in der Sexualität, in der mythischen Vorstellung: „... mit ihren Zähnen befeuchten, mit ihren Nägeln zerstückeln, auf ihre breiten Schenkel setzen". Hier haben wir eine lesbische Vampirszene, eine vertraute Darstellung des Begehrens von Frau-zu-Frau, das Peri Rossi neu umkreist und definiert, indem sie den Erzähler männlich macht, jedoch die Handlung – die Handlung des Verbs bezüglich seines direkten Objekts – strikt weiblich hält. Sobald wir akzeptieren, daß der männliche Erzähler in *Solitario de amor* nicht irgendeine Art von „schlechter" phallischer Sexualität repräsentiert, wodurch die Geliebte zum Objekt degradiert wird, erkennen wir, daß die weibliche Geliebte tatsächlich sadistische Szenen mit ihrem männlichen „Opfer" inszeniert (egal, ob diese in der Wirklichkeit oder in der Phantasie stattfinden), und daß sie dabei sadistisches Vergnügen empfindet. Peri Rossi nimmt das Bild der mythischen verschlingenden Frau aus seiner üblichen Erscheinung im (heterosexuellen) Patriarchat heraus, wo dieses Bild mit dem Matriarchalen oder dem Präödipalen verknüpft ist. Statt dessen erlaubt sie ihren Figuren, Rollen und Szenen zu spielen: ein Mann, eine Frau, Begehren, Besitzen, Verschlingen, Bindung, Verstoßung, Ablehnung. Dabei sind diese Rollen in *Solitario de amor* keine einfachen Reaktionen oder Nachahmungen im Hinblick auf das ursprüngliche Heteropatriarchat, sondern bilden jene Art der Darstellung, die den Status des sogenannten Originals als betrügerisch oder illusorisch enthüllt.

Ein weiteres solches Moment in Peri Rossis Werk kann in ihrer Essaysammlung *Fantasías eróticas* (1991) gefunden werden. Die Einleitung beginnt mit einem weiblichen Ich, das an einem Neujahrsabend durch die Tür des *Daniel's* tritt, einer kleinen, intimen Lesbenbar in Barcelona. Sie wird von dem prüfenden Auge der Besitzerin wiedererkannt, die über ihre Kneipe wacht, als wäre es „ein schützender Uterus, der uns von der feindlichen Außenwelt abschirmt". Das Ich der Einleitung, das Peri Rossi in ihrer Funktion als implizierte Autorin, Erzählerin und Protagonistin der Vignette zugeschrieben werden kann, betritt die geschützte Welt eines Clubs nur für Frauen. Gleichzeitig tritt das Ich aus den üblichen metaphorischen Verstecken und textuellen Mänteln, um, durch das Erzählen des Abenteuers des Neujahrsabends, eine lesbische Identität und Subjektivität zu verkünden. Im *Daniel's* zieht sich die unbegleitete Erzählerin in eine Ecke zurück, von keiner der anwesenden Frauen erkannt, und keine kennend: „ich liebe es zu beobachten, ohne beobachtet zu werden". Aus dieser voyeuristischen Position heraus registriert die Erzählerin das erstaunliche Spektakel eines Paares – eine Frau als Mann gekleidet, während die andere mit einer exquisiten Zurschaustellung dessen beschäftigt ist, was man als *homeovestism* bezeichnen könnte: d.h. sich kleiden, um das eigene Geschlecht zu verkörpern. Ihre Erscheinung und ihre Art, sich zu bewegen, besitzt alle Vorzeichen eines kalkulierten Scheinbildes, einer Fiktion, in der alles „Kunst und Künstlichkeit" ist. Selbstdarstellung ist für Peri Rossi mit Verführung und erotischen Phantasien verknüpft: der falsche Mann innerhalb des Paares, in seiner vollkommenen Schönheit und Perfektion, verführt durch die Wunder „seines Nicht-Seins und Nicht-Habens". Für Peri Rossi steht dieses Nicht-Sein und Nicht-Haben in Bezug zu einer immer beweglichen oder fiktionalen sexuellen Identifizierung, welche ihre entsprechende erotische Zurschaustellung und Wünsche produziert. Diese Einleitung von Peri Rossis Essaysammlung kennzeichnet einen bedeutenden Moment in Cristina Peri Rossis Karriere als Schriftstellerin. Es ist das erste Mal, daß sie innerhalb eines nichtfiktionalen Rahmens ein Ich annimmt, um von der Besonderheit lesbischer Wünsche zu sprechen, sowohl der erlebten als auch der beobachteten.

La última noche de Dostoievski (1992) handelt von einem Mann, der vom Glücksspiel besessen ist: „Ich bin wirklich ein obsessiver Typ. Ich bin süchtig nach Glücksspielen, Zigarretten, Frauen, Zeitungen, Duschen und dem Leben." Peri Rossi zeichnet ein intimes Bild der inneren und äußeren Welten dieses männlichen Erzählers, Jorge, während dieser mit seiner Psychoanalytikerin Lucía, seiner Ex-Geliebten Claudia und seiner Mutter Michelle Beziehungen unterhält sowie mit verschiedenen anderen Frauen, an denen er versucht, seinen „Hunger nach Frauen" zu stillen. An dieser Figur ist nichts Androgynes, so wie er sich in seiner Welt des abendlichen Glücksspiels, einsamen Trinkens, dem Beobachten von Frauen usw. auf höchst überzeugende Art hin und her bewegt. Der Roman wurde zu einem der beliebtesten Bücher von Peri Rossi, genau deshalb, weil er einerseits einen wunderbar glaubhaften supermännlichen Charakter vorstellt, andererseits ein emotionales Wrack auf der Suche danach, sein Leben in den Griff zu bekommen.

Jorges sexuelle Begegnung mit einer jungen Frau in San Sebastián, wohin er gereist war, um für ein Filmmagazin ein Interview mit einer alternden Schauspielerin zu machen, deckt seine klischeehafte Psychologie auf:

> Sie bat mich, das Fenster zu schließen: sie vögelte nicht gern, sagte sie, mit dem Schlagen der Wellen im Hintergrund. Die Erklärung verursachte ein leichtes Abschlaffen meines Penis. Ein übersensibler Typ. Damit er sich wieder erholte, versuchte ich, Magda die Kleider auszuziehen, ihre Brüste unter dem Pullover freizulegen (...) Sie schlug mir vor, uns gemeinsam vor dem großen Spiegel des Kleiderschranks auszuziehen (...) ich hatte das Gefühl, es handele sich um ein Spiel unter Freunden, wie wenn wir beide (sie und ich) Schulkameraden wären, die dasselbe Zimmer teilten und uns nach einer bestimmten Zeremonie auszögen und dabei über unsere Zehen oder Rückenbehaarung lachten. Ich merkte, daß, wenn sich dieser Vergleich verselbständigte, unsere Liebesnacht ein Reinfall würde. Kumpelei macht mich nicht an.

Als Leser können wir in Jorge eine glaubhafte männliche Spezies erkennen, vollkommen beschäftigt in dieser Szene mit seinem schlaffen Penis und seiner gequälten Psyche. Peri Rossi benutzt diese männliche Figur auch dazu, die Frauen besser zu verstehen. Das Ergebnis ist ein durch und durch obsessiver Roman (die Obsession ist das Glücksspiel, nicht die Liebe), geschrieben mit jeweils einer guten Portion ironischer und komischer Distanz, ganz im Gegensatz zu *Solitario de amor* mit seinem Grundton von Klage und Verlust.

In der Sammlung von Erzählungen mit dem Titel *Desastres íntimos* (1997) werden dann die Themen ausgeweitet, die bereits in *Fantasías eróticas* angeschnitten wurden. Die Autorin beschreibt das faszinierende Innenleben von Figuren, die in alle möglichen Arten von erotischen Situationen und Mißgeschicken verwickelt sind: Mitglieder eines Fetischisten-Clubs, die von ihren erotischen Vorlieben erzählen; ein Mann, der in einen weiblichen Wal verliebt ist; ein Ehemann, dessen Frau ihn wegen einer anderen Frau verlassen hat; eine obsessiv zwanghafte Frau, die in ihrer Kleinfamilie untergeht. Vielleicht die schockierendste Geschichte von allen ist „Der Zeuge". Der jugendliche männliche Ich-Erzähler ist von seiner Mutter und verschiedenen „Freundinnen" aufgezogen worden, die im Laufe der Jahre im Hause lebten. Besonders eine von ihnen, Helena, wird zum Objekt seiner Begierde, als er sie halbnackt im Bett seiner Mutter sieht. Am nächsten Tag berichtet er: „Ich ging ins Bad und masturbierte. Dabei dachte ich an die Brüste von Helena und die Beine meiner Mutter." Die Geschichte endet mit einer erstaunlichen Szene: der junge Mann platzt in das Schlafzimmer seiner Mutter, überrascht die beiden Frauen im Bett, und zwingt sie dazu, miteinander Sex zu haben. Dann steigt er selbst mit ein:

Darauf streifte ich schnell meine Hosen herunter und erstieg von hinten die Pyramide. Oben war ich die dritte Figur des Triptychons, der einzige von uns der sich heftig bewegte (...) Rasch drang ich von hinten in Helena ein. Sie schrie. Meine Mutter, ganz unten auf dem Bett, keuchte.

Die letzte Zeile der Geschichte – „Mach dir um mich keine Sorgen. Ich bin schon ein richtiger Mann. Und der hat in diesem Haus gefehlt" – weckt besonderes Interesse. Da wir wissen, daß Peri Rossi nicht homophob ist und ihr auch nichts daran liegt, heterosexistische Normen in ihrem Werk festzuschreiben, können wir diese Zeile als doppelstimmigen Diskurs ansehen, der mit der nötigen Ironie geladen ist, um das Dilemma des jungen Mannes verständlich zu machen. Gleichzeitig ist es faszinierend, daß hier ein männlicher jugendlicher Protagonist geschaffen wurde, der eine lesbische Mutter beobachtet und sich mit ihr identifiziert, indem er das mütterliche Liebesobjekt begehrt, eine andere Frau. Die neuartige ödipale Erzählung „Der Zeuge" stellt eine Art von „lesbischem Text" dar. Dennoch verarbeitet der männliche Ich-Erzähler die homoerotische Liebe durch eine männliche heterosexuelle Psyche.

Die meisten Leser kennen Cristina Peri Rossi als Verfasserin von Kurzgeschichten, Romanen und Essays. Aber sie hat sich auch einen großen Namen als Dichterin gemacht. Ihre Gedichte legen einen besonders lockeren Umgang mit der gleichgeschlechtlichen Liebe an den Tag und geben einen intimen Einblick in weibliche Welten, in denen Leidenschaften aller Art entstehen. Die erste Gedichtsammlung, *Evohé*, beginnt mit einem Zitat von Sappho und erklärt, daß das Titelwort „Evohé" der erotische Schrei der weiblichen Feiernden bei den dionysischen Riten war. Diese Gedichte sprechen von Frauen als Worten oder der „Wort-Frau". *Descripción de un naufragio* (1975) enthält einige Gedichte, die obsessive Sexualität und innere Ängste oder Mängel darstellen. Andere zeigen Lesbentum als eine Quelle von Freude und Ganzheit für die Liebenden. In *Diaspora* (1976) wird das patriarchale Konstrukt „Frau" enthüllt, indem verschiedene Rollen vorgestellt werden, die Frauen in Gefangenschaft oder Freiheit annehmen. Es gibt Anspielungen auf Machtunterschiede in der Sexualität: Vorliebe für Dienstmädchen, kleine Mädchen usw.

Lingüística general (1979) lädt zum Nachdenken über Sprache und Bedeutung ein. In dieser Sammlung tritt erstmals eine lesbisch identifizierte Erzählstimme deutlich in Erscheinung. Das folgende Beispiel entfaltet Peri Rossis poetische Betrachtung des An-die-Öffentlichkeit-Gehens als Lesbierin:

> Heute abend, lade ich dich
> von allen Normalen ein, die Schwelle zu überschreiten.
> Man wird uns neugierig anschauen – diese beiden Mädchen –
> und vielleicht, wenn wir klug, diskret und geschickt

genug sind
verzeihen sie uns unsere Subversion,
ohne daß es nötig ist, den Arzt,
den Polit-Kommissar oder den Pfarrer zu rufen.

Die Liebenden in dieser Sammlung stellen ihre grenzüberschreitende Sexualität in einem Ton zur Schau, der von Amy Kaminsky freudig und spielerisch genannt wird, als ob sie sich auf einer Art Urlaub befänden. *Europa después de la lluvia* (1987) enthält zwei Gedichte, in denen Sprecherin und Dichterin gleichgesetzt werden können, wie uns Peri Rossi mitteilt. Beide Gedichte sprechen das Thema von Verlust und Exil an, ein Thema, das ihr Werk durchgehend kennzeichnet. Die vordergründige Deplazierung ist bei Peri Rossi immer das Exil, und nur innerhalb dieses Kontexts macht die lesbische Deplazierung Sinn.

Peri Rossis Lyrik setzt die Erkundung der „mujer-palabra" fort. In *Babel bárbara* (1991) klingt deutlich die obsessive Erkundung des Körpers und der Psyche der geliebten Frau aus *Solitario de amor* wieder an. Unter Rückgriff auf die Metapher des biblischen Turms von Babel kreiert Peri Rossi Gedichte, die mit Sprache spielen. Im Titelgedicht erschafft sie ein Abc für die begehrte Frau, beginnend mit „Stolz wie das A (Anaconda)", und endend mit der Erklärung „ich verfluche und segne dich / ich benenne und gründe dich". In „Babel, die Neugierige" lesen wir:

> Die Fremde ist neugierig.
> Ihre Hände tasten meinen Körper ab,
> wie die Schritte eines Blinden.
> Millimiter für Millimeter lasse ich mich abschreiten
> (...)
> Sie leckt meine Eingeweide aus,
> kostet das Quellwasser,
> mißt meine Wege ab
> entdeckt geheime Tunnel.

Und dennoch erfahren wir am Schluß des Gedichts, daß Babel, wie auch Aida in *Solitario de amor*, „eine grausame Eroberin" ist.

In *Otra vez Eros* (1994) komponiert die Autorin weitere Hymnen auf Buchstaben, auf Worte, und nimmt dabei Bezug auf ein Gedicht von Sappho. „Gesang auf das A" lautet: „Es dämmert das A, die Erlöserin / Mörgenröte der Erinnerung / und des Zurückdenkens". Auch dieses Buch enthält wieder Betrachtungen über Frauen, beginnend mit dem herausragenden einleitenden Gedicht „Genealogie," das Sappho, Virginia Woolf „und anderen" gewidmet ist:

Meine sanften Vorfahrinnen
die ihr im Meer ertrunken seid
und euch in Gärten des Wahns das Leben nahmt
eingeschlossen in Burgen mit hochmütigen
Fliedermauern
großartig seid ihr, wie ihr die Grundregeln
der Biologie herausfordert,
die aus einer Frau zuerst eine Gebärerin
machen, bevor sie wirklich Frau ist,
stolz in ihrer Einsamkeit
und dem kleinen Aufruhr ihres Lebens

Wenn wir lesbisches Schreiben als eine Verbindung zwischen Frauen, sowohl vergangenen als auch gegenwärtigen, ansehen, dann kennzeichnet dieses Gedicht einen eindeutig lesbischen Standort innerhalb Cristina Peri Rossis literarischem Werdegang. Sie rettet so die Einsamkeit ihrer literarischen Vorgängerinnen, die traditionelle Rollen für Frauen ablehnten und sich patriarchalen Erwartungen widersetzten, vor dem Vergessen. Bis zu einem gewissen Punkt identifiziert sich die Autorin mit diesen „sanften Vorfahrinnen" und betrachtet sie als „ihre eigenen", ebenso wie wir sie nun als Schriftstellerin in dieser langen und herausragenden Linie in Anspruch nehmen.

Nachdem ich nun eine Übersicht über Cristina Peri Rossis Schriften gegeben habe, sind einige abschließende Bemerkungen angebracht. Einige der Darlegungen von Liebe und Begehren in Peri Rossis Werk können als mögliche Eröffnungen für die gebildete, lesbisch identifizierte Leserin angesehen werden. In diesem Sinne stimme ich mit einigen feministischen Theoretikerinnen überein (wie beispielsweise Nancy Miller), die argumentieren, daß das Geschlecht des Autors von Bedeutung ist und daß auch im Falle lesbischen Schreibens die sexuelle Orientierung der Schriftstellerin bedeutend ist. Dies nicht als biographische Besonderheit oder als essentialistisches Zeugnis, sondern als Verbindung zu anderen Schriftstellerinnen der Gegenwart oder der Vergangenheit. Auch als eine Kraft, eine Haltung, sogar als ein Widerstand. Cristina Peri Rossi möchte nicht auf dem Begriff „lesbische Schriftstellerin" eingegrenzt werden. Tatsächlich kann er jedoch befreiend wirken, solange wir nicht verlangen, daß ihr Schreiben unseren Vorstellungen entspricht. Es genügt, daß sie so überzeugend über die aus ihrer eigenen Vorstellungskraft konstruierten Figuren schreiben kann.

Übersetzt von Cecilia Dreymüller

Werke und Übersetzungen

Viviendo. Montevideo (Alfa) 1963.

Los museos abandonados. Montevideo (Arca) 1968. Barcelona (Lumen) 1974. Barcelona (Lumen) 1992.

El libro de mis primos. Montevideo (Biblioteca de Marcha) 1969. Barcelona (Plaza y Janés) 1976. Barcelona (Grijalbo) 1989.

Indicios pánicos. Montevideo (Ed. Nuestra América) 1970. Barcelona (Ed. Bruguera) 1981.

Evohé. Montevideo (Ed. Girón) 1971.

Descripción de un naufragio. Barcelona (Lumen) 1974.

Diáspora. Barcelona (Lumen) 1976.

La tarde del dinosaurio. Barcelona (Planeta) 1976. Barcelona (Plaza y Janés) 1985.

Lingüística general. Valencia (Prometeo) 1979.

La rebelión de los niños. Caracas (Monte Avila) 1980. Montevideo (Trilce) 1987.

El museo de los esfuerzos inútiles. Barcelona (Seix Barral) 1983.

La nave de los locos. Barcelona (Seix Barral) 1984.

Una pasión prohibida. Barcelona (Seix Barral) 1986.

Europa después de la lluvia. Madrid (Fundación del Banco Exterior) 1987.

Cosmoagonías. Barcelona (Ed. Laia) 1988.

Solitario de amor. Barcelona (Grijalbo) 1988.

Fantasías eróticas. Madrid (Ed. Temas de hoy) 1991.

Babel bárbara. Caracas (Ed. Angria) 1990. Barcelona (Lumen) 1991.

La última noche de Dostoievski. Barcelona (Grijalbo) 1992.

Otra vez Eros. Barcelona (Lumen) 1994.

Aquella noche. Barcelona (Lumen) 1996.

Desastres íntimos. Barcelona (Lumen) 1997.

Inmovilidad de los barcos. Vitoria (Bassarai) 1997.

El amor es una droga dura. Barcelona (Seix Barral) 1999.

Der Abend des Dinosauriers. Übersetzung: Ursula Roth. Berlin / Weimar (Aufbau) 1982. Frankfurt/M. (Fischer Taschenbuch Verlag) 1985.

Mona Lisa und ihr Maler. Prosa und Lyrik. [Enthält eine Auswahl aus: „Indicios pánicos" und „Descripción de un naufragio"]. Übersetzung: Christiane Bauer, Christel Dobenecker, Ursula Roth, Horst Lothar Teweleit. Berlin / Weimar (Aufbau) 1985.

Iks. Übersetzung: Bettina Kobold, Margit Klinger-Clavijo. Zürich (Eco) 1988.

Einzelgänger der Liebe. Übersetzung: Petra Strien. Nördlingen (Greno) 1989. Wuppertal (Peter Hammer) 1995.

Fantasías eróticas. Übersetzung: Margit Klinger-Clavijo. Wien (Wiener Frauenverlag) 1993.

Die letzte Nacht des Dostojewski. Übersetzung: Gunhild Niggestich. Wuppertal (Peter Hammer) 1994.

Maria-Mercè Marçal

Der Fluch des Spiegels

Von Cecilia Dreymüller

Gibt es den großen katalanischen Lesbenroman? Die Antwort ist ja: Maria-Mercè Marçal hat ihn geschrieben. Doch wo findet sich das Thema der weiblichen Homosexualität ansonsten in der katalanischen Gegenwartsliteratur? Was für die spanischen Schriftstellerinnen gilt, eine (im Gegensatz zu den männlichen Kollegen) weitgehende Aussparung von lesbischer Liebeslust und -leiden, muß ebenfalls von den Katalaninnen gesagt werden. Der gesellschaftliche Druck auf die lesbische Frau war in dem von den Spaniern so genannten „europäischen" Katalonien ungleich größer als auf den männlichen Homosexuellen und ließ eine direkte Behandlung der lesbischen Thematik nicht zu. Dennoch gibt es, zumindest seit dem Ende der Franco-Diktatur und dem Siegeszug der literarischen Erotik, die eine oder andere Autorin, die, besonders in der Lyrik, die Frauenliebe besungen hat. Diese Vorkämpferinnen, alle im Jahrfünft vor oder nach 1950 geboren, gehören zu einer Generation, deren persönliche und literarische Entwicklung durch die Frauenbewegung geprägt wurde. Hier sind Maria Chordá mit ihrem Gedichtband *Cosí del aigua* (1978) und Teresa Pascual mit *Arena* (1984) zu nennen, vor allem aber Maria-Mercè Marçal, die bedeutendste weibliche Stimme der katalanischen Gegenwartslyrik.

In ihrem Werk unternimmt die früh als Dichterin anerkannte und dann durch einen einzigen Roman berühmt gewordene Autorin eine offene Auseinandersetzung mit dem lesbischen Thema. Ihre Herkunft aus dem politischen Aktivismus, dem Widerstand gegen das Franco-Regime und ihr anschließendes Engagement für die Unabhängigkeit der katalanischen Sprache und Kultur, hat dabei sicher eine Rolle gespielt. Maria-Mercè Marçal wurde 1952 in Barcelona geboren, wuchs aber in einem kleinen Bergdorf der Provinz Lleida auf und verbrachte ihre Schulzeit in einem Nonneninternat. Als sie 1969 zum Studium der klassischen Philologie nach Barcelona kam, geriet sie in das brodelnde Zentrum des spanischen Literaturlebens, an das sie rasch Anschluß fand. Zum einen als Mitgründerin des für die katalanische Literatur so wichtigen Verlags *Llibres del Mall,* zum anderen durch ihr eigenes literarisches Werk, das sechs Gedichtbände umfaßt. Dazu zählen aber auch Literaturessays, Übersetzungen wichtiger literarischer Vorläuferinnen wie Colette, M. Yourcenar, Anna Achmatowa und Marina Zwetajewa, sowie eine Anthologie der vergessenen katalanischen Lyrikerin Clementina Arderiu.

Ihre ersten Gedichtbände, die ihr, vor allem auch durch die zahlreichen Vertonungen von seiten der katalanischen LiedermacherInnen, einen Namen weit über die Grenzen ihrer engeren Heimat hinaus machten, erschienen in den siebziger Jahren. *Cau de llunes (1973-1976)* (Mondhöhle, 1977), das den Lyrikpreis Carles Riba erhielt, und *Bruixa de dol* (Trauerhexe, 1979) variieren drei Elemente: Mond, Schatten und lyrisches Subjekt. Daraus entsteht ein weibliches Ich, für das Auflehnung gegen vorgegebene Geschlechterrollen und Übertretung von Grenzen der Konvention charakteristisch sind.

Terra de mai (Niemalsland, 1982), ihr vierter Gedichtband, ist ganz der erotischen Lyrik gewidmet, wobei es sich eindeutig um die Liebe von Frau zu Frau handelt. Damit hatte sich die verheiratete, bekennende Katholikin unwiderruflich geoutet – eine nur konsequente Folge ihrer zeitlebens intensiven Beschäftigung mit ihrer Identität als „Frau, als Angehörige der Unterschicht und einer unterdrückten Nation", wie sie es in einem Gedicht zusammenfaßte. Der in den späteren Lyriksammelband *La germana, l'estrangera (1981-1984)* (Die Schwester, die Fremde) aufgenommene Gedichtzyklus besteht ganz aus Sestinen, einer Gedichtform, deren strenge, zyklische Struktur in spielerischer Weise immer um die gleichen Begriffe kreist und sie in neuem Zusammenhang arrangiert. Durch die kunstvolle Variation der bedeutungstragenden Substantive entsteht ein Liebescode, dessen Schlüsselwörter Mond, Salz, Sand, Wasser und Spiegel auf die bewußte Schöpfung einer „écriture féminine", einer weiblichen Schreibweise, zielen. Phallische Symbole werden daraus ausdrücklich ausgegrenzt: „Zwischen Halbschatten, im Sand Deines Geschlechts / ist die Liebe ein Tanz ohne Schwerter". Das erste der fünfzehn Gedichte, aus dem dieses Zitat stammt, nennt sich ausgerechnet „Spiegel-Sestine" und ist die erste Bearbeitung der im Zusammenhang mit der lesbischen Identität so häufig gebrauchten Spiegel-Metapher. Als Bild für das weibliche Geschlechtsteil ist sie durchaus nicht nur positiv besetzt, wie sich in dem Gedicht „Mai" (Niemals) zeigt.

> Ich dringe in die Landschaft deines Körpers ein
> und finde mich selbst, wenn die Liebe dich versilbert.
> Und, gerade als Niemals dein Name zu sein beginnt,
> verschlingt dein gieriger Spiegel mich bei lebendigem Leibe,
> und ich verschlinge dich, und verschlinge deine Lust
> und die meine, die mich mit Sturmeszähnen zerfleischt.

Die Beschreibung eines lesbischen Geschlechtsakts wird in *Terra de mai* zu einem bacchischen Freudenfest, bei dem sich eine betont zärtliche und unhierarchische Sexualität in durchaus realistischer Darstellung – die sinnlichen Naturbilder dienen nicht als Metaphern – manifestiert. Doch steht im sexuellen Erleben des Selbst und des Anderen neben dem Eros gleichzeitig Thanatos. Der Sexus ist ein gefährlicher Abgrund, an dem das Ich und der weibliche Gegenpart sich gegenüberstehen. Ein Gedicht wie „Solstici" (Tagundnachtgleiche) enthält in seinem Titel daher nicht nur die Assoziation von Vereinigung, sondern auch die von unvereinbaren Gegensätzen, verkörpert in Tag und Nacht. Im letzten Vers erscheint wieder die Spiegel-Metapher, diesmal eindeutig als Bild für das weibliche Genitale:

> Dein Geschlecht und meins sind zwei Münder.
> Spürst du nicht den Kuß des Morgentaus auf dem Fleisch.
> Welch ein Biß voll Glanz von frischen Mandeln!
> Welch eine Sprache voll Abendkühle von offenen Kehlen!
> Welch ein Tanz, kleine Zungen ohne Zügel!
> Welch ein Geheimnis von Abgründen! Unsere Geschlechter,
>
> Geliebte, sind zwei Münder. Und zwei Geschlechter
> pochen jetzt anstelle der Münder.
> Mit verborgener Furcht, sollen sie das Echo des Zügels sein,
> der den Tanz des Fleisches bezwang,
> weit offen klafft unser Strand:
> dort laß uns die frische Lust des Meerschaums auswerfen. (...)
> Auf, daß die Münder das Fleisch erblühen
> lassen, frisch, wie die geöffnete Haut
> ohne Zügel im Spiegel unserer Geschlechter.

Während in diesen Sestinen der Spiegel ein eher neutrales Bild vermittelt, in dem die Gleichheit der Liebespartnerin überrascht konstatiert wird und die jubelnde Entdeckung einer neuen Liebe, eines Frauenkörpers, im Vordergrund steht, so erhält die Metapher im weiteren Werk der Autorin, zusammengefaßt in *Llengua abolida (1973-1988,* Aufgehobene Sprache) eine zunehmend negative Konnotation. Erwartungsgemäß steht sie im Zusammenhang mit Selbstdarstellung und Selbstreflexion, symbolisiert aber nach und nach auch das geliebte Gegenüber und wird so Ausdruck einer bedrohlichen Dualität, in der Ich und Du sich vermischen und verlieren. Die Andere steht, in ihrer Ähnlichkeit, der Ausformung der eigenen Identität im Wege.

> Sie war nicht aus Wasser.
> Die Wunde zeigt mir,
> daß sie aus Glas war,
> eine undurchdringliche Mauer,
> der Spiegel, der mich aussaugte.

Daß diese negative Symbolisierung der lesbischen Beziehung und der lesbischen Identität durchgängig im Werk von Maria-Mercè Marçal festzustellen ist, zeigt sich auch in *La passió segons Renée Vivien* (in der deutschen Übersetzung: *Auf den Spuren der Renée Vivien)*. Der 1994 erschienene Roman enthält eine stellenweise recht bittere Reflexion über die Möglichkeit bzw. Unmöglichkeit einer „normalen" lesbischen Beziehung. Dabei repräsentiert eine ungeheuer verschachtelte Erzählstruktur die Komplexität des Sachverhalts, so als wollte die Autorin sagen: Laßt uns dieses schwierige Thema von allen Seiten betrachten, um den Grund des ewigen Scheiterns der lesbischen Liebe herauszufinden. Ihr erster – und letzter Roman (Maria-Mercè Marçal starb 1998 an Krebs) handelt von einer doppelten Leidenschaft: auf der einen Seite die Leidenschaft der historischen Renée Vivien, („die erste Autorin, die nach Sappho auf eindeutige und offene Weise ihre Liebe zu einer anderen Frau besungen hat") für ihre große Liebe Natalie. Und auf der anderen Seite die Leidenschaft der fiktiven Figur Sara T. – einer Schriftstellerin, deren Biographie große Übereinstimmungen mit der der Autorin aufweist – für das Leben und das Werk Renée Viviens. Gleichzeitig erzählt er die Geschichte einer Wiederentdeckung. Sara T. entdeckt eine vergessene Vorläuferin und in der Figur der französischen Dichterin einen Spiegel ihrer selbst. Ihre obsessive Beschäftigung mit einer längst vergangenen Liebes- und Werkgeschichte entpuppt sich bald als Identifikation mit einer Problematik, die sie von sich selbst, aus ihrem eigenen Liebesleben, nur zu gut kennt. So werden ihre literaturwissenschaftlichen Recherchen zur Reflexion über ihre eigene Identität als Dichterin, als Liebende und als Lesbe.

Sara T. ist fasziniert von der Gestalt der tragischen Fin-de-siécle-Poetin und dringt immer tiefer in deren geheimnisumwittertes Leben (und Sterben) ein. Wie besessen arbeitet sie die Literatur durch, liest alle Dokumente, derer sie habhaft werden kann und erhält so nach und nach folgendes Bild: Renée Vivien hieß mit bürgerlichem Namen Pauline Mary Tarn. Sie wurde 1877 in London geboren und wächst nach dem frühen Tod ihres verehrten Vaters bei ihrer lebenslustigen Mutter auf, die die lästige Tochter alsbald in einem französischen Internat unterbringt. Pauline gelingt es, die lieblose Mutter durch einen Vormund zu ersetzen und läßt sich, nach einer beträchtlichen Erbschaft, mit 21 Jahren in Paris nieder, ihrer Wahlheimat bis zu ihrem Tod im Jahr 1909. Schon früh lassen sich Talent und literarische Neigung erkennen. Mit 14 Jahren lernt sie alleine Italienisch und übersetzt für ihren geliebten Cousin Amedée Teile der *Göttlichen Komödie* ins Französische, die Sprache, in der sie sich zeit ihres kurzen Lebens ausdrücken wird. Ihre ersten Gedichte veröffentlicht sie mit 18 unter dem Titel *Etudes et préludes* und gewinnt von da an mit jedem neuen Gedichtband mehr Bewunderer. Nach diversen gescheiterten „romantischen" Liebesbeziehungen begegnet sie mit 23 Jahren der amerikanischen Schriftstellerin Natalie B., der großen Herzensbrecherin der Pariser Bohème. Mit ihr will sie in Mytilene auf Lesbos, wo sie eine prächtige Villa erwirbt, die sapphische Gemeinschaft wiederbeleben. Doch Natalie fühlt sich von zu vielen anderen Frauen angezogen und so bricht Pauline, die mittlerweile den Künstlernamen Renée Vivien angenommen hat, aus Verzweiflung über die Untreue ihrer Geliebten, die stürmische Beziehung ab. Nach einem Selbstmordversuch (durch Ersticken mit Blumen!) wendet sie sich trostsuchend der matronenhaften Baronin Hélène Van Z. de N. zu, unter deren Schutz sie endlich wieder zu sich selbst findet. So kommt es, daß Renée der schon siegessicheren Natalie bei einem erneuten Treffen die kalte Schulter zeigt, worauf diese eine vierjährige Belagerung beginnt, die schließlich von Erfolg gekrönt wird. Zur Besiegelung ihrer erneuten Beziehung fahren beide nach Mytilene, wo sie einen für Renée unvergeßlichen Sommer verbringen. Wieder in Paris leidet jedoch die von Eifersucht und Selbstzweifeln Gequälte aufs neue an der Unerreichbarkeit ihrer absoluten Liebe. Das hindert sie allerdings nicht daran, zahlreiche Reisen zu unternehmen: nach England, Japan, immer wieder an die Côte d'Azur, wo sie sich im Haus der Colette aufhält, und, auf dem Weg nach Lesbos, auch nach Istanbul. Dort lernt sie die in einem Harem lebende Prinzessin Kerimée kennen und beginnt eine Romanze mit ihr. Doch auch diese, nur aus der Distanz gelebte Beziehung bietet keinen Halt. In stetigem Widerspruch zwischen ihren wirklichkeitsfernen Idealen und ihrem Bedürfnis nach einer sicheren Bindung treibt Renée von Exzeß zu Exzeß. Mit 28, auf der Höhe ihres Ruhms als Schriftstellerin, ist sie magersüchtig und alkoholabhängig und verbringt ihre Tage eingeschlossen in ihrer verdunkelten Wohnung zwischen Buddhas und Räucherstäbchen. Die beiden letzten Lebensjahre sind vom physischen Verfall gezeichnet. Eine ehemalige Klavierlehrerin umsorgt sie, unter deren eiferndem Einfluß sich die atheistische Renée im letzten Moment zum Katholizismus bekehrt. Mit 32 stirbt sie an den Folgen ihres Alkoholismus.

Erzählt wird diese faszinierende Lebensgeschichte in einer Collagetechnik, die an das zufällige Blättern in einem Tagebuch erinnert. Und tatsächlich gibt die allwissende auktoriale Erzählerin ja vor, Einblick in verschiedene Tagebücher oder auch Korrespondenzen genommen zu haben, die sie in den diversen Privatarchiven bzw. in der Pariser Bibliothèque Nationale konsultiert habe. Entsprechend sind die einzelnen Kapitel mit Orts- und Datumsangaben überschrieben. Wer nun aber eine Biographie im herkömmlichen Sinne erwartet, wird enttäuscht. Maria-Mercè Marçal hat zwar über real existierende Personen recherchiert und eine Vielzahl von Originaldokumenten verarbeitet, aber sie schustert daraus keine tragische Liebes- und Leidensgeschichte. Das Buch versucht vielmehr zu rekonstruieren, wie es zum Scheitern dieser schillernden Figur kommt – und was daran persönliche Umstände verschuldet haben und was die Tatsache, daß sie Lesbe war.

Ist die Haltung von Renée Frucht ihrer Verstandesklarheit, die mit heroischem Pomp vergoldet, was eigentlich nur die Wahl des kleineren Übels darstellt? Oder steckt, statt dessen, in ihrem Pessimismus ein dunkles Gefühl von Schuld, von Selbstverurteilung, das es ihr unmöglich macht, sich einen gehbaren Ausweg vorzustellen, eine Auflehnung ohne Sühne? Ist es schlichtweg der den Randgruppen eigene Selbsthaß?

fragt sich Sara T., die Figur, die die Rolle der Fragenden, der Forschenden übernimmt.

(...) dieses ganze Projekt über Renée und Kompagnie bringt mich genau zum Kern des Themas. Als ich damit begann, glaubte ich an die Leidenschaft. Ich meine, daß nur diese Art die Liebe zu leben, mir würdig erschien, gelebt zu werden. Und vielleicht sah ich naiverweise voraus, daß, wenn ich die Mechanismen verstünde, die Renée wegen Natalie zu einem dramatischen Ende geführt hatten, es mir erlaubt sein würde, ein Happy End zu erleben.

Paradoxerweise wird die Gestalt Renée Viviens durch ihre Märtyrerrolle gerade besonders anziehend für die sonst so pragmatische Sara T. Wie sie immer deutlicher begreift, steht diese Anziehungskraft im engen Zusammenhang mit ihren eigenen Erfahrungen in der Liebe zu Frauen. Im Rückblick wird ihr klar, daß die Auswegslosigkeit ihres fünfjährigen Liebesverhältnisses zu ihrer Lebensgefährtin Arès denselben irrationalen Gesetzen der Leidenschaft gehorchte, die auch Renées Leben bis zur letzten Konsequenz bedingte. Auch ihr schien nur diese Art von Liebe lebenswert zu sein. Auch ihr Begehren war unerfüllbar. Daß Renée genausowenig wie sie selbst einen Ausweg aus dieser Situation finden konnte, liegt für Sara daran, daß die Gesellschaft eine andere Kanalisierung des emotionalen Ausnahmezustands als in der eheähnlichen Partnerschaft nicht erlaubt.

Da „universelle" Maßstäbe fehlen, nehme ich als Schnittmuster das, was ich in meiner Umgebung sehe: die Verteilung von Zeit und Raum, etwas miteinander teilen ... Zusammen leben, zum Beispiel. Ein gemeinsamer Lebensraum als Bestätigung und Betätigungsfeld einer radikalen Komplizenschaft, die allem trotzt. Über lange Zeit hinweg war dies der konkrete Höhepunkt, der etwas Größeres und Globaleres einschloß. Vielleicht die Bestätigung einer „Normalität" gegenüber der „Randexistenz", zu der dich das Umfeld zu verdammen scheint. Und an den Rändern gibt es Stolz, aber auch mehr Härte, mehr Schmerz. (...) Vielleicht war das mit dem Zusammenleben wirklich nur der Druck des verbreitetsten Modells, aber es wäre zumindest ein Ende und ein Anfang gewesen: zwei genau voneinander abgegrenzte Etappen. Ein Höhepunkt, wie ich vorher sagte. Vielleicht ein Symbol. Ohne Höhepunkte oder Symbole ist alles eine einzige Wüste, ich wüßte nicht, was jetzt ein Höhepunkt für mich sein könnte.

Das Scheitern der Beziehung mit Arès hat für Sara nicht allein Gründe individueller Art, die in der Unvereinbarkeit ihrer beiden Charaktere lägen, sondern hängt mit der Unsicherheit zusammen, die entsteht, wenn es keinen allgemeinen Konsens – sie nennt es eine „Konstitution" – gibt, der Spielraum und Verhaltensregeln für die Beziehung definiert. So stellt sich die Frage nach den Alternativen: Machtkampf oder eheähnliche Zweierbeziehung.

Führt das Fehlen einer gesetzlich und gesellschaftlich anerkannten „Konstitution" zum Machtkampf im Reinzustand, zur wilden Artikulierung all seiner verschiedenen Extreme? Oder bleibt am anderen Ende einzig die Möglichkeit der Imitation – und die Imitation ist letztendlich immer grotesk – dessen, was wir in unserer ganz eigenen Entwicklung vielleicht um jeden Preis vermeiden wollten?

La passió segons Renée Vivien ist deshalb nur vordergründig ein biographischer Roman. Es gibt keine Erzählung von Leben, allenfalls eine fragmentarische Rekonstruktion historisch belegter Tatsachen, welche die Autorin, durch den Textaufbau, als solche sichtbar macht. Über 28 Kapitel spult sich spiralartig eine Vielfalt von Erzählperspektiven ab, welche den Personen entsprechen, die mit dem Leben der illustren Dichterin verwoben waren. In einem bunten Reigen kommen der Cousin, die Mutter, die zahlreichen Geliebten – von Natalie Clifford Barney bis zur türkischen Prinzessin – zu Wort, außerdem das Hausmädchen, ein greiser Altertumsforscher und immer wieder Sara T. Nicht ein einziges Mal jedoch tritt die Begründerin des Veilchenkults selbst auf. Auch wird kein einziges Mal ohne Umschweife von ihrer Homosexualität gesprochen. Diese indirekte Annäherung vermeidet jedes voyeuristische Klischee und hat außerdem den Vorteil, daß sie den zeitgenössischen Umgang mit dem Thema wirklich anschaulich macht.

Wie verhält sich die Gesellschaft, wie verhalten sich die Betroffenen? Den ersten Hinweis auf die homosexuellen Neigungen Renée Viviens erhalten wir aus der Reaktion des Cousins Amédée auf die Liebesgedichte von *Etudes et préludes*, die eindeutig an eine Frau adressiert sind. Der immer noch in Renée verliebte ältere Herr interpretiert sie im ersten Moment der Überraschung ganz naiv als einen literarischen Kunstgriff, um das angeblich männliche Pseudonym zu schützen, unter dem die junge Lyrikerin ihren ersten Gedichtband veröffentlicht hatte. Bei späteren Veröffentlichungen, als die

Abkürzung R. Vivien dem eindeutig weiblichen Vornamen Renée gewichen ist, nimmt er an, Pauline schreibe sich die Liebesgedichte selbst, die sie von ihm gerne erhalten hätte. Andeutungen und Gerüchte, die in der Presse zirkulierten, verwirft er indigniert als Ausdruck von Neid und Mißgunst. Doch auch weniger romanhafte Zeitzeugen kommen zu Wort, um der allgemeinen Ungläubigkeit Ausdruck zu geben, die sublime Dichterin könnte eine Lesbe sein. Der um die Jahrhundertwende bekannte Literaturkritiker Charles Maurras etwa vermutet in seinem Artikel über die „weibliche Romantik", die Gedichte seien von der Autorin vor einem Spiegel geschrieben worden.

Auch die Homosexualität der Figur Sara T. wird nur auf diese indirekte Weise dargestellt. Die erste Erwähnung einer unglücklichen langjährigen Partnerschaft läßt nicht erkennen, ob es sich bei dem Namen Arès um einen männlichen oder weiblichen Partner handelt. Das wird erst im zweiten Drittel des Romans klar. Durch dieses Vorgehen wird deutlich, daß das Lesbentum nicht nur, wie erwartet, für eine Frau der französischen Oberschicht der Jahrhundertwende ein gewaltiges Identitätsproblem aufwirft, sondern auch für die emanzipierte katalanische Intellektuelle Mitte der achtziger Jahre. Bei der bloßen Erwähnung des Namens Lesbos errötet sie, die eindeutige Benennung ihres lesbischen Forschungsthemas in einer Buchhandlung läßt sie Stottern vor Verlegenheit, die unumwundenen Avancen einer sie anziehenden jungen Frau verschrecken sie durch ihre Eindeutigkeit. Es ist ganz klar: ihr Verhältnis zu ihrer Homosexualität ist, wie bei Renée Vivien, geprägt von Schuldgefühlen und Scham. Diese münden in einen eigenartigen Fatalismus, der in der Spiegel-Metapher Ausdruck findet.

> In einem Wort: man könnte sagen, ich lebte vier Jahre lang der Leidenschaft ausgeliefert. Einer Leidenschaft wie in einer Spirale, wie in einem von diesen Wasserstrudeln, die dich herunterziehen ... jede Leidenschaft ist so, wirst du denken. Und gleichzeitig wie in einem Kreis von Spiegeln: die Leidenschaft einer Frau für eine andere Frau. Der Spiegeleffekt, Wunder, Luftspiegelung: wenn du mich besitzt, besitze ich mich selbst. Besitze ich dich, besitzt du dich selbst. Was ich dir gebe, Lust, Schmerz, kommt zurück zu mir wie ein Bumerang. Ich verlasse dich, ich verlasse mich selbst. Du verläßt mich, du verläßt dich selbst. Du erwählst mich, du erwählst dich selbst. Du verrätst mich, du verrätst dich selbst. Und umgekehrt. Wenn ich aufhöre, an dich zu denken, um du zu sein, verdamme ich dich zur Nicht-Existenz, zum Tod. Die Schuld fällt auf mich zurück und ich höre auf, mich selbst zu spüren, zu existieren. Oder anders herum. Wie soll man dieser Illusion entkommen? Wie den Spiegel zerbrechen, ohne uns zu zerstören?

Die lesbische Beziehung, so raisonniert hier Sara T., muß zwangsläufig im Unglück enden. Ihre eigenen Erfahrungen verleiten die Ich-Erzählerin dazu, das Liebesverhältnis unter Frauen vornehmlich unter dem Gesichtspunkt der gegenseitigen Zerstörung zu sehen. Es ist, als ob das lesbische Begehren ein Fluch wäre, den es zu brechen gilt:

> Diese beiden vergangenen Jahre habe ich versucht auszubrechen, ohne jedoch auf Arès, auf die Geschichte, zu verzichten. Zu meinem Besten, zu ihrem Besten, dachte ich – immer noch der Spiegel-Effekt? –, ich versuchte, und es gelang mir, mich mit einem von diesen starren Panzern zu umgeben, die dich vor deinem eigenen Begehren, vor dir selbst beschützen ... Und sie vor mir. Ein Panzer, der deinem Handeln und deinen Gefühlen seine Form aufzwingt. So wie bei den Füßen der chinesischen Mädchen; die Zeit, dachte ich, würde das Übrige tun. (...) Mit all dem versuchte ich, die Lücke zu füllen, die vorher mein allgegenwärtiges Begehren eingenommen hatte. Das waren Beweise dafür, daß die Welt sich weiter drehte. Es bedeutete, diese Gleichung zu zerstören: „ich begehre, also bin ich" (denn vielleicht sagt nur das Begehren mir, daß ich nicht du bin).

Ein anderes lesbisches Liebespaar lebt ebenfalls unter dem prekären Vorzeichen der beständigen Ausnahmesituation. Die Internatsfreundin Renée Viviens, Mary Wallace, hat sich nach dem Tod Renées mit ihrer Geliebten Marcelle auf ein Schloß am Genfer See zurückgezogen, wo sie in harmonischer Gemeinschaft zehn glückliche Jahre verbringen. Bis eines Tages der Besuch ihrer Freundin Mabel die Idylle zerstört. Mabel beginnt eine Romanze mit Marcelle und Mary flüchtet nach Paris, wo sie über die zerstörerische Konstellation nachdenkt.

> Mabel, Natalie ... war denn alles Wiederholung auf Wiederholung? Rollte denn alles immer wieder denselben Abhang hinab, denselben unbeweglichen Mustern zu, ganz das unausweichliche und gewöhnliche Schicksal der gemeinen Masse? Während dieser zehn Jahre, die sie mit Marcelle geteilt hatte, hatte Mary geglaubt, den Übergängen und Schwankungen der normalen Beziehungen zu entgehen. Die Normalität bedeutete implizit Herdenverhalten. Wie die berühmten Damen von Llangollen vor einem Jahrhundert, wenn auch ohne den vorausgehenden Aufruhr einer romanhaften Flucht, hatten sie sich weit von der Welt zurückgezogen, in einem vielleicht zwecklosen Versuch, ein Paradies nach menschlichem Maßstab einzurichten. Der Spiegel, das Wunder – die Luftspiegelung? – des Sees hatte ihre dauerhafte Romanze reflektiert und in einem himmelblauen Futteral eingeschlossen. Zwischen ihnen beiden und den anderen blieb stets eine durchscheinende, fast unsichtbare Trennlinie bestehen, wie die Glasscheibe einer Vitrine, die einen allzu kostbaren Gegenstand schützt, der nur der bewundernden Betrachtung freigegeben ist. Violette war die einzige wohlgesonnene und angemessene Gottheit dieser der ursprünglichen Unschuld zurückgegebenen Welt, als wenn das unzeitgemäße Opfer einer Jungfrau sie von jeder Schuld erlöst hätte. Ihr Name stand immer vor ihnen und wehrte den Wahnsinn von ihnen ab, den Wahnsinn, die eine der anderen in die entblößte Seele zu schauen und dort die andere in der eigenen zu sehen, wie in einem endlosen Spiel von Spiegeln. Statt dessen warf ihnen, genauso wie die ruhigen Wasser des Léman, der Name Violettes das beruhigende Bild zweier Antlitze zu-

rück, eins neben dem anderen, wie sie auf denselben feststehenden Punkt eines vielgestaltigen und veränderlichen Universums blickten. Die Liebe war damals ganz einfach der verdoppelte Blick auf alle Dinge.

Wieder also wirkt der Fluch des Spiegels. Es zeigt sich jedoch in dieser Passage, daß für Marcelle das Stigma des Lesbentums vom Bewußtsein des Besonderen gemildert wird, von einem elitären Sichanderswissen, das vor der langweiligen Alltäglichkeit, der sich jede dauerhafte Zweierbeziehung ausgesetzt sieht, bewahrt. Darin manifestiert sich die ganze Widersprüchlichkeit des Randgruppenverhaltens: letztendlich eine Weigerung, die immer vorenthaltene Normalität zu akzeptieren. Das Resultat sind Selbstzerstörungsphantasien, wie das Bild von den ineinanderfallenden Spiegeln, an dem die Romanfiguren abergläubisch festhalten. Maria-Mercè Marçal gibt hier einen tiefen Einblick in bestimmte lesbische Abwehrmechanismen und formuliert eine differenzierte Kritik an der Selbstmarginalisierung homosexueller Frauen.

La passió segons Renée Vivien ist, abgesehen von einer spannenden, literarisch anspruchsvollen Erzählung, sicherlich eine der tiefgründigsten, vielschichtigsten Reflexionen zum Thema, wenn auch der Roman eine eher pessimistische Sicht der Entfaltungsmöglichkeiten homosexueller Frauenpaare bietet. Vergeblich sucht man nach positiven, realisierbaren Entwürfen lesbischer Zweierbeziehungen, und zudem wird unmißverständlich klar, daß sich – aus der Perspektive einer Katalanin von 1985 – nicht so viel geändert hat seit den Zeiten der „Sappho von 1900".

Werke und Übersetzungen

Lyrik

Cau de llunes (Mondhöhle). Barcelona, Proa, 1977.
Bruixa de dol (Trauerhexe). Barcelona, Llibres del Mall, 1972.
Sal oberta (Offenes Salz). Barcelona, Llibres del Mall, 1982.
Terra de mai (Niemalsland). Valencia, El Cingle, 1982.
La germana, l'estrangera (Die Schwester, die Fremde). Barcelona, Llibres del Mall, 1985.
Llengua abolida 1973-1988 (Aufgehobene Sprache). Valencia, Tres i Quatre, 1989.

Prosa

Viratges, reminiscències (Wendungen, Reminiszenzen). Essays. In: *Barceldones*. Barcelona, Ed. de l'Eixample, 1990.
La passió segons Renée Vivien. Roman. Barcelona, Columna/Proa, 1994.
Auf den Spuren der Renée Vivien. Übersetzung: Theres Moser. Wien, Milena Verlag, 1998.
La disputa de Fra Anselm amb l'ase ronyós de la cua tallada (Der Disput des Bruder Anselm mit dem räudigen Esel mit dem abgeschnittenen Schwanz). Barcelona, Aliorna, 1986.

María Xosé Queizán

Labyrinthische Liebe

Von Ana Acuña und Carmen Mejía

Im Oktober 1998 wurde María Xosé Queizán (geboren 1939 in Vigo) von der galicischen Schriftstellervereinigung für ihr Engagement für die galicische Sprache als Dichterin, Erzählerin, Essayistin und Theaterautorin geehrt. In den theoretischen Aufsätzen zeigt sich ihr Einsatz für die Gesellschaft und Kultur Galiciens. Sie entwickelt in verschiedenen Essays die Grundideen eines Nationalismus (verstanden als Abwehrhaltung gegen den linguistischen, politischen und sozialen Kolonialismus) und eines Feminismus, die beide auch in ihrem kreativen Werk zum Ausdruck kommen. Das Thema der Versklavung der Frau, um die es in der Abhandlung *Evidencias* (Offensichtlichkeiten) geht, greift auf den Gedichtband *Fora de min* (Außer mir) über und findet erzählerische Gestalt in *O vendedor de alfombras* (Der Teppichverkäufer). Vor allem im Zusammenhang mit der feministischen Schreibweise spielt die Liebe in ihren verschiedenen Spielarten eine zentrale Rolle im Schaffen Queizáns. Damit wollen wir uns im folgenden auseinandersetzen.

In *Metáfora da metáfora* (Metapher der Metapher, 1991) vermittelt die Dichterin ein komplexes Bild der Liebe. Sie stellt sie als Wort vor, als nacktes Wort, das, will man sich daran festhalten, will man es fassen, nur als linguistisches Zeichen erscheint und als weibliches Wort gesucht wird: „wir Frauen wissen, daß auch die Sprache wiedergeboren werden muß. [...] in dem Moment, in dem ein eigener Gedanke ansetzt, in dem wir mit unserem Mund sprechen, brauchen wir neue Worte, eine Sprache, die uns zeigt, wie wir sind und wie wir sein wollen" *(Metáfora da metáfora:* 9).

Ein zentrales Thema in *Metáfora da metáfora* ist die Liebe zwischen Geschwistern. Sie wird als Liebe zwischen zwei gleichen Teilen dargestellt, die einen verbotenen Wunsch zum Ausdruck bringt. Die Dichterin stellt die gesellschaftliche Werteskala auf den Kopf und beurteilt die Beziehung zwischen Schwestern als etwas Natürliches. Die Liebe zwischen Bruder und Schwester hingegen hat etwas Unnatürliches, weil sie die Suche des Mannes nach der Mutter impliziert. In einem Gedicht, das an die Schwester gerichtet ist, wird die Beziehung zwischen Frauen beschrieben. Das mütterliche Wasserbecken ist der gemeinsame Raum, in dem die Liebeswonnen erst möglich sind:

Komm zu meinem Spiegel-
licht
Raum der Mutter,
Quelle unserer Schönheit.
Bade mit mir, Schwester,
im Mutterteich!
Laß uns genießen! *(Metáfora da metáfora:* 25)

In einem an den Bruder gerichteten Gedicht evoziert die Leidenschaft zur Mutter im Liebenden das falsche Liebesobjekt, seine Schwester. Verstehen wir Bruder und Schwester als Metaphern der Menschheit, könnten wir behaupten, daß für die Dichterin nur die horizontale, d.h. die sich auf derselben Ebene bewegende, gleichgeschlechtliche Liebe möglich ist. Dementsprechend wird auch in der Erzählung *As botas* (Die Stiefel, 1996) die Liebe zwischen zwei Schwestern positiv dargestellt, im Gegensatz zur gescheiterten Beziehung zwischen den zwei Brüdern in *Antígona, a forza do sangue* (Antigone, die Macht des Blutes, 1989).

As botas beschreibt ein Liebesritual zwischen zwei Schwestern während der Abwesenheit der Mutter. Der Erzählraum ist das elterliche Heim, eine Atmosphäre, in der die beiden Kinder schier ersticken. Die Mutter handelt ähnlich wie García Lorcas *Bernarda Alba,* sie hindert die Töchter daran, erwachsen zu werden. Jedes der Mädchen versucht, sich sein Gefängnisdasein auf seine Weise zu erleichtern: die eine durch die lesbische Liebe zur Schwester und zur Mutter, die andere, indem sie ihren Haß auf die Stiefel des Vaters projiziert. Diese Stiefel, die die Mutter zur Einschüchterung der Kinder benutzt, stehen für die Morde während des Bürgerkriegs und die anschließende Repression: „Weil sie sie beschützen. Als wenn sie sie trüge. Sie hat die Erlaubnis. Das feste Auftreten. Immer geschäftig, mit den Stiefeln in der Tasche" *(As botas:* 424). Der niedergehaltene Haß, der bei den Mädchen Erstickungsanfälle und Erbrechen provoziert, gibt ihnen am Ende der Erzählung den Mut, sich der Stiefel und damit der familiären und sozialen Unterdrückung zu entledigen. Die Geste des Wegwerfens öffnet eine Tür der Hoffnung: „Auf diese Weise ist Schluß mit den Stiefeln. Danach sehen wir weiter" *(As botas*: 428).

Die Liebe und nicht der Haß bildet in María Xosé Queizáns Erzählwerk die strukturelle Achse, wobei wir neben der horizontalen Ebene auch die vertikale, heterosexuelle oder gar die labyrinthische Liebe in Betracht ziehen müssen. Letztere, die die beiden anderen Varianten miteinschließt, behandelt die Autorin in *A Semellanza* (Die Gleichheit, 1988). Der Protagonist entdeckt in diesem Entwicklungsroman die verschiedenen Spielarten der Liebe und sucht in ihren Varianten immer sich selbst. Die drei Erzählräume, in der die Handlung abläuft, Galicien, Barcelona und Marokko, bestimmen ein Leben, das allein durch und für die Liebe Sinn gewinnt. Im galicischen Lugo und während der Kindheit von Juanjo steht der Einfluß seiner Mutter im Mittelpunkt: „ich wollte wie meine Mama sein, so schön wie sie" *(A Semellanza:* 41). Die Mutter vermittelt ihm die Schwärmereien für die ruhmreiche Vergangenheit seiner Familie, den Stolz, ein Valladares zu sein. Dabei entwickelt Juanjo ein Begehren nach der Mutter und in ihrer Abwesenheit

> geht er in ihr Zimmer, öffnet den Schrank der Mutter und sucht Kleider aus, um sich herauszuputzen. Diese Augenblicke waren vergnügter als die Spaziergänge mit den Freunden, die Gespräche mit den Mädchen, die Partys (…) als alles andere. Er hatte eine besondere Vorliebe für das Abendkleid von Merceditas, aus cremefarbenem Satin, den weiten Ausschnitt mit einer Bordüre von Glasperlen bestickt, und einem plissierten Volant. Wenn er es anzog, berauschte er sich an seinem Geruch, einer Mischung aus Schweiß, „Hölzer des Orients" und Naphthalin vom Wegpakken. Dieser saure, fast ekelhafte Geruch verwandelte sich in ein erregendes Aroma, wenn Juanjo ihn einatmete.

Nach dem lustspendenden Ritual, sich wie seine Mutter anzuziehen, betrachtet er sich narzißtisch im Spiegel und gelangt durch die Spiegelung seines eigenen Bildes zur Erregung. Lange Jahre sind sich Juanjo und Merceditas gegenseitig die wichtigsten Bezugspersonen. Um der übertriebenen Abhängigkeit von der Mutter eine Ende zu bereiten, unterbricht Juanjo jedoch eines Tages seine Studien und nimmt eine Arbeit in einer Bank in Lugo an. Bald darauf heiratet er eine Französin, die von ihm schwanger ist und Merceditas, die Mutter, verfällt in tiefen Stumpfsinn. Eine radikale Wende tritt in Juanjos Werdegang ein, als er während seiner nächtlichen Herumtreibereien eine neue sexuelle Variante entdeckt. Ein Freund verschafft ihm während einer nächtlichen Autofahrt ein nie geahntes Liebeserlebnis:

> Sie fuhren von Foz nach Hause in dem Seat 600 von Chuco. Juanjo saß hinten mit Miguel Anxo und sang Only You. Miguel Anxo blickte ihm in die Augen, wie die Matrosen in der Hafenkneipe. Er spürte seinen Atem. Sein Blick verbrannte ihn, doch er hielt ihm wie hypnotisiert stand. Mit dem Ende des Liedes spürte er seine Hand, zuerst auf dem Knie, und wie sie dann selbstsicher bis zu seinem Schritt hinaufstieg, wo sie sich auf den weichen Genitalien niederließ. Juanjo würde diesen Augenblick nie vergessen. Es war, als wenn himmlische Trompeten ertönten und der Himmel sich zu glänzenden Horizonten öffnete. Keine der Erfahrungen, die er in seinem ganzen Leben gemacht hatte, übertraf den Jubel, den er beim Druck der Hand des Jungen empfand. *(A Semellanza:* 73 f.)

Das Gefühl der Veränderung, der Überraschung, schließt Begehren, Wonne und Anerkennung seiner eigenen Homosexualität mit ein. Die neu entdeckte Homosexualität gibt Juanjo Anlaß, über die verschiedenen Formen der Liebe und über die Liebe zwischen Mann und Frau nachzudenken:

> Für Juanjo begann ein neues Leben. Er hielt sich für erwachsen, für fertig. Was ihn am meisten anzog an den ersten Beziehungen mit Männern war das gnadenlose Aufeinandertreffen mit einen anderen Körper, der bronzene, männliche Widerstand, die Kraft, die Heftigkeit der fast erbitterten Zärtlichkeiten. Er bewunderte diese männliche Sprödigkeit, der weiblichen Zerbrechlichkeit so fern. Ihn erregte ein Gleicher, ein Körper wie der seine, der seine Impulse kannte, ihnen entgegenkam. Endlich hatte er einen gleichrangigen Gegner im sexuellen Kampf, um seine Kräfte zu messen, die Festigkeit der Schwerter im Gefecht zweier Körper, denen die Natur Mut und einen überlegenen Geist verliehen hatte. Es war ein Kampf unter Gleichen. Das Glück der Gleichheit. (…) Er befreite sich von der Mama, von allen Mamas.

Die homosexuelle Variante bringt eine soziale Marginalität mit sich, die Juanjo für sich selbst akzeptiert. Die Mutter steht weiterhin zu ihm, aber als sein Vater ihn aus dem elterlichen Haus wirft, geht er in die Metropole Barcelona. In dieser neuen Umgebung arbeitet er, um zu überleben, als Prostituierter. Diese Lebensweise bringt neue Veränderungen mit sich. Das Verhältnis mit einem Marokkaner löst eine labyrinthische Verirrung in ihm aus: „Er kleidete sich so, als Frau, nur manchmal, um mit ihm auszugehen" *(A Semellanza:* 126). Doch verändert die Bevorzugung der äußeren weiblichen Form, die er seit seiner Kindheit verinnerlicht hatte, sein Begehren:

> Von jener Härte der Anfangszeit, als er die Männer als seinesgleichen begehrte, als er es liebte, daß die Männlichkeit des Anderen, so anders als die weibliche Weichheit, sich der seinen entgegenstellte, war wenig geblieben. Er wurde immer weicher, wie Butter. *(A Semellanza:*135f.)

Juanjos innere Verwirrung zeigt sich jedoch in ihrer ganzen verzweifelten Auswirkung in folgendem Zitat:

> Er faßte die Hoden in seiner Hand zusammen und zog den entspannten und weichen Penis mit den Fingern lang. War das ein Mann? Weil er das hatte, war er schon ein Mann? Er blickte auf die weißen aufgestellten Brüste unter den schwarzen Spitzen des BH. Schaute man auf die Brüste, war er eine Frau, weiter unten war er ein Mann. Was war er? In welchen Wölbungen, in welchem seiner hervorstehenden Körperteile steckte seine Identität? Waren die Fleisch- oder Muskelstücke wichtiger als die Gefühle, die Impulse, das Begehren, überlegte Juanjo? […] Er konnte als Mann durchgehen, aber auch als Frau. Doch wer hatte ihn gefragt, was er sein wollte? Das jedenfalls nicht. Es gab keine freie Wahl des Geschlechts. […] Merceditas

hatte er auf die Frage, was er werden wollte, wenn er groß wäre, geantwortet: Frau. Wie furchtbar! Das ging nicht. Mit der Geburt wurde einem ein Geschlecht zugeteilt und aus dem konnte er nicht heraus. [...] Er spürte, wie der Penis unter dem Druck seiner Finger sich ein wenig versteifte. Und wenn er nicht aus einem Stück sein wollte, sondern so, ein bißchen Frau und ein bißchen Mann? (*A Semellanza:* 139 f.)

Ohne zu wissen, wer er nun ist und was er will, erscheinen die Mutterfigur und sein eigener Narzißmus erneut als stärkende Kraft. Die Freundschaft mit dem Transsexuellen Azucena und der Tod des Marokkaners veranlassen Juanjo zu einer Reise nach Marokko, wo er einen weiblichen Körper erhält und sich auch auf der sozialen Ebene als Frau verwirklicht. Nach Azucenas Tod kehrt er/sie allein nach Barcelona zurück: aus Juanjo ist Rafaela geworden. Seine physischen Veränderungen zielen auf eine vollkommene Metamorphose:

> Äußerlich zur Frau werden, war einfacher als das Frausein zu verinnerlichen. [...] Initiative zu haben war nicht erwünscht [...] die Unterwerfung mußte natürlich sein. Es war der Natur der Frauen gemäß, für andere da zu sein. Juanjo bemühte sich, sie anzunehmen, sich in Mutter, in Materie zu verwandeln. Sie sollte nicht begehren, sondern begehrt werden wollen *(A Semellanza:* 165).

Als Frau unterhält Juanjo/Rafaela Liebesbeziehungen zu Männern, die jedoch scheitern. So kommt es zu einer lesbischen Orientierung. In diesem äußerst schwierigen Lebensabschnitt lernt er/sie Chicha kennen und erlebt mit ihr die bisher leidenschaftlichste Liebesbeziehung. Aber zuletzt fühlt sich die lesbische Chicha nicht ausgefüllt, denn sie spürt, daß Rafaelas männliche Vergangenheit immer noch dominiert. Diese jedoch

> fühlte sich eine Frau unter Frauen. Ihr Irrtum war vielleicht, Frau für die Männer sein zu wollen. Die würden niemals ihre Anstrengung schätzen, eine Frau, eine vollständige Frau zu sein. [...] Sie ging in Gedanken ihre Liebschaften durch. Niemand hatte sie geliebt. [...] Jene dachte, Frau sein bedeute, sich den Männern anzupassen, so wie die anderen Frauen sie sahen, sie aufzunehmen wie verständnisvolle Mütter mit offenen und großzügigen Armen. Vielleicht war das es, was ihr fehlte, dachte sie da: der Sinn für das Mütterliche. Den würde sie nie haben. Sie begehrte die Mutter, früher hatte sie sie begehrt, aber nicht, selbst Mutter zu sein. [....] Ihre Eigenliebe, das Gefühl sich selbst gegenüber, daß sie jahrelang aufrechterhalten hatte, wurde immer schwächer. Manchmal war sie es leid, sich selbst zu lieben, und fiel ins Leere oder in die Einsamkeit. [...] Sie ahnte, daß sie nur dann wirklich Frau wäre, wenn sie geliebt würde. Die Liebe machte einen zur Frau oder zu was auch immer. *(A Semellanza:* 178 f.)

Chichas Entscheidung führt zu einer enormen Gefühlsverwirrung; Rafaela weiß nun nicht mehr, wer sie in Wirklichkeit ist: sie selbst oder Juanjo. Die Verzweiflung zwingt sie zu einer erneuten Identitätssuche, und sie findet zu einer Symbiose zwischen männlicher und weiblicher Homosexualität. In Rafaela/Juanjo entsteht der Wunsch, schwul zu sein, aber in der entsprechenden Szene wird sie wegen ihrer äußeren Erscheinung zurückgewiesen. Verzweiflung, Verwirrung und Zurückweisung führen schließlich zum Selbstmord, der von der Autorin mit zahlreichen weiblichen Symbolen ausgeschmückt ist:

> Während das Wasser seinen Körper herabzieht, duftet es nach „Hölzer des Orients" und er rennt den Flur zu Hause entlang, mit den auf dem Linoleum quietschenden Lackschühchen, in seinem Matrosenanzug. Die Mutter breitet die Arme aus, als sie ihn sieht, um ihn fest an sich zu drücken, und küßt ihn auf die Grübchen. Er ließ sich in die Arme der Liebe fallen. *(A Semellanza:* 198)

In *Amantia* (1984), dem Roman, den wir als Beispiel für die horizontale Liebe anführen, behandelt Queizán in der literarischen Tradition des aufgefundenen Manuskripts die Sage

> von einer Frau namens Amantia, die im vierten Jahrhundert unserer Zeitrechnung in Vicus Spacorum [Vigo] lebte und die in einer Art Tagebuch die von ihr und ihren Freundinnen erlebten Wechselfälle berichtete, vor allem mit Exeria, einer Frau, die im gleichen Jahrhundert eine Reise zu den heiligen Oryen unternahm. *(Amantia:* 8).

Die Liebesbeziehung wird hier in einer subtileren Form dargeboten als noch in *A Semellanza*, weil der Text sich völlig auf die politische und soziale Problematik des 4. Jahrhunderts einläßt (u.a. Bekämpfung und Verfolgung des Priscillianismus). Den Freundinnen, einer Gruppe von gelehrten Frauen mit einem stark ausgebildeten sozialen Bewußtsein, kommt ein mehrfacher Protagonismus zu: „Die einfachen Leute liebten sie, weil sie sich nicht despotisch verhielten, obwohl sie der gebildeten Schicht angehörten. Aber gleichzeitig wurden sie als sehr exzentrisch angesehen." *(Amantia:* 24) Sie nehmen zunächst, wie in der Schwellenepoche zwischen römischer Antike und Christentum üblich, an den heidnischen Kulthandlungen teil. Als sie in Kontakt mit dem Priscillianismus treten, reagiert jedoch jede der Freundinnen auf eine andere Art auf das Auftreten des angeblichen Ketzers. Nur Amantia entzieht sich dem Einfluß Priscillianus: „Sie war die einzige, die sich gegen die neue christliche Unterwanderung auflehnte und erschöpfende Diskussionen mit Priscillianus und seinen Freundinnen führte." *(Amantia:* 28) Amantia bleibt während des Erzählverlaufs die emblematischste Figur. In ihr personifiziert die Autorin die horizontale Liebe, die lesbische Leidenschaft:

> Ich kenne niemanden, der dich an Klarheit, an Intelligenz übertrifft, aber deine Leidenschaften sind deine Achillesferse. Davor mußt du dich in acht nehmen. Sonst werden sie eine Fessel für dich sein – sagt Exeria mit plötzlich ernster Miene.

– Aber ich bin glücklich in meiner Liebe zu dir – protestiert Amantia. Den Tag, an dem du aufhörst mich zu lieben, wirst du dich befreit und deshalb glücklicher fühlen. *(Amantia:* 125)

Sie wartet auf Exeria, mit der sie wegen ihres Wanderdaseins nur selten zusammenkommt. Die Beziehung zwischen den beiden Frauen ist abgemessen und im Grunde konfliktfrei, wobei die anfängliche Leidenschaft sich kurz vor Exerias Tod in eine tiefe Freundschaft verwandelt. María Xosé Queizán behandelt die horizontale Liebe als natürliche Liebe, läßt aber schon während der Liebeserklärung Zweifel an ihrer Verwirklichung aufkommen:

Exeria, ich liebe dich. Jetzt war es heraus. Es war ganz leicht. Amantia fühlte sich wie von einem Zentnergewicht befreit, das sie so lange bedrückt hatte. […] Sie kannten die Liebe unter Frauen aus der Literatur, aber immer schien es, als ob es diese Gefühle, wie die Tiere der Mythen, in Wirklichkeit nicht gäbe. Andererseits waren die Frauen dazu erzogen, die Liebeserklärungen der Männer entgegenzunehmen, nicht jedoch, die Initiative in der Liebe zu ergreifen. Sie konnten, und es war sogar gern gesehen, mit den Augen, den Gesten, der Haltung eine Erklärung des Geliebten provozieren, aber auf keinen Fall hätten sie die Energie, damit selbst zu beginnen.

Abschließend können wir sagen, daß das Werk von María Xosé Queizán einen breiten Fächer von unterschiedlichen Liebesbeziehungen enthält, die immer wieder ganz unterschiedlich interpretiert werden können. Die Autorin tendiert dazu, eine bestimmte Art der Liebe (die horizontale weibliche) bevorzugt zu behandeln, dennoch läßt ihre schöpferische Arbeit alle Möglichkeiten offen, sich für diese oder jene Art der Liebe zu entscheiden. Wie die Dichterin in *Despertar das amantes*: „Unsere Umarmung schließt die Harmonie des Universums ein."

Übersetzt von Cecilia Dreymüller und Arno Gimber

Werke

A Semellanza. Santiago de Compostela, Ed. Sotelo Blanco, 3. Aufl. 1995
Amantia. Vigo, Xerais, 1984
Antígona, a forza do sangue. Vigo, Xerais, 1989
As botas. In: *Unha liña no ceo: 58 narradores galegos 1979-1996*. Vigo, Xerais, 1996
Metáfora da metáfora. A Coruña, Espiral Maior, 1991
Recuperemos as mans. Santiago de Compostela, Ed. do Cerne / minor, 1980

Bibliographie der Sekundärliteratur

Aguirre, José María: El somnambulismo de Federico García Lorca. In: Ildefonso-Manuel Gil (ed.): Federico García Lorca. Madrid 1973, 97-119

Aliaga, Juan Vicente / García Cortés, José Miguel: De amor y rabia: acerca del arte y el sida. Valencia 1993

Aliaga, Juan Vicente: Bajo vientre. Representaciones de la sexualidad en la cultura y el arte contemporáneos. Valencia 1997

Aliaga, Juan Vicente / García Cortés, José Miguel (Hrsg.): Identidad y diferencia. Sobre la cultura gay en España, Barcelona / Madrid 1997. 2. Auflage 2000

Altmann, Werner: Totgeschossen, totgeschwiegen, totgefeiert. Federico García Lorca zum 100. Geburtstag. In: Tranvia. Revue der Iberischen Halbinsel 50, 1998, 6-13

Altmann, Werner: Der Dichter der „dunklen Liebe". Vom schwierigen Umgang mit der Homosexualität im Leben und Werk Federico García Lorcas. In: Dirck Linck, Wolfgang Popp, Annette Runte (Hrsg.): Erinnern und Wiederentdecken. Tabuisierung und Enttabuisierung der männlichen und weiblichen Homosexualität in Wissenschaft und Kritik. Berlin 1999, 243 - 280

Altmann, Werner: Adiós marica! Die spanischen Schwulen im Aufbruch. In: Tranvia. Revue der Iberischen Halbinsel 58, 2000, 17-21

Altmann, Werner: Der Dichter in New York. Zum literarischen Coming Out Federico García Lorcas. In: Forum. Homosexualität und Literatur 37, 2000, 35-54

Altmann, Werner: „Los marineros son las alas del amor". Homoerotische Poesie in Spanien. In: Forum. Homosexualität und Literatur 38, 2001, 51-76

Altmann, Werner: „Cultura gay" in Spanien. Zwischen schönem Schein und Wirklichkeit. In: Tranvía. Revue der Iberischen Halbinsel 60, 2001

Alvarez, Imanol: Die Schwulenbewegung in Spanien. In: Tranvia. Revue der Iberischen Halbinsel 23, 1991, 58-60

Anabitarte, Héctor / Lorenzo, Ricardo (Hrsg.): Homosexualidad: el asunto está caliente. Madrid 1979

Antípodas. Journal of Hispanic and Galician Studies: Gay and Lesbian Writing in the Hispanic World. Hrsg. von Alfredo Martínez Expósito. [Sondernummer XI/XII, 1999/2000]

Bauer, Matthias: Der Schelmenroman. Stuttgart / Weimar 1994

Binding, Paul: The gay imagination. London 1985 [spanische Übs.: García Lorca o la imaginación gay. Barcelona 1987]

Böhmer, Ursula: Der spanische Dichter Luis Cernuda und die Lehre des Lazarus. In: Gerhard Härle (Hrsg.): Grenzüberschreitungen. Festschrift für Wolfgang Popp zum 60. Geburtstag. Essen 1995, 351-361

Bergmann, Emilie L. / Smith, Paul Julian (Hrsg.): ¿Entiendes? Queer Readings, Hispanic Writings. Durham 1995

Biblos. Enciclopédia VERBO das Literaturas da Língua Portuguesa, Bd. 1. Lisboa / São Paulo, 1995 ff.

Blackmore, Josiah / Hutcheson, Gregory S. (Hrsg.): Queer Iberia. Sexualities, Cultures and Crossings from the Middle Ages to the Renaissance. Durham / London 1999

Botto, António: Cem Anos de Maldição. In: JL. Jornal de Letras, Artes e Ideias 17 / 699, 1997, 12-21 [Dossier zu Bottos 100. Geburtstag]

Bréchon, Robert: Étrange étranger. Une Biographie de Fernando Pessoa. Paris 1996

Bruquetas de Castro, Fernando: Outing en España. Los españoles salen del armario. Madrid 2000

Butler, Judith: Körper von Gewicht. Die diskursiven Grenzen des Geschlechts. Frankfurt 1995

Buxán Bran, Xosé M. (Hrsg.): conCiencia de un singular deseo. Estudios lesbianos y gays en el Estado español. Barcelona 1997

Campe, Joachim (Hrsg.): „Matrosen sind der Liebe Schwingen". Homosexuelle Poesie von der Antike bis zur Gegenwart. Frankfurt / Leipzig 1994 [Gedichte von António Botto, Luis Cernuda und Federico García Lorca in deutscher Übersetzung]

Carlos, Luís Adriano, „Jorge de Sena, der Wortalchemist", in: Thorau (s. dort), S. 356-376

Carrasco, Rafael: Inquisición y represión sexual en Valencia. Historia de los sodomitas (1565-1785). Barcelona 1986

Carrasco, Rafael: Sodomiten und Inquisitoren im Spanien des 16. und 17. Jahrhunderts. In: Alain Corbin (Hrsg.), Die sexuelle Gewalt in der Geschichte, Berlin 1992

Carvalho, J. Rentes de: Eça de Queiroz (1845-1900). Een inleiding tot zijn leven en zijn werk. In: Maatstaf 35 / 2, 1987, 26-61

Castañeda, Marina: La experiencia homosexual. Para comprender la homosexualidad desde dentro y desde fuera. Barcelona 1999

Castro-Gómez, Víctor R.: Luis Zapata. In: Alexandra Busch / Dirck Linck (Hrsg.), Frauenliebe – Männerliebe. Eine lesbisch-schwule Literaturgeschichte in Porträts. Stuttgart / Weimar 1997, 497-501

Cazorla, Hazel: La trayectoria teatral de Antonio Gala. In: Alfonso de Toro / Wilfried Floeck (Hrsg.), Teatro español contemporáneo. Autores y tendencias. Kassel 1995, 275-291

Cazorla, Hazel: The Myths of Freedom: On Stage in Post-Franco Spain. In: Hispania 69, 1986, 141-144

Cela, Julia: Galería de retratos. Personajes homosexuales de la cultura contemporánea. Barcelona / Madrid 1998

Cobo, Angel: Martín Recuerda reciente: In: Primer Acto 257, 1995, 34-38

Cobo, Angel: José Martín Recuerda: Génesis y evolución de un autor dramático. Granada 1993

Corcoran Thomas, Patricia: La verdad de su amor verdadero: Gay Love and Social Protest in the Poetry of Luis Cernuda. Diss. University of Minnesota 1991

Cortes-Rosa Kollert, Ana-Maria: O Físico Prodigioso. In: Kindlers Neues Literatur Lexikon, Bd. 15, 177 f.

Crespo, Ángel: Fernando Pessoa. Das vervielfältigte Leben. Zürich 1996

Domingo Lorén, Victoriano: Los homosexuales frente a la ley. Los juristas opinan. Barcelona 1977

Dreymüller, Cecilia: Göttin der Zweideutigkeit. Erotische Ikonen in der Lyrik von Cristina Peri Rossi. In: Forum. Homosexualität und Literatur 25, 1996, 55-63

Dreymüller, Cecilia: Cristina Peri Rossi. In: Kritisches Lexikon der fremdsprachlichen Gegenwartsliteratur. Göttingen 1998

Echavarren, Roberto: Arte andrógino. Estilo versus moda en un siglo corto. Buenos Aires 1998

Ellis, Robert Richmond: The Hispanic Homograph. Gay Self-Representation in Contemporary Spanish Autobiography. Urbana / Chicago 1997

Enguix Grau, Begoña: Poder y deseo. La homosexualidad masculina en Valencia. Valencia 1996

Enríquez, José Ramón (Hrsg.): El homosexual ante la sociedad enferma. Barcelona 1978

Feldman, Sharon G.: Allegories of Dissent. The Theater of Agustín Gómez-Arcos. London 1998

Felten, Uta: Traum und Körper bei Federico García Lorca: Intermediale Inszenierungen. Tübingen 1998

Fernández, André: The Repression of Sexual Behavior by the Aragonese Inquisition between 1560 and 1700. In: Journal of the History of the Sexuality 7, 1997, 469-501

Fernández, Josep-Anton: Sexuality and National Identity in Catalan Gay Fiction. London 1996

Fernández-Alemany, Manuel / Scioll, Andrés: Mariquitas y Marimachos. Guía completa de la homosexualidad. Madrid 1999

Floeck, Wilfried: ¿Arte sin sexo? Dramaturgas españolas contemporáneas. In: Alfonso de Toro / W. Floeck (Hrsg.), Teatro español contemporáneo. Autores y tendencias. Kassel 1995, 47-76

Fluvià, Armand de: Aspectos jurídico-legales de la homosexualidad. Barcelona 1979

Gafo, Javier (Hrsg.): La homosexualidad: un debate abierto. Bilbao 1997

García Pérez, Alfonso: La rebelión de los homosexuales. Madrid 1976

García Valdés, Alberto: Historia y presente de la homosexualidad. Análisis crítico de un fenómeno conflictivo. Madrid 1981

Garza Carvajal, Federico: Vir. Perceptions of Manliness in Andalucía and México 1561-1699. Amsterdam 2000

Gibson, Ian: Lorca-Dalí. El amor que no pudo ser. Barcelona 1999

Gómez Beneyto, Manuel: Los marginados en España. Madrid 1978

Grossegesse, Orlando: Os Maias. In: Kindlers Neues Literatur Lexikon, Bd. 13., S. 798 f.

Godoy, Juan M.: Cuerpo, deseo e idea en la poesía de Luis Antonio de Villena. Madrid 1997

Juan Goytisolo: Dissidenten. Frankfurt 1984

Goulemot, Jean-Marie: Gefährliche Bücher. Erotische Literatur, Pornographie, Leser und Zensur im 18. Jahrhundert. Reinbek 1993

Guasch, Oscar: De la peineta al cuero: Los homosexuales en la Cataluña actual. Barcelona 1987. Tesis de licenciatura

Guasch, Oscar: El entendido: Condiciones de aparición, desarrollo y disolución de la subcultura homosexual en España. Barcelona 1991. Tesis de Doctorado

Guasch, Oscar: La sociedad rosa. Barcelona 1991

Guasch, Oscar: La crisis de la heterosexualidad. Barcelona 2000

Herrero Brasas, Juan Antonio: La sociedad gay: Una invisible minoría. Ciencia, prejuicio social y homosexualidad. In: Claves de Razón Práctica 36, 1993, 20-33

Herrero Brasas, Juan Antonio: La sociedad gay: Una invisible minoría. Familia, sistema educativo, religión y Fuerzas Armadas. In: Claves de Razón Práctica 37, 1993, 26-41

Herrero Brasas, Juan Antonio: El matrimonio gay: un reto al Estado heterosexual. In: Claves de Razón Práctica 73, 1997, 42-54

Herrero Brasas, Juan Antonio: Teoría „queer". Activismo, „outing" y cuartos oscuros. In: Claves de Razón Práctica 106, 2000, 15-25

Huélamo Kosma, Julio: El teatro imposible de García Lorca. Estudio sobre „El Público". Granada 1996

Ingenschay, Dieter: „Das kommt mir spanisch vor ...". Homosexualität in der modernen spanischen Literatur. In: Forum. Homosexualität und Literatur 16, 1992, 26-52

Ingenschay, Dieter: Eduardo Mendicutti, „Una mala noche la tiene cualquiera". Tuntenschreibe oder Der Durchbruch eines Diskurses des Transvestismus. In: Dieter Ingenschay / Hans-Jörg Neuschäfer (Hrsg.): Aufbrüche. Die Literatur Spaniens seit 1975. Berlin 1992, 111-116 [span. Übersetzung: Abriendo caminos. La literatura española desde 1975. Barcelona 1994]

Ingenschay, Dieter: Homotextualidad. Imágenes homosexuales en la novela española contemporánea. In: Antípodas (siehe dort), 49-66

Júdice, Nuno: Leal (Raul). In: Biblos (siehe dort), Bd. 2, 1378 f.

Karimi, Kian-Harald: Das portugiesische Gegenwartsdrama unter der politischen Zensur (1960-1974). Frankfurt 1991

Koppenfels, Martin von: García Lorcas „El público" oder die Angst, Shakespeare zu sein. In: Germanisch-Romanische Monatsschrift 48/3, 1998, 337-353

Kortazar, Jon: Literatura vasca. Siglo XX. San Sebastián 1990

Kosofsky Sedgwick, Eve: Epistemología del armario. Barcelona 1998

Kröll, Heinz: Die Bezeichnungen für männliche Homosexuelle im Portugiesischen. In: Lusorama 27, 1995, 82-97

Lamartina-Lens, Iride: Masculine, Feminine and Androgynous Sex Roles in Nieva's Theater: The Case of „Coronada y el toro". In: Estreno. Cuadernos del teatro español contemporáneo 15/2, 1989, 17-19

Lasagabaster, J. M.: Antología de la narrativa vasca actual. Barcelona 1986

Lissek, Michael: Fernando Pessoa. In: Alexandra Busch / Dirck Linck (Hrsg.): Frauenliebe – Männerliebe. Eine lesbisch-schwule Literaturgeschichte in Porträts. Stuttgart / Weimar 1997, 340-344

Llamas, Ricardo (Hrsg.): Construyendo sidentidades. Estudios desde el corazón de una pandemia. Madrid 1995

Llamas, Ricardo: Miss Media. Una lectura perversa de la comunicación de masas. Barcelona 1997

Llamas, Ricardo: Teoría torcida. Prejuicios y discursos en torno a „la homosexualidad". Madrid 1998

Llamas, Ricardo / Vidarte, Francisco Javier: Homografías. Madrid 1999

López Linage, Javier (Hrsg.): Grupos marginados y peligrosidad social. Madrid 1977

Llopart, Alfonso: Salir del armario. Madrid 2000

Manrique, Jaime: Maricones eminentes. Arenas, Lorca, Puig y yo. Madrid 2000

Manzanero Bautista, Antonio: Doce semblanzas de autores homosexuales y otros temas. Sevilla 1993

Martínez Expósito, Alfredo: Los escribas furiosos. Configuraciones homoeróticas en la narrativa española. New Orleans 1998

McNerney, Kathleen / Enríquez de Salamanca, Cristina (Hrsg.): Double Minorities of Spain: A Bio-biliografic Guide to Women Writers of the Catalan, Galician, and Basque Countries. New York 1994

Méndez Moya, Adelardo: La Cicatriz de José Martín Recuerda: una visión de amor total. In: Canente. Revista Literaria 7, 1987, 71-77

Meyer, Susanne: Literarische Schwestern: Ana Ozores – Effi Briest. Studien zur psychosozialen Genese fiktionaler Figuren. Aachen 1993

Mira Nouselles, Alberto: ¿Alguién se atreva a decir su nombre?: enunciación homosexual y la estructura del armario en el texto dramático. Valencia 1994

Mira Nouselles, Alberto: De silencio y espejos. Hacia una estética del teatro español contemporáneo. Valencia 1994

Mira, Alberto: Para entendernos. Diccionario de cultura homosexual, gay y lésbica. Barcelona 1999

Mirabet i Mullol, Antoni: Homosexualidad hoy. ¿Aceptada o todavía condenada? Barcelona 1985

Molloy, Sylvia / Irwin, Robert (Hrsg.): Hispanisms and Homosexualities. Durham 1998

Núñez, Gabriel (Hrsg.): Agustín Gómez-Arcos: Un hombre libre. Almería 1999

O'Connor, Patricia: Weibliche Bühnenautoren im zeitgenössischen Spanien und der von Männern dominierte Kanon. In: Wilfried Floeck (Hrsg.), Spanisches Theater im 20. Jahrhundert, Tübingen 1990, 69-87

Pérez Canovas, Nicolás: Homosexualidad, homosexuales y uniones homosexuales en el derecho español. Granada 1996

Perriam, Chris: Desire and Dissent. An Introduction to Luis Antonio de Villena. Oxford / Washington 1995

Perry, Mary Elizabeth: Crime and society in early modern Seville. Hannover / New Hampshire / London 1980

Perry, Mary Elizabeth: The „nefarious sin" in early modern Seville. In: Kent Gerard / Gert Hekma (Hrsg.), The Persuit of Sodomy. Male Homosexuality in Renaissance and Enlightenment in Europe. New York 1989

Perry, Mary Elizabeth: Gender and disorder in early modern Seville. Princeton 1990

Ploegmakers, Ruud: Fernando Pessoa. In: Forum. Homosexualität und Literatur 9, 1990, 57-73

Ragué-Arias, María-José: El teatro de fin de milenio en España (Desde 1975 hasta hoy). Barcelona 1996

Reinstädler, Janett: Stellungsspiele. Geschlechterkonzeptionen in der zeitgenössischen erotischen Prosa Spaniens (1978-1995). Berlin 1996

Reis, Carlos: Eça de Queirós, der Lehrmeister. In: Thorau (siehe dort), 58-83

Reverso. Revista de estudios lesbianos, gays, bisexuales, transexuales, transgénero... Band 1: La Producción del Silencio. Madrid 2000

Reverso. Revista de estudios lesbianos, gays, bisexuales, transexuales, transgénero... Band 2: (de-)construyendo identidades. Madrid 2000

Rogmann, Horst: Federico García Lorcas Theater: Variationen eines Themas. In: Wilfried Floeck (Hrsg.), Spanisches Theater im 20. Jahrhundert, Tübingen 1990, 135-153

Rogmann, Horst / Kallmeyer, Werner: Essay über Lorcas Theaterwerk. Rheinfelden 1998

Roth, Norman: Deal gently with the young man: Love of Boys in Medieval Hebrew Poetry. In: Speculum 57, 1982, 20-51

Sahuquillo, Angel: Federico García Lorca y la cultura de la homosexualidad masculina. Alicante 1991

Sahuquillo, Angel: Después de treinta anos: Federico García Lorca, la cultura de la homosexualidad masculina, el heterosexismo, Jesucristo, Roma y algunas otras cosas. In: Reverso. Revista de estudios lesbianos, gays, bisexuales, transsexuales, transgénero... 3, 2000, 9-25

Sales, António Augusto: António Botto. Real e Imaginário. Lisboa 1997

Schippers, Arie: Die Knabenpoesie in der arabisch- und hebräisch-andalusischen Literatur. In: Forum. Homosexualität und Literatur 31, 1998, 35-56

Schirrmann, Jefim: The Ephebe in Medieval Hebrew Poetry. In: Sefarad 15, 1955, 55-68

Sena, Jorge de: Fernando Pessoa & C.[a] Heterónima. Estudos coligidos. 2 Bde., Lissabon 1981f.

Siepmann, Helmut: Portugiesische Literatur des 19. und 20. Jahrhunderts in Grundzügen. Darmstadt 1987, 2. Aufl. 1995

Silva, Celina: Almada-Negreiros. In: Biblos (siehe dort), Bd. 1, 139-143

Simões, João Gaspar: Eça de Queirós. Lissabon o. J.

Simões, João Gaspar: Vida e Obra de Fernando Pessoa. História duma Geração. Lissabon, 5. Auflage 1987

Smith; Paul Julian: Laws of Desire. Questions of Homosexuality in Spanish Writing and Film 1960-1990. Oxford 1992 [span. Übersetzung: Las leyes del deseo. La homosexualidad en la literatura y el cine español. Barcelona 1998]

Smith, Paul Julian: Desire Unlimited: the Cinema of Pedro Almodóvar. London 1994

Smith, Paul Julian: Estrategias fatales: La respresentaciones del SIDA en el Estado Español. In: Stylística (siehe dort), 61-68

Smith, Paul Julian: The Theatre of García Lorca. Text, performance, psychoanalysis. Cambridge 1998

Sontag, Susan: Anmerkungen zu Camp. In: Susan Sontag, Kunst und Antikunst – 24 literarische Analysen, Frankfurt 1982, 322-341

Soriano Rubio, Sonia: Cómo se vive la homosexualidad y el lesbianismo. Salamanca 1999

Stoll, André: San Juan de la Cruz. En una noche oscura. In: Manfred Tietz (Hrsg.): Die spanische Lyrik von den Anfängen bis 1870. Einzelinterpretationen, Frankfurt 1997, 325-354

Stylística. Revista Internacional de Estudios Estilísticos y Culturales 4, 1995/1996 [Sondernummer]

Tabucchi, Antonio: Wer war Fernando Pessoa? München / Wien 1992

Talavera Fernández, Pedro A.: Fundamentos para el reconocimiento jurídico de las uniones homosexuales. Propuestas de regulación en España. Madrid 1999

Teuber, Bernhard: Saint Jean de la Croix lecteur de Bataille. Ein Versuch zur erotischen Transgression im Lied von der dunklen Nacht. In: H. Finter / G. Maag (Hrsg.), Bataille lesen. Die Schrift und das Unmögliche, München 1992, 73-100

Teuber, Bernhard: Erotik und Allegorie bei San Juan de la Cruz. In: Romanische Forschungen 104, 1992, 104-131

Thorau, Henry (Hrsg.): Portugiesische Literatur. Frankfurt 1997

Ugarte Pérez, Javier: Parejas de hecho y matrimonios homosexuales. In: Claves de Razón Práctica 103, 2000, 34-40

Valdés, Santi: El video porno gay. Manual para no iniciados. o.O. 1997

Velázquez Cueto, Gerardo: De Lorca a Martín Recuerda: crónica de una violencia siempre anunciada. In: Insula 440/441, 1983, 23

Villena, Luis Antonio de: La sensibilidad homoerótica en el „Romancero Gitano". In: Turia 46, 1998, 12-26

Weich, Horst: Luis Cernuda. In: Alexandra Busch / Dirck Linck (Hrsg.), Frauenliebe – Männerliebe. Eine lesbisch-schwule Literaturgeschichte in Porträts. Stuttgart / Weimar 1997, 107-111

Weich, Horst: Federico García Lorca. In: Alexandra Busch / Dirck Linck (Hrsg.), Frauenliebe – Männerliebe. Eine lesbisch-schwule Literaturgeschichte in Porträts. Stuttgart / Weimar 1997, 175-179

Weich, Horst: Der Jüngling, der Gott, die Statue. Luis Antonio de Villenas Ikonen des Begehrens. In: Forum. Homosexualität und Literatur 25, 1996, 65-85

Weich, Horst: Namenlose Liebe. Homoerotik in der spanischen Lyrik des 20. Jahrhunderts. Eine zweisprachige Anthologie. München 2000